D'OR, DE RÊVES ET DE SANG

L'épopée de la flibuste
(1494-1588)

MICHEL LE BRIS

D'OR, DE RÊVES ET DE SANG

L'épopée de la flibuste
(1494-1588)

HACHETTE
Littératures

INTRODUCTION

À ceux qui s'étonnaient du choix d'un si étrange nom, la *Cuiller*, pour une nef amirale, il répondait, dans un vaste éclat de rire : « Parce qu'avec elle, j'écume la mer ! » – Jean de Coatanlem, par lui-même proclamé « roi et gouverneur de la mer », puisque, grondait-il sur un ton sans réplique, « il n'avait trouvé oncques en la mer son plus puissant ni son seigneur » – et le reste du temps sieur de Keraudy en Plouézoc'h, à deux pas de chez moi, qui mit à sac Bristol en 1484 avant de se faire amiral de la flotte portugaise et de toucher les côtes d'Amérique, dit-on, avant Christophe Colomb – comment, avec pareil voisin, ne pas se trouver l'esprit quelque peu enfiévré par l'appel du grand large ? Et puis, à ses côtés, Hervé de Porzmoguer, le fin renard tapi entre les récifs au large de Pempoul, qui mena à la gloire la belle *Cordelière*, sus à l'Anglais, au son des fifres et des violons, à travers les boulets ; Nicolas Anthon, sur sa *Comtesse de Lamarck*, vingt tonneaux et deux canons, qui enleva le *Truro* en pleine baie de Plymouth, au nez de quatre vaisseaux de ligne ; Antonio Balidar, l'irascible Portugais devenu roscovite, Yvon Le Cheny, Roland Le Faucheux, François du Quelennec, Charles Cornic, tant d'autres encore : tout, en cette baie de Morlaix que j'arpentais, enfant, me ramenait, où que j'aille, aux aventures terribles et héroïques des coureurs d'océans, les maisons à lanterne des « messieurs de Morlaix », les lourds volets, au ras de l'eau, des bâtisses roscovites, par où s'engouffrèrent jadis tant de discrètes cargaisons, le Château du Taureau, au milieu de la baie, que construisirent les Morlaisiens pour en finir avec l'Anglais honni – « s'ils te mordent, mords-les ! » Des noms passaient dans le brouhaha du bistrot enfumé de Marguerite Bléas, au port de Térénez, Dupleix, enfant dans son manoir de Penanru, en Ploujean, Jacques-André Brossard, le terrible bretteur devenu maharadjah des Indes, le père Floch, cramponné à son verre, hochait la tête, « en ces temps-là, sûr, c'étaient des durs ! » et chacun alors dressait l'oreille, pour une de ses histoires improbables dont nous savions déjà qu'elle allait nous conduire jusqu'au cœur de la nuit. Qui pouvait plus longtemps ignorer que les marins de Saint-Pol-de-Léon découvrirent le Brésil avant Cabral le Portugais ? Ou que les pêcheurs de Pempoul pêchaient la morue sur les bancs de Terre-Neuve, bien avant que Colomb ne touche les Antilles ? De rudes gaillards, sûr, prompts où qu'ils aillent à écumer la mer... Le moins que l'on pût faire était de prendre leur suite – en rêve.

J'avais mieux, pourtant. Dans le grenier où je me réfugiais, au plus près de l'empire des nuages, s'empilaient des trésors, *Journal des Voyages*, revues *Le Tour du monde, Les Veillées des Chaumières*, emplis de récits propres à vous ôter à jamais le sommeil, illustrés de gravures hallucinées que je feuilletais fébrilement, le cœur serré d'effroi, explorateurs étouffés par des boas constricteurs, révolutionnaires russes se partageant le sein tranché net d'une malheureuse, dans une parodie monstrueuse de communion, sournois Annamites empalant nos braves soldats sur des pieux effilés, Apaches brandissant le scalp de malheureux trappeurs convulsés de douleur, et, merveille entre les merveilles, les exploits de Monbars l'Exterminateur, par un certain A. de Lamothe, si ma mémoire un demi-siècle plus tard ne me trompe pas. L'Ollonois arrachant le cœur d'une de ses victimes pour le faire manger, battant encore, à un autre captif, Vent-en-panne tranchant le nez d'un Espagnol pour lui « faire éternuer ses ducats », dans un décor d'incendies et de meurtre, un groupe ricanant, les yeux et les dents éclairés par les flammes, boucanant un hidalgo aux yeux exorbités, la bouche ouverte dans un interminable hurlement, pour lui faire gentiment « suer son or »... Suer son or ! Je me réveillais en sursaut, épouvanté. Quelqu'un, ou quelque chose, là, dehors, m'appelait, me pressait, haletant, de le venir rejoindre. Les murs tremblaient sous sa poussée, j'entendais son souffle rauque, derrière les volets clos. Mais non, ce n'était que le vent, là-dehors, secouant la maison pour l'arracher du sol. Ce n'était que la mer, mâchant et remâchant les galets de la grève. Rien que les vagues et le vent. Pourtant j'aurais juré...

Cet appel, je crois bien n'avoir jamais cessé de l'entendre, depuis. Écrivant sur les enjeux du romantisme, replongeant dans le processus de création de l'œuvre de Stevenson, étudiant les gnoses des religions du Livre, ou traînant mes guêtres sur les pas des chercheurs d'or californiens, il me semble n'avoir jamais rien fait d'autre que traquer, par des chemins divers, et de préférence vagabonds, l'énigme de ce que le mystique Jakob Boehme disait « l'Être sombre, dans le mystère de sa fureur », Victor Hugo la « bouche d'ombre » et Delacroix ce « fond tout noir, en soi, à contenter » – je dirais, quant à moi, le grondement de la mer. Avec comme seule boussole la mémoire gardée de cette musique qui me précipitait, enfant, sur les côtes de Bretagne, quand les grandes voiles sombres montaient sur l'horizon. Et je sais un peu mieux aujourd'hui ce que je soupçonnais déjà, alors, que mystiques, poètes et pirates s'abreuvent aux mêmes sources, s'agitent aux mêmes tourments.

Reste le plus troublant : que la flibuste puis la piraterie caraïbe aient pu à ce point fasciner, pendant des siècles, partout de par le monde, nourrir tant de rêves et tant de nostalgies. Sans doute est-elle vieille comme le monde, la piraterie, mais c'est ici, dans les Caraïbes, et pas ailleurs, qu'elle s'est hissée aux dimensions du mythe. Combien de livres, de films, de tableaux, de chansons, de poèmes, pour dire la longue dérive des bateaux révoltés, la fièvre de l'or brûlant les cœurs et les corps, la vie hors des codes et des lois – et combien, pour l'affadir, sous les oripeaux rassurants d'un folklore de pacotille, comme s'il fallait s'en protéger, en la banalisant ? Les feux dans les carbets, le soir, le rougeoiement des boucans dans la fumée des palmes vertes, l'ondoiement des poivriers et des caféiers sauvages, sur les eaux claires des cayes, tant d'images que l'on dirait d'un Paradis, dans l'innocence des premiers âges, l'ivresse des senteurs et des goûts ! L'acte d'accusation, s'il fallait le dresser, n'en est que plus terrible : abordages sanglants, villes incendiées, pillages, orgies, tortures, sans presque jamais personne pour rehausser d'une touche d'émotion ce carrousel de l'épouvante : l'aventure peut bien se dérouler dans les décors de *Paul et Virginie*, c'est bien d'un voyage en enfer qu'il s'agit.

D'où vient, dès lors, notre trouble – comme si tous ces forbans nous murmuraient encore à l'oreille une musique que nous voulions croire oubliée, éveillaient en nous les échos que nous ne savions plus ? Quelques esprits austères, fâchés sans doute avec leur part d'enfance, prétendraient à toute force séparer du « mythe », évidemment trompeur, le « réel », forcément plus banal, et certes leur travail n'est pas inutile, de nous rappeler à la patience de ce qu'ils appellent, non sans quelque naïveté parfois, les « faits », mais leur manquera toujours l'essentiel : de comprendre ce qui un temps souleva, et qui ne fut pas seulement l'appât de gains faciles, tant de gueux, forbans et pauvres hères, jusqu'à leur faire escalader le ciel – bref, de pouvoir répondre à cette simple question de ce que purent bien avoir de si singuliers ce temps, et ce lieu, pour que le mythe y prenne corps. Là, et pas ailleurs, en mer barbaresque ou aux temps de la Hanse. Et nous pressentons bien que notre fascination vient de ce qu'en cette aventure se joue quelque chose qui la dépasse infiniment, et vaut pour l'humanité entière, révèle en chacun des puissances refoulées – qu'en eux, et dans les élans qui les portaient sur les mers caraïbes, dans leurs crimes comme dans leurs rêves et surtout dans ce qui lie les uns aux autres, *nous nous reconnaissons.*

Un monde naît, dans les convulsions, les pillages et le meurtre – dans les rêves, aussi, pour tant de malheureux chassés par la misère, ou au nom de leur foi, d'un ailleurs possible, d'une vie recommencée. Et c'est, dans ces années de feu, de démesure, d'extravagante dépense, de dévastations monstrueuses, comme un volcan en éruption qui secoue le long chapelet des îles Caraïbes, fait naître villes et ports de son chaos furieux. Dans le silence des lois naissent les grandes passions, a pu écrire Sade – et elles se déploient comme rarement elles le firent, ces passions, attisées au feu brûlant de l'or, de l'argent, des pierreries, rouges encore du sang des Indiens martyrisés, rouges aussi du sang de ceux qui le convoitent, le volent, le dépensent. Le sloop de Pierre Le Grand fait eau de toutes parts quand, à la nuit tombée, il glisse vers un galion. Et pour ne pas reculer, il coule sa barcasse à l'instant d'aborder – il se gagne un trésor, au sabre et au couteau ; avec vingt lascars, sur une simple barque, l'Ollonois s'empare d'un vaisseau de guerre espagnol, pille Puerto Cavallo : quelle démesure fallait-il à ces hommes pour risquer ainsi l'impossible, avec l'espoir de doublons à poignées, de bijoux, de pierres précieuses, qu'ils brûlaient aussitôt dans l'ivresse de la victoire sur les tables des bouges, comme s'il leur fallait à toute force, pauvres de nouveau, reprendre la course, ou la quête ? Comme un manque, une faim immense rongeant ces âmes naïves et brutales, les dévorant, toujours plus impérieuse, jusqu'au vertige... Un monde naît, de cet embrasement central de l'être capable de fondre toute chose au feu de sa folie, un monde dont chacun de ces forbans pressent qu'il en sera chassé, s'il survit, quand la lave en fusion refroidira, que viendra le temps d'y semer et produire. Et c'est l'énigme même de l'être ensemble qui se montre à nu en ces instants, avant que tout bascule. Car force sera à la loi, demain, l'effervescence première apaisée – mais qui, proteste encore l'homme du grand large, a donné ici sa force à la loi, l'a rendue seulement possible ? Peine perdue : l'ordre, comme toujours, ne s'édifie jamais que sur l'oubli de ce qui l'a rendu possible.

C'est d'un tout autre monde, on le devine, que rêvaient ces gueux épouvantables : d'un « ailleurs » qui ne se renverserait pas aussitôt en un nouvel « ici », d'un monde qui ne se figerait pas en banal quotidien, dans le partage recommencé des puissants et des humiliés, d'un monde qui garderait en son cœur le noyau de braises qui le fit naître, d'un monde dont le principe serait la révolte, l'errance indéfinie, la dépense sans limite, non point l'ordre, la demeure et l'épargne. Des hommes cabrés contre la Destinée qui les tient, et les broie, voulurent parier, et qu'importe si l'issue ne pouvait en être que la mort, sur une liberté absolue, dans l'expansion sans frein de leur désir – jusqu'à maudire la Création elle-même, sinon le Créateur, dans leur volonté furieuse de table rase, de « monde à l'envers », frères en cela de Sade, de Lautréamont, des grands gnostiques : on verra plus loin le rôle que jouèrent dans la formation de l'idéologie pirate les thèses radicales des *dissenters*, religieux anglais persécutés, et comme la flibuste est liée à la cause réformée, au temps des guerres de religion. Ces brutes inconsolées, dans leur dérive sanglante, rêvaient d'une Création recommencée, sinon de Paradis. Et c'est bien pour cela qu'ils continuent de nous hanter, depuis, à l'instar de ces figures mythologiques où il nous semble que se trouve enclos le chiffre même de notre destinée.

La flibuste, la piraterie comme mythes ; autrement dit, manifestant dans un récit, ou un ensemble d'images, l'unité énigmatique de contraires perçus comme constitutifs, dans leur paradoxale cohérence, non seulement de l'être ensemble mais aussi de l'âme humaine : ce que murmure la « bouche d'ombre », à certaines minuits, au cœur de tous les hommes...

Par quels étranges détours, ou navigations clandestines hors des voies balisées, flibustiers et pirates se sont-ils réfugiés, pour survivre, dans les chambres des enfants ? Des milliers de romans, de chansons, de films, oui, sans doute, mais à proportion inverse, dirait-on, de l'intérêt des gens sérieux. C'est peu de dire qu'ils n'ont pas reçu les mêmes attentions, suscité les mêmes études savantes que les fous à l'âge classique, les pauvres au Moyen Âge ou les misérables à l'époque romantique : le silence des historiens, jusqu'à une date récente, a quelque chose d'assourdissant – qui, sans doute, renvoie plus généralement à une incapacité de l'Université ou à une volonté obstinée de ne rien savoir de notre histoire maritime. L'ouvrage monumental de Charles de La Roncière [1] est resté sans véritable prolongement, alors qu'il ressuscitait par dizaines des personnages hors du commun, exhumait des aventures proprement incroyables, et surtout proposait sur notre histoire des aperçus nouveaux : les pistes qu'il suggérait sont restées le plus souvent inexplorées, les masses d'archives recensées attendent encore la visite des chercheurs. Disant cela, je ne sous-estime en rien les efforts des jeunes historiens : mieux que moi, ils pourraient dire les résistances de l'Université, et comme le fait de choisir cette voie de recherche les place presque à coup sûr hors de la « voie royale » par laquelle faire carrière. L'ouvrage même de La Roncière, par la

1. Charles de La Roncière, *Histoire de la marine française*, Paris, 5 vol. 1919-1923.

série qu'il met en scène de projets ébauchés, et leurs échecs répétés faute d'un minimum de soutien, ou de politique cohérente, le montrait déjà, à sa manière : que la mer, décidément, est un espace mental étranger à ce qu'il est convenu d'appeler « l'esprit français ». La mer, en son entier – que dire, alors, de la flibuste et de la piraterie ! La condescendance affichée par les historiens « raisonnables », à tout prendre, n'est pas pour étonner – tellement comparable à celle affichée par le milieu littéraire à l'endroit des romans d'aventures – ce qui, fort heureusement, n'a jamais empêché les écrivains et les enfants de les dévorer, comme leur plus précieux trésor. Voyez l'abyssal écart entre la fortune critique de Stevenson, ignoré depuis un siècle par les pions et les doctes, et tenu pour un génie par les plus grands écrivains, de Borgès à Graham Greene, de Mallarmé à Antonin Artaud, d'Italo Calvino à Alvaro Mutis, de Le Clézio à Tabucchi...

Il se pourrait que les choses changent, pourtant – les recherches historiques, depuis quelque temps, mettent à mal nos clichés, commencent à renouveler la perception que nous pouvions avoir de cette aventure singulière. Un chapitre d'un ouvrage de Marcus Rediker[1], une conférence retentissante de Christopher Hill, spécialiste des *dissenters* anglais[2], les recherches récentes d'historiens espagnols, tels que Nina Gerassi-Navarro, Carmen Bernand, Pablo Perez-Mallaina, Manuel Lucena Salmoral, les travaux en France de Michel Vergé-Franceschi, de Frank Lestringant, de Paul Butel, de Michel Camus, de Jean-Pierre Moreau, de Suzanne Lussagnet, de Martine Accéra, d'Étienne Taillemite, de Mollat du Jourdin, parfois par le biais de recherches, comme celles de Marcel Bataillon ou de Frank Lestringant sur le protestantisme fran-

1. « *The Seaman as Pirate* », in : *Between the Devil and the Deep Blue Sea*, Cambridge University Press, 1987.
2. « *Radical Pirates ?* » in : *The Collected Essays of Christopher Hill, Volume III*, The University of Massachusetts Press, 1985.

çais[1], tel ou tel article, ou communication, à l'occasion d'un colloque, proposent des aperçus inédits, les fragments éclatés de paysages que l'on devine nouveaux.

Manquait, me semble-t-il, un ouvrage de synthèse. Mon premier souci, et d'abord pour moi-même qui depuis tant d'années butine et vagabonde dans les eaux flibustières, réédite les textes qui me paraissent majeurs grâce à la complicité de Jean-Pierre Sicre, grand capitaine des éditions Phébus, mon premier souci, donc, aura été de proposer une première esquisse de ce que pourrait être cette vision nouvelle de la flibuste, et de la piraterie – nettoyée autant qu'il est possible, non pas du mythe, mais des affabulations : telle est la puissance de séduction de l'erreur qu'elle se trouve, à tout coup, dirait-on, préférée à la rude vérité, et c'est ainsi qu'une « biographie » de Monbars l'Exterminateur a pu être proposée au lecteur, nourrie d'abondantes références à des textes plus anciens, dont le seul défaut était de broder sur du vent, puisqu'il est à peu près certain aujourd'hui que Monbars fut purement et simplement imaginé par Oexmelin, le « chirurgien de la flibuste ». Et l'on verra plus loin que les documents aujourd'hui à notre disposition sur le voyage de Drake autour du monde suggèrent une histoire fort éloignée de la légende forgée dès son retour – éloignée, mais non moins passionnante.

Devant une matière si riche, où s'entrecroisent tant de personnages *bigger than life*, aux destinées si exceptionnelles, tout auteur est tenté, à chaque instant, de se laisser emporter par le simple bonheur de raconter et certes je ne m'en suis pas privé – en gardant cependant à l'esprit que là est aussi le piège, où se sont abîmées la plupart des « Histoires de la flibuste », de n'être, précisément, qu'une collection d'*histoires*, plus ou moins authentiques, mais toujours pittoresques. Comment espérer en

---

1. Voir, en fin d'ouvrage, la bibliographie.

restituer comme un sens, une trame, une profondeur, si l'on renonce par avance à ignorer l'Histoire ?

Le lecteur s'étonnera peut-être de ne pas trouver dès l'abord de définition univoque des termes de flibustier et de pirate : cela tient simplement au souci de ne pas appliquer à un espace mouvant le tranchant de catégories *a priori*. On verra plus loin que les catégories juridiques « terriennes » restent encore largement étrangères à l'espace maritime : ce qui plus tard se sédimentera sous le terme de « flibuste » est quasiment en train de se former – à trop formaliser les choses *a priori*, on risquerait de manquer le moment de cette gestation, laquelle, de toute évidence, se noue non pas à la fin du XVIe siècle, comme on le dit souvent, *mais dans le choc de la découverte du Nouveau Monde, soit un siècle plus tôt.*

Un siècle plus tôt, et cela change tout : c'est dans d'autres conflits, d'autres débats d'idées, d'autres enjeux de pouvoir que s'insère alors la flibuste, d'autres significations qui, du coup, s'imposent, d'autres mises en perspective qui se trouvent suggérées. Bref, c'est notre regard qui change, du même coup.

La flibuste fut d'abord, et massivement, française. Est-ce de trop fidèlement décalquer les historiens anglais – lesquels font débuter l'histoire, parce que ce fut *leur* histoire, l'acte symbolique de naissance d'une Angleterre nouvelle, sous Elisabeth Ière, par les exploits de John Hawkins et de Francis Drake – qui nous le fait ignorer ? Toujours est-il que se trouvent du coup négligés, sinon oubliés, Jean Ango et Jean Fleury, Jacques de Sores et François Clerc, dit Jambe-de-bois, tous héros de grand calibre, dont les exploits, la démesure, ne le cèdent en rien à ceux du siècle qui suivit. Et c'est du même coup tout un pan de l'Histoire de France qui se trouve oublié : celui de la manière dont fut reçue chez nous la découverte du Nouveau Monde. À moins, bien sûr, que le refoulement ne tienne au fait que l'aventure flibustière, française à ses débuts, se confond pour l'essentiel avec celle de la cause huguenote, laquelle est systématiquement ignorée, en vertu probablement du principe qu'il n'est jamais d'histoire que des vainqueurs...

J'ai fait le choix de débuter cette histoire de la flibuste au moment de la découverte du Nouveau Monde, et des premiers raids des hommes de Jean Ango contre les flottes espagnoles – et il m'aura fallu tout ce volume pour commencer à explorer cette époque, qui se clôt dans les dernières années du XVIe siècle. Au lecteur de juger si pareil détour valait la peine, avant d'entrer dans ce qu'il est convenu d'estimer le « vif du sujet » : pour ma part, il me semble que tout ce qui suivra est largement déterminé par l'histoire ici déployée.

Une fresque haute en couleurs qu'il aurait été dommage de laisser dans l'ombre – mais surtout, une mise en perspective, du coup, qui donne à la flibuste son plein sens, impose d'en appeler à l'histoire des idées.

Un exemple : qui sait que la flibuste fut essentiellement protestante, riposte du faible au fort, développée au long des guerres de religion par les réformés français, d'abord, à l'initiative de Coligny, puis par les « Gueux de la mer », à l'appel de Guillaume d'Orange ? Et pourtant ! C'est bien pour cela qu'elle engage ainsi une conception du monde, de l'homme et de sa liberté, du rapport à l'autre, au « sauvage », et du même coup à sa « part sauvage ». Comment, de ce point de vue, ignorer l'histoire de la Floride huguenote ? Non seulement elle apparaît comme la répétition générale de la Saint-Barthélemy, mais elle fut à l'origine des entreprises colonisatrices anglaises au siècle suivant, en Amérique du Nord – et c'est de la réflexion engagée alors sur le « sauvage » que Montaigne dérivera sa thèse fameuse des « Cannibales », à l'origine de l'idée du « bon sauvage » – qui devait connaître la fortune que l'on sait, au XVIIIe siècle.

Qui sait, de même, que la piraterie caraïbe tirait l'originalité de ses comportements, de ses règles de vie, de ses systèmes de représentations, de ce qu'elle fut largement inspirée par les dissidents religieux radicaux, acteurs rebelles de la révolution anglaise, émigrés dans les Caraïbes pour fuir les persécutions – comme l'a montré Christopher Hill ? Gilles Lapouge, dans son très joli livre sur les *Pirates* [1], s'interrogeait sur le fait que nombre des utopies des Lumières paraissent trouver leurs origines dans la geste pirate. Il ne se trompait qu'à demi : elles sont le prolongement de l'effervescence des *dissenters* anglais – dont je crois avoir montré dans un autre ouvrage [2] que les Lumières, pour l'essentiel de leurs thèmes, n'ont jamais fait que proposer une sécularisation.

Une autre piste, encore : depuis quelques décennies, les jeunes musiciens espagnols, à la suite de Jordi Savall, ressuscitent littéralement, disque après disque, concert après concert, le continent trop longtemps oublié du baroque espagnol — commence à émerger, grâce à la patience des chercheurs, celui, plus étonnant encore, du baroque de l'Amérique hispanique. Tous leurs travaux démontrent, s'il en était besoin, que le baroque naît de l'onde de choc de la découverte du Nouveau Monde. Parce que s'y éprouve, jusqu'au vertige, au contact de inconnu, dans l'affolement des cartes et des repères, entre fascination et effroi, des figures nouvelles de l'infini – et de l'infini en l'homme. Le baroque, tel que nous le découvrons aujourd'hui, un Nouveau Monde de la musique, et au-delà, de la création ? La figure de Walter Raleigh, de ce point de vue, nous paraît exemplaire, pirate, sorte de conquistador protestant rêvant d'El Dorado, créateur de mondes, et poète de première grandeur, ami de Marlowe... Divers spécialistes ont voulu faire accepter l'idée que la découverte du Nouveau Monde a peu marqué la création européenne [3]. On verra plus loin que c'est évidemment absurde – et que les spécialisations universitaires ont parfois pour conséquence

1. Phébus éd. Réédition Libretto-Phébus, 2000.
2. *Le Paradis Perdu*, Grasset, 1981.
3. C'est, par exemple, la thèse de Numa Broc, in : *La Géographie de la Renaissance*, Paris, CTHS, 1986.

de faire coexister chez certains des montagnes d'érudition et des abîmes d'inculture...

Le flibustier, donc, comme figure du baroque ? Une piste nouvelle, en tous les cas, à explorer.

Il y a plus encore, en cette aventure, et chacun le pressent, s'il y songe – puisqu'elle ne cesse de nous fasciner : il faut donc bien supposer qu'elle troue l'enchaînement des causalités historiques et touche au mystère même de l'être humain, par delà les âges et les cultures : l'expérience d'un « saut à la limite » qui nous renvoie à notre énigme « d'êtres pour la mort ». Comme si, dans cette course à l'abîme, se révélait, au sens strict, « la fin de l'histoire » : une dimension de l'être humain que tout, us, coutumes, rituels, religion, mimiques sociales, avait pour fonction de masquer – ce bloc de nuit, en nous, cet abîme devant lequel s'affolent toutes les boussoles.

Je crains fort que la psychanalyse, là-dessus, toujours échouera à ressaisir ce que seuls les artistes, les écrivains, les poètes, peuvent approcher, en le mettant en jeu, parce que ce « quelque chose » est noué au cœur même de la langue – à ce mystère des formes, autrement dit du rythme, de pouvoir signifier sans signe, de créer du sens, mais *figuré*, irréductible à quelque sens propre, autrement indicible, bref, non traduisible dans sa propre langue. En somme, ce bloc d'abîme découvert au cœur de l'aventure pirate, le seul véritable « continent inconnu » qui nous importe, renvoie à ce mystère de la littérature, de faire affleurer de l'indicible à travers le jeu des formes. Ailleurs, j'ai tenté de montrer comme la naissance du roman d'aventures anglais était lié aux prêches des covenantaires écossais, au *Voyage du pèlerin* de Bunyan, à l'expérience spirituelle des *dissenters* anglais [1] – lesquels, par ailleurs, inspirèrent la pira-

1. « Un pirate presbytérien », in : *Pour saluer Stevenson*, Flammarion, 2000. Voir aussi « La canne de M. Sterne, ou l'invention du roman » in *Le Paradis Perdu*, Grasset, 1981.

terie caraïbe. Dans un autre livre [1], je m'interrogeais sur ce qui lie, dans la fièvre de l'or, le mystique, le pirate et le poète – les angles d'attaques peuvent changer, les interrogations demeurent, qui renvoient, je le sais bien, à cette énigme de la mer qui me hante depuis l'enfance...

Prendre la mer – autrement dit, changer de monde, changer d'espace, changer d'âme et de peau. Qui gagne le large, il aura à l'apprendre pour survivre, s'il ne le sait déjà, s'absente du temps de l'Histoire — et plus encore en ces époques où l'ordre et la loi s'arrêtent aux limites de la terre —, dès l'instant où ses voiles s'effacent à l'horizon, et que s'éloigne, peut-être à jamais, la société des vivants. Ici, sur les terres fermes, la peur ou la raison, dresse des cités, des murs et des ports, quadrille l'espace en fins réseaux : les routes n'ont-elles pas pour fonction, aussi, de nous libérer de l'effroi de l'inconnu, du déferlement aveugle, oppressant, de la nature, pour nous situer en un espace maîtrisé, repérable, rassurant ? Cette ligne que je trace dans l'indifférencié d'un Dehors sans repères m'est tout autant une muraille qu'une voie : sur elle, je sais où je suis, vers où je vais, que je m'en écarte, et déjà, de tous côtés menace l'obscur des forêts, des taillis, refuge des hors-la-loi – la route, d'abord un espace mental. Sur terre, donc, les murs, les routes et les ports, l'ordre et la loi. En mer, là-bas, où les étoiles tournoient sous des cieux inconnus, le déploiement de l'inconnu, le temps circulaire, à l'infini répété, d'une immuable éternité, l'inconcevable immensité d'un temps a-historique. Il y a, dans l'effroi qui saisit les équipages des galions quand montent sur l'horizon les grandes voiles noires, ce sentiment confus, proprement affolant, qu'elles viennent à leur rencontre de quelque *au-delà* – au-delà du monde, de la raison, de l'Histoire. Comme si les flibus-

1. *La Porte d'or*, Grasset, 1986, Points-Seuil, 2000.

tiers et les pirates étaient la mer elle-même, dans le déferlement inexorable de ses puissances.

Double, toujours, la mer. Cauchemar, et trésor caché. Menace des abysses, des monstres sous-marins, des tempêtes, des naufrages : tombeau. Mais berceau de la vie tout autant, d'où chaque chose procède, lieu des naissances et des métamorphoses : trésor. Un tourbillon d'énergies où se mêlent, s'opposent, s'échangent affirmations et négations, création et destruction – une énigme.

En elle, nous échappons aux mensonges de l'Histoire, à la sclérose des cultures, pour nous ouvrir à l'étendue : là, devant nous, palpite une force aveugle, indifférente, qui nous brasse, et nous broie, et nous crée – où nous nous reconnaissons, peut-être. Énigme, la mer nous est aussi un miroir, qui nous donne à lire nos espaces intérieurs : cette « âme immense » (Hugo) où paraissent se lier l'infini du ciel et celui des abysses ne nous fascine, nous épouvante et nous appelle que parce qu'en elle notre âme se retrouve, parfois – et se découvre. Qui évoque l'Océan ne dit peut-être que son âme, en son mystère et ses puissances...

Libres comme le vent, libres comme la mer, disent le vent et la mer. Répètent le poing brandi vers le Très Haut les compagnons du drapeau noir, murmurent à nos oreilles une voix obstinée. Allez ! J'avais donc raison, quand je m'éveillais, enfant, au cœur de la nuit : ce n'était que le vent, ce n'étaient que les vagues qui m'appelaient, dehors.

Ne nous reste plus qu'à prendre la mer, à notre tour, vers les îles caraïbes...

Chapitre I

Le testament d'Adam, premières brouilles

« Des objets si merveilleux que la plume ne peut les décrire, et qu'il faut voir pour seulement y croire... » – on dirait qu'il vacille, comme pris de vertige à l'instant de les énumérer dans sa lettre à Charles Ier, roi d'Espagne, depuis peu Charles Quint : toutes les richesses du palais de Guatimozin ! Une faible part, sans doute, des trésors arrachés aux Aztèques, mais la plus belle, que ses hommes, pendant des jours, à Veracruz, ont entassée en trois lourdes caravelles : masques ciselés en mosaïques de pierres fines, aux oreilles toutes d'or et aux mâchoires d'ivoire, bracelets, casques, boucliers ouvragés, émeraudes de la taille de la paume, vaisselle d'or et d'argent gravée de figures d'animaux, statuettes, sarbacanes d'or et d'argent, mitres, ornements d'autel, manteaux faits de plumes du quetzal, l'oiseau sacré, « si artistement travaillées que les étoffes de soie et d'or peuvent leur être à peine comparées », vases, miroirs d'obsidiennes polies, couleuvrines d'argent, plaques d'or en forme de disques, perles, topazes par milliers, et de l'argent, de l'or, en barres, en lingots, en poudre, toujours plus d'or et d'argent, autant que les vaisseaux peuvent en contenir, et du sucre, et des peaux, et des graines de cette plante curieuse que les Indiens appellent maïs, et puis ces autres merveilles encore, peut-être aussi troublantes, aras aux ailes rouges, jaunes et bleues, perroquets verts capables de parler, esclaves indiens, collection de « tigres », ocelots tachetés, pumas, jaguars enfermés dans des cages de bois [1] ; toute la magie, voudrait rassembler Hernán Cortés, le conquérant, pour ce premier voyage – toute l'étrangeté de ce Nouveau Monde qu'il découvre et détruit...

Les caravelles trop lourdement chargées manœuvrent mal, le mauvais temps, les maladies les ralentissent encore, les hommes, inquiets, murmurent : ces figures de métal, de dieux et d'animaux aux regards si étranges portent avec elles une malédiction. Une nuit, un paquet de mer brise les barreaux d'une cage, libère deux jaguars. L'un d'eux, furieux, met en pièces deux matelots, en blesse huit autres, avant de se précipiter dans les flots en furie, les hommes épouvantés lardent de coups de lance son compagnon. Trois mois pour arriver en vue des Açores ! Et découvrir, montant sur l'horizon, une flotte qui les attend, avec des intentions plus qu'évidentes... Trois nefs, cinq galions de la flotte corsaire du Dieppois Jean Ango, avec à leur tête, sur le *Dieppe*, trois cents tonneaux, renforcé par deux cents hommes de la garnison de Fontarabie [2], le capitaine Jean Fleury de Vatteville, terreur des Espagnols !

---

1. In : *Lettres de Fernand Cortès à Charles Quint*, trad. D. Charnay, Paris, 1896, p. 227.
2. Document de 1523, cité par H.C. Murphy, *The Voyage of Verrazano*, New York, 1875, p. 165.

Jean Fleury, de Dieppe, pour la très grande fureur de Charles Quint

Course-poursuite – les caravelles, par chance, réussissent à gagner le refuge de l'île Sainte-Marie. Mais il semble dit qu'un sort funeste marquera ce voyage jusqu'au bout. Le capitaine Quinones, l'homme de confiance de Cortés, qui commande la flottille, se prend là de querelle avec un de ses officiers pour une obscure histoire de fille. Poignards brandis, menaces, bagarre, Quinones s'effondre, le crâne fendu, d'où coule sa cervelle – que les marins jetèrent aux requins, avec le corps, dit la chronique, avant de laver le pont à grande eau [1]. Alonso de Avila, son second, prend sa suite, guette un moment propice – ne dirait-on pas Fleury parti vers d'autres gibiers ? Mais à hauteur du cap Saint-Vincent, à quelques jours à peine de Séville, voilà que ses voiles, de nouveau, surgissent à l'horizon. Le loup, tout ce temps, s'était dissimulé...

Les caravelles sont à peine armées, leurs équipages sans expérience du feu, mais de Avila fait front du mieux qu'il peut. Las, la cause est entendue dès les premières bordées, et deux caravelles, dont celle amirale, portant les plus beaux présents à Charles Quint, démâtées, criblées de boulets, sont emportées à l'abordage, tandis qu'échappe la troisième, vent arrière, cap au sud, profitant du tumulte. Les bruits les plus fous courent depuis quelque temps sur les richesses du Nouveau Monde, mais Fleury et ses hommes n'en croient pas leurs yeux quand ils ouvrent les cales : 310 kilos de perles aztèques, 230 kilos de poudre d'or, trois caisses de lingots, une dizaine de caisses de lingots d'argent, des coffres pleins de bijoux – et puis, le plus précieux peut-être, plus précieux que perles et lingots, le rapport de Cortés sur la Conquête, et les cartes des pilotes espagnols, si

---

1. Lettre d'Alonso de Avila, retenu prisonnier à La Rochelle, en date du 17 juin 1523, citée par Ramusio, *Raccolta delle navigazioni e viaggi*, t. III, p. 294.

jalousement gardées que le *Piloto Mayor* de Séville, dit-on, joue sa tête sur leur sauvegarde. Voilà de quoi donner de l'ouvrage aux cartographes d'Ango, précipiter un peu plus encore les loups de mer de Dieppe jusqu'au Nouveau Monde : les routes de l'or dévoilées !

Querelles d'héritage

Nous sommes en 1523. Quand la caravelle rescapée porta la nouvelle jusqu'à Séville, ce ne furent dans toute la ville que pleurs et lamentations – et plus encore quand arrivèrent, en bien piteux état, les deux autres caravelles délestées de leurs cargaisons. Charles Quint, prévenu, éclata en imprécations. Ce Fleury commençait sérieusement à lui échauffer la bile ! Et avec lui tous ses compères, venus de Honfleur ou de Dieppe, Michel Féré, Silvestre Billes, Guyon d'Estimauville, Cardin d'Esqueville-Bléville, Nicolas de Croismare, tous de sac et de corde, pillards toujours plus effrontés, du cap Saint-Vincent jusqu'aux Açores ! Avec eux, ce démon de Fleury ne lui a-t-il pas déjà capturé sept galions, l'année passée, à la hauteur du même cap Saint-Vincent ? Et Jean Fain, commandant de la *Marie*, toujours de Dieppe, cinq quintaux d'or fin, deux quintaux de perles et trois coffres de lingots, en une seule prise... Derrière Fain, derrière Fleury, il y a Jean Ango, en son palais de prince sur les quais de Dieppe, qui lance ses bateaux sur toutes les mers du monde, organise à ses frais la défense des côtes, contrôle le pas de Calais, tient les routes d'Écosse, escorte les terre-neuvas, encadre les convois partis de Brouage, se mêle de politique, en toutes choses traite en prince, ou en roi – et derrière Ango, il le sent, il le sait, il y a son ennemi juré, son adversaire de toujours, François Ier...

Depuis combien de temps s'opposent-ils, ces deux-là ? Dès

la mort de l'empereur Maximilien, en janvier 1519, François Ier, pour lui succéder, a essayé de se poser en défenseur de la chrétienté, face aux visées des Turcs, mais les Électeurs, réunis en juin à Francfort, lui ont préféré Charles Ier et depuis c'est la guerre, ouverte ou larvée. Échapper à l'encerclement par la maison des Habsbourg, devient pour François Ier une question de survie. Tout, plutôt que de voir se reformer la Sainte Ligue qui, en 1511, avait réuni contre la France pape, empereur, rois d'Espagne et d'Angleterre, Vénitiens, Florentins et Génois ! En mars 1517, à Cambrai, empereur, roi de France et roi d'Espagne avaient décidé d'une trêve quinquennale entre tous les princes chrétiens pour lutter contre les infidèles, mais, comme avait ironisé Christian II, notre allié danois, « en telle paix, il n'y a guère d'amour » et depuis c'est un festival de tartufferies et de coups bas : plutôt que de s'affronter à visage découvert, les deux ennemis se livrent à une guerre féroce, par agresseurs interposés, tout en se disputant les faveurs de Henri VIII, roi d'Angleterre. À la fastueuse rencontre du Drap d'or, en juin 1520, par laquelle François pensait séduire l'Anglais, a répondu le 10 juillet l'entrevue de Gravelines, organisée par Charles Quint. Et tandis que l'empereur prête son concours discret aux bannis génois et lombards contre les occupants français, François Ier soutient les prétentions de Henri d'Albret sur la Navarre espagnole, lance Robert de la Marck dans les Pays-Bas. En vain, dirait-on : l'étau se resserre, mois après mois. Le 8 mai 1521, le pape Léon X a signé un traité d'alliance avec Charles Quint, qui a reçu l'investiture du royaume de Naples, en juin, André de Foix, seigneur de Lesparre, qui avait investi Pampelune, a été rejeté en France, et le 24 novembre, le pape, l'empereur et Henri VIII se sont secrètement engagés à attaquer l'arrogant Français de tous les côtés à la fois, par les Pyrénées, les Alpes, la Picardie – et par les mers, « jusqu'à détruire la flotte du roi très chrétien ». Et pour tout arranger, Adrien VI, l'ancien précepteur et ministre de Charles Quint, a succédé à Léon X en janvier 1522... La curée ? Déjà les nouveaux alliés l'imaginent pour le mois de mars 1523. Le Milanais perdu le 29 avril, à la suite de la défaite du maréchal Lautrec à la Bicoque, Gênes perdu le 29 mai, le jour même où Henri VIII lui déclare la guerre – c'est bien la fin, dirait-on, des rêves italiens de François Ier. Bayonne, Cherbourg, Toulon, Calais, Le Tréport, Marseille menacés, Saint-Pol-de-Léon attaqué et Morlaix incendié le 1er juillet 1522 par les troupes de l'amiral Howard, c'est sur toutes les côtes de France une mobilisation générale. Les marins français partout se défendent comme de beaux diables – tels ces marins du Croisic, au tempérament sans doute un peu vif, qui, se risquant sur sept petits bâtiments, caravelles et chaloupes, jusqu'au large du cap Finisterre, n'ont pas hésité à pendre leurs prisonniers à la mode espagnole, « par les génitoires, baillant ribaudes par la teste aux autres, leur faisant sortir par les bouches et oreilles grant effusion de sang ».[1] Et c'est Ango, déjà, avec son gendre de Bures, qui dans la Manche rassemble à ses frais des escadres...

Dans pareil contexte, Charles Quint, après tout, aurait pu passer dans les fortunes de guerre les prises de Fleury, si elles ne lui paraissaient pas annoncer une menace nouvelle : le déplacement des conflits vers les mers caraïbes, et ce Nouveau Monde d'où l'Espagne tire une part sans cesse croissante de sa puissance...

---

1. Bibl. nat., Franç. 5086, f° 143, cité par Vergé-Franceschi, *Chronique maritime de la France d'Ancien Régime*, SEDES, 1998, p. 102.

Les chasses gardées de Charles Quint – et les impatiences de François Ier

Depuis la découverte des « Indes » par Christophe Colomb, l'Espagne n'a eu de cesse qu'elle ne fasse confirmer par Rome son monopole sur les Terres Neuves. En 1481 déjà, le pape Alexandre VI Borgia, il est vrai espagnol[1], était intervenu par la bulle *Aeterni Regis* pour régler le conflit entre Castille et Portugal sur l'exploitation de l'Afrique, non pas en vertu d'une compétence reconnue sur les questions économiques, mais parce que le pape, seul, avait pouvoir d'autoriser les missions d'évangélisation dans les terres nouvellement découvertes – et une première ligne de partage avait laissé aux Espagnols les Canaries et Madère, au large des côtes d'Afrique. Mais c'est en 1493 que la Castille avait obtenu pleine satisfaction : une bulle, *Inter Caetera*, avait fixé à cent lieues à l'ouest et au sud des Açores et du cap Vert le privilège d'évangélisation des Espagnols, en des termes pour le moins péremptoires : « De notre propre autorité, sans pression de vous-même ni de quiconque et dans la plénitude de notre puissance apostolique, nous donnons toutes les îles et terres nouvellement découvertes à vous et à vos héritiers, pourvu qu'elles n'appartiennent encore à aucun roi chrétien, et nous défendons à tous autres, sous peine d'excommunication, de s'y rendre et d'y faire commerce sans notre permission. » Un superbe cadeau – trop, peut-être : le traité de Tordesillas, en 1494, avait repoussé la zone réservée à l'Espagne à 370 lieues des îles du Cap-Vert, ce qui allait laisser au Portugal, plus tard, la possibilité de prendre possession du Brésil. Le monde à jamais partagé entre les deux puissances ? L'excommunication, alors, était affaire sérieuse et nul ne s'était risqué à protester, mais il était à prévoir que les autres États prétendraient quelque jour à une part du gâteau, et avec d'autant plus

1. Le père de Lucrèce Borgia.

d'appétit qu'il paraîtrait juteux. L'Angleterre ? Pour l'heure, trop d'intérêts liaient Henri VIII à l'Espagne, à commencer par les activités de ses marchands aux Pays-Bas. Mais François Ier... Ses revers italiens, les raids anglais sur les côtes du Ponant n'allaient-ils pas l'inciter à se tourner vers l'Atlantique, et, du coup, fatalement, vers les Terres d'Amérique ? Les entreprises d'Ango, les attaques des corsaires de Honfleur et de Dieppe, n'étaient peut-être que les premiers coups de sonde, annonciateurs d'une politique nouvelle...

Et c'est bien ce qui s'ébauche, dirait-on, tandis que François Ier multiplie les voyages sur les côtes du Ponant, crée Franciscopolis, encore appelée Le Havre-de-Grâce, du nom d'une chapelle proche, visite Saint-Malo, Boulogne, Morlaix, renforce les infrastructures portuaires et leurs moyens de défense, esquisse les premiers linéaments d'une politique maritime, rassemble géographes et cartographes, encourage l'édition des ouvrages scientifiques indispensables à la conquête des mers, n'hésite pas à faire appel aux spécialistes étrangers pour combler son retard – c'est presque une révolution, même si encore timide, que ce basculement de la façade méditerranéenne, héritée de Rome et des Croisades, vers l'Atlantique et la Manche, qui verra se développer Bordeaux, Nantes, Le Havre...

Manque d'intérêt pour l'aventure maritime ? La France n'avait pas produit jusque-là de Christophe Colomb ou de Vasco de Gama. Avec François Ier commence une ère de grandes explorations, et l'on pourra croire un temps que la France entend bien s'imposer à son tour comme puissance maritime.

Le Nouveau Monde à Honfleur, ou l'incroyable destinée d'Essomericq, Indien Tupinamba, seigneur de Gonneville

L'écho de la découverte de Christophe Colomb, déjà, avait mis en émoi les pilotes de Honfleur. Par quels moyens ceux-ci réussirent-ils à se procurer un manuscrit de Marco Polo – et celui-là même qu'avait eu en mains Charles V ? Toujours est-il que sa garde fut confiée à Symon du Solier, échevin de leur confrérie. Et les esprits commençaient à s'échauffer, aux rumeurs de certaines découvertes fabuleuses, par-delà les océans. Puis un des leurs, Binot Paulmier de Gonneville, « trafiquant à Lisbonne », découvre les richesses rapportées des Indes orientales par Vasco de Gama, Cabral, Nova. Le 11 septembre 1502 est arrivé Nova, avec un chargement prodigieux, en mars 1503 un facteur italien a établi la liste des denrées ramenées de Cochin par Vasco de Gama. Poivre, cannelle, noix de muscade, camphre, indigo : les bénéfices sont à tourner les têtes. Gagner les Indes, à son tour !

Rentré à Honfleur, Gonneville n'est guère en peine de trouver des commanditaires, parmi les marchands de la place – et le 24 juin 1503, après une messe dite en l'église de Honfleur, l'*Espoir*, cent vingt tonneaux, appareille vers les terres découvertes par Vasco de Gama, Calicut et ses merveilles. Cent vingt tonneaux, pour soixante hommes, deux années de vivres, des marchandises de troc en abondance, des toiles, des pièces de drap et de velours par centaines, des quintaux de verroterie ! On se demande comment le navire pouvait encore naviguer, avec pareil chargement... Deux des armateurs se sont joints au capitaine de Gonneville plus, – gage, pensent-ils, de succès –, deux Portugais, Bastiao Moura et Diego Cohinto déjà allés à Calicut, capables d'utilement conseiller leur vieux loup de mer de pilote, Colin Vasseur.

Las, un ouragan, après deux mois de mer, emporte le navire, à hauteur, semble-t-il, du cap de Bonne-Espérance, suivi par d'interminables calmes, sous des pluies fétides. Colin Vasseur décédé, l'*Espoir* dérive, perdu, jusqu'à ce que, le 5 janvier 1504, apparaisse une terre. Les hommes, épuisés, se regardent, surpris. Cette rivière où ils s'engagent, ne dirait-on pas l'Orne qu'ils ont quittée ? Les portes des premières cabanes qu'ils visitent se ferment par un loquet, comme les étables normandes... Les femmes, les hommes venus à leur rencontre, vêtus de courts manteaux de peau, portant les cheveux longs sous des tortils d'herbes et de plumes multicolores, paraissent inoffensifs, et des plus accueillants : « Quand les chrestiens eussent esté des anges descendus du ciel, ils n'eussent pu estre mieux chéris par ces pauvres Indiens. »[1] Le paradis. Gonneville et ses hommes resteront là six mois avant d'entreprendre le voyage du retour, puisque aussi bien les marins refusent de poursuivre vers Calicut. À leur bord, Essomericq, le fils du roi Arosca, que celui-ci a confié à Gonneville avec un mentor, Namoa, pour qu'il l'initie en son pays aux mystères des hommes blancs...

Le retour sera un long désastre. Des fièvres emportent des hommes d'équipage, le médecin, puis Namoa. Essomericq lui-même paraît si mal en point que Gonneville le baptise, et lui donne son nom. L'eau croupit, il faut quelque part faire aiguade[2]. La terre qu'ils touchent le 10 octobre (à hauteur de Porto Seguro ?) est bien différente de celle qu'ils ont quittée. Les hommes descendus à terre à la recherche d'eau sont blessés ou tués par des Indiens féroces « nuds comme venant du ventre de la mer, ébarbéz, my-tondus. »[3] Cent lieues plus au nord, vers Bahia, ils peuvent enfin faire relâche, charger des vivres et, après d'âpres marchandages avec les indigènes, acheter une riche cargaison « pour rescaper les frays et voyage », mais Colin Vasseur n'est plus à leurs côtés, et deux mois plus tard ils se trouvent freinés, presque perdus de nouveau dans la mer des Sargasses.

1. Probablement des Indiens Guaranis, du rio Sao Francisco de Sal, dans le sud du Brésil.
2. Faire provision d'eau douce.
3. Probablement des Indiens Tupinambas.

C'est à bout de forces, épuisés par les fièvres et le scorbut, qu'ils arrivent en mars à Fayal, aux Açores. La fin de leurs souffrances ? Une dernière halte en Irlande pour s'y radouber, et ils s'embrassent déjà « au seuil de l'hostel » quand, le 7 mai 1505, un pirate de Plymouth fond sur eux, puis, comme si cela ne suffisait pas, un deuxième forban, celui-là breton, et de fort méchant caractère, Maurice Fortin, qui rôdait entre Jersey et Guernesey, accourt pour la curée. L'*Espoir* jeté à la côte plutôt que de se rendre, ne survivront que trente et un hommes, dont Essomericq, qui arrivent le 20 mai à Honfleur...

Le genre d'aventures à vous dégoûter d'entreprendre – et de fait les marchands de Honfleur et de Dieppe ne se risqueront plus avant longtemps vers les Indes orientales, où seuls s'obstineront quelques corsaires comme ce Pierre de Mondragon, qui, en mars 1506, enlevait au nez et à la barbe de Tristan da Cunha un vaisseau portugais dans le canal de Mozambique – avant d'écumer au retour les côtes espagnoles, en 1508, s'emparant tour à tour d'un des plus beaux bâtiments à l'ancre dans l'anse de Cadix, puis, au large du cap Saint-Vincent, d'une caraque portugaise chargée d'épices et de soieries de Calicut. Et tandis que le vertueux Gonneville ruminait son échec[1], l'effronté Mandragon, bravant les mandats d'arrêt lancés contre lui par le roi d'Espagne jusqu'à Bayonne et Saint-Jean-de-Luz, vendait à prix d'or son butin à Pampelune...

1. Ne pouvant ramener Essomericq chez lui, Gonneville l'adopta, l'éduqua, le maria à l'une de ses parentes, et en fit un de ses héritiers. Le petit-fils d'Essomericq, l'abbé Pinot Paulmier de Gonneville, devint chanoine du chapitre de Lisieux. C'est tout à fait par hasard que le récit de Gonneville est venu jusqu'à nous. Refusant les « droits d'aubaine » dont on voulait les frapper comme issus d'un étranger, une famille Paulmier argua que cet ancêtre n'était pas un « aubain », un étranger, mais un otage « gardé contre la foi de ses engagements » (cf. La Roncière, *op. cit.*, p. 132). Et ils produisirent, pour preuve, la relation de voyage de l'*Espoir*, déposée le 19 juillet 1505 au greffe du siège de l'Amirauté de Honfleur.

Quand Verrazano découvrait l'Amérique

Restaient les eaux de l'Amérique du Nord, où les Espagnols ne s'étaient pas encore aventurés. Dès 1506, le Honfleurais Jean Denys, piloté par un certain Gamart de Rouen, avait donné son nom à un havre de Terre-Neuve[1]. En 1508, un ancien membre de la confrérie, Jean Ango, envoyait dans les eaux d'Amérique la *Pensée*, capitaine Thomas Aubert – on verra plus loin que ces eaux étaient depuis longtemps fréquentées par des Français peu soucieux de publicité. Mais c'étaient des expéditions privées, sans possibilité d'une action concertée, continue. Avec François Ier, les choses commencent à changer, passe un frisson nouveau, revient, dirait-on, le goût de se lancer dans de grandes entreprises. L'arrivée de la *Victoria* à San Lucar, en septembre 1522, seule rescapée de l'escadre de Magellan, et le premier navire à avoir bouclé le tour du monde, suscite un grand émoi. Une voie enfin trouvée vers l'Asie, par le sud de l'Amérique ! Pourquoi n'y en aurait-il pas une autre par le nord, ou l'ouest ? On ne sait trop si cette expédition lui fut proposée par Jean Ango, sur les conseils de banquiers florentins, ou s'il en fut lui-même le premier instigateur : en tous les cas, c'est soutenu par le roi qu'un syndicat lyonnais de commerçants en soieries et de banquiers florentins installés en la ville décide en juin 1523 de financer un voyage de découverte « vers les Indes en Cathay » confié à Giovanni et Girolamo Verrazano, autres immigrés florentins. Giovanni promet au roi « en allant ainsi vers le Cathay par l'est la découverte de royaumes différents des pays rencontrés par les Portugais. »[2]

Par l'est, autrement dit, pense Giovanni, par le nord de la Norvège et de la Moscovie, dont le Génois Gaspar Centurione, à Rouen, avait pu lui dire les immenses étendues. Ango est de

1. Qui sera plus tard appelé Ropgnouse.
2. Lettre de Carli et Francisco d'Andrada, *Cronica do muyto alto e muyto poderoso Rey destes Reynos de Portugal D. Joao o III deste nome*, Lisbonne, 1613, part. I, fol. 14.

l'aventure, par un des quatre navires, la *Normande*, et le roi, quant à lui, a prêté le *Dauphine*. Les débuts font craindre le pire. Des agents portugais au Havre sèment la zizanie parmi les équipages. À peine la petite escadre s'est-elle aventurée dans les mers boréales qu'elle en est chassée par une violente tempête. Deux seulement des navires, le *Dauphine* et le *Normande*, se retrouvent sur les côtes bretonnes. C'est alors que, laissant le *Normande*, Verrazano choisit de se risquer seul avec le *Dauphine*, jusqu'à Madère d'abord, puis, de là, à travers l'Atlantique...

Vingt-cinq jours plus tard, une côte basse est en vue, éclairée de centaines de feux de bivouac. Des terres arrivent des parfums entêtants et suaves, des plages de sable fin se découvrent au matin, coupées de collines où gazouillent d'innombrables oiseaux, d'espèces inconnues : la Floride, comme on l'a cru longtemps[1], découverte en 1512 par Ponce de León, le jour des Pâques fleuries, d'où son nom, et que les Espagnols, un temps, crurent être la fontaine de Jouvence – ou, plus probablement, la Caroline du Sud, à hauteur du cap Fera. La découverte en 1909 d'un manuscrit beaucoup plus complet que la relation connue jusque-là de son premier voyage, et les travaux récents des historiens éclairent son périple d'un jour nouveau[2]. Il serait descendu, dans un premier temps vers le sud, sur 200 milles, jusqu'à se trouver le 13 mars au large de l'embouchure de Savannah, avant de remonter vers le nord, de crainte d'avoir à se frotter aux Espagnols. Puis, après un premier contact, chaleureux, avec des hommes à peau cuivrée qu'il compare à des Éthiopiens, il longe la Caroline du Nord, la Virginie, le Delaware et le New Jersey, croit avoir trouvé le passage tant cherché vers

1. Cf. encore La Roncière, *op. cit.*, p. 261.

2. Outre les travaux de Mollat du Jourdin et Jacques Habert, les recherches minutieuses de Ganong sur les localisations géographiques (Ganong, W.F. : *Crucial Maps in the Early Cartography and Place, Nomenclature of the Atlantic Coast of Canada*, Royal Society of Canada, 1931, pp. 75-102).

« les rivages bénis de Cathay », passe le cap Hatteras puis la baie de Chesapeake, baptise Arcadie la terre sur laquelle il débarque, tant la splendeur des paysages, la richesse de la flore et de la faune, la douceur de ses habitants lui font songer à quelque paradis terrestre, remonte une vaste baie jusqu'à un site « fort agréable, situé entre deux collines, où coule en son milieu une très agréable rivière qui vient se jeter dans la mer », qu'il baptise Angoulême en hommage au roi, son protecteur : l'actuelle New York. Poursuivant son périple, il découvre, à dix lieues du continent, une île qui lui paraît évoquer Rhodes, et ce nom de Rhode Island lui restera, avant de s'aventurer dans la baie de Narragansett, de longer Cape Cod, de s'enfoncer dans le fouillis des îles du Maine. Puis, tirant est-sud-est jusqu'à Cap-Breton, il fait escale à Terre-Neuve, pour s'approvisionner en vivres et en eau, avant de regagner Dieppe, où il arrive le 8 juillet par la route des pêcheurs.

Il n'a pas trouvé le passage vers Cathay. Échec complet, donc, pour lui – alors qu'il vient d'explorer plusieurs milliers de kilomètres entre les terres espagnoles, au sud, et celles découvertes par les Bretons ou les Portugais, au nord. Longtemps contesté, ses récits mis en doute, il aura fallu les travaux récents pour lui rendre justice : « le découvreur de la plus grande partie de la côte atlantique des États-Unis. »[1] Et le premier à prendre la mesure de ce qu'il a exploré : « Cette terre est plus grande que l'Europe, l'Afrique et presque que l'Asie, si nous évaluons correctement son étendue [...] : toute cette terre ou Nouveau Monde que nous venons de décrire constitue un ensemble. Elle n'est pas jointe à l'Asie, ni à l'Afrique ; nous le savons avec certitude. »

1. Habert, Jacques : *Verrazane. Quand New York s'appelait Angoulême*, Paris, 1993. Habert, Jacques (et Mollat du Jourdin) : *Giovanni et Girolamo Verrazano, navigateurs de François Ier. Dossiers de voyage établis et commentés par...*, Imprimerie nationale, Paris, 1982.

Vers les îles aux épices

Déçu, donc, mais déjà prêt à repartir vers ce « passage du nord-ouest » qui s'est refusé à lui – commandité cette fois par Alonce de Civille, vicomte de Rouen, et Simon Le Gras, marchand de Troyes en Champagne « pour l'entreprinse d'un voiage en certaines ysles incongneues ès parties des Indes, soubcz la charge de Jean Barrassone[1], auquel le Roy avoit donné povoir et permission de faire ledit voiage ». Il va partir, quand arrive un contre-ordre : la Provence envahie, les troupes impériales menaçant Marseille, l'ennemi à chaque instant peut attaquer les côtes, la France a besoin de tous ses vaisseaux. Partie remise, le temps de la paix retrouvée. Avec un changement de programme : Antonio Pigafetta, un compagnon de Magellan, vient de publier la relation de son voyage autour du monde, où il révèle le passage trouvé au sud du continent américain, et c'est sur les traces de Magellan, donc, qu'à la tête de deux navires Verrazano prend cette fois la mer, le 15 juin 1526...

Sur ce voyage, nous ne savions rien jusqu'à une date récente, et certains historiens, comme La Roncière, pensaient qu'il avait repris simplement son exploration des côtes américaines : la découverte d'un rapport du gouverneur de Mozambique, en date du 18 juillet 1518, lève enfin le voile – sur une assez extraordinaire aventure.

C'est bien la route de Magellan vers les îles aux épices qu'il s'agissait de retrouver, mais les vents contraires, le mauvais temps les empêchèrent de franchir le détroit découvert par le navigateur. Verrazano, tentant alors le tout pour le tout, choisit de gagner l'océan Indien en traversant l'Atlantique d'ouest en est, dans ces mers dangereuses – un exploit qui ne devait être renouvelé qu'au début du XVIIIe siècle. Las, à hauteur du cap de Bonne-Espérance, les marins effrayés se rebellèrent et l'un des

1. Verrazano, bien sûr.

navires, celui que commandait Verrazano, séparé de l'autre par la tempête, dut rebrousser chemin et revint en France en septembre 1527, les cales remplies de « bois rouge » chargé au retour sur les côtes du Brésil.

Le second bâtiment, commandé par Pierre Caunay, avait réussi, lui, à pénétrer dans l'océan Indien. Passant au sud de Madagascar, il atteignit Sumatra dans l'été 1527 (soit, ce que l'on ignorait, deux ans avant les Parmentier). Les choses tournèrent mal à Achem. Plusieurs de ses marins, plus le pilote, tués dans une échauffourée, Caunay décida de rentrer sans chercher à atteindre les Moluques. Ils n'étaient pourtant pas au bout de leurs malheurs : après une courte escale à Madagascar (une première, là encore), ils firent naufrage au moment du départ, et les douze survivants atteignirent le 18 juillet 1528 les côtes de Mozambique où, faits prisonniers, ils racontèrent leurs histoires...

Pendant ce temps, Verrazano, inquiet, avait envoyé un navire à leur recherche, le *Marie de Bon Secours*, qui, après avoir passé sans encombre le cap de Bonne-Espérance, arriva à Zanzibar en mars 1528 et de là gagna Diu, le comptoir portugais, où il se trouva aussitôt saisi, son équipage jeté en prison.

De son côté, Verrazano avait repris la mer, dès le mois de mai 1528, sur le *Flamengue*, pour une expédition commanditée cette fois par Jean Ango et l'amiral Chabot, à la recherche de « quelque commerce profitable aux Indes ». Il mit le cap sur les Antilles – et il finit mangé par les Indiens, probablement en Jamaïque, alors qu'il s'obstinait à chercher dans les eaux caraïbes un passage vers l'Orient[1].

---

1. Voir, sur ce point, Habert, Jacques (et Mollat du Jourdin) : *Giovanni et Girolamo Verrazano, navigateurs de François Ier*, *op. cit.*, p. 36.

Le *Sacre* et le *Pensée*, capitaines Parmentier

Il en fallait plus pour décourager Jean Ango. Calicut, Cochin, et puis, plus loin encore, les Moluques, ces îles aux épices qui vont faire la fortune des marchands portugais... Autant de coffres aux trésors ouverts aux audacieux. Et puis, l'idée ne lui déplaît pas, d'aller porter le fer là-bas, lui qui mène déjà sa guerre contre les Portugais. Le *Sacre*, cent vingt tonneaux, et le *Pensée*, deux cents tonneaux, appareillent de Dieppe le 2 avril 1529, avec à leur tête deux capitaines hors du commun, fins lettrés et modèles de piété, Jean et Raoul Parmentier, de vieille famille dieppoise. Les cartes sont encore rudimentaires, mais Ango a réussi, malgré la surveillance des espions, à s'assurer les services d'un pilote portugais. Après avoir touché Sumatra, fait alliance avec le sultan Mégilica Raga, les deux frères, l'un après l'autre, périront de fièvres sur la route du retour, et les deux navires regagneront Dieppe en juillet 1530 en piteux état, avec pour tout rapport trente tonneaux de poivre.

Restait à tenter l'aventure des épices par la voie nouvelle de Magellan. Le *Sacre* et la *Pensée* à peine rentrés, Ango déjà cherchait des partenaires pour une nouvelle expédition – avec cette fois, pensait-il, un atout décisif dans la manche. N'avait-il pas réussi à engager, contre la promesse, au nom du roi, d'une rente de trois cents livres, Leone Pancaldo lui-même, le pilote de Magellan ? Et celui-ci avait un plan : passer le détroit de Magellan, de là gagner les îles de Banda, où charger noix de muscades et macis, toucher à Timor pour le bois de santal et revenir par le cap de Bonne-Espérance sans qu'aucun bâtiment portugais le capture : « En effet, j'aurais doublé le cap à la fin de novembre, et comme les vaisseaux portugais ne quittent l'Inde qu'en janvier, je ne les aurais pas rencontrés [1]. » Mais Ango avait sous-estimé l'effi-

1. Lettre en date du 3 octobre 1531, citée par La Roncière, *op. cit.*, pp. 274-275.

cacité de la police secrète portugaise. Rattrapé à Paris par un agent, Pancaldo se laissa soudoyer et contre mille six cents ducats s'engagea à rentrer chez lui, à Savone, à ne pas dresser de cartes, et à ne plus naviguer sans l'accord du roi du Portugal. Puis, s'inquiétant des travaux du cosmographe Jean Alfonse, des agents portugais tentèrent de l'attirer au Portugal – et c'est après des ruses dignes d'un roman d'espionnage qu'Ango parvint à engager un autre pilote, portugais lui aussi, Pero Fernandez. À l'instant du départ, la police portugaise songea à l'enlever, mais recula devant les risques courus sur un sol étranger : « Il nous parut, se justifia l'agent, qu'en ce pays libre nous ne pouvions rien faire par force qui n'eût du retentissement et ne nous mît dans de grands embarras [1]. » Nous ignorons ce qu'il advint de cette expédition. À en croire les *Mémoires chronologiques pour servir à l'histoire de Dieppe* de Desmarquets [2] les navires d'Ango allèrent jusqu'en Chine, où le sieur de Valois, ambassadeur de François Ier, put même rencontrer l'empereur, et revinrent chargés de porcelaine, de thé et d'autres merveilles, mais ce témoignage reste douteux. Quel que fût le résultat réel de l'entreprise, n'en reste pas moins que cette effervescence témoigne d'une volonté nouvelle, qu'appuie l'autorité du roi – lequel, pour mieux suivre tous ces projets, et déterminer les meilleures voies possibles vers les îles des épices, s'était attaché à grands frais les services d'un cartographe portugais de renom, Joao Pacheco. Orient, Antilles, Amérique du Nord comme du Sud, ils sont partout, dans ces années, les bâtiments français, partout cherchant à contourner le monopole espagnol, ou portugais.

1. La Roncière, *op. cit.*, p. 276.
2. Tome I, p. 113.

Jacques Cartier, en route vers les Terres Neuves

L'intégration de la Bretagne au royaume de France, achevée en 1532, lorsque François Ier en hérite au nom de son fils le dauphin, apporte, dirait-on, une impulsion nouvelle. Ce n'est pas seulement un littoral exceptionnel qui s'ajoute ainsi aux terres de la Couronne, mais aussi une très riche et très ancienne culture maritime. La traduction immédiate de cet apport nouveau sera le financement à hauteur de six mille livres d'une expédition « pour découvrir certaines ysles et pays où l'on dit qu'il se doit trouver grant quantité d'or et aultres riches choses » vers les Terres Neuves, plus au nord que celles explorées par Verrazano, confiée à un marin rencontré à Saint-Malo lors d'une visite, deux ans plus tôt : un certain Jacques Cartier... Et c'est, dans son genre, une première, que ce financement public d'une mission d'exploration, le signe fort que François Ier, lui aussi, entend « posséder ses Indes ».

N'a-t-il pas, l'année précédente, obtenu du pape Clément VII, grâce à l'intercession habile de Jean Le Veneur de Tilliers, évêque de Lisieux et abbé du Mont-Saint-Michel, un additif à la bulle *Inter Caetera* stipulant (ce qui change tout !) que ses dispositions ne s'appliquaient qu'aux terres *déjà* découvertes par les Portugais et les Espagnols, et non à celles qui viendraient à être découvertes par d'autres ? « Le fait de trafic et échange de marchandises est de tous les droits un des plus naturels et des plus autorisés », proclame-t-il haut et fort depuis déjà quelque temps – et un peu plus tard, excédé par les prétentions de Charles Quint, il lancera : « Est-ce déclarer la guerre et contrevenir à mon amitié avec Sa Majesté que d'envoyer là-bas mes navires ? Le soleil luit pour moi comme pour les autres ; je voudrais bien voir la clause du testament d'Adam qui m'exclut du partage du monde[1]. » Le monopole hispanique, de

1. Cité par le cardinal de Tolède, dans une lettre à l'empereur, 27 janvier 1541 (Archives de Simancas, *Estado Castilla*, leg. 53, fol. 333).

toute évidence, va se trouver de plus en plus vivement contesté...

Tant de marins inconnus, sur tant de mers...

À tout cela, pendant toutes ces années, il convient d'ajouter l'intense activité, trop longtemps négligée, de milliers de marins anonymes, dont le souci était moins de considérations stratégiques ou scientifiques que de simple survie, ou de rapides profits – ce « processus diffus, officieux, informel, souvent obscur, de pénétration de marins, marchands aventuriers dans l'espace américain », pour reprendre les mots de l'historien André Lespagnol[1] : « Sur ce plan, les entreprises des Français furent parmi les plus précoces et les plus intenses durant tout le XVe siècle en certains points privilégiés du Nouveau Monde. » Sans doute étaient-ils peu soucieux de laisser des traces dans l'histoire et même préféraient-ils tenir secrets leurs routes et lieux de pêche, mais leur présence n'en est pas moins certaine et souvent antérieure à celle des « découvreurs » officiels. S'il n'en fallait qu'un exemple, spectaculaire : nous savons par une déposition des pêcheurs de Bréhat et Pempoul datée de 1514, que ceux-ci se plaignaient de payer *depuis soixante ans* la dîme sur les poissons pêchés « tant en las coste de Bretaigne, la Terre-Neuve, Islande et ailleurs » – soixante ans, soit trente-huit années avant que Christophe Colomb n'aborde les Caraïbes[2].

Les Bretons étaient à ce point réputés être les détenteurs du secret de Terre-Neuve, au début du XVIe siècle, que la mère de Charles Quint, en 1511, exigea de l'explorateur Agramonte qu'il ne se risque vers l'île des Morues que sous la conduite de deux pilotes bretons[3] et les premières cartes du XVIe siècle donnent aux

1. Revue *L'Histoire*, juillet-août 1991, p. 73.
2. Charles de la Roncière, *Histoire de la marine française*, t. II, p. 399, *op. cit.*, p. 15.
3. Documents 31 et 32 du t. III de la *Colecion der Viages de Navarrete*, cité par La Roncière, *op. cit.*, t. III, p. 139.

régions septentrionales de l'Amérique le nom général de Terre des Bretons. Les pêcheurs de Honfleur, de Rouen et de Dieppe les rejoignirent bientôt[1], sur des bateaux qui dépassaient rarement soixante tonneaux, pour des campagnes de huit mois, tandis que les pêcheurs basques, eux, s'en allaient chasser la baleine sur les côtes du Labrador. Les incursions des Français ne se limitaient pas aux territoires du Nord : des armateurs de Saint-Pol-de-Léon, furieux d'avoir eu trois de leurs bateaux coulés alors qu'ils chargeaient du bois de teinture dans la Baie de Tous les Saints, et leurs équipages massacrés, pendus ou enterrés jusqu'aux épaules par les arquebusiers de Christovao Jaques qui s'en servirent comme cibles, avaient revendiqué en 1528 leur droit de premiers occupants de la partie nord du Brésil[2]. Affabulation ? Pas si sûr. Quand les Portugais touchèrent aux côtes du Brésil, en 1500, ils eurent la surprise d'apprendre des Indiens que d'autres étrangers vêtus comme eux les avaient précédés, qui portaient la barbe rousse[3]. Et Binot Paulmier de Gonneville touchant les côtes du Brésil en 1503 à bord de *l'Espoir*, confirme dans son journal que « d'empuis aucunes années les Dieppois et les Malouinois et autres Normands et Bretons [allaient] quérir ici du bois à teindre en rouge, cotons, guenons et perroquets[4] ».

Ils sont des centaines, alors, sinon des milliers, partis de tous les ports du Ponant, qui trafiquent ainsi, pêchent, ou font la course, le long des côtes du Nouveau Monde, sans le moindre

1. Nous le savons au moins de manière assurée par des documents commerciaux, pour le capitaine Jean Denys de Honfleur et Thomas Aubert de Dieppe en 1508. Nous savons également que la *Jaquette*, du port du Dahouet, dans la baie de Saint-Brieu, vint vendre à Rouen, en 1510, du poisson séché « ès partie de la Terre Neufve ».

2. Lisbonne, archives de la Torre do Tombo, *Corpo Chronologico*, p. I, liasse 41, doc. 80.

3. Cf. les éléments apportés par P. Gaffarel, *Histoire du Brésil français au* XVIe *siècle*, Paris, 1878.

4. Cf. Michel Vergé-Franceschi, *Chronique maritime de la France d'Ancien Régime*, *op. cit.*, p. 69.

égard pour les bulles papales, si nombreux et hardis qu'Espagnols et Portugais feront bientôt preuve à leur endroit d'une rare férocité – générant en retour des représailles non moins terribles, qui feront pour longtemps des mers caraïbes les plus violentes du globe. Puis, la terreur ne suffisant pas, les Espagnols et les Portugais entretiendront en France tout un réseau d'espions, affairés à recopier les chartes-parties des bateaux en partance pour tenter de les intercepter en route, quand ils ne « dissuadaient » pas discrètement les matelots, ou enlevaient les pilotes...

Un prince de la Renaissance à Dieppe : Jean Ango, armateur, mécène, explorateur et pirate

À la jonction de ce foisonnement d'initiatives privées, dont nous commençons tout juste à prendre la mesure et de la volonté royale d'une politique maritime nouvelle, un homme jouera tout au long de cette période un rôle capital, qui assurera à sa ville de Dieppe, pendant des décennies, un rayonnement exceptionnel : Jean Ango. Un héros de roman, sinon d'épopée. « Un prince de la Renaissance », dira de lui La Roncière [1] – traitant d'égal à égal avec les plus puissants, se substituant quand nécessaire au roi défaillant pour la défense de nos côtes, lançant ses vaisseaux sur toutes les mers du monde, finançant des expéditions sur les routes nouvelles, menant une véritable guerre privée contre Portugal et Espagne, au point, dira la légende, d'entreprendre, seul, le blocus de Lisbonne. Un homme protée, tout à la fois grainetier et contrôleur du magasin à sel de Dieppe, conseiller du corps de la ville, receveur du temporel pour l'archevêque de Rouen, vicomte et capitaine de Dieppe au nom du roi, lieutenant de l'amiral de France, et, surtout « armateur en tous genres » : un portrait de lui, au manoir de Varenge-

1. La Roncière, Charles de : *Histoire de la marine*, *op. cit.*, p. 13.

ville, le montrait « de taille moyenne, barbe et cheveux blonds, joues vermeilles, nez aquilin, front haut et grosse tête [1] ». Son hôtel, sur les quais, qu'il avait appelé *La Pensée*, en souvenir du bateau qui toucha l'Amérique en 1508 – et le choix de ce nom déjà est comme un manifeste –, écrasait les visiteurs par sa magnificence, ses bois sculptés et ses dorures, ses bas-reliefs et ses terrasses à l'italienne ouvrant d'un côté sur la rade, de l'autre sur la vallée verdoyante. Sa « maison de campagne », à Varengeville, sur un plateau dominant ravins et bruyères jusqu'à la mer, évoquait les palais florentins, avec ses fresques à l'imitation des Loges de Raphaël, ses mosaïques de grès et de silex, ses galeries, ses arcades : là, pendant des décennies, il entretint une véritable cour, mêlant marins, savants et poètes, quand ils n'étaient pas tout cela à la fois, comme ce Jean Parmentier qui, à ses heures perdues, se consacrait à la poésie, gagnant premier ou deuxième prix, chaque année pendant dix ans, aux Palinodes de Rouen et aux Puys de l'Assomption, contre d'aussi éminents concurrents, parfois, que Ronsard... Ses fêtes, par leur faste, prenaient des allures de camp du Drap d'or, et les foules accouraient de Dieppe, d'Abbeville, de Paris, pour voir défiler à ces occasions les dernières prises d'Ango. On parla longtemps de celle de 1527, sur un thème donné par Parmentier, en forme de moralité, *Les Biens*, quand se succédèrent les Vertus, en robes de soies ornées de pelleteries, Samson, en tunique toute d'argent, Tubal portant la simarre d'un mandarin chinois, Hercule en peau de lion et soies jaunes. Alexandre le Grand, vêtu de velours cramoisi galonné d'or, était porté par huit noirs sur un drap tissé d'or, sous un dais en plumes de quetzal et son trône, assure-t-on, était fait de lames d'or massif en forme de serpents, comme d'or, de velours, de soie, de satin étaient les livrées des laquais, les caparaçons et les housses des chevaux... [2]

1. Guibert : *Mémoires pour servir à l'histoire de la ville de Dieppe*, t. 1, p. 40.
2. Cité par La Roncière, *op. cit.*, t. III, pp. 254-255.

Un prince, à l'exemple des grandes figures d'Italie, mécène et conquérant, flibustier avant l'heure et marchand. Le monde était encore largement un mystère, les cartes incertaines, les navires inadaptés, les instruments de navigation trop approximatifs – et la France, se réveillant au tournant du siècle, mesurait tout à coup, inquiète, le retard accumulé. Tout était à faire – et c'est ainsi qu'Ango rassembla autour de lui l'hydrographe Pierre Desceliers, Pierre Maucler l'astronome, Pierre Crignon le géographe, Giovanni et Girolamo Verrazano les explorateurs, Alderotto Brunelleschi, le fils de l'architecte florentin Filippo Brunelleschi, Mario et Alessandro Rucellaï, neveux de Laurent le Magnifique, pendant qu'il finançait l'édition indispensable des travaux de Jean Ribault, de Nicolas Le Challeux, de Guillaume Lefèvre, ou de Guillaume Le Testu. D'une piété exemplaire, avec cela, tout comme ces frères Parmentier qui avançaient dans les mers inconnues en alternant prières et poèmes, ou de ces rudes corsaires qui, après avoir emporté à l'abordage le trésor destiné à Charles Quint, offrirent un vitrail à l'église de Villequier représentant leur combat contre les caravelles du Mexique, plus un autre encore à l'église de Vatteville représentant la *Romaine*, commandée par un lieutenant de Fleury. Au-dessus du globe terrestre qu'Ango s'était choisi comme emblème, on pouvait lire sa devise, sur les murs de Varengeville : *Spes mea, Deus, a juventus mea*. Et ce n'est pas tout à fait un hasard si le deuxième vaisseau de l'expédition des Parmentier s'appelait le *Sacre* : on verra plus loin que l'épopée flibustière fut *aussi* une affaire de religion. D'un même élan, d'une même ferveur, le Sacre et la Pensée : toute l'aventure de Jean Ango, le prince corsaire, qui n'hésita pas à réclamer, et qui obtint du roi, en réparation des torts qu'on lui avait causés, des lettres de marque l'autorisant à se payer sur tout navire portugais passant à sa portée. Jean Ango, dans sa gloire et sa démesure, menant dès lors une guerre privée contre Jean III du Portugal et contre Charles Quint...

Le cauchemar de Charles Quint

À l'origine du conflit, l'affaire du *Marie* de Dieppe, et le sort qui fut fait à ses hommes. Jean Fain, commandant le *Marie*, venait d'enlever à hauteur du cap Saint-Vincent cinq galions espagnols chargés d'or et d'argent, – cinq quintaux d'or fin, deux de perles, trois coffres de lingots, des cuirs de bœufs sauvages, « des casses de fistures et autres singulières marchandises » –, quand il avait été à son tour attaqué par quatre « arbatroisses » portugaises et capturé. France et Portugal, en cette année 1522, étaient supposés être en paix. Fain et ses hommes furent pourtant conduits à Lisbonne, la corde au cou et des entraves aux pieds, et ils auraient sûrement été pendus, si un conseiller n'avait réussi à faire fléchir le roi. En lieu de quoi, jetés au cachot, ils seraient morts de faim, si un compatriote, négociant rouennais séjournant en la ville, ne les avait secourus de quelques vivres.

La même année, le *Christophe*, armé conjointement par l'amiral et le vice-amiral de France, avait fait cinquante mille écus d'or de prise sur l'Anglais et l'Espagnol quand il avait été lui aussi arraisonné par les Portugais. En fait, paix officielle ou pas, dès 1522 le roi du Portugal avait ordonné, si grande était sa peur de voir découverte par d'autres la route des épices, de couler tous les bateaux français rôdant dans les parages. Pour ne pas être en reste, la France ferma l'accès du pas de Calais aux bateaux portugais chargés d'épices, et dès lors une guerre de course se déclencha, sans merci de part et d'autre.

« Quoique les Portugais soient le peuple le plus petit du monde, déclare un des capitaines d'Ango, pris d'une sainte colère, le monde ne leur paraît pas assez grand pour satisfaire leur cupidité. Il faut qu'ils aient bu de la poussière du cœur du roi Alexandre pour montrer une ambition si démesurée. Ils croient tenir dans une seule main ce qu'ils ne pourraient embrasser avec toutes les deux : il semble que Dieu ne fit que pour eux les mers et la terre, et que les autres nations ne sont pas dignes de naviguer. Certainement, s'il était en leur pouvoir de fermer les mers depuis le cap Finisterre jusqu'en Islande, il y a longtemps qu'ils l'auraient fait[1]. » En 1530, le baron de Saint-Blancard, général des galères, avait envoyé au Brésil le *Pèlerine*, capitaine Dupéret, avec cent vingt hommes à son bord, pour établir un comptoir non loin de Pernambouc. Repoussé par les Indiens et les Portugais, Dupéret et soixante-dix de ses hommes s'étaient repliés dans l'île Saint-Alexis, où ils avaient bâti un fort, tandis que le *Pèlerine* repartait vers la France, les cales pleines de coton, d'or, de peaux et de perroquets. Interceptée en août 1531 au large de Màlaga, le *Pèlerine* avait été confisquée, l'équipage mis aux fers, tandis que les Portugais envoyaient l'escadre de Lope de Souza réduire le fort de Saint-Alexis. Après dix-huit jours de siège, en décembre 1531, les hommes n'avaient eu d'autre choix que de se rendre, contre la promesse d'être débarqués sur une terre amie – et l'amiral portugais s'était empressé de les pendre tous haut et court, à l'exception de deux d'entre eux, gardés pour le festin cannibale de ses alliés indiens.

Saint-Blancard, rendu furieux par sa déconvenue brésilienne, se vengea sans attendre en enlevant, avec cinq de ses galères, le premier vaisseau portugais qu'il rencontra. Jean Ango, quant à lui, préféra agir un peu plus subtilement. Par ruse, diplomatie, et il faut bien dire pots-de-vin adroitement distribués, dont un superbe diamant offert à l'amiral Chabot, il obtint ses lettres de marque le 12 mars 1531, pour une réparation estimée à 250 000 ducats, et dès lors commença sur les mers l'impensable : un homme seul défiant deux grands rois ! Syndiquant ses amis armateurs, c'est une flotte de trente navires qu'il lança sus aux Portugais, dont seize envoyés promptement dans les eaux de Madère – et il devint alors le cauchemar de

1. Déclaration de Crignon, capitaine d'Ango, citée dans l'ouvrage de Ramusio, t. III, p. 352.

Jean III, comme de Charles Quint, auquel le roi du Portugal, inquiet, avait fait appel.

Le contentieux entre l'irascible empereur et l'armateur, depuis la prise des trésors du Mexique, s'était notablement envenimé. Au printemps 1527, Fleury, trop sûr de sa supériorité, s'était fait prendre au large du cap Saint-Vincent par l'escadre du vieux forban basque Martin Pérez de Irizar, et celui-ci, sachant les dispositions d'esprit de Charles Quint, avait refusé l'offre du corsaire d'une rançon de 30 000 ducats – et refusé de même 10 000 ducats offerts par le chef d'escadre portugais Pero Botelho. Bien lui en prit : Charles Quint, outre une somptueuse récompense, lui donna comme blason le pavillon de son prisonnier, avant de s'offrir le doux plaisir de faire supplicier à Colmenar de Arenas, près de Tolède, celui qui l'avait si longtemps défié.

Changement de monde, changements de mœurs

La guerre, dès lors, est sans quartiers. Le temps n'était pas si éloigné où, l'assaut donné, le vainqueur reconnu, l'on se séparait courtoisement, sans dommages inutiles, parfois avec rançon. À l'instant d'écrire sa *Cosmographie*, en 1575, André Thevet, le cosmographe du roi qui, en 1551-1552, explora les côtes du Brésil avant de frôler les Antilles, évoquera, nostalgique, les temps si proches et déjà oubliés où « la furye passée, le vainqueur souventefois gratifiait son ennemy, le laissant aller vivre sans le rançonner ny molester ». Pour dire le vrai, et moins encore depuis les ordres donnés en 1522 par Jean III, les Portugais ne pratiquaient que chichement ces vertus, mais les Espagnols gardèrent un temps un vernis de chevalerie, et l'on s'étonne aujourd'hui, au sortir de récits de sanglants abordages où l'on se distribue fort gaillardement coups de hache et de poignard, de voir tel équipage vaincu, français ou espagnol, se voir restituer un navire, avec vivres et munitions pour rentrer chez lui – et il n'était certes pas question, alors, de pendre haut et court les vaincus, ni de les réduire en esclavage. Le bon temps, soupire Thevet – autre manière de dire qu'une ère nouvelle commence, où d'autres mœurs s'affirment, et précisément dans cette flambée de guerre de course. Les Français avaient déjà eu à connaître la férocité portugaise, au Brésil et dans les Indes orientales. Quand le *Petit Lion* de Jean Ango fut capturé au large des Açores, en 1537, ses officiers furent un à un torturés, précipités à la mer depuis le haut des mâts [1], puis soumis à l'estrapade avant de tâter d'un garrot très spécial, agrémenté de clous serrant la tête « de sorte que leurs yeux jaillissaient des orbites ». Et comme si cela ne suffisait pas, ce qui restait de ces malheureux fut jeté à fond de cale avec l'équipage, puis on cloua derrière eux les panneaux du tillac, avant d'envoyer le bateau par le fond, avec sa cargaison.

Coup pour coup : le *Grande Martine*, le *Ferronière*, le *Poulain*, l'*Esprit* rattrapèrent les Portugais devant l'île Florès, et ceux-ci, épouvantés à l'idée de la vengeance inéluctable, préférèrent se précipiter à l'eau, où ils périrent noyés – c'est du moins la version que donnèrent les capitaines d'Ango. Et lorsque la même année les marins d'Ango prirent à l'abordage les navires chargés de l'or des Antilles, ils coupèrent le nez de leurs prisonniers, à en croire les récits espagnols, en leur criant : « Éternuez l'or ! »

Guerre sur toutes les mers, sur les routes des épices, sur celles de l'or, sur celles du nord : à la capture sur les côtes du Brésil, en 1537, du *Michelle* d'Ango chargé de poivre de Guinée, de muse et de défenses d'éléphants, ou à celle du *Musette* dans le golfe de Guinée répond la même année l'exploit, au large de La Havane, du *Ferronnière* de Dieppe, vingt-huit

1. Ce que l'on appelle alors la « cale humide ».

hommes seulement et huit canons, du *Bonne Aventure*, à peine trente tonneaux, et du *Dodine*, guère plus gros qu'une barque de pêche, enlevant deux galions chargés de l'or du Pérou, tandis que Jean III lançait ses navires à la poursuite de Jacques Cartier. Ce sont tous les armateurs, de la Manche comme de l'Atlantique, dirait-on, qui se rassemblent derrière Ango, pour des actions d'envergure, comme cette longue chaîne de navires, toujours en 1537, qu'ils réussirent à former à travers l'Atlantique, depuis le cap Saint-Vincent jusqu'aux Antilles, afin d'intercepter la flotte de l'amiral Nùñez, lui enlevant neuf bâtiments au large des Canaries – ou pour des actions légères, rapides, par de petites flottilles lancées dans les eaux caraïbes, comme ces cent cinquante Gascons qui, avec une simple nef et une patache, semèrent la terreur d'île en île, pillant tour à tour la Yaguana, Puerto Hermoso, Ocoa, et La Havane dans l'automne 1537...

Ango victorieux ?

Guerre par tous les moyens, ruses, corruption, pressions diplomatiques, lettres impérieuses de Charles Quint réclamant la révocation des lettres accordées à l'armateur, envoi d'un plénipotentiaire extraordinaire auprès de François Ier – Ango tint bon, au cœur du cyclone, contre-attaqua en exigeant la libération, qu'il obtint, des compagnons de Fleury, et dès la confirmation arrachée au Conseil royal de ses lettres de marque (on dit que François Ier répondit aux récriminations d'un ambassadeur portugais : « Ce n'est pas moi qui vous fais la guerre, mais Ango ; arrangez-vous avec lui ! ») lança dix bâtiments au point de rendez-vous des vaisseaux portugais retour des Indes[1]. Soumis à une guerre ruineuse, la route

1. De là probablement cette légende d'un Ango faisant le blocus de Lisbonne jusqu'à obtenir réparation du roi Jean III...

des épices menacée d'être coupée, Jean III allait-il devoir s'abaisser à négocier avec un simple armateur ? Tentant le tout pour le tout, il expédia alors à Paris un envoyé très spécial, don Antonio de Ataïde, qui réussit à rallier à ses vues l'amiral Brion-Chabot – il est vrai, contre 10 000 écus et une tapisserie de grande valeur. Et Chabot, dès lors – celui-là même dont Ango s'était peu avant concilié les grâces contre un diamant –, se fit l'agent des Portugais, mettant l'embargo à Rouen, à Dieppe, à Honfleur, sur les bateaux que les espions portugais lui signalaient être en partance, interdisant toute navigation vers le Brésil, la Guinée et les Indes – ce, au moment même où le roi envoyait le *Saint-Philippe* au Brésil en quête de bois précieux et de ce « gayat ou palme saincte » réputé souverain contre les maladies vénériennes.

Ango était capable d'apprécier quand les vents commençaient à tourner. Et comme il était déjà rentré largement dans ses fonds, il jugea plus politique de négocier ses lettres de marque contre 60 000 ducats – que les Portugais réglèrent, la rage au cœur[1]...

Ango muselé

Couvert d'or et de cruzades – deux versements discrets de quinze mille et seize mille écus, en supplément, et la promesse d'une pension annuelle de 4 000 cruzades –, Chabot fit une telle pression sur François Ier, l'inquiétant sur les conséquences de ses trop grandes faveurs envers ses corsaires, dans le même temps qu'un cardinal portugais venait lui proposer, en échange

1. À la conférence de Bayonne, en 1535, Núñez se plaignit d'une perte de 2 000 000 de ducats, dont la moitié due à Ango et ses hommes. Et le Portugal estima à 300 le nombre de ses vaisseaux capturés ou détruits.

d'une politique plus favorable, le transfert de l'entrepôt des épices d'Anvers à Rouen et Paris, que le roi céda, malgré les démarches du syndicat des armateurs rouennais, soutenus par l'ensemble des marchands de la ville. La résistance des états de Normandie, du Parlement et de la municipalité rouennaise fut telle que les prohibitions royales qui déclaraient pirates les corsaires osant passer outre, durent être réitérées de semestre en semestre, de mai 1537 à juin 1539.

Ango, il est vrai, avait été habilement mis hors de course par une flatteuse nomination, devenu, à la demande du roi, « lieutenant de l'amiral » et, comme tel tenu à réserve, et obéissance. Il est cependant des limites aux habiletés manœuvrières, et l'affaire s'envenima quand Chabot voulut passer à l'acte, en inculpant deux fortes têtes, les frères Vian : quelle ne fut pas sa surprise, alors, de voir la population du Croisic se soulever en masse ! L'agitation gagnait toutes les autres places du Ponant quand un coup de théâtre mit la France en émoi, que personne n'espérait plus : Chabot, auquel François Ier avait jusqu'au bout voulu garder sa confiance, était arrêté, enfin convaincu de haute trahison !

La course reprit de plus belle, tandis que François Ier, de nouveau offensif, prenait officiellement possession du Canada, par les lettres patentes du 15 janvier 1541, et nommait Jean-François de la Rocque, seigneur de Roberval, vice-roi de la colonie. Au grand dépit de Charles Quint, qui lança à ses trousses la caravelle d'Ares de Sea, pilotée par un Portugais, Jacques Cartier quitta en mai Saint-Malo, pour un troisième voyage vers les terres qu'il avait découvertes. Saint-Malo armait treize bateaux et Honfleur quatre pour la nouvelle colonie, des marchands et gentilshommes bretons armaient à Morlaix, à Brest et à Quimper, qui projetaient de fonder une colonie au Río de la Plata et au Brésil, Ango y envoyait lui aussi quinze navires, et cinq autres devaient suivre, dès l'arrivée, assurait-on, d'un grand pilote espagnol[1]. « À travers tous nos ports de l'Océan, écrit très justement La Roncière, il y eut comme un frisson d'allégresse, un joyeux élan de navigateurs vers les terres nouvelles.[2] »

Reprise de la course

Inquiet, Charles Quint décida de porter à quinze cents hommes les équipages de la flotte qui partit en octobre 1541 pour La Havane. Des compagnies d'arquebusiers furent mises en poste à Nombre de Dios, Porto Rico, Saint Domingue, La Havane et au chenal de Santiago de Cuba – mais ce furent Curaçao et Maracaïbo qui se trouvèrent attaquées en décembre. Et malgré tous ces renforts, une patache montée par trente-huit hommes enleva une caravelle devant Porto Rico, en coula une autre devant l'île Mona et s'empara à Portete d'une cargaison de perles. Dès la guerre déclarée à l'Espagne, l'année suivante, trois escadres de corsaires vinrent croiser l'une à hauteur du cap Saint-Vincent, l'autre entre Açores et Canaries, la troisième aux Antilles, menant la vie dure aux « flottes de l'or », poussant des raids dévastateurs sur les côtes de Terre Ferme, comme ces huit cents corsaires de Bayonne, en juillet 1543, qui brûlèrent le bourg de Cubagua, dans les riches îles perlières de la Margarita, s'emparèrent du fort de Santa Marta, dépouillèrent les habitants, pillèrent les églises, brûlèrent les maisons, puis violèrent les sépultures, qu'ils croyaient pleines de bijoux, avant de prendre d'assaut Carthagène, quelques jours plus tard, d'où ils repartirent avec un trésor de 35 000 pesos. Revenus dans les mêmes eaux en octobre, ils enlevèrent cinq navires dans la rade

1. Rapport de l'espion Pedro de Santiago à Charles Quint, du 8 avril 1541 (Archives nationales K 1485, B4 : Simancas, *Estado Castilla*, leg. 51, fol. 173).
2. La Roncière, *op. cit.*, p. 298.

de Santa Maria de Los Remedios. Un vent de panique commença à souffler dans les Caraïbes. « Trois ou quatre navires français sont les maîtres de la mer du Mexique tout autant que l'empereur est le maître du Guadalquivir », s'affola Alonso de Sousa. Un autre hidalgo s'étonna de ces voleurs de grand chemin français « assez osés pour passer aux Indes avec une insignifiante troupe de quarante hommes ». Quarante ? Vingt suffirent, le 7 avril 1547, pour enlever une caravelle, dans le goulet de Santiago, et seize pour bombarder Santa Marta, cinq mois plus tard[1].

Gloire et fin d'un seigneur

La paix de Crépy-en-Laonnois, le 18 septembre 1544, vint briser cet élan, qui interdisait aux Français tout commerce avec les possessions espagnoles, mais plus encore sans doute l'état de guerre avec l'Angleterre, en 1545. Toutes ses forces navales rassemblées au Havre en juillet pour tenter d'envahir l'Angleterre (cent cinquante vaisseaux, soixante flovins, vingt-cinq galères, dix caraques) puis un mois de guerre acharnée dans la Manche, comment François Ier pouvait-il ne pas tenter de gagner un répit du côté espagnol, en accédant aux désirs de l'empereur ? En juillet 1545, pour lui être agréable, et desserrer l'alliance conclue le 11 février 1543 entre Henri VIII et Charles Quint, il interdit donc « à ses sujets d'aller au Pérou, aux îsles et autres possessions espagnoles[2] ». Et en 1547, dès son avènement au trône, son fils Henri II défendit pareillement à ses sujets « d'aller aux navigations du Roy du Portugal comme à

1. La Roncière, *op. cit.*, p. 13.
2. « Quant aux Indes, vous devez avoir toujours à l'œil l'envoi de quelque expédition clandestine des Français, écrivait Charles Quint, dans ses recommandations à son fils. Quoiqu'ils aient souvent entrepris d'y aller, on a vu que leurs flottes n'ont pas duré. Quand on leur résiste, ils abandonnent la partie. »

nulles autres terres découvertes par les Portugallois ». Fin de partie ? On put le croire, un temps. Et penser que le grand rêve de Jean Ango, porté si longtemps à bout de bras, d'une liberté des mers s'effondrait – au moment même où, parvenu au sommet de sa gloire, l'armateur voyait sa fortune se retourner.

Dès juillet 1543, les Anglais avaient attaqué Cherbourg, heureusement repoussés par deux vaisseaux bretons, les marins de Dieppe, de Quillebeuf et de Fécamp, aidés par les Malouins, avaient aussitôt armé en masse et, en mai 1544, Jean Ango, prenant en main la mobilisation générale contre l'Anglais, n'avait pas hésité à vider ses caisses pour aider le roi dans son projet de réunir au Havre toutes les forces navales du royaume, et il y avait dans ce geste d'un homme seul, se substituant à la puissance publique défaillante, une folle démesure, qu'un poète du temps salua par un vibrant quatrain :

Ce fust luy, luy seul qui fist armer
La grande flotte expresse mise sur mer
Pour faire voir à l'orgueuil d'Angleterre
Que Françoys estoit roy et sur mer et sur terre

Cette fois, le vieux lion était allé trop loin. Le royaume, s'avérant incapable de lui rembourser les énormes avances consenties, il se trouva ruiné, et finit ses jours en son palais de Dieppe, en 1551, défendant les débris gardés de sa fortune contre les meutes de créanciers. Avec lui mourait une époque, et un type d'hommes qu'on ne retrouvera plus en ce siècle.

Esprit français et horizons lointains

Autres temps, que l'on pressent déjà, par de multiples signes. Mort de François Ier le 31 mars 1547, abdication bientôt de Charles

Quint, et qu'ils paraissent loin, déjà, les Colomb, les Magellan qui découvraient le monde ! La grande bataille navale entre France et Angleterre en est comme le symbole, où les vaisseaux de hauts bords anglais envoient par le fond les galères héritées du passé [1] – et ce n'est pas seulement l'évidence d'une mutation qui s'affirme là, irréversible, mais l'affrontement de deux cultures, l'une pleinement maritime, expression de tout un peuple, l'autre, quoi qu'elle fasse, terrienne, centralisée, encombrée de règles surannées. Comme ils durent enrager, les marins de Dieppe, de Honfleur, de Saint-Malo, hardis manœuvriers, gens d'audace et d'initiative, au spectacle presque pathétique des énormes vaisseaux du roi, manœuvrés par des incapables, soumis aux ordres d'amiraux n'ayant jamais mis les pieds sur un navire, avec leurs titres de noblesse pour toute compétence, l'essentiel de la flotte du Levant perdue au large des côtes d'Espagne, les caraques génoises rescapées perdues, elles, à l'embouchure de la Seine, le monumental *Carraquon Philippe*, huit cents tonneaux, le fleuron de la flotte, prenant feu dans le port, et le *Maistresse*, second plus gros navire sombrant au large de Honfleur avant le combat, suite à une fausse manœuvre ! Moins des accidents que l'expression de pesanteurs contre lesquelles s'épuiseront à lutter armateurs et marins du Ponant...

Que manqua-t-il à la France, dans ces années décisives, pour qu'elle affirme une vocation maritime à l'égal de l'Espagne ou du Portugal ? Les handicaps de la France, jusqu'alors tournée quasi exclusivement vers la Méditerranée et le continent, étaient réels : médiocrité traditionnelle des amiraux français – treize terriens, de 1492 à 1592 ! –, division de la marine, jusqu'à Colbert, entre marine du Ponant et marine du Levant et surtout absence d'infrastructures maritimes de taille comparable à celles de Lisbonne, de Séville, d'Anvers et de Londres –, manque

1. La dernière grande bataille de galères sera livrée dans le golfe de Gênes un siècle plus tard, en 1638, et il faudra attendre encore un siècle (1748), pour que la marine française renonce aux galères. Un retard en lui-même significatif des pesanteurs françaises.

d'hommes, de navires, de grands ports, et manque du même coup, de la logistique et de la culture nécessaires aux grandes entreprises océanes. Ces handicaps pouvaient-ils être comblés ? Sans ignorer l'impulsion que donna François Ier, André Lespagnol a eu des mots très durs sur l'attitude française, tout au long du siècle, « velléitaire, incapable d'enclencher un véritable processus d'exploration-implantation, exigeant du temps, de la constance, de la méthode plus encore que de l'argent ». Le roi de France, ajoute-t-il, « était voué à être l'âne de Buridan de l'histoire européenne. Tiraillé entre des sollicitations contradictoires, il hésitait à choisir et penchait généralement du côté des pesanteurs continentales [1] ». Mais faut-il y voir seulement l'effet de blocages culturelles ? Lorsqu'en août 1537 François Ier, revenant sur sa thèse de la liberté des mers, accepte, sous la pression de l'amiral Chabot, d'interdire aux Français toute navigation vers les colonies portugaises, réitère sa décision en septembre puis en décembre 1538 et en janvier 1539, ce n'est peut-être pas tant par indécision de caractère que par nécessité politique, appréciation dans l'instant de l'évolution des rapports de force. À compter de l'élection du roi d'Espagne, en 1519, au trône impérial, toute la politique française s'est ordonnée à l'exigence de lutter contre l'encerclement par la maison des Habsbourg – et il faudra la paix des Pyrénées, en 1659, pour se dégager de l'étau. Chaque fois que la menace se fera pressante aux frontières, le souci de la conquête des territoires lointains passera au second plan – d'autant que la France, à tout prendre, et à la différence de ses voisins, n'en a pas un besoin vital : essentiellement agricole, c'est alors sans doute le pays le plus prospère d'Europe. Pourquoi, dès lors, prendre des risques excessifs ? « Lorsque le feu est au château (entendez : la France), on ne s'occupe point des écuries (les colonies) », lancera un jour, en pleine guerre de Sept Ans, le ministre de la mer de Louis XV, Ber-

1. Revue *L'Histoire*, juillet-août 1991, p. 73.

ryer – résumant brutalement ce que fut depuis le début la politique française. Comme le dit justement l'historien Vergé-Franceschi : « La mer est plutôt regardée [en France] comme une possibilité d'échanges commerciaux que comme un horizon à conquérir »[1]. Si le Portugal, à l'inverse, sacrifie en un siècle 35 % de sa population mâle à l'aventure coloniale, si l'Espagne, dans le même temps, fait traverser l'Atlantique à trois cent mille des siens, c'est que l'enjeu pour eux était décisif, condition du maintien de leur puissance.

Ajoutons à cela que la France est encore profondément divisée. Politiquement, d'abord : le pouvoir royal ne s'y affirme que progressivement, à travers crises et tumultes. Henri IV aura à gagner son propre royaume, et les grands ne seront définitivement mis au pas qu'après la Fronde. Religieusement, aussi, et les guerres pour la « vraie foi » auront cette conséquence, la mer devenue quasiment protestante sous l'action déterminée de l'amiral de Coligny, que la marine se trouvera négligée, après la défaite de l'Église réformée.

Le partage du monde s'était fait au XVe siècle entre l'Espagne et le Portugal. La France, malgré ses tentatives au Canada, malgré les efforts d'hommes d'exception comme Ango, ne parviendra pas à s'imposer, au siècle suivant, aux Indes. Et ce sera le champ ouvert, du coup, aux initiatives des flibustiers. Et rien, dirait-on, à mesure que s'avance le siècle, articles de traité, règlements royaux, ne paraît pouvoir durablement freiner le mouvement qui porte les armateurs et corsaires français vers les richesses du Nouveau Monde – d'autant plus irrépressible que la France échoue à se tailler aux Amériques l'espace dont certains rêvent. Qu'en novembre 1551 la guerre se rallume avec l'Espagne, qu'en 1552 France et Portugal rompent leurs relations diplomatiques, et la guerre de course, un temps ralentie, reprend de plus belle, cette fois sous des formes qui annoncent

---

1. *La France et la mer au temps des grandes découvertes*, Tallandier, p. 356.

ce que l'on appellera plus tard la flibuste, lorsque Pays-Bas et Angleterre entreront à leur tour dans la danse...

Corsaires, pirates, ou marins ? Lettres de marque et liberté des mers

Corsaires, pirates, ou simplement libres négociants, tous ces marins qui commencent à arriver dans les mers caraïbes vers 1525 [1] ? En vérité, la frontière est bien floue, comme demeure vague le cadre juridique supposé alors régler la vie maritime. Nous aimons les définitions claires, et projetons volontiers sur le passé des catégories mentales, des attitudes qui mirent des siècles à se formaliser. Espace géographique, la mer est aussi un espace mental : passées les protections des ports, un autre monde commence, qui veut ignorer les règles des terriens. Qui prend le large doit savoir que ce sera au péril de la mer comme au péril de ceux qui la sillonnent, et chacun, en conséquence, doit savoir se défendre. Nulle loi, dirait-on, autre que celle de la force – et de la vengeance, s'il y a lieu, en réparation des dommages subis du fait de tel ou tel. Écumeur des mers, proclame fièrement Jean de Coatanlem, et nul n'y trouve à redire, qu'on salue bien bas dans les rues de Morlaix. D'ailleurs, *à qui donc appartient la mer* ? À moi, répond le même Coatanlem puisqu'il « n'a trouvé oncques en la mer son plus puissant ni son seigneur ». Répètent les uns après les autres les coureurs d'océans. Jusqu'à ce qu'ils rencontrent « leur plus puissant ou leur seigneur ». Et encore : ce ne sera jamais que partie remise. La distinction entre course et piraterie ne se dessine que très lentement, au Moyen Âge – à proportion de la capacité des États à contrôler de si vastes espaces. Et de leur désir de le faire :

1. C'est du moins la première date assurée. Cette année-là, se tint à Chipiona le premier procès pour acte de piraterie des équipages de cinq navires français, qui s'étaient échoués non loin.

c'est qu'on trouve de tels avantages, à fermer un peu les yeux, quand on veut contourner tel ou tel traité, signé à contrecœur ! Sans compter que les autorités y regardent à deux fois avant de contrarier armateurs et marchands, dont elles dépendent. Gardons-nous, là encore, de projeter dans le passé l'image d'une marine nationale, de guerre, distincte d'une marine privée, de commerce. Pour ne citer que cet exemple, un Charles Quint ne possède en propre qu'un nombre limité de navires et la flotte du royaume mobilisée en temps de crise était essentiellement constituée de bâtiments réquisitionnés – c'est d'ailleurs pour cette raison que les armateurs espagnols rechignaient si vivement à mettre en chantier des galions de la taille voulue par la Casa de Contratación pour la *Flota* d'Amérique : ceux-ci se doutaient bien que leurs nouveaux navires seraient les premiers réquisitionnés, à des tarifs de location ridicules. Mieux valait donc, pour qui voulait mener une politique maritime ambitieuse, se concilier le soutien des puissants armateurs...

Une voie se dessine pourtant, au Moyen Âge, un cadre s'ébauche, dans lequel plus tard s'inscrira un droit maritime : plutôt que de légiférer sans effet en proscrivant la piraterie, on tente d'en circonscrire les effets, en canalisant autant qu'il se peut l'enchaînement infernal des dommages et des représailles privés. Peu à peu, à partir du XIVe siècle, s'imposera l'idée de la nécessité d'un ordre maritime international pour régler les incessants conflits : qu'à un dommage réel, constaté par une autorité légitime, réponde, au cas où le coupable refuserait la juste réparation, une « lettre de marque » accordée à la victime, précisant le montant, la durée, et l'objet de la licence, ainsi que la zone de validité de la marque. La chose, bien sûr, se compliquait dès que coupable et victime se trouvaient de nationalités différentes – et la lettre, dès lors, s'appliquait facilement à ses complices présumés, parents, alliés, compatriotes. C'est une telle lettre de marque qu'avait sollicitée et obtenue Jean Ango, pour un montant de 250 000 ducats. Et quand les nécessités de la guerre amèneront les princes à mobiliser des navires privés, la lettre de marque deviendra commission de « courir sus sur la mer aux ennemis du roi ». Parallèlement, les États, ne pouvant sans cesse être conduits à la guerre pour des querelles privées, tentèrent de mettre sur pied, avec les difficultés qu'on peut imaginer, des moyens d'arbitrage, comme ce tribunal des prises installé à Bayonne en 1535, d'un commun accord entre France et Portugal – devant lequel Jorge Núñes, représentant le Portugal, vint se plaindre de pertes estimées à 2 000 000 de ducats, dont la moitié due aux seuls hommes d'Ango [1].

Un souci de légalisme à pondérer, bien sûr, d'un fort coefficient d'hypocrisie, de la part de toutes les parties concernées, variant au gré des intérêts et des rapports de force – car un conflit majeur sous-tendait toutes les tentatives de règlement, et par avance les ruinait : celui qui opposait les tenants de la liberté des mers, comme la France, et ceux qui, arc-boutés aux bulles pontificales, tenaient pour nulle et non avenue toute lettre de marque dans les zones de leur monopole, et pour acte de piraterie la simple présence dans ces eaux d'un bateau étranger.

Quand les Espagnols appelaient à eux les flibustiers, ou les paradoxes des intérêts bien compris...

Corsaires, pirates, ces Français rôdant dans les Antilles ? Chacun appliquait sans doute comme premier principe « pas vu, pas pris » et, pour le reste, à la grâce de Dieu ! Qui prenait

1. Dans une lettre datée de 1531, et adressée à son ambassadeur Antonio de Ataïde, Jean III du Portugal estimait quant à lui à 300 le nombre de navires portugais capturés ou détruits par les Français depuis le début du différend avec Ango. Le tribunal ne siégea réellement qu'à partir de 1548, sans grands résultats, et se saborda en 1541.

le large devait prendre le risque de la mer, et de ceux qui naviguaient sur elle. À lui, en somme, de se défendre, ou de se servir, si l'occasion se présentait : c'était cela, aussi, la « liberté des mers ». Mais ils n'en restaient pas moins des trafiquants, ces marins de Dieppe, de Honfleur ou de Bayonne, venus charger leurs cales de bois précieux, d'or et d'argent s'ils en trouvaient, d'épices, de denrées rares, achetant, vendant, selon les lieux. On s'étonne de découvrir, à travers les actes de divers procès, quelques-uns d'entre eux vivant fort paisiblement parmi les populations espagnoles de la Terre Ferme, ou encore cabotant de port en port au nez et à la barbe des galions espagnols, comme certains Bruxel, Lefretier, Lafosse, Caxiol, Dupin, Lagarin, Duroy, Fellet, à Mérida vers 1560, ou Nicolas Santour à Trujillo, à la même époque : tout indique qu'ils y étaient alors accueillis comme pouvaient l'être des contrebandiers dans les zones frontières : comme un danger potentiel, mais aussi comme une source de profit, sinon comme une nécessité. Immense était le territoire que voulait contrôler l'Espagne, et fort larges les mailles du filet protecteur, mais surtout insupportables aux colons le monopole des échanges imposé par Séville, comme les contrôles tatillons d'une administration omniprésente et jugées écrasantes les taxes d'un cinquième (le « quint » royal) prélevées sur l'or et l'argent, quand la métropole s'avérait incapable de fournir – à quel prix ! – le simple nécessaire aux colons des îles et de terre ferme. La contrebande, dès lors, leur était une nécessité vitale, quand bien même tel ou tel ne résistait pas à l'envie de mettre à sac une ou deux villes... Les marins normands avaient percé très vite les secrets de la route des Indes, le jeu des vents et des courants : « Pour lors (étant aux Canaries) vous allez avec les courants droit à l'ouest et estes portés à travers les isles au continent de la Nouvelle-Espagne, où la mer est si rapide qu'il n'est pas possible à un navire de se retourner là pour revenir en arrière ; et il faut pour revenir en France aller ranger les costes de la Floride et de la Virginie et remonter au nord pour rencontrer des vents qui vous portent vers les Açores », recommandait le jésuite Georges Fournier, en 1643, dans son *Traité d'hydrographie*, mais il ne faisait que reprendre ainsi les principes adoptés depuis plus d'un siècle par les capitaines de Dieppe et de Honfleur. Dès les années 1530, en fait, on les voit faire escale dans les îles des Petites Antilles pour y faire de l'eau, acheter des fruits et des vivres aux Indiens caraïbes, réparer, dans des criques discrètes, les coques fatiguées par la traversée. Devant eux était alors toute la mer des Antilles, ouverte. Les grands ports ou points de rassemblement, Nombre de Dios, Carthagène, Santa Cruz, La Havane, Porto Rico, étaient certes protégés, mais sur toutes les côtes s'égrenaient des myriades de villages et de bourgs sans défense, produisant indigo, bois de teinture, cuirs, gingembre et sucre, avant de les transporter par barques légères jusqu'aux points où touchaient les galions de la Flotte de l'or – proies toutes choisies pour des marins hardis, d'autant que ceux-ci surent trouver chez les Indiens caraïbes, ou chez les esclaves noirs échappés des plantations, les « *cimarrones* » réfugiés dans les forêts côtières, des indicateurs attentifs. Et le reste du temps, l'occasion de fructueux échanges, quand ils leur livraient à des prix raisonnables les produits d'Europe ou d'Afrique de première nécessité – payés en retour de denrées rares, mais aussi d'or et d'argent qui, du coup, échappaient à la taxe royale. On a pu parler, et ce n'est pas forcer le trait, d'une cohabitation, toutes ces années, entre corsaires français et régions côtières, hors des centres de pouvoir espagnols [1], malgré les pillages, les bourgades incendiées, les bateaux arraisonnés, les riches hidalgos rançonnés.

Après 1550, tout changera très vite. Les tensions entre

1. Cf. l'excellent article de Bernard Grunberg : *Corsaires français et « luthéranisme » au Mexique en 1560*, in : « Coligny, les protestants et la mer », Paris, Presses de l'Université de Paris-Sorbonne, 1997, pp. 81-89.

France et Espagne, bien sûr, qui entraînent une radicalité nouvelle, suscitent des entreprises d'une ampleur, d'une violence, d'une audace inconnues jusque-là – mais aussi l'évidence d'un climat différent, où les conflits d'intérêts, publics ou privés, se trouvent englobés, dépassés, attisés par des considérations religieuses : la guerre de course va devenir une guerre de Religion, et plus encore lorsque Anglais et Hollandais mèneront le bal dans les Antilles.

Menjouyn de la Cabanne, ou l'esprit de Gascogne aux Caraïbes

L'histoire de Menjouyn de la Cabanne peut être dite une aimable transition avant ce qui va suivre, autrement brutal : passe dans les aventures du hardi cadet de Gascogne un air encore des joutes des temps anciens, une insouciante hardiesse dont ceux qui le suivront n'auront plus que faire. Il avait servi dans sa toute jeunesse – on se croirait dans un roman d'Alexandre Dumas, ou d'Amédée Achard – sous les ordres du corsaire Hallebarde et se remettait tout juste de dix-huit mois sur les galères du roi d'Espagne lorsque lui arriva, à Capbreton, la nouvelle qu'on livrait bataille dans la Manche à l'Anglais. Le temps de rassembler ses maigres fonds, d'équiper un navire, et à la tête de quatre-vingts loups de mer, pressés comme lui d'en découdre, il fonçait vers Boulogne lorsqu'il apprit qu'on venait de conclure la paix. La paix, autant dire la ruine. Tout son argent était dans ce bateau. Ne lui restait plus, se dit-il, qu'à courir aux Antilles. Sans vivres pour le voyage, sans marchandises à échanger ? Qu'à cela ne tienne : l'aimable Menjouyn n'était pas sans ressource. Et il faut lui supposer un certain don de persuasion, car le premier bateau qu'il croisa, un breton, lui céda fort civilement ses barriques de vin, contre la promesse d'être payé au retour du voyage. Le deuxième lui remit sans barguigner sa cargaison de poisson. Le troisième, un Espagnol, y ajouta pour faire bonne mesure trois cents lapins salés. Et ce fut tout au long du voyage à qui viendrait en aide aux démunis, ici par une cargaison de mil, là, de fromages, plus loin encore d'huile – comme dit joliment La Roncière, « nos corsaires avaient une façon si éloquente de faire comprendre leur détresse qu'on les entendait à demi-mot ».

Ainsi allant, en remerciant Dieu chaque matin de ses grâces, Menjouyn arriva aux Antilles les cales pleines. Et il s'approchait sans méfiance de la côte quand dix navires fondirent sur lui, toutes voiles dehors, dans un tonnerre de balles et de boulets. Le brave garçon ne dut qu'à la promptitude de ses marins de s'échapper, non sans avoir au passage arraisonné une caravelle, dont la cargaison lui paraissait de nature à enjoliver l'église de Capbreton. Ce premier accueil, songea-t-il, ne pouvait être qu'un malentendu, ou le fait d'irascibles, et c'est donc plein d'une confiance inentamée qu'il fit voile vers Saint-Domingue. Mais il faut croire que les Espagnols avaient la manie de saluer les arrivants de bordées de boulets. Lui ne voulait que toucher terre pour y faire de l'eau et commercer honnêtement, mais si pieux qu'il fût, il n'en était pas moins gascon : outré, il « rua », comme il l'expliqua à l'Amirauté à son retour. Et il rua si fort, qu'en une journée il avait pris la flotte qui lui barrait le passage, fait payer rançon aux Espagnols et emporté pour juste dédommagement deux cents caisses de sucre, du vin, et des peaux de bœufs. Sa cargaison « complétée » de la même façon dans l'île voisine, c'est en équipage ma foi pas mécontent de lui que Menjouyn rentra à Bordeaux. Ses hommes, sur le quai, le quittèrent avec mille écus de prises à se partager, et lui-même regardait l'avenir avec mansuétude quand il eut la surprise de se voir saisir ses deux mille écus restant par l'Amirauté de Bayonne : c'est qu'on était tout de même en paix avec l'Espagne, en ce temps, et même signataire de certain traité interdisant les intrusions françaises aux Antilles... Dut-il cette fois encore son salut à son bagout – ou bien au retour des hostilités avec l'Espagne ? Toujours est-il que Henri II finit par le gracier, en septembre 1552. Bon vent donc, brave Menjouyn ! Les personnages qui s'avancent maintenant vont s'avérer d'humeur plus rugueuse...

Les Caraïbes à feu et à sang : Pepleg, dit Jambe-de-bois, le premier flibustier

François Le Clerc d'abord, dit Jambe-de-bois, dit bientôt « Pie de Palo, » ou « Pepleg, » par les Espagnols, que Henri II anoblit en septembre 1551 pour faits d'armes ultérieurs, probablement contre l'Anglais, « hardiesse et vaillance sans égale » : « Toujours des premiers à l'abordage il a esté grandement mutilé de ses membres, y ayant perdu une jambe et un de ses bras fortement endommagé, ne laissant toutefois pour cela son dict service. »[1] Pas précisément un tendre, on le devine, mais qu'on aurait tort d'imaginer forban de sac et de corde : armateur estimé au contraire, et grand personnage, que venaient saluer en son domaine de Réville, près de Saint-Vaast-la-Hougue, l'amiral de France à ses passages, ou le lieutenant général.

Il se fit la main, à son premier voyage, en mettant à sac l'île de Porto Santo. Certes, elle était portugaise, mais n'avait-elle pas rompu ses obligations de neutralité en prêtant concours aux Espagnols ? Le 7 juillet 1552, au petit matin, Le Clerc débarqua cent cinquante arquebusiers, qui couchèrent en joue la population et les notables, arrachés brusquement à leur sommeil, rassemblés, les poings liés et la corde au cou, sur la place centrale, tandis que les marins pillaient systématiquement les maisons.

1. Bibl. de Grenoble, ms. 1397, fol. 299 v°.

Ce n'était rien, pourtant : lorsque Henri II lui accorda des lettres de marque l'autorisant à faire la course pour le compte du roi – ce qui en fait le premier corsaire de l'histoire maritime, avant Hawkins et Drake ! –, Le Clerc choisit de frapper vite et fort. Rassemblant un millier d'hommes, entre Rouen et Dieppe, six navires et quatre pataches dont le *Claude*, sous ses ordres, l'*Espérance* et l'*Adventure* de ses capitaines Jacques de Sores et Robert Blondel, il fit force voiles en début de printemps 1553 vers les Caraïbes. À hauteur des Canaries, cinq de ses navires coupèrent la route de la *Flota* espagnole et l'amiral Alonso de Maldonado n'eut d'autre choix que de s'enfuir, abandonnant deux de ses vaisseaux. C'était – comment dire ? – une simple mise en jambes : l'arrivée d'une pareille force, la plus puissante flotte ennemie jamais vue dans ces parages, sema la panique dans les îles. San German de Porto Rico, les îles Mona et Saona, puis l'un après l'autre tous les ports de Saint-Domingue, Azua, Yaguana (l'actuel Port-au-Prince) Monte-Christi, systématiquement pillés, puis incendiés [1] : l'Espagne allait maudire longtemps le nom de Jambe-de-bois...

Lequel, le 21 juillet, sur la route du retour, débarqua sept cents hommes aux Canaries pour s'y livrer pendant plusieurs jours à un pillage effréné. La flotte du corsaire comptait maintenant quatorze unités, parmi lesquelles une superbe caraque génoise, le *Françon*, dont les canons devaient peu après être mis en batterie sur les remparts de Brest.

Sus à la Flota ! L'exploit de Vincent Bocquet.

C'était, semble-t-il, à qui ferait preuve de la plus folle audace. Jambe-de-bois rentrait à peine de Saint-Domingue que le *Barbe* et le *Marguerite*, commandés par Vincent Bocquet de

1. Rapports datés de Saint-Domingue, 11 et 14 mai 1553 (cités par La Roncière, *op. cit.*, p. 576.

Dieppe, mettait le cap sur l'île – pour la plus formidable des rencontres, à hauteur de Porto Rico : rien moins que la *Flota* entière, quatorze navires au total, chargés de tous les trésors des Indes ! Quatorze navires que Bocquet entreprit aussitôt de dépouiller, par une tactique hardie : plutôt que de les attaquer de front, il mit ses vaisseaux à leur suite, guettant le coup de vent qui disloquerait le convoi, s'emparant des traînards, deux navires chargés d'or, de perles et de cochenille, au bout du quarantième jour de poursuite, puis le plus grand vaisseau de la flotte égarée dans la tempête – quand la *Flota* arriva devant Cadix, elle ne comptait plus que huit bâtiments...

Jambe-de-bois, lui, était déjà reparti, en février 1554, avec huit gros vaisseaux – et un soir de juillet trois cents de ses arquebusiers débarquaient à Santiago de Cuba, qu'ils pillèrent un mois durant avant de le réduire en cendres. Sur le retour, le terrible corsaire se mit en tête, lui aussi, de capturer tout entière la *Flota* espagnole, quinze galions partis de La Havane les cales pleines d'or et d'argent – tandis que quatre de ses navires chassaient les traînards en queue de convoi, lui-même les précédait, pour les attendre avec sept vaisseaux à hauteur des Açores. Le sort, cette fois, ne lui fut pas favorable : une soudaine tempête vint sauver la *Flota* du corsaire – las, pour la drosser un peu plus tard contre les récifs de la plage de Zahara, près de Cadix...

Miracle aux Bermudes : les « malautruts » du capitaine Mesmin

Et que penser, dans ce tourbillon d'incroyables aventures, cette débauche de cruautés et d'actions intrépides, des « pauvres malautruts » du capitaine Mesmin ? Naufragés au large des Bermudes, abandonnés par leur capitaine, quarante-cinq de ces malheureux réussissent à gagner les Bermudes sur deux radeaux de fortune. L'île est déserte, c'est miracle s'ils parviennent à y survivre. À force d'ingéniosité, ils se bricolent un semblant de barcasse, sur laquelle ils s'embarquent, à l'exception du maître d'équipage, du pilote et d'un autre marin condamnés à être marronnés pour avoir tenté de s'esquiver seuls. Les voilà jetés sur l'océan, avec deux épées rouillées pour seules armes, une barrique d'eau et un peu de tortue séchée – dans l'espoir, fort ténu, de réussir à toucher les Antilles, à huit cents milles de là.

Miracle, encore : trois semaines plus tard, ils touchent à l'île Mona, où une petite caravelle de 10 tonneaux se balance doucement sur son ancre, dans une crique paisible. Avant que son équipage, à terre, ne s'en avise, les voici maîtres du navire, qui s'esquivent promptement. Cap sur Saint-Domingue, cette fois, et là, nouveau coup de chance : un navire portugais chargé de sel, dans l'anse de Monte-Christi, qu'ils emportent à l'abordage. Sans grande difficulté : l'équipage n'est même pas armé. Le capitaine, marri de se voir enlever son navire, leur propose un échange – s'il les conduit à un meilleur navire, apte à franchir l'océan, lui laisseront-ils le sien ? Marché conclu. Au large de l'île Léogane, il les conduit droit sur un vaisseau de cent soixante tonneaux, armé en guerre. Eux sont seulement quarante-deux, armés de deux épées, et de quelques coutelas trouvés dans le second vaisseau... Mais ont-ils vraiment le choix ? Cap sur l'Espagnol et croche dedans ! Pluie de boulets, hurlements furieux et, surprise, quand ils bondissent sur le pont ennemi : le bateau est désert – les Espagnols se sont jetés à la mer de l'autre côté, plutôt que d'affronter ces forcenés à l'arme blanche, et nagent vers le rivage ! Et c'est ainsi que, deux ans après leur départ, ils arrivent à La Rochelle, où on les croyait morts...

Mesmin, pendant ce temps, avait connu quelques malheurs. Retour de Saint-Domingue avec une belle prise, il avait été capturé par les Portugais, le plus illégalement du monde à son goût, au large de leurs côtes, et se trouvait de ce fait au bord de la ruine. Lassé de réclamer à Lisbonne la restitution de son bien, il finit par trancher de lui-même dans le vif, en frétant un navire à Bordeaux, et il s'en alla chercher quelque dédommagement dans les eaux portugaises. Dans le même temps, malgré la trêve de Vaucelles, signée le 13 février 1556, quatre corsaires de Bayonne et de Saint-Jean-de-Luz mettaient à sac Puerto Cavallos et Fonduras, en Nouvelle-Espagne. Tandis que deux autres corsaires, de Dieppe et de La Rochelle, attaquaient rien moins que la Flotte de l'or dans le canal de Floride – après avoir pillé Santiago de Cuba...

Henri II lui-même songea-t-il, un temps, à s'emparer de la mythique *Flota* ? Une lettre du chevalier Michel de Seures, ambassadeur de France au Portugal, le donne à penser, qui expose un plan semble-t-il longuement mûri : douze vaisseaux de guerre envoyés aux Antilles y ravageraient Saint-Domingue et Porto Rico avant de rafler l'or de Nombre de Dios, puis douze cents hommes traverseraient l'isthme de Panamà pour s'emparer de la flotte du Pacifique, avec laquelle, longeant le Honduras, ils attaqueraient celle de la Nouvelle-Espagne, qui quittait Veracruz vers la fin du mois de juin, et sur le retour ils détruiraient au passage les fortifications de La Havane. Pareille campagne, concluait Michel de Seures, « mettrait en tel effroy toutes les Indes et tous les contractans, qu'il n'en viendroit de deux ans ung seul solz. [1] »

La Havane rasée, ou les colères de Jacques de Sores, huguenot

Les « exploits » du Rochelais Jacques de Sores sont d'une autre eau, plus noire – et l'épouvante qu'il sème sur son passage annonce d'autres tempêtes, et de sanglantes vengeances, où l'on massacrera au nom de la vraie foi...

---

1. Lettre datée du 30 janvier 1559, ms n° 110 à la Bibliothèque de l'Hermitage à Saint-Pétersbourg, citée par Charles de La Roncière, *op. cit.*, pp. 587-588.

Un huguenot farouche, comme muré dans sa fureur, ce Jacques de Sores, qui reprochait à Jambe-de-bois, pourtant protestant comme lui, sa tiédeur à se débarrasser des papistes abhorrés. Tant et si bien que, las de s'opposer à son commandant, il choisit de faire la course pour son compte, et à sa manière. En 1554, avec trois bateaux et trois cents hommes, il s'empare de Santiago de Cuba. L'année suivante, il met à sac Santa Marta, « visite » les côtes d'Hispaniola, puis, guidé par un certain Pero Braz qui avait lui aussi quelques rancunes à assouvir, fonce sur La Havane.

La ville est imprenable, protégée par une barbacane, une tour centrale, et une terrasse dominant le port – qui oserait affronter ses terribles canons, qu'on dit les douze apôtres ? D'autant qu'il buterait ensuite sur les énormes chaînes barrant le goulet d'accès au port... Imprenable ? C'est ce que l'on va voir.

Le 10 juillet 1555, un coup de canon annonce navire en vue. Une caravelle, de petite dimension, seule de surcroît, battant pavillon espagnol. Qui pourrait se méfier ? Mais voici que la caravelle, à un mille du goulet, vire soudain de bord, met le cap sur la côte, débarque prestement deux cents hommes en armes, arquebusiers, soldats, qui foncent en colonne par un étroit sentier à couvert du feu de la forteresse. Déjà, ils sont dans la ville, prennent d'assaut un bastion faiblement défendu – une attaque par la terre, qui aurait pu imaginer ? –, installent un hôpital et une prison dans les maisons sur la place, assiègent la forteresse. L'alcade Juan de Lovera fait front, refuse de se rendre. La caravelle n'était qu'une avant-garde. Le trois-mâts de Sores arrive devant le port, canons tonnant, drapeau au vent. Mais Lovera tient tête, le jour durant. Le soir venu, appuyés par deux canons, les soldats chargent à nouveau, vingt-trois d'entre eux tombent, mais la barbacane est enlevée, la porte de la tour saute, le fort est en feu, ne reste plus à Lovera qu'à se réfugier sur la terrasse, parmi une foule de vieillards, de femmes et d'enfants. S'il tient jusqu'à la nuit… Déjà une barque, emportant le gouverneur, a réussi à se faufiler dans la pénombre. Que la nuit tombe, et lui et ses hommes s'échapperont, croit-il, sur une barque basse, après avoir fait sauter les canons, et tant pis pour les malheureux réfugiés là ! Mais un de ses hommes, sans doute effrayé, hurle en allemand : « Lovera n'a plus de munitions, ni de vivres ! » Jacques de Sores a entendu : il charge en furie, escalade la terrasse, garrotte les prisonniers. Maître de La Havane ! Et tous ses trésors enfin à lui… Où sont-ils, au juste ? Lovera soupire : « Sa Majesté n'a pas d'argent ici ! » Sores force son bureau, ses coffres – quelques marcs d'argent, et une bague d'émeraude. Il écume : trente mille douros, cent charges de pain, deux cents arobes de vin, telle sera la rançon, ou, sinon, malheur à tous les prisonniers ! Et commence le pillage de la ville. Ce qu'il ne sait pas, c'est qu'on est allé chercher des secours. Le 17 juillet dans la nuit, trente-cinq Espagnols et trois cents noirs armés de poignards se glissent dans l'obscurité, massacrent les blessés à l'hôpital et leurs gardes, déjà ils sont maîtres de deux canons quand l'alarme est donnée. Sores, fou de rage, se précipite, égorge l'un après l'autre ses trente-trois prisonniers tandis que les arquebusiers dispersent les assaillants. Puis, ne décolérant pas, incendie l'église, l'hôpital, les hôtels, les canots des pêcheurs, ne laisse derrière lui que cendres. Après avoir fait des sondages dans la baie, relevé les plans du fort et de la forteresse, il lève l'ancre le 5 août sur des ruines fumantes. Tel était l'état de la ville qu'une escadre française de seize navires, le mois d'octobre suivant, n'y trouva plus rien à piller.

Mais il y avait pire, qui devait consterner toute l'Espagne, et susciter de terribles vengeances, comme on le verra plus loin. Déjà, quand il avait mis à sac Santa Marta, il avait dépouillé l'église de tous ses joyaux – à La Havane, pendant que brûlent les maisons, il organise une pantomime anticatholique pour

« insulter le pape », met un soin particulier à ne rien laisser de l'église, brise les statues des saints et de la Sainte Vierge, vole le calice, fait des vêtements pour ses hommes avec les ornements de l'église [1]. Plus tard, à Ténériffe, il coupera les bras de trente-huit jésuites avant de les jeter à l'eau... Dès lors, pour les Espagnols, les corsaires seront perçus comme « luthériens » et poursuivis comme tels par l'Inquisition apostolique [2]. Les procès qui suivront, comme celui de Mérida, en 1560, poursuivront les corsaires arrêtés pour « luthéranisme ». Tel a vu Pierre Bruxel s'emparer avec deux cents hommes de l'or et des habits du monastère Saint-Domingue, à Carthagène. Tel autre a vu une statue de la Vierge mutilée, lors des funérailles d'un prêtre tué pendant l'assaut – plus, ajoute un autre, un tabernacle brisé, un ostensoir jeté à terre. Un accusé se défend : il avait bien volé l'ostensoir, oui, dans la chaleur de la bataille, mais il l'a rapporté sur ordre de son commandant. Par contre, il confirme que les corsaires n'ont à bord que l'Ancien Testament, et des psaumes en français. Bruxel proteste : il est bon catholique. Dupin et Lafosse récitent l'Ave Maria, mais un prisonnier libéré insiste : il n'y avait à bord ni croix, ni image, ni statue. Des habitants de la ville viennent témoigner de leur moralité : depuis le temps qu'on les connaît, ces corsaires, ils auraient été percés à jour s'ils avaient été protestants ! Tous seront condamnés à cent coups de fouet et à un an de service à la cathédrale – puis, la sentence exécutée, vaqueront librement dans la région.

Des peines légères, à tout prendre, comme si ces colons ne savaient trop encore quelle attitude adopter. Quelques années encore, et ce sera le déchaînement, des deux côtés, de la violence nue.

---

1. Bernard Grunberg, *art. cit.*
2. Il s'agit bien sûr des procès tenus sur le continent, dont les peines, les premiers temps, seront plutôt modérées – capturés par les forces navales espagnoles, ces corsaires étaient promptement exécutés, quand ils n'étaient pas préalablement torturés.

Chapitre II

Pour tout l'or du monde – et la gloire de Dieu...

Au cœur de cette effervescence, qui ouvre une ère nouvelle, bouleverse l'équilibre des pouvoirs, déchaîne les passions, lance les États les uns contre les autres, mais aussi renouvelle les savoirs, libère des énergies qu'on ne soupçonnait pas, et va faire naître, comme son envers – sa vérité ? – la grande révolte des bateaux noirs : la déflagration spirituelle que fut la découverte du Nouveau Monde. Ce ne sont pas seulement les coordonnées géographiques de l'homme occidental qui vacillent, lorsque Colomb atteint les Antilles, Vasco de Gama découvre les Indes, ou Magellan boucle son tour du monde, mais d'abord ses coordonnées mentales – et l'onde de choc de ce séisme aura en retour des conséquences colossales, jusqu'à ébranler le Vieux Monde en ses fondements : des premières tentatives de Floride huguenote aux utopies flibustières, des *pilgrims* du *Mayflower* aux *insurgents* de 1783, c'est dans ce formidable creuset américain, brisant les codes anciens, les préjugés de castes, que ces conquérants, pauvres hères ou rêveurs de royaume, pirates, flibustiers, simples gens lancés au péril des mers, en quête de Terre promise, éprouveront pour la première fois les idées qui, un peu plus tard, feront vaciller l'ordre ancien...

« Soudain, un bloc d'abîme »...

L'histoire a (presque) oublié François Le Clerc, dit Jambe-de-bois, Jacques de Sores, l'ange exterminateur, Dominique de Gourgues, l'expéditif vengeur de Fort Caroline et le trop insouciant Menjouyn de la Cabanne, comme elle a oublié l'immense Jean Ango et les martyrs de la Floride huguenote – sans lesquels, pourtant, l'aventure américaine de l'Angleterre aurait connu un cours très différent. À tort : l'épopée de la flibuste ne commence pas à la toute fin du XVIe siècle, comme on l'écrit souvent, avec les grandes expéditions de John Hawkins et de Francis Drake, elle naît dans le mouvement même qui précipite le Vieux Continent à la découverte du Nouveau Monde, s'entretient de la contestation des bulles pontificales prétendant alors interdire l'aventure à tout autre qu'Espagnol ou Portugais, se tisse des mêmes rêves, de la même démesure et des mêmes impatiences que celles des conquistadors partis d'Estrémadure. Et ce serait une complète erreur de perspective, qui réduirait flibustiers et pirates à un phénomène tardif, secondaire et quelque peu folklorique, que de s'obstiner à l'ignorer : la flibuste ne se peut comprendre hors de l'ébranlement suscité par la grande découverte.

Dans l'expérience limite qui va précipiter conquistadors et flibustiers au plus loin des terres inconnues, et dans le foudroiement même de leur inéluctable échec, se révèle « quelque chose » qui vaudra pour l'époque entière, la donne à lire crûment et pour un peu l'invente, par avance en annonce même la fin, comme une note obsédante qui résonnerait dans les lointains, celle-là même qui hante les poèmes de Camoens, et donnera à la musique baroque ses résonances – n'est-ce pas ici, en pleine Renaissance, dans l'épreuve de l'illimité du monde et de l'illimité en soi, aux rives du Nouveau Monde, que s'invente en effet le baroque ? Et si cet éclair dans la cage obscure du temps ne cesse depuis de nous troubler, si la grande dérive des bateaux noirs résonne encore en nous, peut-être pouvons-nous risquer ici que ce « quelque chose », par-dessus les âges, vaut pour chacun de nous, et renvoie obstinément au mystère de ce remuant foyer, en nous, qui toujours nous appelle et nous meut, par-delà les remparts de nos prudentes raisons. Conquistadors et flibustiers naviguent sur les mêmes mers incertaines, s'opposent, s'entre-déchirent ou se succèdent vers les mêmes confins, de l'univers comme de l'humain, en eux se devinent les mêmes tourments d'âmes inapaisées, éprises d'absolu, leurs défis, leurs dévastations, ne disent jamais qu'une soif d'infini, le vertige, parfois, en eux, du néant, ennemis et frères, brûlant de la même fièvre – de l'or, évidemment.

« Il y a quelque chose au-delà... »

Nihil ultra, avait gravé Hercule sur les colonnes qui séparent la Méditerranée de l'Atlantique : « Il n'y a rien au-delà. » Et, depuis deux mille ans, l'Europe se vivait peu ou prou dans la certitude apaisante d'un monde stable, clos, au moins vers l'ouest. Sans doute la découverte de Christophe Colomb, en 1492, avait-elle été précédée de bien d'autres, sur les côtes africaines, jusqu'au cap de Bonne-Espérance[1], mais son retentisse-

1. Conquête de Ceuta en 1415 par Henri le Navigateur, franchissement du cap Bojador par le Portugais Gil Canes en 1434, puis du cap des Tempêtes en 1487 par Bartolomeu Dias, rebaptisé bientôt cap de Bonne-Espérance. La traversée de Christophe Colomb a été préparée par la conquête des îles qui s'avéreront essentielles sur les routes des « Indes », Canaries et Açores, de la même façon qu'elle a été rendue possible par l'invention des outils nécessaires à de pareilles navigations.

ment, aussitôt, fut énorme : la preuve enfin donnée qu'il y avait « quelque chose au-delà ». L'année même où tombaient le royaume musulman de Grenade et les splendeurs de l'Alhambra, signant du même coup la fin d'une présence musulmane de 774 années – l'année, en somme où les catholiques chassaient de leur pays, non pas des envahisseurs, mais les juifs et les musulmans espagnols, dans l'illusoire vertige d'une « pureté » du sang, de la culture, de la foi, seule capable, veulent-ils croire, d'assurer l'unité du royaume. À l'est, l'Europe chrétienne, inquiète, voyait grossir la menace ottomane. En juillet 1480, les Turcs avaient envahi Otrante, sur la côte adriatique de l'Italie, égorgeant et empalant tous ses habitants, à l'exception des jeunes gens, et cette lente avancée des Turcs, commencée par la prise de Constantinople en 1453, signait la fermeture à l'est de la Méditerranée, la perte, en somme, de l'Orient – au moment où, par-delà des mers, surgissait un nouveau continent.

On veut croire aussitôt qu'une autre vie pourra y commencer, et rouler à nouveau pour chacun les dés de la destinée. Espagne, Portugal, France, Italie, ce monde, oui, était décidément trop vieux, les places déjà prises, les horizons bouchés, vieux de trop de guerres, usé de trop de paroles, marqué depuis trop longtemps par les œuvres du Malin : tout effacer, tout recommencer, tout reprendre à zéro, échapper au passé et peut-être à soi-même ! L'époque s'enivre de ces rêveries. *Il y a « quelque chose au-delà »* – et chacun pressent que cet au-delà sera aussi des civilisations, de la raison, peut-être même de l'humain... Miséreux, aventuriers, traîne-savates, traîne-rapières débauchés des armées d'Italie, hidalgos sans le sou, jeunes gens d'Estrémadure sans plus de gloire ni de fortune à gagner contre les infidèles depuis la chute de Grenade, tous, arpentant cet « au-delà » ouvert à leurs appétits et à leurs songes répètent jusqu'à l'obsession cette espérance d'une table rase, d'un lieu plus vrai, plus pur, par avance sanctifié : Nouvelle-Espagne, Nouvelle-Grenade, Nouvelle-Cordoue, Petite

Venise (Venezuela) meilleur air (Buenos Aires) vraie croix (Vera Cruz) Val du paradis (Valparaíso) San Juan, Santo Domingo, Bahia de Todos os Santos. Espoirs et inquiétude mêlés, bien sûr, à chaque pas, manière de baliser l'inconnu menaçant, petits cailloux jetés dans les forêts obscures, manière de se rassurer dans le noir...

En 1515, Thomas More publie l'*Utopie*, en situant dans une île du Nouveau Monde la société idéale qu'il appelle de ses vœux[1] – ordonnée, veut-il croire, aux lois de la raison. Camoens, lui, saura dire plus tard, dans ses *Lusiades* (1572), cet élan vers l'inconnu, mélange de désir, d'effroi, d'infinie nostalgie tout à la fois du pays perdu et de celui espéré par-delà l'horizon, qui précipita tant d'hommes par les mers du monde :

Déjà notre regard tout doucement s'éloigne
Des monts de la patrie, qui derrière restaient
[...]
Lorsque, enfin, tout au loin disparut
Nous ne vîmes plus rien, que le ciel et la mer
[...]
De loin ils la saluent d'un cri long et joyeux,
Se la montrent l'un l'autre, oubliant, d'allégresse,
Les tourments du parcours et l'ancienne détresse.[2]

Mais c'est peut-être le conquistador-poète Alonso de Ercilla qui nous fait sentir le plus violemment l'appel des lointains, dans les vers grondant de sauvage énergie, de démesure contenue, d'orgueil cabré, de sa sublime épopée *La Araucana* (1569-1589) :

Que j'ai couru de terres, et combien de nations

1. Après lecture des *Navigations* attribuées à Amerigo Vespucci.
2. Cité (et traduit, ainsi que les poèmes qui suivent) par Benito Pelegrin, in *Figurations de l'infini*, Seuil, 2000.

J'ai traversées, du nord tout recouvert de glace
À l'Antarctique sud et ses basses régions,
Antipode ignoré conquis par notre audace !
J'ai passé des climats, variant constellations,
D'innavigables mers j'ai bravé la surface,
[...]
Puis j'ai continué la conquête au-delà
Des terres inconnues jamais vues jusque-là.

Naissance de l'homme baroque ?

Le monde s'ouvre, et l'homme du coup se découvre plus vaste, plus divers, plus inquiétant aussi qu'il n'imaginait. De cette plongée dans l'inconnu du monde, il ramènera savoirs, richesses, puissance, parfois, mais aussi des peurs, des désirs, des effrois, qu'il ne soupçonnait pas : cet autre que je découvre, ces étranges étrangers, se peut-il vraiment qu'ils soient les mêmes que moi ? Et de cette part commune dont ils révèlent l'existence, en moi, que faire ? Simplement la nier, en la disant « sauvage » ? Il faut tenter de mesurer ici le réseau complexe d'images, de mythes, de ferveurs et d'effrois mêlés, tout ce qui s'investit alors de proprement religieux dans l'idée même de *découverte*. Ne plus se satisfaire de l'ici (et peut-être même de l'ici-bas ?) de cet horizon, toujours pareil, et de l'ordre immuable devenu une prison, oser taire sa raison pour s'abandonner aux tourments de son âme, au manque, à la nostalgie, s'ouvrir au désir, à l'élan et à la peur, attendre de l'inconnu une réponse, quelque chose peut-être comme le salut – et pour cela, d'abord, quitter la terre ferme, les espaces quadrillés par les savoirs et les coutumes pour se risquer dans l'empire du *mouvant* : ce n'est pas seulement le pont qui bouge sous les pieds de qui ainsi se risque...

Alonso de Ercilla, encore :

[...]
Et les vents, dans leur rage,
Pareils à des taureaux indomptés mugissant,
Accroissaient d'autant plus la fureur de l'orage
Sifflant affreusement à travers le gréement ;
Tant d'éclairs effrayants au tonnerre mêlés
Qu'on eût cru que le Ciel, à son axe arraché,
S'effondrait en fracas sur la fragile Terre
Et que les Éléments entre eux étaient en guerre.
[...]
La rage de la mer, la violence du vent,
Le tumulte, les cris, les vœux et les promesses,
La nuit qui en plein jour nous frappe en un moment
Sous les sombres nuées lugubres et épaisses,
Les éclairs, les tonnerres sans arrêt éclatant,
Les pilotes hurlant les ordres en détresse,
Telle horrible harmonie aux oreilles tonnait
Qu'on eût dit que le monde en entier périssait.

Là, sous les quelques centimètres de bois qui me séparent du naufrage, remuent dans les abysses noires des monstres épouvantables, s'éveillent des puissances sans visage, au loin s'amassent les nuages annonciateurs de futures tempêtes : la mer, pour qui s'y risque alors, est toujours une mer des Ténèbres, qu'il faut traverser, au péril du naufrage, en traversant d'abord ses propres monstres et ses abysses. Il faudra, pour survivre, découvrir que c'est en épousant au plus près le déferlement des vagues et du vent, en s'appuyant sur leur puissance acceptée que l'on trouvera son salut et sa voie, et c'est aussi, cela, une expérience spirituelle, qui fait du marin un être particulier, sans plus rien de commun, dirait-on, avec l'homme ancien :

comment, par le risque accepté, se diriger dans ses ténèbres intimes, en faire le moteur de l'aventure humaine, le principe d'une création, au lieu d'en être la victime ?

Le siècle qui s'annonce – et ce sera l'essence même du baroque – explorera jusqu'au vertige cette métaphore de la mer, et des navigations nouvelles, rendues possibles seulement par les bateaux allant à l'*orse*, capables de remonter au vent, en tirant des bords, jusqu'à en faire le principe même de l'action, y compris politique[1], tandis que les maîtres des cartes, cosmographes du roi, *Piloto Mayor*, deviennent l'objet d'un culte, courtisés, couverts d'or, considérés à l'égal des grands directeurs de conscience, ouvrant les chemins de la perfection dans les forêts obscures de l'âme humaine, ou des grands politiques, meneurs d'hommes et d'armées, frayant aux foules les routes du monde. Les cartes, alors, sont jalousement gardées, surveillées, protégées, à l'égal de Livres Saints : ne sont-elles pas, pour reprendre une belle expression de Benito Pelegrin, « les miroirs de l'ailleurs » ?

Schéma mystique s'il en est, expérience essentielle qui sera celle des *pilgrims*, et des émigrants, après avoir été celle des conquistadors, des flibustiers et des pirates – que tel est le prix à payer, dans la traversée des océans de nos ténèbres, pour une chance, peut-être de recommencer la création, que l'on doit, dans l'épreuve, se dépouiller d'abord de soi.

---

1. « Le pilote expert et adroit ne navigue pas à l'arbitre du vent », écrit le diplomate Diego de Saavedra Fajardo, dans son *Idea de un Príncipe politico cristiano*, « au contraire, utilisant sa force, il dispose ses voiles de telle sorte qu'elles le mènent au port désiré : ainsi, avec un même vent, il va à l'orse d'un côté et à son contraire (selon sa convenance) sans perdre sa route [...] Il n'y a pas de navires plus dangereux que la couronne, exposée aux vents de l'ambition, aux écueils des ennemis et aux bourrasques du peuple [...] Toute la science politique consiste à savoir connaître le gros temps et s'en servir : la tempête conduit parfois plus vite au port que la bonace [...] Lorsque le pilote comprend qu'on ne peut vaincre les vagues, il s'en laisse porter en calant les voiles. » (Cité par Benito Pelegrin, *Figurations de l'infini*, *op. cit.*, pp. 143-144.)

Au risque de se perdre – en soi

L'époque n'est pas encore rendue à la sérénité d'une transparence de la conscience à elle-même, à la certitude du « Je » pensant de Descartes, bien au contraire : c'est l'effacement de sa propre « mesure » dont Francisco de Orellana éprouve la menace, dans la démesure de cette Amazone, où, au sens fort, il se perd, en 1541, cet infini liquide aux contours indistincts, où tout se fond, se noie dans un brouillard sans plus de couleur assurée, s'étale à l'infini, comme s'il n'était plus en elle de rives, plus de source ni d'embouchure, mais le tremblement, de loin en loin, d'eaux stagnantes, le déploiement d'un infini liquide, ayant envahi tout l'espace ; ce sont les digues illusoires de sa raison qui s'effondrent, tandis qu'il s'enfonce dans la prolifération étouffante d'un délire de lianes, de mousses glaireuses, de troncs énormes, effondrés, ou dressés si haut qu'ils effacent le ciel, tandis que remuent alentour des présences formidables, invisibles, meurtrières, que tout, plantes, eaux, marécages, sauriens, serpents, semble voué à la dévastation et à l'engendrement, dans un même mouvement, que tous se dévorent, s'étouffent, s'engloutissent dans un vertige d'épouvante et il sait déjà que pour survivre en cette nature-là, il faudra bien accepter qu'elle entre en lui, s'éveille, qu'il accepte de se lire dans l'affolant miroir retourné par les eaux verdâtres du fleuve-monde.

Tout voyage ne dit-il pas nécessairement dépouillement, perte des repères qui sur la terre ferme, chez vous, parmi les vôtres, en vos paysages familiers, signaient votre identité – et à chaque épreuve, alors, c'est un peu de votre moi ancien qui s'efface, comme les pelures d'un oignon, ôtées l'une après l'autre ? Avec cette inquiétude croissante, palpable en tant de récits, de lettres, de témoignages, de ce qu'il restera du voyageur, de l'émigrant, du conquérant, tombée la dernière pelure, la dernière écorce, la dernière défense...

Et l'on veut croire alors à toute force, contre toute raison, que ces épreuves avaient un sens, qu'un doigt divin malgré tout vous menait vers une révélation, que chaque souffrance trouvera sa justification, qui sait, sa compensation, au terme du voyage – que cet appel entendu, un jour, dans les lointains, était celui, par-delà les géographies et les bornes du temps, du monde de lumière dont nous sommes issus, avant la Chute dans les ténèbres de l'ici-bas : tout à la fois, en somme, l'indication de notre destination et de notre retour – le paradis.

« La merveille d'Hispanolia, écrit Christophe Colomb, extasié, ses sierras et ses montagnes, ses plaines et ses vallées, aux terres si belles et grasses, bonnes pour planter et semer, élever des troupeaux de toutes sortes, édifier des villes et des villages... » Comme, là-bas, ce qu'il a quitté ? Non : « une terre à désirer, et une fois eue, à ne jamais quitter » – « les arbres semblent atteindre au ciel, aussi verts et beaux qu'au mois de mai en Espagne, certains en fleurs, d'autres avec leurs fruits. Et le rossignol et mille autres oiseaux chantaient... »

Le paradis, oui, en vérité.

L'or et les épices

Les réalistes, ceux qui ne croient qu'au jeu des puissances matérielles, au primat en toutes choses de l'économique, haussent déjà les épaules : beaucoup de mots, pour le seul appât du gain, la quête de l'or et des épices ! Mais comment ne pas voir la charge mythologique, la puissance imaginaire contenues déjà en ces deux mots ?

L'or et les épices ! Poivre, muscade, cumin, curcuma, girofle, vanille – là-bas, par-delà l'horizon, où les îles se mirent en des eaux claires, sous les cieux inconnus, toutes les saveurs du monde, promises au voyageur ! Inutiles, bien sûr, c'est-à-dire essentielles : non pas simplement une denrée nouvelle, s'ajoutant à tant d'autres, un produit de plus à l'étal des marchands, mais ce qui donne goût – c'est-à-dire prix – aux choses. Au monde. À la vie. Le piment de la vie, toujours à chercher vers l'ailleurs, où nous conduisent nos rêves – pour échapper au quotidien, à cette fadeur qui dissout tout contour, toute diversité, efface les couleurs, fait paraître toutes choses semblables.

Les épices – et puis l'or, bien sûr. L'or, dans toute sa puissance, brûlant les cœurs et les âmes, jusqu'aux tréfonds. L'or et son énigme, où l'on dirait que sans cesse s'échangent enfer et paradis, se révèlent peut-être leur énigmatique unité, l'envers et l'endroit du même mystère – l'or, comme notre miroir, ou le chiffre même de l'âme humaine, qui rend folle, tout à coup, l'Europe entière, l'arrache à elle-même, pour la projeter dans l'inconnu... Et telle sera sa fascination qu'il continuera d'embraser les imaginations, lors même que le minerai d'argent aura pris la place, devenu la principale richesse, et de très loin, des terres Fermes, avec la découverte des mines de Guanaxuato, de Zacatecas, d'Oaxaca –, au Mexique, et de Potosí, au Pérou.

Le simple appât du gain, la fièvre qui s'empare de ces conquistadors, à la suite de Colomb ? Peut-être, mais alors un gain au-delà du mesurable, le gain, par son excès même de *quelque chose d'autre*. S'enfonçant dans l'inconnu, voilà qu'ils redonnent vie à des rêves plus grands qu'eux, et tellement plus anciens... Ponce de León croit découvrir en Floride la fontaine de Jouvence et les fleuves du paradis que la légende plaçait en Asie. Orellana est convaincu d'avoir affronté les Amazones sur les rives du fleuve auquel il donne leur nom. La terre qu'ils explorent est d'abord celle des mythes, des récits, des rêves de l'Antiquité. Devant eux se lèvent toutes les créatures qu'enfanta l'imagination des hommes depuis leur origine, et nul doute qu'ils les voient, qu'ils en peuplent l'inconnu dans une gigantesque projection hors d'eux-mêmes de leurs cauchemars et de leurs phantasmes, comme s'il s'agissait, pour ne pas se perdre, de faire coïncider jusqu'au délire la géographie de ses mondes intérieurs et celle des terres vierges : griffons découverts par Colomb, alors qu'il cherchait les mines de Veragua, dragons, harpies, licornes, agneaux à tête humaine de Nouvelle-Grenade, serpents à deux têtes, une à chaque extrémité, trouvés dans la région du Gran Chaco, serpents à plume, aigles bicéphales, tritons, sirènes, monstres humains à un seul œil, ou à museau de chien, avec une queue en appendice, acéphales de Guyane que cherchera Walter Raleigh, tous les voient, bien sûr, ils en jureraient, ce ne pouvait pas être de simples mirages – d'ailleurs, n'en a-t-on pas retrouvé des ossements ?

Comme si la fièvre de l'or, toujours, se liait à la nostalgie de quelque royaume perdu, enfer et paradis mêlés...

L'énigme de l'or

Mais n'est-il pas étrange, aussi, ce métal ? Inaltérable, pur à l'état natif, il garde en lui, dit-on, une lumière captive, un feu divin. Malléable, conducteur, il paraît même vivant. À croire que lui est épargnée l'opacité de la matière, qu'en lui esprit et matière se confondent encore, comme avant la Genèse : pas une mythologie, à la surface du globe, qui ne le donne peu ou prou pour un soleil figé, une parcelle de ce « corps de lumière » dont nous serions issus.

Il jaillit un jour des profondeurs du monde, en des fleuves de feu qui se figèrent au contact de l'air, imagine le philosophe syrien Posidonios. Agnis et Soma, au contact du feu, auraient fondu, pour se mêler en cette substance unique, raconte le Bharata des hindous. Le feu, l'or, c'est-à-dire aussi le soleil : Rê, le dieu solaire égyptien, aura une peau toute d'or. Et l'on dira qu'en chaque grain d'or brille un feu divin : Brahmà naît d'un œuf d'or posé sur les eaux, le Grand Esprit des Indiens, le Para-Pouroucha, est décrit « aussi brillant qu'un or pur » – « semence des Dieux » pour les Perses, l'or paraît aux Chinois des concrétisations du *Yang*, le principe solaire, masculin, symbole de force, de royauté, de puissance de création. Inaltérable, divin, il est pour le Catapatha-Brahmana le signe même de l'immortalité – aussi, accompagne-t-il bien des rites de passage. L'arche qui survit au déluge voulu par le dieu Ea, dans la mythologie babylonienne, avait pour sauf-conduit une pleine cargaison d'or. Et le jour du Jugement dernier, à en croire le Coran, les justes reposeront sur des lits d'or. Enfoui dans les tombes étrusques ou égyptiennes, sa lumière garde les âmes des défunts à travers les ténèbres, donne force et chaleur tout le temps du voyage...

On pourrait poursuivre ainsi longtemps : larme d'éternité, semence des Dieux, fragment d'un autre monde, l'or, quels que soient les religions, les cultures et les âges, tire sa fascination de son origine fabuleuse. Pendant des siècles, l'humanité rêvera au royaume d'Ophir[1], placé tour à tour en Afrique, ou en Inde, chanté à l'égal du Paradis terrestre – jusqu'à ce que vienne le remplacer celui d'Eldorado...

Annonce de l'Âge d'or

C'est la mythologie grecque qui fixe pour l'Occident les traits, les mots par lesquels celui-ci tentera de dire sa fascination : les Égyptiens, avant les Aztèques et les Incas, faisaient de

1. Avec Hiram, roi de Tyr, Salomon envoyait, dit-on, vers les mines d'Ophir des convois de bateaux qui mettaient trois ans à faire l'aller-retour. Et chaque voyage rapportait, assurent les mêmes chroniques, 420 talents d'or (près de 18 tonnes !).

l'or l'attribut de la seule divinité, les Grecs, eux, en feront aussi l'attribut des hommes – ne dit-on pas « riche comme Crésus » ? Temps des Dieux, temps des hommes – et la mythologie pour faire le lien...

Ainsi de cette idée d'un Âge d'or, antérieur à la division des êtres et des choses comme à l'usure du temps, exprimée par Hésiode, et qui hantera dès lors l'imaginaire occidental : « D'or fut la première race d'hommes périssables que créèrent les Immortels, habitants de l'Olympe. C'était au temps de Chronos quand il régnait encore au ciel. [...] Alors les hommes vivaient comme des dieux, le cœur libre de soucis. » Certes, l'or marque le temps des Dieux, et Homère rappelle que Zeus se vêt d'or à son réveil, avant de prendre en main un fouet d'or – mais aussi celui de la quête des hommes, tel Jason à la recherche de la Toison d'or, où l'or ne se conquiert que par une sublimation du désir qui l'a fait chercher. Et cette quête peut reconduire l'homme qui l'entreprend vers le royaume de lumière d'où il est issu : les Hespérides, où cueillir en leur jardin les fameuses pommes d'or, sont situées à l'horizon, quand se confondent le royaume de la terre et celui du ciel. Ainsi, l'or, par la puissance qu'il éveille en chaque être, puissance de fécondation, d'imagination, d'amour, peut libérer – à preuve cette pluie d'or qui perce le rempart d'airain où Acrisios tentait d'enfermer sa fille Danaé. Mais l'or, pour qui se refuse à l'ascèse, peut rendre fou, ou idiot – comme le vérifie le cupide Midas, qui manque mourir de faim pour avoir reçu de Dionysos le pouvoir de changer tout ce qu'il touche en or, et ne se délivre de cette malédiction qu'en se lavant dans le Pactole, lequel depuis charrie des paillettes d'or.

Midas et Jason, toujours mêlant cupidité et rêve d'un Âge d'or : le conquistador, et quelques siècles plus tard le flibustier et le pirate, pourraient s'y reconnaître.

De l'alchimiste au conquistador

Quand l'or, au Moyen Âge, disparaîtra de l'Occident[1], le rêve ne s'obstinera pas moins, mais en changeant de plan, jusqu'à faire du précieux métal le moyen d'une transmutation spirituelle. « On ne met pas la sagesse en balance avec de l'or d'Ophir ! » tonne Job. Qui n'en dit pas moins, ailleurs : « Il connaît les sentiers où je marche : qu'il m'examine, je sortirai pur comme de l'or. » Les religions du Livre, dès l'origine, sont prises dans cette hésitation. On exhorte, on met en garde, on menace : le peuple d'Israël ne se sauvera qu'en brûlant le Veau d'or. En même temps l'or fascine : quelle jubilation dans l'Ancien Testament à l'évocation des richesses d'Ophir, ou dans l'accumulation de chiffres fabuleux, comme ces 120 talents d'or (5 tonnes !) donnés à Salomon par la reine de Saba !

Bref, on veut croire que l'or, exemple de perfection ici-bas, peut purifier, si l'on écoute la parole de Yahvé : « À moi l'argent, à moi l'or ! » : objet de convoitise pour l'idolâtre, il peut devenir pour le chrétien la lumière d'une quête spirituelle – l'homme, imparfait ou pécheur, doit se rendre par l'ascèse « pur comme l'or ». L'alchimie trouvera là un moule, où se couler[2]...

---

1. On l'oublie généralement, mais les grandes invasions barbares qui scellent la fin de l'Empire romain, la fermeture de l'Orient à la chrétienté, l'invasion de l'Espagne par les Arabes, privant du même coup l'Europe des mines du León et des Asturies, la raréfaction des échanges avaient réduit presque à néant le rôle joué par l'or. Faute de matière première, les Carolingiens s'étaient vus contraints d'abandonner la frappe de monnaie d'or. À la veille de la guerre de Cent Ans, on en était arrivé au point où les échanges entre les pays chrétiens se réglaient en monnaie arabe... frappée de versets du Coran ! Jusqu'à ce que les Portugais les supplantent, au XVe siècle, les Arabes furent les vrais maîtres de l'or, grâce aux caravanes qui transportaient le métal jaune à travers le Sahara, depuis le Soudan, le Ghana et le royaume du Songha. L'apport des mines de Bohême, de Silésie, de Bosnie, de Serbie, de Hongrie, de Transylvanie, découvertes entre le XIIIe et le XIVe siècle, ne fut que marginal.

2. Transformer le vil métal en or ! On comprend, en ces temps de pénurie, que les imaginations aient pu s'enflammer – ainsi, pendant la guerre de Cent Ans recherchera-t-on particulièrement parmi les pièces d'or frappées par Édouard III en 1344,

Encore faut-il s'entendre. Car l'or est perçu par l'alchimiste comme un miracle, et un signe : miracle d'une perfection qui n'est pas de ce monde, signe à celui qui le trouve que l'œuvre de la Création n'est pas achevée – et qu'il appartient à l'homme de reconduire le monde vers le royaume de lumière dont il est issu. En somme, il s'agit de délivrer l'esprit par le travail sur la matière, en libérant la matière par l'esprit. L'alchimie, telle qu'elle culmine au XVIe siècle chez un Paracelse, n'est pas une préhistoire de la chimie, mais un effort, spirituel, de reconquête des droits de l'homme sur la création – tel que l'exprimera bientôt le mythe de Faust. Faust qui, au XVIIe siècle, fut tout à la fois un savant humaniste et un alchimiste.

Éloge de la *virtu*

Car l'alchimie, du XIIe au XVIe siècle, accompagne, et peut-être précipite une mutation de l'idée même de l'homme, et de ses puissances. La *devotio moderna*, la pratique de l'oraison individuelle chez les élites, le bouillonnement des mystiques rhénanes et flamandes, dans leurs tentatives de rejoindre le divin hors des médiations de l'Église, rencontrent les leçons de l'Antiquité, et les thèses néo-platoniciennes véhiculées par les hermétistes : l'homme qui sort de ce creuset apparaît comme le sommet d'une Création qu'il lui appartient de prolonger – comme si une étincelle divine brillait en lui.

Voilà bientôt que l'on valorise l'originalité en chaque homme, que l'on loue les hommes d'exception qui, par leurs œuvres, leur génie, leur *virtu* (inspiration) paraissent dépasser l'humaine condition. Cet élan qui soulève tout le XVIe siècle se déclinera de bien des façons, de l'alchimiste Paracelse à Léonard

---

les « nobles de Raimond », reconnaissables à une marque discrète, que l'on disait fabriqués par l'alchimiste Raymond Lulle...

de Vinci, ou à l'orgueilleux Michel-Ange, des grands mystiques aux condottieri – et aux conquistadors. De quel or [1] se tissaient les rêves de ceux qui prenaient alors la mer, vers le grand inconnu ?

Cathay regorge de richesses, couverts d'or sont les toits de Cipangu : c'est à la recherche de cet Orient fabuleux, décrit en 1300 par Marco Polo dans son *Livre des Merveilles*, que s'élancent alors tous les navigateurs – jusqu'à Christophe Colomb. Mais si l'or dont ils rêvent est bien celui de la richesse terrestre, il n'en reste pas moins pour eux le chiffre de l'absolu, promesse d'un Paradis au cœur de l'inconnu : la quête spirituelle, intérieure, ne s'oppose pas à cette recherche de l'or, partout de par le monde – elle seule, au contraire, a pu donner à l'homme une idée de lui-même assez grande pour affronter les ténèbres extérieures.

« Je pourrai mettre à la disposition de Leurs Altesses tout l'or dont elles ont besoin... »

Christophe Colomb, fait par les capitulations de Santa Fe grand amiral de la flotte océane, gouverneur perpétuel de toutes les îles et terres fermes à découvrir, signe Christo Ferrens – porteur de Christ. Et l'or n'est pour lui que le moyen de sa vaste entreprise, le signe déposé là par Dieu de son élection... Parti

1. Les Croisades, déjà (1096-1291), se doublaient d'un rêve d'or – que devaient incarner les Templiers, pour leur plus grande gloire, et leur malheur. C'est pour lutter contre l'Islam, encore, et retrouver quelque part en Orient le royaume du Prêtre Jean (où l'on veut croire que se trouvent les chrétiens de l'Inde évangélisés par Thomas l'Apôtre) que Henri le Navigateur (1394-1460) et Jean II (1460-1495) entreprennent l'extraordinaire aventure maritime portugaise qui, de la prise de Ceuta sur la côte marocaine en 1415, devait les voir contourner le cap Bojador, occuper l'embouchure du Sénégal, le Cap-Vert, la Sierra Leone, jusqu'à retrouver vers 1472 les sources d'or de l'Islam, en Guinée, d'où furent extraites jusqu'à huit tonnes d'or par an – tandis que des émissaires étaient envoyés à la recherche du Prêtre Jean...

avec à son bord le *Livre des Merveilles* de Marco Polo, il croit toucher aux rivages de la Chine quand, dans la nuit du 11 au 12 octobre 1492, il arrive devant Guanahaní, dans l'archipel des Bahamas, qu'il baptise aussitôt San Salvador[1]. L'or est là qui l'attend, il le sent, il le sait. Et les Indiens qu'il rencontre deux jours plus tard portent aux narines et aux oreilles des plaques d'or... Il leur offre en échange quelques grelots, des verreries de Venise, croit comprendre, de leurs explications, qu'à l'île de Batèque, au sud-ouest, le sable des plages serait de poudre d'or, repart aussitôt. Mais nulle trace d'or à Cuba, qu'il prend pour la Chine – plus loin encore, peut-être ? Pas un instant il ne doute : « Avec l'aide de Dieu, je ne puis manquer de trouver l'or là où il existe. » Les vents le portent vers une nouvelle terre, la plus grande de ses caravelles s'y échoue par accident, ils débarquent sur ce qu'ils appellent aussitôt Hispaniola. Et là, le signe tant attendu, enfin : le chef indien Guanagari, venu à leur rencontre, porte une large ceinture d'or travaillé, les hommes qui l'entourent, d'autres chefs sans doute, ont le front ceint de couronnes d'or. « Notre Seigneur a voulu que la nef s'échouât ici, parce que c'est le meilleur endroit de l'île pour fonder un établissement et le plus près des mines d'or. » Un Indien montre le pays derrière lui, prononce « Cibao » (montagne), Colomb tressaille : n'a-t-il pas entendu « Cipango » ? Le Japon ! Il a donc réussi, trouvé la voie. L'attendent l'or, et les épices...

De l'or, de l'or partout autour de lui ! Dans l'île de Juana, il y aurait des grains d'or gros comme des fèves. Ici, les marins ramassent en une journée 120 castellans d'or. Là, au fond des barils d'eau douce, ils trouvent de la poussière d'or. « Je pourrai mettre à la disposition de Leurs Altesses tout l'or dont elles ont besoin... »

---

1. Sur Christophe Colomb, les travaux de Jacques Heers et de Michel Balard font autorité.

Le 15 mars de l'année suivante, il est de nouveau à Palos, d'où il était parti sept mois plus tôt. Le roi Ferdinand et la reine Isabelle sont à Barcelone, il va traverser toute l'Espagne pour leur porter la nouvelle et sur son passage la foule se presse, transportée d'enthousiasme – un mois, pour traverser, en long cortège, l'Andalousie, la Castille, l'Aragon, la Catalogne ! Devant lui marchent, protégés par des soldats portant hallebardes, six Indiens peints portant des perroquets sur l'épaule, des marins chargés de toutes les merveilles des Terres Neuves, guirlandes de plumes, calebasses, roseaux géants, et entre les lèvres des bâtonnets étranges, dont ils rejettent la fumée par la bouche et par le nez, comme s'ils se consumaient de quelque feu intérieur, et puis encore les trésors, un amas qu'on veut imaginer prodigieux de bijoux, de plaques d'or, de colliers, de bracelets, de couronnes, et puis, fermant la marche, glorieux, l'amiral de la flotte océane encadré par ses fils...

Ferdinand et Isabelle l'invitent à s'asseoir près d'eux, sous le dais royal, pour qu'il leur fasse le récit de ses incroyables aventures. Ses trésors sont moins grands qu'il ne le laissait croire, mais son verbe transporte roi et reine : qu'on lui donne les moyens nécessaires, et il ramènera assez d'or pour armer cinquante mille soldats, quatre mille chevaliers qui reprendront le Saint Sépulcre aux infidèles ! Et puis qui iront enseigner le Christ à l'Empereur de Chine...

C'est toute l'Espagne, à ces mots, qui tremble et rêve. Dix-sept navires cette fois, au départ de Cadix, le 25 septembre, un pêle-mêle de soldats, de missionnaires, d'ouvriers, cinq cents marins, sept cents colons, plus trois cents non prévus, découverts après le départ dans les cales parmi les ballots, les outils, et tout le nécessaire pour une colonie, chevaux, bétail, volailles, plants et semences, arbres fruitiers, verroteries destinées aux Indiens – combien, restés à quai, rêvant eux aussi des merveilles d'outre-monde...

Premières fièvres

Le jardin d'Éden, en vérité. « Ils vont nus, tels que leurs mères les a enfantés [...] Ils sont tous très bien faits, très beaux de corps et très avenants de visage. [...] Ils ne portent pas d'armes ni même les connaissent... » N'est-ce pas l'homme d'avant la Chute qu'il dépeint au roi, avec des accents extatiques ? « Quoi qu'on leur demande de leurs biens, jamais ils ne disent non ; bien plutôt invitent-ils la personne et lui témoignent-ils tant d'amour qu'ils lui donneraient leur cœur. Que ce soit une chose de valeur ou une chose de peu de prix, quel que soit l'objet qu'on leur donne en échange, et quoi qu'il vaille, ils sont contents. » Il a laissé là-bas quarante de ses hommes, dans un fortin près de la mer « avec des armes, de l'artillerie et des provisions pour plus d'un an » et instructions de trouver, ou échanger, le plus d'or possible, à remplir au moins un de leurs tonneaux : « S'ils savent se conduire, c'est une île sans danger pour leurs personnes. »

Ils ne sauront pas. Cinq mois plus tard, il retrouve le fortin en ruine, les hommes massacrés. Et les nouveaux arrivés commencent à murmurer, bientôt se rebellent. Où est-il, cet or qu'on pouvait ramasser à poignées ? Ils le trouvent à l'intérieur de l'île, dans les torrents, aux flancs des montagnes, pour l'exploiter réduisent les Indiens en esclavage, quand ils ne les massacrent pas. Colomb se révèle un administrateur déplorable, incapable de contrôler les nouveaux colons, qu'exaspèrent ses soucis d'évangélisation. Mais voit-il seulement ses rêves effondrés ? Francisco de Bobadilla, qui le supplée, l'expédie en Espagne, enchaîné comme un voleur, sous le prétexte que ses visées portent atteinte à la couronne d'Espagne, on le jette en prison – mais qu'importe ! À peine sorti, par la grâce du roi, le voilà qui reprend la mer, tout à son rêve d'or. Il a déjà exploré la Dominique, la Guadeloupe, Porto Rico, la côte sud-ouest de

Cuba, cette fois il touche les rivages de l'Amérique centrale, du Honduras jusqu'au bassin de l'Orénoque. Que cherche-t-il ainsi ? Ce signe divin, enclos dans la matière obscure, qui le conduirait vers le royaume de lumière. L'or, bien sûr, l'or toujours.

Cortés, devant Moctezuma

L'or... Il est plus loin vers l'ouest, veut croire Hernàn Cortés. Il a déjà pas mal traîné ses guêtres entre Hispaniola (l'actuelle Haïti) et Cuba, quand il s'embarque le 18 février 1519, en direction du Mexique, avec cinq cents soldats, seize chevaux et quatorze canons... Et c'est un tout autre monde qui se découvre à lui. Les Indiens étaient encore à l'âge de la pierre, ou peu s'en faut : ici, de toute évidence, se déploient devant lui les fastes d'une grande civilisation.

L'accueil des envoyés de l'empereur Moctezuma sur la plage de Sempoala, le 21 avril, suffit à le convaincre de la puissance des Aztèques. Mais il devine en même temps leur faiblesse : venus du nord au XIe siècle parce que leur dieu Huizilipotchi leur avait prédit qu'ils y trouveraient de l'or, les Aztèques ont sans doute eu le temps d'amasser des fortunes – mais en régnant par la terreur et les sacrifices humains sur les populations autochtones. Aussi Cortés prend-il bien soin de se ménager les Indiens et même de s'allier avec la république de Tlaxcala, ennemie jurée des Aztèques, avant de marcher sur Mexico, où il arrive le 8 novembre à la tête de ses soldats – d'autant mieux accueillis que Moctezuma les prend pour des envoyés du dieu Quetzalcóatl.

Et là Cortés, un instant, vacille. De l'or, des montagnes, des fleuves d'or ! En bijoux, en pièces d'orfèvrerie, en statues, sur les murs, les plafonds, les toits des temples et jusque dans leurs fondations – « on ne saurait croire qu'aucun prince au monde puisse posséder pareil trésor ! », s'écrie-t-il, effaré. Mais que faire, avec des troupes si faibles ? Coup de génie : il s'empare par surprise de Moctezuma, et entreprend de régner en maître par son intermédiaire.

Le dépeçage de Mexico va pouvoir commencer. Systématique. Aveugle. Impitoyable. Les plaques d'or, les bijoux, les œuvres d'art les plus fines partent tous à la fonte : deux tonnes et demie de lingots d'or, en quelques semaines !

Mais les habitants de Mexico, excédés, se révoltent, lapident Moctezuma qui voulait s'interposer et Cortés doit s'enfuir, la nuit, à travers les marais, en abandonnant une part de son butin – la fameuse « noche triste » du 30 juin 1520. Nouveau coup de pouce du destin : alors qu'il courait le risque d'être rejoint et défait dans la plaine, Tlaxcala vient à son secours, et le sauve.

En juin 1521, le revoilà devant Mexico, renforcé cette fois par des troupes indiennes, et des aventuriers venus des Antilles. Siège terrible, qui durera trois mois. Quand la ville tombe en août, elle n'est plus que ruines et amas de cadavres : la civilisation aztèque n'est plus. Il suffira de deux ans à Cortés pour conquérir le reste du pays. Et les Flottes de l'or commenceront à faire couler sur l'Espagne un fleuve d'or comme elle n'en avait jamais connu.

La suite ? Celle, plus difficile, des jalousies, des rivalités intestines, des calomnies, et des voyages en Espagne pour tenter de se justifier. Mais avant de rentrer définitivement au pays, en 1544, pour y mourir sept ans plus tard, il aura le temps d'accomplir son dernier rêve : trouver enfin, « à droite du Paradis terrestre », la Californie des *Exploits d'Esplandian*...

Histoire de l'infamie, et de la grandeur.

À parcourir cette histoire hors des normes humaines, l'esprit se trouve pris de vertige, comme devant un mystère : en moins d'un quart de siècle, entre la découverte du Pacifique par Balboa, en 1513, et l'apothéose sanglante de Pizarro au Pérou, en 1535, des bandes d'aventuriers dotés de moyens dérisoires vont détruire des empires, ruiner des civilisations, conquérir un continent – avant de disparaître. Que pouvons-nous comprendre encore, par-delà la fascination et l'horreur, de leur folie sanglante, de leur sombre démesure ? Ils n'étaient pas seulement des soudards assoiffés de sang, tous ceux qui s'enfoncèrent ainsi dans l'inconnu...

Alonso de Ercilla, toujours, de toute sa hauteur, comme en défi au siècle :

> Non point les dames, non, non plus les gentillesses
> De leurs preux chevaliers je chante, énamourés
> [...]
> Je chante les actions, le cœur et les prouesses
> De soldats espagnols en valeur signalés
> Qui mirent sur le col d'Arauco l'indomptée
> Un joug dur et pesant par le droit de l'épée.

Et tout ce qui vibre encore, de l'inconnu affronté, dans ces vers d'airain, en forme de mémorial...

> C'est ici que parvint où ne parvint nul autre
> Don Alonso de Ercilla et qui fut le premier,
> Sur un fragile esquif, vraie coquille de noix,
> Avec dix compagnons, à passer ce détroit,
> En l'année cinquante-huit, on était en février,
> De l'ère mil cinq cents, le dernier jour du mois,
> Comme il était alors deux heures après-midi.

Ils viennent pour la plupart des régions pauvres d'Espagne, d'Estrémadure comme Cortés, Pizarro, Balboa, Alvarado. D'Andalousie, comme Cabeza de Vaca, Ponce de León. Mais aussi du Portugal, des Flandres, de France, ou d'Allemagne, comme Nicholas Federman, qui s'illustrera au Venezuela, et Ultrich Schmidel, au Río de la Plata. Ils sont cadets de petite famille, paysans pauvres, soldats sans engagement, orphelins, enfants trouvés. Ils ont pour la plupart entre 19 et 25 ans. Ils ont déjà combattu en Afrique, en Italie, ouvert la route des Indes. Ce qu'ils veulent ? L'or, et la gloire. Forcer le destin à la pointe de leur épée, et vivre en seigneurs.

Ils s'associent en bandes, cherchent des bailleurs de fonds, et se querellent plus qu'à leur tour : toute cette aventure n'est qu'un foisonnement d'entreprises privées – non une initiative réfléchie de la Couronne d'Espagne.

Mais l'or qui ruisselle entre leurs mains, jusqu'à inonder bientôt l'Europe, on dirait en même temps qu'il les brûle. La gloire ? À peine gagnent-ils un empire qu'ils l'abandonnent, et leur courage est à la mesure de leur cruauté : après dix années de campagne au Mexique, Alvarado conquiert pour son compte le Venezuela – et s'en va aussitôt à la conquête de Quito. Cabeza de Vaca, parti à la conquête de la Floride en 1528, met huit ans pour traverser la Prairie, jusqu'au Pacifique, à Culiacan... et repart aussitôt à la conquête du Río de la Plata, et du Paraguay ; Diedo de Ordas abandonne ses propriétés mexicaines pour perdre la vie à la conquête de l'Orénoque ; Francisco de Coronado traverse les Rocheuses, les Grandes Plaines d'Amérique jusqu'au fleuve Kansas... à la recherche de Cibola, la cité d'or où sept évêques portugais, assure la légende, se seraient jadis réfugiés pour fuir les infidèles. Et l'on se dit alors, que, dans le sang, la boue, l'horreur, ceux-là cherchaient en vérité un autre monde, et dévastaient celui-ci, de ne pas le trouver...

Dans les flamboiements de Cuzco

L'Eldorado, bien sûr – et de toutes les chimères portées par le Nouveau Monde, aucune ne sera traquée avec autant d'acharnement que celle-là par les conquistadors, au prix d'incroyables souffrances...

Dès 1520, des rumeurs circulent de Panamá jusqu'au Río de la Plata, qui enfièvrent les esprits : quelque part au plus profond du continent américain se cache un pays fabuleux, royaume de Meta, de Manoa, de Cuarica, ou des Omeguas – on dit même que dans le Cundinamarca (en actuelle Colombie), les Indiens couvrent chaque année leur roi de poudre d'or, et jettent dans un lac, pour honorer les Dieux, des monceaux de métal jaune. Ah ! Trouver enfin le royaume d'El Dorado – l'homme doré !

En 1531, Diego de Ordas remonte l'Orénoque à la recherche du Meta. Alfinger aborde l'empire Chibka en 1533, mais périt au retour. Jorge Hohermuth arrive au pied des Andes en 1538. Querada soumet les indiens Chibka en 1539 et y ramasse un énorme butin, d'or et d'émeraudes. La conquête du Pérou par Pizarro fera culminer ce délire en cauchemar...

Sa démesure, aujourd'hui encore, étonne. Comment ce vieillard illettré (il a 50 ans quand il se lance à la conquête du Pérou), ce vieux briscard devenu éleveur aisé à Panamà, a-t-il pu mettre bas, avec une poignée d'hommes, l'Empire inca ?

Sa première expédition, lancée en 1524, après trois années de souffrances insensées, échoue devant Tumbez. Mais il s'obstine, repart en 1531, avec 185 hommes, prend Tumbez, s'enfonce au cœur du royaume inca, franchi la Cordillière, pénètre dans Cajamarca où Atahualpa, le dieu vivant, l'attend avec quarante mille soldats. Pizarro n'hésite pas une seconde, fait feu de toutes ses pièces, capture l'empereur, qui presque dédaigneusement lui propose en rançon de remplir d'or sa prison. Quatre-vingt-dix mètres cubes ! Plus cent quatre-vingts d'argent, pour faire bonne mesure. Pizarro frémit : l'Eldorado ? Jour après jour, pendant des mois, les caravanes de lamas se succèdent, portant l'or de Cuzco. Feuilles d'or, jarres, bijoux : tout part aussitôt à la fonte. Ces richesses dépassent l'imagination. Et pourtant Pizarro s'impatiente : quelque part là-bas, l'attend Cuzco, la ville dorée – et puis, plus loin, peut-être l'Eldorado ? En juin 1533, il exécute Atahualpa, après l'avoir baptisé, et marche sur Cuzco. Deux mille kilomètres à travers les montagnes, les torrents, les précipices, en butte à une guérilla incessante ! Le 25 novembre, le voilà pourtant maître de la ville de l'or. Il faudra deux cents pages de procès-verbal pour consigner le détail du pillage. Pizarro délire devant les fourneaux où s'engloutit toute la mémoire d'une civilisation. Tout, ici, littéralement tout, est d'or ! Le voilà qui rêve d'un embrasement d'or, total, d'où surgirait un autre monde, qui le délivrerait de la malédiction où il s'enfonce. Ils périront tous, les uns après les autres, à la poursuite de cet Eldorado entrevu dans les flamboiements de Cuzco...

Francisco Pizarro mort en 1541, Cortés en 1547, c'est dans cette décennie toute une génération qui disparaît, physiquement et politiquement : la grande famille des conquistadors d'Estrémadure, qui presque à elle seule, en un demi-siècle, avait conquis le Nouveau Monde, de la Nouvelle-Espagne à la Terre de Feu. Vient le temps des colons, des marchands et des prêtres, de tous ceux qui s'installent sur l'espace conquis et trouvent ces braillards extravagants de bien pénible compagnie. Dans les capitales, Mexico ou Lima, dans les ports de Vera Cruz, de Panamá, de Carthagène, s'entassent désormais les marchands, gens de livres et de comptes, non traqueurs de chimères. Et la lointaine Espagne ne les aime pas plus, ou alors seulement dans des vers héroïques, s'en méfie même beaucoup – tous rétifs au licol, aux ordres, aux hiérarchies, tous se pensant des rois, par les périls vaincus, quand Charles Quint, puis Philippe II n'ont d'autres soucis que d'administration, de règlements, pour saigner toujours plus leurs colonies, au seul bénéfice de l'Espagne. Ils sont de trop, comme toujours le sont très vite les conquérants, chargés déjà de tous les crimes, suspects de tous les complots, fauteurs de troubles, décidément incontrôlables. Comme seront de trop un jour les flibustiers, dans les Caraïbes françaises et anglaises dont ils croyaient s'être fait un royaume – et par-delà tout ce qui les oppose, religion, conceptions du monde, projets, manières d'être, la similitude est troublante, pourtant, de leurs trajectoires, et de ce vertige qui les anime, de la pure dépense, quand on dirait que les trésors accumulés leur brûlent à tous les doigts, exigent d'être cachés, bus, joués sur les tables des tavernes, dilapidés en un instant pour que recommence la quête, insatiable...

Début du génocide.

« Ils doivent être bons serviteurs et industrieux, parce que je vois que très vite ils répètent tout ce que je leur ai dit, et crois qu'aisément ils se feraient chrétiens, car il m'a paru qu'ils n'étaient d'aucune secte... » Visionnaire, soucieux d'évangélisation, Christophe Colomb n'en était pas pour autant un béat à extases, et passé les premières amabilités, il vit tout le parti qu'il pouvait tirer d'Indiens si accueillants – et si nombreux : près de trois millions pour la seule île d'Hispaniola au moment de la Conquête : « Ils sont donc propres à être commandés et à ce qu'on les fasse travailler, semer et mener tous autres travaux qui seraient nécessaires, à ce qu'on leur fasse bâtir des villes, à ce qu'on leur enseigne à aller vêtus et à prendre nos coutumes. » Il ne mit pas longtemps à soumettre les principaux caciques de l'île, et à se faire payer tribut, en vivres, en coton, en épices – et en or. Mais il n'était pas un pillard : sa préoccupation première était d'un développement durable, supposant villages, églises, villes, champs cultivés, Indiens sous la conduite éclairée des prêtres et colons s'installant. « Sans peuplement, il n'y a pas de bonne conquête, et si le pays n'est pas conquis, les habitants ne seront pas convertis : la maxime des conquérants doit être de peupler » – ces mots sont de Cortés, mais ils auraient pu être écrits par Colomb, qui multiplie les règlements, tente de contenir les impatiences « pour mieux et plus promptement peupler ladite île, que personne n'ait la faculté d'y recueillir de l'or à moins d'y prendre résidence et d'y faire habiter dans le village où l'on sera ». Une nouvelle Espagne, à créer. Grâce à l'or, et aux Indiens.

Force lui est de reconnaître, très vite, qu'il contrôle de moins en moins ses hommes. Ce ne sont pas exactement des missionnaires, qu'il a embarqués avec lui, pour son second voyage. Où donc est cet or qu'on leur promettait à poignées ? Où, les pépites grosses comme le poing, dans le sable des plages ? De l'or, ils finissent par en trouver. Moins qu'ils en espéraient, mais enfin de l'or. Vers l'intérieur de l'île, en pépites et paillettes dans le lit des rivières, et surtout en filons, aux flancs des montagnes, dans ce que les Indiens appellent le Cibao. De l'or qu'il faut extraire en creusant des galeries dans la roche dure... Que leur baille ce Colomb avec ses rêves de villageois ? Ce qu'il leur faut, ce sont des Indiens, toujours plus d'Indiens, pour le travail des mines – par ce système qui fit déjà ses preuves aux Canaries, de *l'encomienda* (lotissement), tel que chacun dispose à sa guise d'un nombre convenu d'Indiens. Un homme, Roldan, rassemble les mécontents, la révolte menace dans l'ouest de l'île et Colomb cède, à contrecœur – va pour l'*encomienda*, mais si leur est laissé de travailler aussi les champs dont ils tirent leur subsistance. Protestations : quand l'or est là, qui attend d'être arraché à la montagne ? Il y aura toujours assez d'Indiens ! Et commence la plus féroce des exploitations, qui repoussera au fil des ans les limites de l'horreur. La reine Isabelle s'en émeut, décrète par cédule royale en date du 20 juin 1500 les Indiens d'Hispaniola « libres vassaux de la Couronne » – dans le temps même que Roldan et ses soudards, en guise de délassement, organisent des concours à qui tranchera le plus vite, à coups d'épée, les têtes des Indiens...

Dieu lui-même, au ciel, doit en pleurer

Lorsque Colomb s'embarque pour son dernier voyage, le 11 mai 1501, il emmène avec lui, parmi la foule des colons, un jeune homme de 18 ans qui va faire parler de lui : Bartolomé de Las Casas. Vif, entreprenant, le garçon sait que l'affaire ne sera sans doute pas de tout repos : son marchand de père était du deuxième voyage de Colomb, et il a eu tout le temps de lui ôter ses illusions. Mais, bah ! il veut tenter sa chance. Et il s'installe comme les autres, d'abord pressé de réussir. Mais ce qu'il découvre, très vite, le fait vaciller d'horreur. Il n'aura de cesse, dès lors, malgré les menaces et les mises en demeure, multipliant les voyages en Espagne (quatorze, au total !) rassemblant les témoignages, d'exiger qu'enfin des lois viennent au secours des malheureux Indiens. Sa *Très Brève Relation de la destruction des Indes* bouleversera l'Europe, laquelle sur le chapitre de la barbarie, pourtant, en avait déjà beaucoup vu. Traduit en français, en anglais, en hollandais, l'ouvrage fournira des arguments à tous ceux qui viendront attaquer l'Espagnol dans les eaux caraïbes – certains, comme Walter Raleigh, se donneront les airs de vouloir « libérer les Indiens de l'intolérable tyrannie des Espagnols ».

Depuis l'arrivée de Nicolas de Ovando en 1502, en remplacement de Christophe Colomb en disgrâce, Hispaniola n'est plus qu'un bagne, où des bourreaux hallucinés s'enfoncent dans un cauchemar sanglant et insensé. Les hommes de Colomb à tout prendre n'étaient que quelques poignées – ce sont deux mille cinq cents hommes qu'amène Ovando, gens de sac et de corde pour la plupart, marginaux, coupe-jarrets priés d'aller se faire pendre ailleurs, spadassins, soldats de fortune, débris des armées espagnoles ayant traîné sur tous les champs de bataille de l'Europe qui se disent fièrement *hidalgos* – fils de quelqu'un – pour se distinguer du commun. Ceux-là, moins que quiconque, sont disposés à labourer, semer, produire quoi que ce soit, ou faire acte de commerce. Pourpoint de soie, vestes de brocart, chapeaux à plume et l'épée au côté, ils ne savent que la guerre, et les rapines d'après bataille. De l'or ! Et tout de suite...

Au nom de Dieu, bien entendu – et l'on contourne l'édit de la reine Isabelle par l'usage du *Requerimiento* (réquisition) : ne seront faits esclaves que ceux qui refuseront de se soumettre à Dieu et au roi. « Nous vous requérons de reconnaître l'Église comme autorité suprême et universelle et [...] Sa Majesté notre Roi [...] comme seigneur de ces îles. [...] Si vous acceptez en son nom, nous vous recevrons avec amour et charité. » Proclamation faite en espagnol devant les foules craintives rassemblées, qui n'y entendent goutte, et suivie aussitôt d'un torrent d'imprécations : « Si vous refusez, je vous certifie qu'avec l'aide de Dieu nous vous assaillerons de toutes nos forces, vous ferons une guerre sans merci, vous soumettrons au joug et à l'obéissance de l'Église et de Sa Majesté, nous emparerons de vous, de vos femmes et de vos enfants, et vous réduirons en esclavage, vous vendant et disposant de vos personnes, vous prendrons vos biens et vous ferons tout le mal que nous pourrons vous faire [...] Et nous protestons que les morts et les dommages qui en résulteront vous seront imputables, et nullement à Sa Majesté ni à nous-mêmes, ni à ces chevaliers qui viennent avec nous. » Esclaves donc, ceux qui ne répondent, et qu'on distribue à chaque *encomiendero* pour creuser à la mine, jusqu'à ce que mort s'ensuive. Qu'importe ? Il y en aura toujours d'autres. « Il y eut dans l'île un officier du roi auquel on distribua trois cents Indiens. Au bout de trois mois, deux cent soixante-dix étaient morts dans les mines ; il ne lui en restait plus que trente, soit le dixième. Ensuite, on lui en donna encore autant, et plus. Il les tua aussi. Plus on lui en donnait et plus il en tuait. Jusqu'à ce qu'il meure et que le diable emporte son âme. En trois ou quatre mois, pendant que je me trouvais dans l'île, plus de sept mille enfants sont morts parce que leurs parents les emmenaient dans les mines... » Un vertige de destruction, qui se lève, dirait-on, au fond des âmes brûlées par l'appétit de l'or, emportant tout sur son passage, ne laissant que ruines et cendres : « Ils ont commencé par prendre aux Indiens leurs femmes et leurs enfants pour s'en servir et en faire mauvais usage, et par manger leur nourriture qui venait de leur sueur et de leur travail [...] Devant tant d'autres violences et vexations, les Indiens commencèrent à comprendre que ces hommes ne devaient pas être du ciel ; alors, certains cachaient leur nourriture, d'autres leurs femmes et leurs enfants, d'autres fuyaient dans les forêts pour s'éloigner de gens d'un commerce si dur et si terrible. Les chrétiens leur donnaient des soufflets, des coups de poing et de bâton, allaient jusqu'à s'emparer des seigneurs des villages... C'est alors que les Indiens commencèrent à chercher les moyens de chasser les chrétiens de leurs terres ; ils prirent les armes ; celles-ci sont plutôt faibles, peu offensives et peu résistantes et encore moins défensives... »

Terrible alors est la vengeance qui accable les malheureux. En 1503, Ovando massacre les caciques de l'ouest de l'île, en représailles. Et commence la boucherie...

« Ils entraient dans les villages et ne laissaient ni enfants, ni vieillards, ni femmes enceintes ou accouchées qu'ils n'aient éventrés et mis en pièces... Ils faisaient des paris à qui ouvrirait un homme d'un coup de couteau, ou lui couperait la tête d'un coup de pique ou mettrait ses entrailles à nu. Ils arrachaient les bébés qui tétaient leurs mères, les prenaient par les pieds et leur cognaient la tête contre les rochers. D'autres les lançaient par-dessus l'épaule dans les fleuves, en riant et en plaisantant... Ils embrochaient sur une épée des enfants avec leurs mères et tous ceux qui se trouvaient devant eux. Ils faisaient de longues potences où les pieds touchaient presque terre et par groupe de treize, pour honorer et révérer notre Rédempteur et les douze Apôtres ; ils y mettaient le feu et les brûlaient vifs. D'autres leur attachaient tout le corps dans la paille sèche et y mettaient le feu. À d'autres et à tous ceux qu'ils voulaient prendre en vie ils coupaient les deux mains et ils leur disaient : "Allez porter les lettres", ce qui signifiait d'aller porter la nouvelle à ceux qui s'étaient enfuis dans les forêts. C'est ainsi qu'ils tuaient généralement les seigneurs et les nobles ; ils faisaient un gril de baguettes sur des fourches, ils les y attachaient et mettaient dessous un feu doux, pour que peu à peu, dans les hurlements que provoquaient ces tortures horribles, ils rendent l'âme. J'ai vu une fois brûler sur les grils quatre ou cinq seigneurs importants. Comme ils poussaient de grands cris et qu'ils faisaient pitié au capitaine, ou bien qu'ils l'empêchaient de dormir, celui-ci ordonna de les noyer ; et l'alguazil, qui était pire que le bourreau qui les brûlait, n'a pas voulu les noyer ; il leur a d'abord mis de ses propres mains des morceaux de bois dans la bouche pour qu'ils ne fassent pas de bruit, puis il a attisé le feu pour qu'ils rôtissent lentement, comme il le voulait...

« Tous ceux qui pouvaient fuir se réfugiaient dans les forêts et grimpaient dans les montagnes pour échapper à des hommes aussi inhumains, à ces bêtes aussi impitoyables et aussi féroces, à ces destructeurs et ennemis suprêmes du lignage humain. Alors les chrétiens dressèrent des lévriers, des chiens particulièrement méchants, qui, dès qu'ils voyaient un Indien, le mettaient en pièces en un clin d'œil ; ils l'attaquaient et le mangeaient plus vite qui si c'eût été du porc. Ces chiens ont fait de grands ravages et de grandes boucheries. Et parce que quelques rares fois les Indiens ont tué quelques chrétiens, avec juste raison et sainte Justice, les chrétiens ont convenu entre eux que pour un chrétien tué par les Indiens, ils devaient tuer cent Indiens. »

En vain les derniers hommes lucides protestent-ils que c'est folie, qu'il faut bien laisser les Indiens produire, si l'on veut en garder quelques-uns vivants pour extraire de l'or. À quoi songe Ovando, pour qu'il fasse venir animaux et plantes d'Espagne, spécule sur le développement de l'agriculture, les plantations de canne à sucre, sans freiner une seconde le massacre ? « Bientôt il ne resta plus que quelques jeunes garçons, femmes et fillettes. Les chrétiens se les partagèrent. L'un en recevait trente, l'autre quarante, l'autre cent ou deux cents selon la faveur dont chacun jouissait auprès du tyran suprême appelé gouverneur. [...] Le soin qu'ils prirent des Indiens fut d'envoyer les hommes dans les mines pour en tirer de l'or, quant aux femmes ils les plaçaient aux champs, pour qu'elles labourent et cultivent, ce qui est un travail d'hommes très solides et rudes. Ils ne donnaient à manger aux uns et aux autres que des herbes et des aliments sans consistance ; le lait séchait dans les seins des femmes accouchées, et tous les bébés moururent donc très vite. La procréation cessa. Les garçons moururent d'épuisement et de faim dans les mines, et les femmes dans les champs pour les mêmes raisons... »

Isabelle n'est plus. Et il faut de l'or, toujours plus d'or pour l'Espagne lointaine, et son administration tatillonne. Les guerres d'Italie engloutissent des fortunes. Il faut chercher ailleurs, toujours plus loin, chercher l'or à Cuba, à Porto Rico, en Jamaïque, sur la Terre Ferme, vers Panamá, le Mexique, le Guatemala, déporter les Indiens, d'île en île, pour remplacer les morts – une lèpre noire, un cancer qui s'étend sur toutes les Caraïbes... Quand Miguel de Paramonte arrive, en 1508, pour une enquête préalable au rappel d'Ovando, des trois millions d'Arawaks qui peuplaient Hispaniola il ne reste plus que soixante mille malheureux, titubants d'épouvante. Et deux années plus tard, c'étaient les Bahamas que l'on tenait pour vides. Velazquez à Cuba, Ponce de León à Porto Rico, Cortés à Mexico, Alvarado, Pizarro, c'est à qui surpassera l'autre dans ce carrousel de l'épouvante, où l'on s'étonne presque de découvrir un Balboa tentant à Panamá de vivre en paix avec les Indiens – de là sans doute qu'il finit décapité comme traître, au bout de trois années, par le féroce Pedro Arias de Avila. À quoi bon s'inquiéter ? Quand les Indiens viendront à manquer, on ira chercher des noirs, en Afrique.

Il faut lire Las Casas, ses textes soulevés de colère et d'horreur, ce flux irrépressible qui n'en finit pas de monter, si fort, qu'il nous bouleverse encore. « Le cri de tant de sang versé monte maintenant jusqu'au ciel [...] La terre ne peut plus souffrir d'être si copieusement arrosée du sang des hommes. Dieu lui-même et ses anges de la paix doivent en pleurer... »

Devenu prêtre en 1512, appelé Don Fray Bartolomé, il se battra pendant un demi-siècle et avec lui quelques prêtres pareillement indignés, inondera pape et roi de missives et rapports, malgré les obstacles dressés, les railleries – et si fort sera le cri poussé (« Que tous les véritables chrétiens et même ceux qui ne le sont pas sachent ce qui suit, et si l'on a jamais entendu parler de chose pareille : pour nourrir ces chiens, les Espagnols emmènent sur les chemins beaucoup d'Indiens enchaînés, qui marchent comme des troupeaux de porcs ; les Espagnols en tuent et tiennent boucherie publique de chair humaine ; ils se disent les uns aux autres : "Prête-moi un quartier d'un de ces drôles pour mes chiens en attendant que j'en tue un autre" comme s'ils échangeaient des quartiers de porc ou de mouton ») que le pape finira par dire en 1537 les Indiens pleinement humains, dans sa bulle *Sublimis Deris* : « Décidons et déclarons, nonobstant toute opinion contraire, que lesdits Indiens ne pourront être d'aucune façon privés de leur liberté ni de la possession de leurs biens. » Charles Quint, à son tour, édicte quelques lois pour les protéger. Trop tard : de ces Indiens qui accueillirent à bras ouverts les « hommes pâles descendus du ciel », il ne reste plus personne. Remplacés par des noirs. Et ce sera le remords du vieux Las Casas, retiré en son couvent de l'Atocha, à Madrid, d'avoir suggéré jadis, pour sauver les Indiens, qu'on les remplace par des esclaves noirs, « parce que je croyais comme tant d'autres qu'à moins d'être pendus, les nègres ne mouraient jamais... »

Il se trompait : ils mourront, eux aussi. Le rêve, pourtant, est déjà oublié, d'une Hispaniola ou d'un Cuba capables de suppléer la métropole, de fournir blé, huile, les vivres nécessaires à tous ceux qui se risquaient sur la terre ferme à la recherche de l'or : d'ailleurs, l'Espagne, indifférente à ces soucis, exige qu'avec l'or les îles fournissent d'abord la métropole, en épices, coton, sucre – en sucre, surtout, dont la mode, introduite par les Portugais de Madère, fait fureur. Il est certain que la canne à sucre trouverait ici un climat idéal : le premier moulin n'a-t-il pas été installé à Hispaniola dès 1515 ? Mais les noirs meurent à leur tour à la tâche, la production d'or s'épuise, les blancs, de plus en plus nombreux, gagnent le continent : les Caraïbes une fois exsangues, ruinées, les prédateurs s'en vont, pour d'autres pillages, ailleurs, quittent leurs champs de ruines. Santa Domingo, Santiago, San Juan, les quelques villes péniblement construites se vident : en 1574, le géographe Luis Velazco estimera à vingt mille âmes la population blanche installée dans les îles, dont la moitié à Hispaniola – et Santiago de Cuba a perdu, alors, les neuf dixièmes de sa population. Les colons qui demeurent se tournent vers l'élevage, moins exigeant en main-d'œuvre, pour le commerce des peaux, de rapport immédiat. Le bétail prolifère à l'état presque sauvage, ravage les dernières cultures des survivants Arawaks. C'est la substance même des îles qui se perd, peu à peu. D'autres prédateurs viendront, dans l'espace ainsi abandonné – et ce sera le temps des flibustiers...

« *Hurricanes* », disaient les Indiens caraïbes de ces soudaines tempêtes qui ravageaient les mers antillaises. Le pire qui jamais balaya ces contrées, et gagne de proche en proche tout le continent, est bien celui-là, que l'on dirait jailli du plus noir de l'âme humaine. Massacres, déportations, ravages aussi de la variole, dès 1518, puis de la malaria, transmise par les vétérans des guerres d'Italie – des vingt-cinq millions d'Indiens du royaume de Moctezuma, il ne restera plus guère que deux millions et demi en 1568, et sur les dix-neuf millions du Pérou, en 1532, à peine 1,3 million en 1570 – tandis qu'un tiers des Blancs, au contact des Indiens, sont emportés par le « mal des Indes » (la syphilis) et que les autres sont torturés par les « chiques »[1]... Un désastre humain sans équivalent, devant lequel, semble-t-il, chacun, stupéfait, se découvre impuissant. Factions, clans, bandes se déchirent, se font et se défont au gré des humeurs et des intérêts, métis, noirs, mulâtres survivent dans l'éphémère et l'incertain, les vagabonds errent au hasard des chemins – peut-on encore parler d'état de société devant pareil chaos ?

Une seule institution tient, face à ce tourbillon, impose de plus en plus sa loi, et c'est l'Église, qui prend le parti des indigènes. En 1523, débarque à un premier contingent de Franciscains flamands, dont l'un parent de Charles Quint, avec l'intention arrêtée de christianiser les Indiens, à l'écart de la société coloniale – n'est-ce pas ainsi renouer avec l'esprit de l'Église primitive ? À partir de 1530, Franciscains, Dominicains, Augustins quadrilleront la Nouvelle-Espagne, et de proche en proche, l'Amérique hispanique. Leur influence sera immense,

1. Les Indiens n'en souffraient pas, non par quelque immunité naturelle, mais parce qu'ils se lavaient, et portaient des vêtements aérés.

sur les Indiens – au prix, bien sûr, d'une acculturation, mais avec le seul projet qui pût assurer un avenir possible à la culture de la Nouvelle-Espagne. Au fil des massacres et des déportations, ce sont des pans entiers du patrimoine préhispanique qui ont déjà été engloutis, quand arrivent ces Franciscains, des pans de leur mémoire, les langues locales déjà s'hybrident de mots espagnols, tandis qu'apparaissent les premiers signes d'une société métisse. Et c'est peut-être le plus troublant, que dans ce cataclysme inaugural, lors même que les derniers justes luttent de toutes leurs forces contre l'horreur, naisse précisément de la table rase la possibilité d'un autre monde...

À la fin de l'été 1550, à Valladolid, Las Casas et le chapelain de Charles Quint, Juan Ginès de Sepulveda, entourés des plus grands intellectuels de la Péninsule, débattent pour la première fois de la Conquête, de la justification ou non de la violence, du statut à accorder aux Indiens – étaient-ils de plein droit des hommes libres ? Charles Quint, qui bientôt va abdiquer pour se retirer dans un monastère, a suspendu toute nouvelle conquête, dans l'attente d'une conclusion – et c'est l'Espagne entière qui retient son souffle. Las Casas assurera être sorti vainqueur de la dispute, si nul avis tranché ne fut vraiment rendu. Mais comme l'écrivent Carmen Bernand et Serge Gruzinski, ce débat était, sans que nul en eût claire conscience, en retard déjà sur les réalités américaines : « Des êtres nouveaux chaque jour apparaissaient qui n'avaient à proprement parler leur place ni dans le Nouveau Monde ni dans l'Ancien : Diego, le fils de Bernal Diaz del Castillo, était aussi l'enfant d'une Indienne : de Sébastian et de la princesse Isabel Cimpu Ocllo en 1539 était né Gascilaso de la Vega, celui qui se dénommerait El Inca pour se distinguer du poète... [...] La reproduction de l'Occident accouchait d'un hybride dont l'histoire préfigure à certains égards celle qui demain sera la nôtre. »[1]

1. *Histoire du Nouveau Monde*, t. I (*De la découverte à la conquête*), Fayard, 1991, p. 543.

Nul, alors, tout à l'horreur vécue, n'en pouvait rien savoir. Las Casas, à l'instant de mourir, toujours soulevé de colère, ira jusqu'à maudire l'Espagne : « Et je crois qu'en punition de ces œuvres impies, scélérates et ignominieuses, si tyranniquement et si sauvagement perpétrées, Dieu foudroiera l'Espagne de sa fureur et de son ire... » Les flibustiers huguenots qui déferleront sur les ports caraïbes, instruits de ses massacres, de François Le Clerc à Jacques de Sores, tous se sentiront, au plus fort de leurs pillages, les instruments d'abord d'une justice divine.

Et plus encore quand les guerres de Religion dévasteront l'Europe...

Chapitre III

Le conquistador et le commissaire

Une « inquiétante étrangeté », d'abord, à contenir.

Ces trésors arrachés au Nouveau Monde, cet or, cet argent, ces épices, encore fallait-il les acheminer jusqu'en Espagne. Et cette opération, dans les stratégies qu'elle impose pour vaincre les obstacles – dont le premier est la folie elle-même de l'or, pourtant si nécessaire –, engage déjà une conception du monde et de l'homme, met en jeu un réseau complexe de peurs, de préventions et de fascinations. Dans cette obsession qu'aura l'administration espagnole de tout maîtriser, de tout contrôler jusqu'au point du délire, il y a, nous semble-t-il, sous-jacente même si largement inconsciente, la volonté de contenir l'« inquiétante étrangeté » soudain révélée en l'homme occidental. Nul ne peut ignorer quel cataclysme s'est déclenché là-bas, dans la quête de l'or, quels gouffres on y côtoie, quel vertige s'est emparé des âmes – et de les savoir des maux sans doute nécessaires pour grossir toujours plus la montagne des trésors destinés à l'Espagne n'est pas pour rassurer. Ces Terres Neuves que l'on peignait dans les premiers jours aux couleurs du Paradis, sont-elles décidément maudites, territoire du Malin, pour qu'elles dissolvent les âmes, en même temps que les fièvres minent fatalement les corps ? Leurs séductions alors, leurs parfums, leurs saveurs, cette innocence des sens soudain exacerbés par une nature partout envahissante ne seraient qu'une ruse par laquelle le Tentateur assurerait sa puissance – sous les fleurs, la moiteur des terreaux, la décomposition accélérée, la pourriture des marécages... À moins, au contraire, qu'il ne faille voir dans ce déferlement d'horreurs, éloigné des codes et des lois, sans même l'obligation de maintenir un vernis de civilisation, la véritable nature de l'homme occidental. Ce nouveau monde, alors, surgirait d'abord des profondeurs de l'humain, cette inhumanité, sans commune mesure avec celle déployée jusque-là dans les guerres, il faudrait donc croire qu'elle était déjà là, en ces conquistadors, c'est-à-dire en nous-mêmes, comme une matière obscure dont nous serions tissés – et, dès lors, comment y résister ? À l'approche de ces terres inconnues, ce sont tous les instruments de navigation qui soudain s'affolent. Les cartes dont le manque se fait le plus cruellement ressentir ne sont pas seulement géographiques. Quel portulan imaginer pour se repérer dans ces ténèbres intimes ? Surtout si l'on soupçonne qu'elles ne sont jamais que l'autre nom de la force qui nous fait rêver, agir, créer...

Ramener l'or en Espagne, c'est d'abord l'arracher à ce déchaînement furieux, à ce vertige de destruction, au péché de son extraction, c'est vouloir contenir les forces du chaos dans les rets de la loi, c'est faire passer le métal jaune, en somme, de la barbarie à la civilisation, des ténèbres à la lumière – bref, c'est, dans tous les sens de l'expression, *le ramener à la raison*. Et qu'enfin lavé du sang, de l'horreur de son extraction, il vienne remplir les coffres, irrigue les veines du monde occidental, inonde les places financières, crée toujours plus de valeur autour de lui, se transforme en œuvre d'art. Et, pour que cela puisse être, il faut tout à la fois entretenir ce cratère en fusion, y précipiter toujours plus d'hommes, pour toujours plus d'or, et en même temps le corseter, le contrôler, dans un réseau serré de règles, d'édits, de règlements. Dans le temps même qu'on recrute pour les *Flotas* les pires gueux, gibiers de potence, reîtres, coupeurs de bourses dont on se dit qu'ils auront les vertus pour survivre dans le Nouveau Monde, on exige de chacun d'eux qu'il présente avant le départ un certificat de bonne piété signé par quelque ecclésiastique, et les capitaines se voient fixer l'obligation de faire confesser et communier marins et passagers. Hypocrisie ? Pas seulement... Cette violence extrême qu'elle entretient, qu'elle nourrit et qui la nourrit, voilà que l'Espagne la prolonge, l'accompagne par une autre violence, tout aussi implacable, aveugle, mais *rationnelle* : celle d'une administration bientôt proliférante, multipliant les procédures, les règlements, et les contrôles...

Il ne faudra pas longtemps pour mesurer comme était illusoire cet effort de réduire l'or et l'argent d'Amérique à leur seule valeur monétaire. C'est toute la violence de la Conquête, bien sûr, que les galions ramènent en Europe, avec leurs trésors. Non seulement sur les routes du retour, jusqu'au cap Saint-Vincent, où rôdent les Français, mais dans toute l'Europe, quand se déchaîneront les guerres de Religion. Le massacre des huguenots français de Floride annonce la Saint-Barthélemy[1], les protestants des Pays-Bas, massacrés par les Espagnols, martyrisés, leurs villes incendiées, trouveront dans la barbarie de la Conquête le moment inaugural de ce basculement dans l'inhumain et, s'assimilant aux Indiens décimés, se feront les actifs diffuseurs des dénonciations de Las Casas. Pour tenter de freiner ce déferlement de sauvagerie ramené avec l'or du Nouveau Monde, Français, Hollandais, puis Anglais chercheront dès lors à couper la route de la *Flota* – naissance de la flibuste...

1. Voir le chapitre suivant.

Mise en coupe, mais réglée

Les choses allèrent très vite : le 4 mai 1493, le pape Alexandre VI Borgia, par la bulle *Inter Caetera*, établissait un partage du monde entre Portugais et Espagnols, et l'année suivante le traité hispano-portugais de Tordesillas modifiait le partage papal, en situant la ligne de « marcation » à trois cent soixante dix lieues à l'ouest des îles du Cap-Vert. Puis, le 10 avril 1495, une cédule royale fixait les règles du jeu, réservant aux seuls sujets du roi (c'est-à-dire aux Castillans, à l'exclusion des Aragonais et des Catalans, sujets de la reine) l'exploitation des richesses qu'avait décrites Colomb – contre un prélèvement par le Trésor royal des deux tiers de l'or extrait, et la propriété gardée de toutes les mines, des bois de teinture et des pierres précieuses[1]. La taxe était énorme, mais l'Océan n'en fut pas moins pris d'assaut par tout ce qui pouvait flotter, ou à peu près, sans cartes assurées, et sans autre moyen de navigation que l'estime. La tête emplie de rêves de trésors fabuleux, ils partirent seuls, ou en petits groupes très vite dispersés, avec toutes les chances de se perdre – et de fait ils se perdirent, souvent. Les difficultés du retour étaient bien pires encore, quand il fallait remonter par les Bermudes pour retrouver les *westerlies*, ces vents d'ouest seuls capables de les ramener vers l'Espagne – sans même parler de l'appétit tôt aiguisé de ceux qu'on avait exclus du partage, et qui attendaient à hauteur du cap Saint-Vincent, parfois même des Açores, les riches proies d'Amérique : Christophe Colomb, déjà, à son troisième voyage, le 30 mai 1498, n'avait échappé aux corsaires français qu'en cherchant refuge à Madère. Enfin, les lourdes exigences du Trésor ne pouvaient qu'encourager la fraude. Il fallait tout organiser, réglementer, de ce monopole que le Trésor royal prétendait exercer – et c'est un monstre alors qui se met en place, anonyme, tatillon,

1. Cf. A. Thomazi : *Les Flottes de l'or*, Payot, 1978, p. 30. La taxe fut ensuite réduite au « quint » (cinquième).

tentaculaire, comme si l'on n'en pouvait jamais finir, de contenir la prolifération de ce massif ténébreux, en chacun, qu'à chaque règle nouvelle la chaîne se brisait ailleurs, ou à côté, sans jamais de fin sinon celle de l'écrasement du système par son excès, quand on en vint à contrôler les contrôleurs eux-mêmes.

Efficace ? Sans doute, si l'on comprend que sa fonction ne fut jamais de développer le Nouveau Monde, mais bien de le piller, jusqu'à n'en rien laisser, qui puisse grossir le Trésor royal. Et, de fait, elle allait fournir pendant des décennies, à Charles Quint puis à Philippe II, les moyens de leur politique et faire de l'Espagne, longtemps, le maître du jeu européen. Mais à quel prix ! Si grands étaient les besoins du royaume que le moindre retard de la *Flota* précipitait financiers et politiques dans les pires angoisses. En 1667, les banquiers génois avaient averti Philippe II que si la *Flota* tardait encore, « ils ne pourraient plus lui consentir d'emprunt » et le roi, alité sous le coup de l'émotion, fit dire des messes dans tout le pays.

Tout pour l'Espagne, dans cette Conquête, devait faire bénéfice : le commerce dans les colonies était le monopole exclusif d'une *Casa de Contratación*, et les seuls produits admis à la vente dans le Nouveau Monde devaient provenir de la métropole. Plus : bientôt on en vint même à interdire aux colonies de produire ce dont elles pouvaient avoir besoin, mais que l'Espagne produisait déjà : « Ainsi, l'on fit disparaître du Pérou la culture de la vigne, qui y florissait, pour y vendre les vins espagnols ; on défendit partout la culture des céréales, même dans les régions où elle réussissait le mieux, afin d'assurer un marché lucratif aux propriétaires espagnols ; on interdit l'exercice des professions de drapier, de tisserand, de cordonnier, de chapelier, de teinturier, afin que les colons et les Indiens eux-mêmes fussent obligés de faire venir tous leurs vêtements d'Espagne. » [1]

Taxes à l'importation, taxes à l'exportation, absence des

1. A. Thomazi, *op. cit.*, p. 57.

produits de première nécessité – comment gérer depuis l'Espagne les besoins de chacun dans le Nouveau Monde ? –, prix exorbitants : les conquistadors pouvaient bien être riches d'or, la plupart « n'avaient pas d'étoffes pour se vêtir, pas d'aiguilles pour coudre, pas de papier pour écrire, et remplaçaient le pain par des galettes de maïs, le vin par de l'eau, cuisaient des aliments grossiers dans des poêlons de terre. »[1]

C'était, bien sûr, réunir toutes les conditions – à moins d'un contrôle de tous les instants – pour que se développe une intense contrebande : les corsaires français le comprirent très vite, qui conjuguèrent dès lors rapines et commerce discret, tout à la fois redoutés et appelés de leurs vœux par des colons aux abois. Sans cette contrebande nécessaire, jamais la flibuste n'aurait connu si rapide extension.

Une conception de l'homme, oui, du monde et de la société, cette *Casa de Contratación*. Qui presque nécessairement suscite son exact contraire, lequel prendra nom flibuste. Qui engage elle aussi une conception du monde, de l'ordre social, de l'individu – au point, on le verra plus loin, que leur opposition prendra presque aussitôt des allures de guerre de Religion.

La *Casa de Contratación*

Après les départs depuis Palos de Christophe Colomb, en 1492 et 1493, Séville avait su revendiquer le monopole des relations avec le Nouveau Monde. Il est vrai qu'elle pouvait faire valoir de solides arguments : les navires, certes, devaient remonter les passes du Guadalquivir, tirés par des galères sur près de 90 kilomètres, à l'extrême pointe de remontée de la marée, mais le choix d'un port en Galice ou au Pays Basque

1. A. Thomazi, *op. cit.*, p. 58.

aurait rallongé le temps du voyage de 15 à 20 %, et son coût de 20 à 25 %. Sans compter que la position de Séville était la plus sûre d'Espagne, aux contacts les plus faciles avec l'arrière-pays.

Une nouvelle cédule royale, le 20 janvier 1503, devait avoir des conséquences immenses, qui confiait à une *Casa de Contratación* (Maison de Traite) installée à Séville l'entière responsabilité de la navigation et du commerce avec les Indes. Toutes les communications entre l'Espagne et le Nouveau Monde allaient passer par elle, désormais, à charge pour elle d'organiser ce trafic, de former un corps de pilotes, d'établir des routes sûres, les conditions du voyage, les contrôles nécessaires pour garantir la perception, à l'arrivée, de la part revenant au roi, ainsi que de l'*averia*, la taxe prélevée sur tous les échanges, destinée à financer les frais d'organisation des convois et le fonctionnement même de cette organisation – bref, à charge d'assurer le meilleur fonctionnement possible du trafic, et de tenir une comptabilité rigoureuse de tout ce qui sortait de l'Espagne et y arrivait, en provenance des Indes. S'y ajoutait une deuxième mission qui n'eut jamais qu'un caractère formel : le choix des personnes candidates au départ, afin de s'assurer que leur réputation était sans tache, leurs mœurs de la plus grande douceur, leur foi ardente. Garantie devait en être donnée par des ecclésiastiques. À lire les pages qui précèdent, on sait ce qu'il en fut...

La *Casa* se composait de trois grands corps, commercial, administratif, financier, dirigés chacun par un Juge-Officier. L'un faisait office de trésorier, l'autre, le *Factor*, enregistrait tout ce qui sortait du port et y entrait, veillait au bon ordre des navires en partance, et le troisième, le *Contador*, tenait la comptabilité. Installée d'abord à l'arsenal mauresque de Séville, la *Casa* prit très vite des proportions telles qu'elle dut déménager à l'Alcazar royal. Chaque officier se doubla d'un lieutenant, puis d'employés supérieurs, et de services de plus en plus étoffés d'employés subalternes, au rythme tout à la fois de l'accroissement du trafic et de la prolifération des règlements nécessaires à la maîtrise de cette effervescence – sans même parler des agents envoyés dans les ports du Nouveau Monde.

Il y avait tant à faire ! Déterminer les tailles adéquates des bateaux, définir les moyens minimaux de défense, tracer des routes maritimes... Sur les trente et un bateaux partis pour les Indes dans l'année précédant la création de la *Casa*, huit seulement étaient arrivés à bon port. De toute évidence, on ne pouvait continuer longtemps ainsi : les armateurs lançaient à peu près n'importe quoi sur l'Océan, moins peut-être par inconscience que parce qu'ils n'avaient rien d'autre sous la main. Les caravelles comme le *Santa Maria* de Christophe Colomb étaient pour l'époque d'excellents bateaux, toilés, relativement maniables, remontant bien au vent (en 1520 encore, c'est à bord d'une caravelle que Magellan devait découvrir le passage de l'Atlantique au Pacifique), mais de trop petite taille, aux cales trop étroites pour une activité de commerce – et la flotte alors existante, toute de bric et de broc, faite pour le cabotage, n'était pas adaptée aux traversées océaniques. Les bordages étaient mal joints, les mâts, très gros et d'une seule pièce, portaient simplement une hune à leur sommet. Il fallait tout réformer, par la persuasion ou la contrainte, construire une flotte adaptée. Une série d'édits royaux (dont le premier en 1502, suite à la série de naufrages, interdisait purement et simplement l'envoi aux Antilles de bateaux de moins de cent tonneaux) tenta d'inciter les armateurs à construire des navires d'au moins 300 tonneaux, tandis que des réunions étaient organisées entre les architectes de Santander, de Vigo, de Séville et les capitaines de retour des Indes pour apporter les améliorations nécessaires – dont les plus notables furent le doublage des coques par des lames de plomb, pour protéger des tarets et des algues parasites, et le perfectionnement des plans de voilure, par l'adoption de mâts de hune et de perroquets, ainsi que la division des voiles en surfaces autonomes. Et c'est ainsi que commencèrent à sortir des chantiers des bateaux plus longs, plus larges, aux cales profondes, plus hauts sur l'eau pour le transport des passagers – dont les fleurons furent assurément les galions...

Les rois de l'Atlantique, pour les plus grands d'entre eux, pendant un siècle. Plus effilés que les traditionnels « bateaux ronds » de haute mer, dans un rapport largeur-longueur de un à quatre parfois de un à cinq quand la norme, jusque-là, était de un à trois, plus longs aussi, jusqu'à quarante mètres quand la *Santa Maria* ne dépassait pas les vingt-trois mètres, ils étaient à la fois des navires de combat puissamment armés (jusqu'à soixante canons) et des transporteurs de grande capacité, aux cales conséquentes. Leur proue, au dessin spectaculaire, sans plus le haut gaillard d'avant des caravelles, mais plongeant presque vers l'eau pour une meilleure remontée au vent, marquait un changement d'époque, de même que leur mâture, leurs deux ou trois voiles carrées aux mâts de misaine et au grand mât, que complétaient les voiles latines de leurs mâts d'artimon et de bonaventure pour mieux venir au lof. Ces galions n'étaient certes pas sans défauts, tanguaient et roulaient rudement du fait de leur structure, ne dépassaient guère quatre nœuds au retour d'Amérique, les cales pleines, s'ils pouvaient filer leurs huit nœuds à vide, par vent arrière, mais ils furent pendant un siècle comme l'orgueilleuse affirmation de la suprématie espagnole sur l'Atlantique. Si leur nombre resta cependant limité, si les armateurs multiplièrent les ruses pour n'en pas construire, c'est qu'à peine mis à l'eau, la Couronne s'empressait de les réquisitionner, pour le transport du « quint » royal et la défense des convois, à des conditions de location et d'indemnisation pratiquement dissuasives. S'ensuivit tout au long de la période un jeu de contraintes et d'esquives entre armateurs et la *Casa de*

Contratación – à coups d'édits et de règlements sur les jauges minimales qui ne devaient cesser qu'avec la décision royale de se doter de sa propre flotte.

Quand les cartes valaient de l'or...

Des bateaux adaptés, mais aussi des cartes, et des instruments de navigation plus précis... La plupart de ceux qui se lancèrent, après Colomb, ne savaient guère faire mieux que le point estimé. À condition de pouvoir le maintenir dans un plan vertical, ce qui n'était pas précisément évident, sauf par calme plat, l'astrolabe pouvait, entre des mains savantes, donner la latitude à deux degrés près – mais Colomb, à son quatrième voyage, se plaignait encore de ses pilotes, incapables de savoir si la terre qui montait à l'horizon était la pointe de Bretagne, le cap Saint-Vincent ou les Açores, soit tout de même une approximation de mille six cents kilomètres, autrement dit de vingt degrés de latitude ! Quant à la longitude, on ne savait pas encore la calculer...

Et que dire des cartes, pleines encore des effrois, des rêves des marins, de leurs légendes aussi pour apprivoiser l'inconnu – comme celle qu'emporta Colomb la première fois, dessinée par le cartographe Toscanelli, ou du globe de Behaim, de 1492 lui aussi, plaçant, qui une île d'Antillia au milieu de l'Atlantique, peu avant Cipangu, qui les Sept Cités de Cibola[1]. Des cartes fiables : c'était la première urgence.

Amerigo Vespucci, nommé *Piloto Mayor* de la *Casa* en 1507, rassembla autour de lui les meilleurs spécialistes, un corps de pilotes expérimentés chargés de dépouiller systématiquement

1. Ou cette île de Saint Brandan que les habitants de Madère prétendaient avoir vue, à l'ouest, et à laquelle tous croyaient si fort qu'à la fin du XVIe siècle elle fut cédée très officiellement par le Portugal au Français Louis Perdignon. On la cherchait encore vers 1750 (cité par A. Thomazi, *op. cit.*, p. 24).

les livres de bord des bateaux retour des Amériques pour en extraire les informations utiles, de tenir à jour les cartes existantes, de vérifier le bon état des instruments de navigation : nul marin ne pouvait prétendre diriger un navire s'il n'avait pas passé devant eux un examen. Le niveau de départ n'était pas très brillant, à en juger par ce document daté de 1512 et conservé dans les archives de Séville « Juan Rodriguez Sardo prendra le titre de Pilote des Indes, des Îles et de la Terre Ferme, étant bien assuré dans l'usage du compas et la connaissance des routes de la mer ; mais il devra subir un nouvel examen au bout de six mois pour montrer qu'il aura appris à prendre la hauteur du soleil au moyen de l'astrolabe[1] » – on pouvait donc encore se lancer à cette date à travers l'Océan sans même maîtriser l'usage de l'astrolabe...

Les choses changèrent rapidement, et ce fut probablement le grand œuvre de la *Casa*, que ce programme mené à bien d'instruction de pilotes et de capitaines, de mise au point de brochures et de manuels d'initiation en tout point remarquables, avec l'aide des meilleurs cosmographes de l'époque. Peu à peu se constitua ainsi, aux côtés de la *Casa*, une aristocratie de capitaines et de pilotes, rassemblée en 1569 en une « Université de navigateurs », basée à Séville et jouissant de multiples privilèges – au point que Charles Quint décida que ce n'était pas déroger, mais au contraire gagner de l'honneur, pour un noble, que d'être capitaine ou pilote : n'était-ce pas sur eux que reposait la nouvelle puissance de l'Espagne ?

Les premières cartes nouvelles furent dessinées par Vespucci dès 1507, mais elles ne furent imprimées qu'à partir de 1516, sous la direction de Fernand Colomb, fils de Christophe, et remises aux pilotes avec mille précautions : chaque pilote était personnellement responsable de sa carte, qu'il devait rendre à la *Casa* dès son retour, où elle était enfermée dans un coffre à

1. A. Thomazi, *op. cit.*, p. 18.

deux serrures, dont l'une des clés était gardée par le *Piloto Mayor* lui-même et l'autre par le premier cosmographe – c'est qu'elles valaient au sens strict de l'or, ces cartes dont la possession pouvait ouvrir aux ennemis de l'Espagne la porte des Indes...

Où les contrôleurs se contrôlent eux-mêmes

Ils se faisaient de plus en plus hardis, ces ennemis, entre Açores et cap Saint-Vincent, commençaient à se faufiler entre les îles Caraïbes, contrebandiers un jour, pirates le lendemain, prompts à se saisir des marchands mal armés, ou pas armés du tout pour charger plus de fret. Il fallait, d'urgence, lancer un programme de défense des navires, définir le nombre, le modèle des canons que devait embarquer chaque bâtiment, de guerre comme de commerce, sélectionner les meilleures armes de main, former des artilleurs, élaborer des manuels, vérifier l'état et le nombre des canons au départ, les inspecter de nouveau au retour – travail pris en charge très tôt par un Directeur de l'artillerie.

Il fallait plus encore : tout organiser, tout contrôler, dans le déchaînement, partout, des passions égoïstes, la cruauté sans plus de frein, un vertige de destruction – tout organiser, de ce chaos sanglant pour faire converger encore plus d'or, toujours plus d'or, toujours plus d'argent, vers le seul port de Séville et les caisses royales... Et ce sera, sans cesse perfectionnée dans une course sans fin pour contenir le désordre et la corruption, la mise en place d'une administration tentaculaire, presque délirante à force de règlements et de contrôles...

Le *Tenedor de Prastimentos* devait tenir une comptabilité exacte de tout ce qui était débarqué, ou embarqué, de consommable – et la tâche s'avéra vite si écrasante, les possibilités de corruption si évidentes, que la *Casa* imagina un système d'une rare complication, où l'un des commissaires se trouvait « mis en examen » de gestion pendant que l'autre exerçait – mais, comme dans son année d'examen, il ne percevait que demi-solde, on imagine que chaque commissaire en exercice n'avait pour premier souci que d'engranger discrètement le nécessaire pour l'année suivante.

Les « visiteurs », eux, avaient pour tâche d'inspecter les navires, au départ comme à l'arrivée. Le premier visiteur vérifiait sur les quais de Séville que le navire était apte à gagner les Indes et à en revenir – ce qui impliquait un calcul de jauge fort complexe. Un deuxième, toujours à Séville, vérifiait armement, état des vivres, lesquels devaient suffire pour quatre-vingts jours, cargaison, identité des passagers, rôle d'équipage – et si nécessaire le surplus de fret était débarqué à quai. Un troisième, à l'embouchure du Guadalquivir, vérifiait les deux premiers – et comme il était interdit à tout navire, dès la pleine mer gagnée, de communiquer avec le rivage, un quatrième visiteur montait à bord, pour n'en descendre qu'à cinq milles de la côte. Ceci pour l'aller.

Le retour était bien sûr l'objet de toutes les attentions. Dès qu'un navire était annoncé (le plus souvent par un *navio de aviso* rapide envoyé en avant-garde depuis l'escale des Açores), un visiteur montait à bord, avec une équipe de contrôleurs, et toute communication se trouvait interdite avec l'extérieur, jusqu'à ce que ses hommes aient comparé l'état de la cargaison et de l'équipage avec celui porté sur les registres établis par les agents de la *Casa* au départ des Caraïbes. Puis ce travail fait, le bateau déchargeait sa cargaison à Séville, après avoir remonté le Guadalquivir, toujours sous surveillance. La part du Trésor royal était d'abord mise en sûreté, puis l'*averia*, la taxe sur les marchandises, prélevée...

La *Carrera de Indias*

L'élément de fragilité d'un système aux rouages si minutieux était bien sûr la route elle-même, la *Carrera de Indias*. Pour les incertitudes liées à tout voyage maritime, tempête ou attaque. Pour la longueur du voyage – de quarante à soixante-quinze jours –, souci de tout marchand attentif au retour sur investissement le plus rapide possible. Mais surtout, comme l'a très bien montré Pierre Chaunu, pour la longueur du circuit commercial lui-même, bien plus importante (parfois cinq ans !) que celle de la rotation des convois elle-même – laquelle pouvait, compte tenu des temps d'attente, de chargement, de réparation, atteindre quinze bons mois. Une stricte organisation de ces routes maritimes était donc vitale pour la bonne marche des affaires, tenant compte des saisons, du régime des vents et des courants, des périodes favorables.

La traversée de l'Atlantique n'était pas la plus risquée. Le courant des Canaries aidant, depuis la côte marocaine, et les alizés de nord-est, bien établis en juin et juillet, les bateaux ne mettaient pas plus de quinze jours pour atteindre la première escale, aux Canaries. Là, à Lanzarote, Gomera, Gran Canaria, Tenerife, les bateaux faisaient de l'eau et des vivres, chargeaient blé et vin en supplément pour les colons des Caraïbes, puis, profitant des alizés septentrionaux, gagnaient assez facilement Le Nouveau monde, en une trentaine de jours.

Les choses se compliquaient dans la mer des Antilles. Il n'était certes pas difficile d'y pénétrer pour peu qu'on l'abordât par l'est ; le courant nord-équatorial remonte d'abord de Guyane vers les îles, au nord, puis sous l'action des alizés s'oriente vers l'ouest et le sud-ouest : les eaux atlantiques franchissant le seuil corallien et volcanique des Antilles s'engouffrent alors dans la mer des Antilles à une vitesse de deux à trois nœuds, en sorte que si l'on passait à hauteur de la Dominique, entre Martinique et Guadeloupe, l'on se retrouvait porté par l'action conjuguée du courant et des *tradewinds* vers les côtes sud d'Hispaniola, la Jamaïque, Cuba, puis, franchi le chenal entre Cuba et le Yucatán, vers Veracruz, au Mexique, dans le golfe de Campeche. Si l'on passait plus au sud, entre la Martinique et les îles Sous-le-Vent, on était porté vers les côtes continentales, Carthagène, et Portobelo. Mais ce fut pour les premiers marins à s'y risquer comme un piège qui se fermait sur eux : telle était la force conjuguée des vents (de dix à quinze nœuds et ne variant que d'un quart de direction) et du courant des Caraïbes (cinq nœuds, au maximum de sa puissance) que les lourdes nefs étaient tout à fait incapables de rebrousser ensuite chemin. Le coup de génie de Christophe Colomb avait été peut-être moins de gagner les îles d'Amérique (il fallait certes un grand courage pour se risquer ainsi dans l'inconnu mais une bille de bois jetée aux Canaries y serait arrivée aussi sûrement) que de trouver le moyen de s'en retourner – en remontant vers le nord, le long des côtes d'Amérique, jusqu'à toucher les vents d'ouest qui lui permettaient de traverser l'Atlantique : à quelques nuances près, cela reste encore aujourd'hui la route des voiliers.

À cette difficulté s'ajoutait l'immensité de cette « autre Méditerranée » qu'on ne soupçonnait pas, et que l'on a encore tendance à sous-estimer : 4,6 millions de kilomètres carrés si l'on y ajoute le golfe du Mexique, plus de deux mille kilomètres depuis les Petites Antilles pour atteindre l'isthme de Panamá, et trois mille pour atteindre Veracruz, quatre mille pour atteindre le fond du golfe du Mexique ! Et la mauvaise surprise d'en découvrir les brutales traîtrises, lorsque entre juillet et octobre des vents du sud, ou de l'ouest, balayaient soudain les alizés, ou que se levaient, venus de l'est atlantique, les terribles *hurricanes* portant la dévastation sur tout l'arc antillais, jusqu'au Yucatán – tandis que les courants des eaux équatoriales refluaient brutalement vers l'Atlantique. Combien de naufragés, dans ces eaux périlleuses, de navires drossés contre des récifs ignorés par les cartes, emportés dans des passes dangereuses, avant que l'on comprenne le régime des vents et des courants ?

Ceux-ci une fois connus, les routes s'imposèrent d'elles-mêmes. Pour profiter au mieux des périodes favorables et se protéger des attaques devenues de plus en plus fréquentes, un système de convois fut organisé par édit royal, dès 1526 : interdiction était faite à tout navire de commerce de traverser seul l'Atlantique, dans un sens ou dans l'autre, quel que fût son tonnage. Chaque *Flota*, d'une dizaine de navires au moins, serait protégée par des bâtiments de guerre, et qui s'aviserait de se soustraire à cette obligation verrait sa cargaison confisquée, le capitaine condamné à vingt ans de galères, l'armateur saisi et de surcroît interdit à vie de commerce avec les Indes. La férocité de ces menaces était évidemment à proportion de la résistance des armateurs à obtempérer – à procéder ainsi, protestaient-ils, on s'obligeait à s'aligner sur les plus faibles, les plus lents, les moins rentables, quand la clé du succès résidait dans la rapidité des rotations. Attente à Séville d'un nombre de bateaux suffisants, attente en mer pour calquer sa marche sur les retardataires, attentes interminables dans les ports caraïbes, où il fallait décharger et charger tous les navires en même temps, alors que les équipements portuaires étaient des plus rudimentaires – c'était s'obliger à un seul voyage par an, deux au mieux, quand les plus hardis, jouant seuls, faisaient trois rotations ! Et les colons protestaient pareillement, condamnés à attendre de la métropole, pendant des mois, les denrées nécessaires à leur survie. La guerre avec la France, en 1542, les raids de plus en plus hardis de celui que l'on n'appelait plus dans les Antilles que « Pie de palo » ou « Pegleg », autrement dit François Le Clerc, *alias* « Jambe-de-bois », le sac de Santiago de Cuba en 1554, la prise de La Havane par Jacques de Sores en 1556 ramenèrent à la raison les plus récalcitrants – fortement encouragés, il est vrai, par le terrible Pedro Menéndez de Avilés.

Poigne de fer

Il n'était pas précisément un plaisantin, celui-là, que nous retrouverons bientôt sur les côtes de Floride pour une épouvantable boucherie. Né à Avilés (Asturies) de bonne noblesse terrienne, il devait avoir la mer dans le sang pour s'échapper, gamin, et s'embarquer à l'âge de quatorze ans. Devenu capitaine, il s'était fait la main à compter de 1549 sur les corsaires français surpris à rôder au large des côtes espagnoles, et de si belle façon qu'il s'était retrouvé en 1555 nommé par Charles Quint grand amiral des Flottes de l'or...

Un dessin de John Batchelor le représente le front têtu, la moue hautaine, le poing serré sur un bâton de commandement. Un homme de fer, autoritaire, brutal, ne jurant que par la discipline – capitaines, marins, armateurs eurent un réveil brutal, quand il prit ses fonctions. Tout partait à vau-l'eau, jugea-t-il, chacun avait d'abord en tête les trafics par lesquels échapper au « quint » royal, les flottes, en mer, s'étiraient au point de se trouver disloquées au premier coup de vent, les galions naviguaient en désordre, les capitaines des navires marchands, pour gagner du fret, négligeaient de s'armer – tous eurent à connaître, dès son arrivée, la poigne de fer de Menéndez.

Ordre fut donné aux navires escorteurs de rassembler, de gré ou de force, les bâtiments en flotte ordonnée. Puis les galions, clé de voûte de tout le système, furent remis en ordre de marche. Bien équipés, dotés de marins expérimentés, ils étaient quasiment imprenables, supérieurs à tout autre navire existant à l'époque – encore fallait-il ne pas s'endormir sur le sentiment de leur invincibilité. La discipline revenue, l'amiral édicta des règles impératives de navigation : désormais les galions navigueraient tous en groupe, au vent des navires marchands, de telle sorte qu'ils forment un constant rempart contre les tentatives d'agression – et de fait, sous l'autorité de Menéndez, les pertes devinrent quasiment nulles...

Le défaut des systèmes trop rigides est que la moindre défaillance, en n'importe quel point de la chaîne, a des conséquences en cascade. À peine Menéndez avait-il repris en main la *Flota* que la chaîne cédait par un autre maillon, où personne ne l'avait imaginé : en 1556, Jacques de Sores mettait à sac La Havane, qu'on croyait imprenable, avec ses murailles et son goulet étroit, de surcroît protégée par ses canons, les formidables « douze apôtres » – La Havane mise à sac, détruite, incendiée, vidée au point que lorsqu'un autre corsaire français y entra à la tête d'une petite escadre, il ne trouva plus rien à emporter...

La Havane prise d'assaut, c'est tout le système des ports caraïbes qui se trouvait mis en péril. Menéndez, encore lui, prit le problème à bras-le-corps : parti de Séville à la tête d'une flotte de quarante-neuf unités, dont six galions, avec à son bord une équipe d'architectes, il visita tous les ports des Antilles avant de proposer à Philippe II, qui venait de succéder à Charles Quint, un plan de réforme en trois points :

— d'abord, que toutes les communications entre Antilles et Espagne ne s'effectuent plus qu'en des convois dont il aurait défini les types et modalités – seules, les liaisons urgentes, après autorisation spéciale, pourraient être effectuées en solitaire, sur des navires rapides, et puissamment armés

— que des escadres soient constituées, qui patrouilleraient en permanence dans les mers Caraïbes, pour en bouter dehors les corsaires

— que enfin, certains ports soient fortifiés, dotés de garnisons suffisantes pour répondre à toute attaque – et d'abord

Carthagène, le verrou du Sud, qui protégeait l'isthme de Panamá et où faisaient escale les bateaux chargés de l'argent du Pérou, avant de rejoindre La Havane. Il fallait rendre La Havane, clé de voûte du système, une fois pour toutes inexpugnable. Sans oublier, insistait Menéndez, Santiago de Cuba, qui contrôlait la Passe-du-Vent entre Hispaniola et Cuba, San Juan de Porto Rico, et Saint-Domingue, pour contrôler l'essentiel de l'arc antillais. Plus, suggérait-il, un fort sur les côtes de Floride, pour mieux protéger le détroit entre Floride et Bahamas, passage obligé et combien dangereux des *Flotas* chargées des trésors partant de La Havane.

Le terrible Menéndez ne put aller au bout de son entreprise – le sens de la diplomatie et de l'intrigue n'était pas sa qualité première, ni l'art, si nécessaire quand on exerce un pouvoir, de deviner ses adversaires : à dire vrai, il avait même un rare talent à se faire des ennemis. Et ceux-ci furent assez puissants pour le faire jeter en prison, en 1563, sous l'accusation de contrebande. Relâché au bout de deux ans, faute de preuves, il reprit ses fonctions, plus enragé que jamais, mit en route les travaux de fortification de Carthagène et de La Havane, mais ne put aller au bout de son plan : Philippe II avait pour lui d'autres projets. En Floride, qu'il devait laisser rouge du sang des huguenots français.

Mais ceci est une autre histoire, terrible, que nous retrouverons plus tard...

Les rendez-vous de l'or

La première *Flota*, en direction de l'isthme de Panamá, quittait Séville en mai, arrivait aux Canaries début juin, et de là, passant entre Martinique et îles Sous-le-Vent, longeait la côte méridionale de la mer des Caraïbes pour jeter l'ancre à

Nombre de Dios, le port de l'isthme, en novembre, après avoir fait escale à Carthagène et égrené, en cours de route, quelques bâtiments vers les autres ports de la terre ferme, cap de la Vela, Rio de la Hacha, Santa Maria...

La deuxième *Flota*, en direction des îles Caraïbes et de Veracruz en Nouvelle-Espagne, partait de Séville en juin, arrivait aux Canaries début juillet, puis, passant entre Martinique et Guadeloupe, gagnait Saint-Domingue, et de là Veracruz, à l'exception de quelques unités parties pour San Juan de Porto Rico, et Santiago de la Vega en Jamaïque, ou Puerto Caballo, sur la côte du Honduras.

Deux cents cahutes délabrées, abandonnées dix mois par an dans les ordures et les sanies, une mauvaise grève, des marécages fétides : on avait quelque peine à imaginer qu'un tel lieu pût être une escale stratégique, la plus importante peut-être de la *Carrera de Indias* – pouvait-on même l'appeler un port, quand la baie, ouverte sur le large, n'offrait aucun abri ? Les survivants en fuite d'une colonie espagnole établie sur la côte par Balboa, pourchassés par les Indiens, décimés par les fièvres et la famine, s'étaient effondrés là, vers 1510, en s'écriant : « Arrêtons-nous, au nom de Dieu ! » Nombre de Dios – le nom était resté. Mais pas les habitants. Ce lieu était décidément maudit, pourri de fièvres, écrasé de chaleur, inhospitalier au possible. Pourtant, faute de mieux – Carthagène était à cinq cents kilomètres ! – c'était là que convergeaient une fois l'an les richesses fabuleuses du Pérou, l'or, l'argent de Potosí, et puis aussi les vivres destinés aux deux mille à trois mille marins qui s'entassaient dans ce cloaque, le temps du chargement. La flotte du Pacifique, d'abord, déchargeait à Panamá ses trésors et denrées, puis ceux-ci étaient convoyés à dos de mulets à travers l'isthme, les montagnes escarpées et les marécages, la jungle épaisse, au péril des fièvres, des fauves, des reptiles, et des attaques de *cimarrones*, ces esclaves fugitifs qui allaient être de si précieux renforts pour les flibustiers. L'or était transporté en lingots de quelques livres, l'argent fondu en saumons et lingots de 30 kilos, chaque mule devait porter jusqu'à 140 kilos, compte tenu de celles qui mouraient, épuisées, en chemin – mais c'était la seule route alors possible, jonchée au fil des ans des ossements blanchis des animaux et des esclaves indiens soumis aux mêmes traitements...

Quand le diable dansait, à Nombre de Dios

À l'arrivée des convois, Nombre de Dios reprenait vie, se peuplait de trafiquants, de soldats, de prostituées, tous guettant l'arrivée de la flotte d'Espagne. Le plus difficile, bien sûr, était cette coïncidence – car tout séjour prolongé dans cette région maudite, ravagée par la fièvre jaune, pouvait être mortel. « Quand la flotte est là, la tombe attend le cercueil » écrira, effaré, le dominicain Thomas Gage. Il avait quitté Cadix avec en tête des rêves de paradis – mais c'est l'enfer qu'il devait découvrir à son arrivée, les rixes, les jeux aux tables des tripots, les hommes avides et brutaux prêts à s'entre-tuer pour se voler leur or, tandis que roulaient les dés, montaient les chants avinés, ou les râles des victimes égorgées à l'écart, poussées dans les marais... Et pendant ce temps-là, les *maestrios de plata*, imperturbables, enregistraient les caissettes de lingots – en quatre exemplaires, l'un qui accompagnerait le trésor, et deux autres remis à d'autres bâtiments, tandis qu'ils conservaient le dernier par-devers eux – avant que leurs assistants apposent sur elles des scellés, qui ne pouvaient être brisés qu'à Séville. Puis les caisses étaient transportées sur des allèges jusqu'aux bateaux que leur tirant d'eau obligeait à mouiller plus au large, avant d'être hissées à bord au moyen de palans, avec les balles d'indigo et de cochenille. Pendant ce temps, les officiels serraient en fond de cale des lourds galions le « quint » royal. Quand la dernière caisse était arrimée, le maître d'équipage, resté en bas tout le temps de l'opération, remontait par l'écoutille et remettait son registre au capitaine et au trésorier, tandis que les représentants de la *Casa*, déjà, condamnaient l'écoutille, qui ne pourrait plus être ouverte qu'à Séville, sous contrôle. Un tourbillon furieux, chacun défendant son bien la main sur l'épée, l'accompagnant pour plus de précaution jusqu'à un vaisseau marchand, tandis qu'allaient et venaient les vendeurs de goyaves, de papayes, de bananes, les prêtres célébrant les saints au milieu des ordures, dans une épouvantable pestilence, et que les hommes ivres, ou exaspérés, s'amusaient à tirer au canon. Les forges de l'enfer, suggère Thomas Gage – et le diable, dans ce tumulte, tissant sa toile, empilant les registres, posant scellés, arrachant méthodiquement, lingot, après lingot, les trésors d'Amérique.

Sur la route du retour

Passé la Dominique, la traversée des eaux caraïbes n'était pas de tout repos, pour la *Flota* de Veracruz, et moins encore l'entrée dans le golfe de Campeche : là, le moindre retard pouvait avoir des conséquences dramatiques, tant les vents du nord pouvaient se révéler violents, et les naufrages étaient fréquents au large des côtes mexicaines. Basses, marécageuses, infestées de moustiques sur six cents kilomètres, celles-ci étaient au moins aussi inhospitalières que celles de Nombre de Dios. Le mouillage à Veracruz était des plus précaires, au fond d'une baie ouverte aux vents violents du nord, compliqué par un estuaire qui s'ensablait et une barre dangereuse à l'embouchure du fleuve Antigua – tellement précaire que Menéndez renonça à fortifier le port. D'ailleurs, comment aurait-il pu maintenir une garnison sur place, quand la population qui accourait à l'entrée de la flotte s'empressait, elle, de déguerpir dès les cales chargées, pour regagner la petite ville de Jalapa, dans la montagne, au climat plus salubre ? C'est ainsi qu'en fin de compte fut choisie l'île de San Juan de Ulúa, où pouvait être aménagé un port abrité des vents de nord, protégé de batteries – malgré l'incommodité d'avoir à tout transborder depuis Veracruz par chalands, barques et allèges. La *Flota* y déchargeait les vivres classiques, vin, huile, blé, ainsi que le mercure nécessaire au traitement du minerai d'argent, avant de remplir ses cales d'or, d'argent, de cuir et de la précieuse cochenille dont Veracruz avait le quasi-monopole.

En janvier, la flotte de l'isthme quittait Nombre de Dios pour Carthagène, le port de guerre et l'arsenal qui commandait toute la région. Là, elle réparait sur les coques les dégâts du séjour dans les eaux tropicales, chargeait des vivres frais, avant de cingler vers La Havane, où elle retrouvait la flotte de Veracruz, partie, elle, en février, et les navires venus du Honduras, chargés d'indigo, d'épices, de bois précieux.

Santo Domingo restait la capitale administrative des Antilles, mais, ses mines tôt épuisées, sa production de sucre et de cuir en baisse constante, son poids n'avait cessé de décliner depuis 1510 tandis que La Havane s'affirmait comme le grenier, le magasin, le coffre-fort et le verrou nord des Caraïbes espagnoles. Il est vrai qu'elle était idéalement placée sur la route du retour. Sa rade au goulet si étroit qu'une chaîne pouvait en barrer l'entrée, défendue de surcroît par une ceinture de fortifications, offrait un abri sûr et les « douze apôtres », les formidables canons de la forteresse du Moro, étaient supposés tenir au large les intrus. Après quelques mois dans les mers caraïbes, les bateaux prenaient l'eau comme des passoires, leurs bordages disjoints étaient rongés par les tarets, malgré les enduits qu'on appliquait sur la coque, mélange de suif, de soufre, de céruse et de verre pilé, les algues proliféraient, ralentissant leur marche, et il leur fallait à tous une révision complète avant de retrouver les houles atlantiques. À la fin du siècle, les plus exigeants des armateurs devaient reconnaître que les chantiers de réparation et de construction de La Havane n'avaient rien à envier à ceux de Santander, de Vigo ou de Séville [1].

Réparée, chargée de vivres frais, la flotte, escortée par deux à huit galions, quittait Cuba entre août et septembre, direction les Bermudes par le canal des Bahamas, en profitant du fort courant du Gulf Stream (entre 2,5 et trois nœuds !). C'était le passage difficile, par des eaux traîtresses, peu profondes, hérissé dans les points les plus périlleux de carcasses de bateaux cloués sur les récifs, où menaçaient tour à tour les orages tropicaux et les lourdes tempêtes déferlant de l'Atlantique. Après les Bermudes, la flotte touchait les vents d'ouest, les *westerlies*, qui leur permettaient de gagner en deux mois les Açores, dernière escale avant Séville. Étape bien nécessaire, tant les bateaux et les hommes souffraient de la longueur de la traversée. Là, des agents de la *Casa de Contratación*, l'œil soupçonneux, attendaient l'arrivée de la flotte. Pour éviter les possibles contrebandes, bien sûr, mais aussi pour avertir Séville, par un *navio de aviso*, un navire rapide lancé en avant-garde, de la prochaine arrivée de la flotte, avec une première estimation de ses trésors. Et après une vingtaine de jours encore, souvent rallongés par les mauvais temps, fréquents en cette période, la *Flota* enfin arrivait au terme de son périple...

1. La *Señora del Pilar*, galion de six cent quarante tonneaux sorti en 1610 des chantiers de La Havane, navigua en Atlantique pendant treize années avant d'être détruit.

Séville, au carrefour des mondes

Sur les quais s'agitait une foule bigarrée, venue de toute l'Europe, banquiers basques, maîtres de forges de Biscaye, riches marchands de Burgos, aux airs hautains, venus acheter les textiles qui demain partiraient vers la Flandre ou l'Italie, marchands d'Anvers, pressés d'acheter cuirs, indigos, cochenille, ou de les échanger contre les produits nécessaires au Nouveau Monde que ne pouvait produire l'Espagne, négriers, banquiers, exportateurs génois aux habits somptueux, Flamands austères, avides de cuirs et de toiles, Portugais, Anglais, et même Français malgré les incessantes querelles entre les deux royaumes : un tourbillon qui se prolongeait très tard dans les échoppes discrètes et les bureaux d'affaires. Séville avait bien changé, depuis la création de la *Casa* ! De cinquante mille habitants vers 1530, elle était passée à cent mille en 1560 et cent trente mille vers 1590 – n'était-elle pas le poumon de l'Europe, le point depuis lequel l'argent espagnol irriguait le monde occidental, à travers les grandes places européennes, Gênes, Venise, Anvers, Rotterdam ?

L'argent et non plus l'or, vers le milieu du siècle. Telle est la puissance mythologique de l'or que l'on néglige le plus souvent cette mutation. Vers 1530, l'or extrait des îles Caraïbes et de la Castille d'or dépassait le volume d'or extrait d'Afrique par les Portugais – mais après la découverte par un berger, en 1545, de la montagne d'argent du Potosí, au Pérou, et surtout la maîtrise de l'amalgame du minerai au mercure, la part de l'or ne cessa de décroître, tandis que s'envolait la production d'argent : cent soixante dix-sept tonnes entre 1541 et 1560, deux mille sept cents tonnes dans les dix dernières années du siècle ! Les piastres d'argent devinrent alors la « monnaie commune » de l'Europe, d'autant plus vite que la balance commerciale de l'Espagne était déficitaire – elle devint même la monnaie d'échange avec toute l'Asie, la Chine et l'Inde.

Et encore ne s'agissait-il que des chiffres officiels d'arrivage à Séville. Pareil système, si lourd, aux rouages si complexes, ne pouvait que générer fraudes, contrebande, corruption à tous les échelons : le *Mercurio Peruano*[1], en 1789, estimait aux deux tiers de la production du Pérou le volume de la fraude – à laquelle répondait une égale tricherie sur la production de mercure. C'est près de cent trente tonnes de l'argent péruvien qui s'évanouissaient chaque année par des circuits discrets. Combien révélateur le naufrage, en janvier 1555, du navire de Rodriguez Farsan, amiral de la *Flota*, sur la plage de Zahara, près de Cadix ! Deux cents passagers y laissèrent la vie – mais les agents de la *Casa*, arrivés en hâte, retirèrent de l'épave cinq cent mille piastres d'or et d'argent, quand cent cinquante mille seulement avaient été déclarées au départ. Et ils estimèrent à une centaine de mille celles que les premiers sauveteurs avaient eu le temps de détourner...

Où donc, ce testament d'Adam ?

Un flux de richesses à tourner toutes les têtes. Profitable à toute l'Europe ? Oui, évidemment. Et d'autant plus que l'argent détourné retrouvait pour l'essentiel les circuits commerciaux européens, moyen pour les colons de contourner le monopole imposé par la Couronne sur leurs importations. Et c'est pourquoi Anglais et Hollandais, longtemps, refusèrent d'imiter les corsaires français. En paix avec l'Espagne, l'Angleterre avait trop à gagner à ces échanges commerciaux. Les marchands de Plymouth, de Southampton, de Bristol traitaient avec l'Espagne jusque dans les Canaries, à Madère, aux Açores, où ils avaient des officines, et s'associaient volontiers avec leurs homologues espagnols pour des opérations dans le Nouveau Monde, les

1. Cité par Paul Butel, *Histoire de l'Atlantique, op. cit.*, p. 87.

marchands de Londres étaient étroitement liés à ceux d'Anvers, les *Merchant Adventurers* contrôlaient pratiquement les échanges entre la Méditerranée et les places du Nord. Mais que ce flux devienne le moyen d'une volonté d'hégémonie, que se fassent jour des tensions religieuses, que Henri VIII rompe avec Rome, que les Pays-Bas se rebellent contre la tutelle espagnole, et l'on ne pensera bientôt plus, dans l'Europe du Nord, qu'à couper la route des Indes, source de la puissance espagnole. François Ier, longtemps, avait tempêté contre les bulles papales qui donnaient le Nouveau Monde aux seuls Espagnols et Portugais, réclamant qu'on lui montrât « le testament d'Adam qui l'excluait du partage du monde ». En 1533, il avait obtenu du pape Clément V cette précision d'importance, que la bulle de 1493 ne s'appliquait qu'aux terres connues à cette date, non à celles découvertes plus tard par d'autres Couronnes, et, poussant son avantage, en 1540, il avait soutenu que le fait de « découvrir de l'œil » ne valait pas prise de possession, mais seules l'occupation et la défense effectives. Anglais et Hollandais à leur tour se firent les défenseurs des mers, liberté à laquelle le *Mare liberum* de Grotius, en 1614, vint apporter fondements juridiques et philosophiques. Capturer les galions des trésors, posséder soi-même des colonies dans ces Indes des mirages ! Ce devait être, longtemps, le grand projet de l'amiral de Coligny...

CHAPITRE IV

La Saint-Barthélemy au Nouveau Monde

La Floride huguenote

Menéndez n'aura pas le temps de mener à bien son plan de défense des Antilles. Philippe II a en tête d'autres soucis, plus urgents, qui requièrent ses services. Les exactions françaises dans les îles à peine interrompues depuis le traité de Cateau-Cambrésis, signé en avril 1559 [1], voilà que l'offensive a repris de plus belle, sous des formes nouvelles, à terme plus inquiétantes : Charles IX [2] et son huguenot d'amiral

1. Ou plus exactement ralenties : en 1560, des corsaires français mettaient encore à sac Puerto de Caballos et la ville de Trujillo – trente des leurs, capturés, furent jetés dans les prisons guatémaltèques. Et l'année suivante, Jean Le Blanc, capitaine de la marine royale, se saisit, au large de Cadix, d'un galion des Indes qui transportait un magnifique buffet d'argent, cadeau des habitants de Saint-Domingue au roi d'Espagne. Pour ne pas être en reste, les galères espagnoles s'emparèrent en Méditerranée du *Chien*, capitaine René de Laudonnière, sous le prétexte de « contrebande ».

2. Henri II décédé le 10 juillet 1559, lui succède François II, qui décède à son tour le 5 décembre 1560, laissant la place à Charles IX. L'amiral de Coligny épousera la cause protestante après la mort d'Henri II.

Gaspard de Coligny ne se sont-ils pas mis en tête d'implanter en Floride une colonie de peuplement ? Le traité restait dans un léger flou sur la question des Terres Nouvelles : les Français tenant fermement au droit de s'établir sur toutes les terres non occupées par d'autres souverains chrétiens, les Espagnols ne pouvant plus, raisonnablement, s'en tenir à la lettre des bulles pontificales, les uns et les autres, soucieux de parvenir à la paix sur l'essentiel, s'étaient satisfaits pour le reste d'un accord verbal : les dispositions négociées ne s'appliqueraient pas outre-mer, au-delà des 370 lieues à l'ouest des îles du Cap-Vert – « pas de paix au-delà de la ligne ». Seuls seraient tenus pour pirates les vaisseaux étrangers au-delà du tropique du Cancer : c'était, selon Henri II – et ses successeurs, là-dessus, tiendront le même point de vue –, convenir tacitement d'un champ libre aux Français en Amérique du Nord. N'était-ce pas, d'ailleurs, déjà le cas pour Terre-Neuve, après les tentatives des corsaires basques Domingo de Albistur, Juan de Eraso, Juan de Lizarza, Miguel de Hurain, Francis de Illareta, de les en chasser dans les années 1554-1555 ? Un temps mis en péril par les violentes attaques des Basques, les Malouins, puis les Normands avaient su réagir. La Broussardière, en mars 1557, à la tête de quatre navires, puis Martin du Bellay, en mars de l'année suivante, avaient semé la panique chez les pêcheurs espagnols, et nul depuis ne leur contestait leurs titres de premiers occupants. Mais la Floride ! C'était chercher à tous coups l'affrontement. N'avait-elle pas été reconnue, et pour une part explorée par Ponce de León en 1512, qui lui avait donné ce nom de terre des fleurs[1] ? Sans doute Verrazano avait-il exploré les côtes américaines, sur toute l'étendue que les géographes appelaient depuis lors

1. Telle est la prégnance, alors, du mythe d'un Éden terrestre en Amérique que l'on voudra croire à toute force à cette étymologie fantaisiste – en fait Ponce de Léon lui donna ce nom parce qu'il y aborda le jour des « Pasques Flouries ».

Francescane, mais ce n'étaient pas là arguments que pouvait entendre l'orgueilleuse Espagne. La Floride ! Autant dire le verrou qui commandait la sortie des eaux caraïbes...

Et pourtant Coligny avait osé : le Breton René Goulaine de Laudonnière et le Dieppois Jean Ribault, huguenots comme lui, avaient quitté Le Havre le 18 février 1562 avec cent cinquante hommes, à bord de deux navires de cent cinquante et de soixante tonneaux, pour la Floride. Évitant soigneusement les routes espagnoles, ils avaient touché les côtes de Floride le 30 avril, par 29-30° de latitude, à hauteur du cap Saint-François. Et le lendemain 1er mai, ils avaient jeté l'ancre à l'embouchure d'un fleuve aux rives enchanteresses qu'ils avaient baptisé aussitôt la rivière de May[1]. Là, en signe de prise de possession, Ribault avait fait élever par ses hommes une colonne de pierre au blason fleurdelisé. Les Indiens Timnara, amicaux, leur avaient apporté des poissons et du mil, l'air au creux des vallons portait des senteurs grisantes de printemps, ce n'étaient partout qu'effervescence végétale, profusion de fleurs. Le Paradis sur terre ? Ils veulent tous le croire, tandis qu'ils remontent la côte vers le nord, en baptisant chaque fleuve rencontré, Seine, Somme, Loire, Charente, Garonne, Gironde, Belle, Grande, Port-Royal – pas moins de neuf en soixante lieues –, et déjà ils imaginent le plus beau, le plus exquis de tous, qu'ils nomment par avance Jourdain, mais qu'ils ne trouveront pas...

À l'embouchure de la rivière de Port-Royal, ils descendent à terre, un vent léger agite les futaies « de si suaves odeurs que cela leur rendoit le lieu bien agréable », le gibier paraît abondant, un bras de rivière sépare deux îlots faciles à défendre : n'est-ce pas l'emplacement idéal pour une première colonie ? Un fort est aussitôt édifié dans l'une des îles, que l'on nomme Charlesfort, en hommage à Charles X. Mais les vivres menacent de manquer, les vallons se révèlent moins giboyeux qu'ils ne

1. Aujourd'hui la Saint John River.

croyaient : il faut sans tarder rentrer en France vanter les beautés découvertes, convaincre Coligny de les fournir en vivres pour l'hiver et en nouveaux colons – le 11 mai, Ribault et Laudonnière levaient l'ancre en laissant seulement vingt-huit des leurs à Charlesfort, sous les ordres du capitaine Albert de Pierrat...

Du rêve au cauchemar

L'Espagne, un temps, put croire le danger écarté. Lorsque le 20 juillet Ribault et Laudonnière arrivèrent à Dieppe, la guerre faisait rage entre protestants et catholiques, et Coligny, désormais à la tête du parti huguenot, avait d'autres soucis que la lointaine Floride. Après Rouen et Le Havre, Dieppe était passée aux protestants – en appelant, comme elles, l'Anglais à son secours. Quatre compagnies de Horsey étaient arrivées le 4 octobre, tandis qu'au Havre Warwick recevait un accueil triomphal. Ribault, à peine débarqué, s'était multiplié pour la défense de sa ville contre les colonnes catholiques, et quand la ville se rendit, le 30 octobre, il ne lui restait plus d'autre choix que de passer la Manche avec les troupes anglaises [1].

Fin du rêve d'une Floride huguenote ? Début 1563, une roberge, au large des côtes anglaises, découvre un bateau improbable, dérivant au gré des vents et des courants, où agonisent quelques malheureux rendus à bout de forces. Pour toute voile, des chemises cousues les unes aux autres. Pour agrès, des lianes tressées. Et une coque grossière fabriquée, expliquent les rescapés, avec l'aide d'Indiens. On les secourt, les plus vaillants sont conduits devant la reine Élisabeth, à laquelle ils font le plus

1. L'Angleterre ne lui était pas inconnue : il avait déjà passé quelque temps à Londres, en 1546, suite aux dissensions à la tête de l'expédition d'Écosse, quand avec quelques autres, l'hydrographe Rose, les cosmographes Secalart et Nicolay, il avait proposé ses services aux Anglais – mais en 1547, suite à d'obscures tractations, il s'était discrètement éclipsé, pour revenir en France.

extraordinaire des récits : ils sont, expliquent-ils, les derniers survivants de la Floride huguenote. Que s'était-il passé ? « Le malheur voulut que ceux qui n'avaient pu estre domtéz par les eaux, ny par le feu, le fussent par eux-mêmes », dira plus tard Laudonnière. Abandonnée à elle-même, bientôt sans plus de vivres, malgré l'aide des Indiens, soumise à un chef incompétent, tatillon et brutal, la colonie s'était peu à peu désagrégée. Comme les hommes se cabraient devant ses ordres de plus en plus incohérents, Albert de Pierrat n'avait pas hésité à condamner à mort, et pendre de ses propres mains un jeune tambour, puis à dégrader un officier. Effrayé, le petit groupe s'était rebellé, Pierrat, dans la bagarre, avait perdu la vie et Nicolas Barré[1], désigné comme chef, n'avait vu d'autre issue que de tenter de regagner la France. Les mois avaient succédé aux semaines, sans qu'arrive un secours, Ribault et Laudonnière avaient dû périr en mer, ou bien ils les avaient oubliés, répétaient les malheureux abandonnés – livrés à eux-mêmes, ils ne survivraient pas longtemps dans ce qu'ils avaient cru un temps le Paradis. Avec l'aide des Indiens, ils avaient construit ce semblant de brigantin qui les avait portés jusqu'aux côtes anglaises...

Détail épouvantable, qu'ils ne parviendront pas à cacher : pour survivre, ils ont dû manger l'un des leurs...

Échec sur toute la ligne, pourrait-on croire, propre à décourager les plus entreprenants. En réalité, début du deuxième acte, avec l'arrivée en coulisse d'un nouveau personnage, à l'appétit aiguisé : Élisabeth Ire. Cette « Nouvelle-France » l'intéresse vivement, d'autant que Ribault est maintenant rallié à sa cause – et que vient de paraître en anglais *The Whole and True Discoverye of Terra Florida*[2]. Proposition est aussitôt

1. Un ancien, comme on verra plus loin, de l'aventure de la France Antarctique de Villegagnon.

2. Le 30 mai 1563, chez Thomas Hackett. Le texte portait la mention : « écrit en français par le capitaine Ribault », ce qui laisse supposer qu'au moins en manuscrit exista une première version, française. Celle-ci n'a pas été retrouvée.

faite à Ribault de retourner à Charlesfort pour le compte de l'Angleterre. Trois cents ducats, pension et demeure à son retour, insiste Élisabeth, s'il accepte ! À ses côtés, partenaire obligé, un certain Thomas Stukely, aventurier notoire, qu'on dit en cette affaire l'homme de la reine. Cinq vaisseaux lui sont confiés, trois cents hommes rassemblés, et ils sont sur le point du départ lorsque Ribault se fait tout à coup hésitant. Sursaut patriotique, contact discret de Coligny, sur la réserve, certes, depuis la paix d'Amboise, signée le 19 mars, mais qui entend bien revenir aux affaires et qu'occupe toujours l'idée d'un refuge pour les protestants persécutés – ou bien subite méfiance quant aux intérêts servis réellement par Stukely, catholique bon teint que certains soupçonnent d'être un agent double, à la solde de l'Espagne ? Toujours est-il que, rejouant son éclipse de 1547, il tente de s'échapper. Rattrapé à Gravesend en juin, il est jeté aux fers à la Tour de Londres.

Échec, de nouveau.

Mais l'affaire de Floride n'en continue pas moins d'intéresser la reine – et lorsque Hawkins quitte Londres, en 1564, pour le périple qui le rendra célèbre[1], il est investi, entre autres missions, de celle d'aller voir d'un peu plus près ce paradis abandonné de la rivière de May[2]...

Une visite de John Hawkins

L'Espagne avait quelque raison de demeurer sur le qui-vive. La paix à peine revenue, le 22 avril 1564, trois petits bâtiments quittaient Le Havre pour la Floride, l'*Élisabeth*, le *Breton* et le *Faucon*, sous le commandement de Laudonnière.

1. Avec à son bord, et ce n'est sans doute pas un hasard, Martin Atinas, un des survivants de l'expédition de 1562.

2. Voir plus loin, pp. 245-246.

Avec trois cents hommes et cent mille francs donnés par Coligny, des blancs-seings pour délivrer des grades, et autour de lui quelques-uns des hommes de confiance de l'amiral, Dietold d'Erlach, seigneur bernois de 21 ans, le lieutenant d'Ottigny, le sergent La Caille, plus un dessinateur de réel talent, Jacques Le Moyne de Morgues, dont les dessins joueront un rôle important dans les suites imprévues de l'aventure.

Ce que Laudonnière ne sait pas – et, sur place, ne saura pas –, c'est qu'entre-temps Philippe II, agacé par cette intrusion des Français dans ce qu'il juge son espace exclusif, a décidé d'en effacer les dernières traces, et envoyé le gouverneur Hernando Manrique de Rojas détruire les deux colonnes élevées par Ribault sur les rives de Libourne et de May. Grâce aux informations recueillies auprès d'un « truchement [1] », Guillaume Rouffi, il avait réussi à retrouver et détruire celle édifiée près de la rivière Libourne, mais il n'avait pas pu découvrir celle de la rivière de May. Or, c'est à l'embouchure de cette rivière de May, précisément, qu'arrivent les trois bateaux de Laudonnière, le 25 juin...

Le cacique, paré d'une peau de cerf rehaussée de couleurs, entouré de tous les siens, les accueille en amis – et Laudonnière n'est pas peu surpris de découvrir que la colonne de Ribault, ornée de laurier, leur est devenue un lieu de culte. La place paraît bonne, à tout prendre meilleure que celle de Charlesfort, à soixante lieues plus au nord, et c'est donc là que Laudonnière entreprend de construire un fort qu'il appellera Caroline, en l'honneur de Charles IX. Les navires sont renvoyés en France, trois semaines plus tard, à la recherche de renforts, sous la direction de Marillac, un gentilhomme auvergnat porteur d'un pli secret à l'intention de Coligny.

1. Étaient ainsi appelés les jeunes gens que les Français avaient coutume de laisser chez les Indiens entre deux voyages, ceux-ci, apprenant la langue et les coutumes des habitants, leur étaient ensuite de précieux intermédiaires.

Instruit par les errements de la première colonie, Laudonnière, cette fois, a décidé de rester avec ses hommes – mais il semble dit qu'un sort mauvais s'acharne. Les tribus, si amicales à leur endroit, ne l'étaient qu'avec l'idée de s'en faire des alliés, dans les incessantes querelles qui les opposent les unes aux autres – et Laudonnière a toutes les peines du monde à rester à l'écart. Pour n'avoir pas soutenu Satouriona, le cacique qui l'avait accueilli sur la rivière de May, dans sa guerre contre Outina, il s'en fait un ennemi et se trouve contraint peu après d'aider Outina de ses arquebusiers. La malaria s'y met à la fin du mois d'août, et la colonie se divise, ce ne sont pas des agriculteurs, et ils n'ont pas les talents de chasseurs des Indiens, des bruits courent, de mines d'or fabuleuses vers l'intérieur des terres, ou dans les îles caraïbes, Laudonnière, malade, perd toute autorité. Un matin, soixante hommes surgissent, menés par un certain La Roquette, surprennent au pied du lit Laudonnière et son état-major. Laudonnière, fers aux pieds, cède au bout de quinze jours, signe des congés pour les mutins – qui s'emparent aussitôt de deux barques restées là pour explorer les alentours et cinglent vers les Antilles.

Coup de chance, vers Haïti les mutins arraisonnent deux caboteurs cubains mieux adaptés à la course, avec lesquels ils réussissent à s'emparer, à hauteur du cap Tiburon, du gouverneur de la Jamaïque. La grande aventure, après les mois d'étouffement à Fort Caroline ! Et comme les gaillards ne se doutent de rien, le gouverneur entre leurs mains, ils envoient à terre quelques hommes négocier une rançon. Au lieu des sacs d'or espérés, comme on pouvait s'y attendre, ce sont des vaisseaux armés en guerre qui accourent, les encerclent. Cernés, défaits, seule la moitié d'entre eux parvient à s'échapper, sans autre issue que de revenir, penauds, à Fort Caroline, le 25 mars 1565. Laudonnière, magnanime – mais a-t-il d'autre choix ? – accepte de leur pardonner. Après avoir, il est vrai, exécuté les quatre meneurs...

La situation, au fil des mois d'hiver, n'a cessé d'empirer. Le temps est loin, où ils rêvaient de trésors fabuleux, quand quelques-uns des leurs, partis explorer les Appalaches, s'en étaient revenus avec des boucliers d'or et d'argent, des lingots, des flèches d'or, des émeraudes et des saphirs ! Une seule pensée désormais les obsède : survivre, puisque nul navire n'arrive de France à leur secours. Les Indiens rechignent de plus en plus à les entretenir – c'est qu'ils ont besoin, eux aussi, de leurs réserves de mil, jusqu'à la prochaine récolte ! En mai, la situation se fait critique. « Les os commencèrent à suivre la peau de si près qu'en plusieurs endroits, ils la percèrent », dira plus tard l'un d'eux. Rendus à bout, ils attaquent les Indiens, amis et ennemis, s'emparent de leurs réserves de mil, retiennent un temps Ousina en otage, en juillet, pour des vivres encore – et c'est comme s'ils devaient vivre dès lors en état de siège, cernés par les Indiens hostiles. Un désastre...

Le 3 août, grands cris des sentinelles : quatre voiles, là-bas, qui montent à l'horizon ! Les premières depuis leur arrivée... Amis ou ennemis ? Chacun pense à la menace espagnole. Chacun espère qu'enfin la France leur envoie des secours. Surprise : ce sont des Anglais, venus, disent-ils, se réapprovisionner en eau. Et surprise encore : un pilote de Dieppe, Martin Atinas, qui fut de l'aventure de Charlesfort, les guide... John Hawkins n'a pas oublié les instructions d'Élisabeth. Affaires faites entre Afrique et Caraïbes, il vient voir de plus près ce qu'il en est de ces huguenots de Floride, et s'il en reste encore.

Le spectacle qu'il découvre le laisse stupéfait : comment, en pareil paradis, aux ressources si abondantes, trouver le moyen de crever de faim ? Quarante hommes à peine tiennent encore debout ! « La contrée était d'une douceur merveilleuse et la terre produisait des vivres qui leur auraient suffi, s'ils s'étaient donné la peine de les ramasser, mais, étant soldats, ils entendaient vivre à la sueur du front des autres », écrira plus tard un de ses compagnons de bord, John Sparke. Point n'est besoin de longues réflexions pour comprendre que la situation est désespérée. Non sans arrière-pensées, Hawkins propose à Laudonnière de les rapatrier, lui et ses hommes, mais le capitaine français, méfiant, et « ne sachant en quel état », refuse « tout à plat » malgré les murmures de ses hommes, « si est ce que je craignois qu'il ne voulust attenter quelque chose en la Floride, au nom de sa maîtresse. » Hawkins, bon prince, et persuadé que, de toute façon, ils ne tarderont pas à le suivre, accepte de leur vendre un de ses bateaux, le *Swallow* [1], pour le prix de son artillerie, avant de lever l'ancre le 7 août, et nul alors ne donne cher des chances de survie des Français.

Course à travers l'Atlantique.

Ce qu'ignorent ces derniers, c'est la partie qui s'est engagée à leur propos, entre France et Espagne. L'action des mutins de Fort Caroline, au large du cap Tiburon, a confirmé l'Espagne dans ses soupçons : ces Français, revenus, n'ont en tête que pensées belliqueuses ; qui tient la Floride peut tenir le détroit de Floride et le canal des Bahamas, menacer la *Flota* dès son départ de La Havane, couper demain la route de l'or et de l'argent. Et puis, enragent les plus ardents, comment tolérer, si proche, un nid d'hérétiques militants ? D'autant que les espions à la solde du roi d'Espagne signalent autour de Coligny une agitation bien suspecte. Ribault, revenu en France, s'apprêterait à repartir pour la Floride avec des renforts conséquents. Et c'est alors que Philippe II fit appel au rugueux Menéndez...

Commence, de part et d'autre, une course contre la

---

1. Et non le *Tiger*, comme l'ont supposé plusieurs historiens. Voir à ce propos Harry Kelsey, *Francis Drake, the Queen's Pirate*. Londres et New Haven, 1998, p. 428, n. 29.

montre. Jean Ribault réussit à partir dès le mois de mai 1565, à la tête d'une flotte de sept navires, la *Trinité*, vaisseau amiral acheté tout exprès par le roi, l'*Émerillon*, roberge royale battant pavillon du vice-amiral Nicolas d'Ornano, la *Perle*, commandée par Jacques Ribault, fils de Jean, capitaine de la marine royale, la *Levrière*, l'*Émerillon*, deuxième du nom et l'*Épaule de mouton*, transports de Dieppe, auxquels vint s'ajouter la roberge rochelaise de Jean de Boys. À leur bord, six cents colons, agriculteurs et artisans avec femmes et enfants, et quatre compagnies d'arquebusiers, du matériel en abondance et du ravitaillement. Ribault a cette fois le titre de colonel conducteur du voyage et lieutenant du roi en « Neufve France ». Le secondent François Léger de Lagrange, colonel des troupes et directeur des fortifications, Pierre Aligre d'Ully, intendant, et le capitaine Luce, sergent-major. La plus impressionnante des escadres françaises jamais envoyée vers les terres d'Amérique – avec des ordres sans équivoque : arriver à tout prix avant Menéndez.

Nommé gouverneur général de la Floride, Menéndez quitte, lui, Cadix en juin, mais à la tête d'une force plus considérable encore : dix navires, deux mille six cents hommes, dont deux mille hommes de troupe « pour explorer et coloniser la Floride, et en chasser, le cas échéant, les colons et corsaires des autres nations ». Face à cela, se dit-on, Ribault ne pèsera pas lourd...

Mais, surtout, arriver avant lui. Menéndez ordonne de mettre toute la toile, malgré les vents violents qui montent en tempête. Quand il arrive au rendez-vous convenu, à Porto Rico, ils ne sont plus que cinq navires et six cents hommes : les vaisseaux plus petits ont été dispersés par la tempête. Tant pis pour les traînards : avec ses forces réduites, il repart de plus belle, droit à travers les hauts-fonds des Bahamas. Son navire, en avant-garde, s'échoue trois fois, trois fois réussit à déhaler grâce aux vents violents – le 4 septembre, il est devant Fort Caroline. Déception : Ribault l'a précédé de six jours...

Il était temps. Le départ de Hawkins avait eu l'effet d'un détonateur. Laudonnière, incapable de tenir plus longtemps ses hommes, s'était résolu à abandonner la colonie, et depuis le 15 août attendait des vents favorables, après avoir démantelé les défenses du fort, quand le 28 les sept navires de Ribault arrivèrent devant l'embouchure de la rivière de May.

Au hasard des vents

Menéndez hésite : en hommes, les forces en présence doivent s'équilibrer. Et Ribault a l'avantage, pense-t-il, des batteries du fort. Pourtant, il tente sa chance : les navires de faible tonnage sont à l'abri de la rivière de May, ceux de plus fort tirant d'eau mouillent à un mille au large, s'il n'est pas impossible que leurs équipages furent descendus à terre. Il fond sur eux toutes voiles dehors, enveloppe la *Trinité* et l'*Émerillon*, les somme de se rendre. Jean Ribault, à terre, veut leur envoyer ses arquebusiers, mais c'est déjà trop tard, le *San Pelayo*, 1550 tonneaux, le menace de ses canons il faudra un miracle, ou un coup de génie, on ne sait trop, pour qu'à la nuit tombée, coupant leurs amarres, les vaisseaux de Nicolas d'Ornano parviennent à s'échapper.

Son coup manqué, Menéndez descend vers le sud « en quête d'un bon port et d'une belle plage », où rassembler ses forces, et attendre le reste de sa flotte. Il trouve un mouillage à cinquante milles de là, appelle l'endroit Saint-Augustin. Un bon port, vraiment ? Les trois premiers vaisseaux, de faible tirant d'eau, passent la barre sans encombre, mais son propre navire et un galion lourdement chargé se trouvent bloqués. Le plus sage, songe-t-il, est de les décharger, et de les renvoyer à La Havane, avec un équipage réduit, pour y chercher au plus vite du renfort.

Et c'est alors que Menéndez le minutieux, l'organisateur

maniaque, ne laissant jamais rien au hasard, commet une incroyable bévue, qui aurait pu signer la fin de toute son entreprise. Il est resté le dernier à bord de son navire, puis, à l'instant de le laisser partir, il descend dans un grand canot, chargé à ras bord de caisses et de ballots – tellement chargé qu'il a choisi de laisser les lourds avirons à bord du galion : ils ont une petite voile, la brise suffira bien à les pousser jusqu'au rivage ! Il n'a pas pris garde à l'heure, à la bascule du vent thermique – ses deux galions à peine disparus à l'horizon, la brise tombe tout à coup, tandis que la marée commence à descendre. Et voilà Menéndez, avec ses quelques officiers encalminés devant la barre, contraints de passer la nuit au large, ballottés par la houle – pour découvrir au petit matin les voiles de deux navires montant à l'horizon : Jean Ribault qui accourt, à la recherche de Menéndez...

Comme tous les corsaires français, Ribault n'a que piètre opinion des marins espagnols. À peine ses navires revenus au port, après avoir échappé à la chasse de Menéndez, il a décidé de le poursuivre à son tour, et de l'envoyer une bonne fois par le fond. En vain, Laudonnière a tenté de le dissuader : une tempête menace, qui peut tourner à l'ouragan. Ribault, obstiné, sûr de lui, a embarqué en hâte son infanterie sur les quatre vaisseaux de guerre. Le fort, du coup, se trouve sans grande défense, mais Ribault n'en a cure : n'est-ce pas l'occasion ou jamais de se débarrasser de ces arrogants Espagnols ?

Lui aussi a passé la nuit encalminé au large – mais voilà qu'au matin, poussé par un vent d'est léger, il découvre ce canot, bloqué devant la barre...

Jusqu'au bout de l'horreur.

Minutes d'émotion. La brise arrivera-t-elle jusqu'au canot avant les navires de Ribault ? Une risée ride soudain la surface de l'eau, à peine un soupir, mais juste suffisante pour passer l'entrée de la baie. Il s'en est fallu d'un rien : Ribault doit masquer ses voiles en toute hâte pour éviter un échouage fatal. Manqué ! Ne reste plus aux Français qu'à regagner Fort Caroline...

Plus facile à dire qu'à faire : dans la nuit, un vent du nord se lève, souffle en tempête, arrache les frêles abris des Espagnols. Mais Menéndez s'en moque : il se dit que là-bas, en mer, Ribault doit se trouver contraint de fuir vers le sud, et qu'il lui faudra du temps, plus tard, beaucoup de temps, tirer bords sur bords pour remonter vers Fort Caroline ! Lequel à cette heure doit se trouver sans défense, ou presque – surtout si on l'attaque sur ses arrières, côté terre...

Avec cinq cents hommes, Menéndez se lance aussitôt à travers marécages, forêts et bras de mer. Piqués par les insectes au point que certains en deviennent presque fous, trempés par les averses, écrasés par la chaleur torride, il leur faudra quatre jours pour parcourir les cinquante milles qui les séparent du fort. Mais qu'importe ? Ribault n'est pas encore rentré. Leur assaut par les terres, le 20 septembre à l'aube, est une complète surprise. Cinquante-deux Français réussissent à s'échapper sous des trombes d'eau, par une brèche dans un rempart. Près de la moitié d'entre eux périront sans doute dans les marais car on n'en trouvera nulle trace – les autres, parmi lesquels Laudonnière, le charpentier Le Challeux, qui laissera sur l'aventure un récit émouvant, le peintre Le Moyne de Morgues seront sauvés après un jour et une nuit d'errances dans les marais par Jacques Ribault et son cousin Maillard, dont les deux navires, la *Perle* et la *Levrière*, avaient réussi à lever l'ancre à temps[1]. Les autres, soldats, paysans, femmes, enfants, sont rassemblés par Menén-

1. Le 25, après avoir attendu en vain le retour de son père, et sans moyens suffisants pour attaquer les Espagnols, Jacques Ribault, fit voile, avec Maillard, vers la France.

dez, plus froid et méthodique que jamais. Et il va se passer alors ce qui pétrifiera d'horreur, longtemps, l'Europe protestante, et marquera un point de non-retour.

Les instructions de Philippe II étaient sans équivoque, que l'*adelantado* Menéndez va appliquer à la lettre[1] : tous les hommes, deux cents au total, seront égorgés, puis les femmes et les enfants, que s'amuseront à promener « à la pointe de leurs hallebardes » ceux qui ne jouaient pas à se lancer les yeux arrachés à leurs victimes[2].

Puis, laissant sa troupe occuper le fort, il revient à Saint-Augustin en trois journées de marche, avec trente-cinq soldats. Et là, il apprend par des Indiens que la tempête à jeté à la côte les vaisseaux de Ribault, lequel essaie de regagner le fort, à pied, avec ses hommes. Branle-bas de combat – et commence la chasse. À la pointe sud de l'actuelle île Anastasia, il en retrouve deux cent dix, à demi morts de faim et d'épuisement. Les malheureux, apprenant la chute de Fort Caroline, proposent de se rendre. Menéndez leur assure qu'ils seront traités « comme Dieu lui indiquera », et les ramène sur la terre ferme à bord d'une pirogue, par groupes de dix. Là on les restaure, avant de leur lier les mains dans le dos. Et quand le dernier se trouve ainsi immobilisé, Menéndez, impassible, les fait tous égorger – à l'exception de dix d'entre eux, parce que catholiques et charpentiers.

Reste à retrouver Ribault et les derniers survivants. La traque durera treize jours, jusqu'à un îlot où se sont réfugiés

1. Hélène Lhoumeau a retrouvé dans les archives de Simancas des documents qui ne laissent là-dessus aucun doute (cf. sa thèse, *Les Expéditions françaises en Floride, 1562-1568, la lettre secrète*). Lors de l'entrevue de Bayonne de juin 1565, où les deux puissances tentaient de régler leurs différends, Philippe II refusa d'aborder la question de la Floride, malgré l'insistance de son ambassadeur : à une solution politique, donc de compromis, qui aurait maintenu une présence française et huguenote dans la région, il avait préféré, bien que théoriquement en paix avec la France, la solution militaire radicale qu'il savait en cours.

2. Père Fournier, *op. cit.*, p. 251.

une centaine d'hommes, avec leur capitaine. À l'annonce que le fort n'est plus, ce dernier désespéré, se rend, contre de vagues promesses – et Menéndez écorchera vif le marin, devant ses hommes, lui arrachera « la peau du visage avec sa longue barbe, yeux, nez et oreilles [puis] envoya ce masque ainsi défiguré au Pérou, et de là en Europe pour en faire monstre (le montrer) » avant de les égorger tous – sur la plage qui depuis s'appelle Mantanzas : le lieu du massacre. Sur une plaque, au milieu des chênes verts, Menéndez laissa cette inscription : « Je traite ainsi non les Français, mais les hérétiques [1]. »

Une répétition générale ?

Comment simplement concevoir pareille barbarie – au nom du Dieu sauveur ? « Soubs le manteau de la foy promise, Ribault écorché vif, trente-cinq chefs pendus par les parties honteuses, les capitaines de marine cloués par les yeux aux masts des navires, les soldats et matelots cousus dans des voiles et jetés en mer [2]... » Le crime, dès que su, souleva d'horreur toute l'Europe réformée. Le témoignage de Nicolas de Challeux [3], si émouvant dans sa simplicité, fut aussitôt traduit – pas moins de cinq éditions dans l'année ! – tandis que se multipliaient apostrophes et pamphlets. Veuves, orphelins, parents, partout, criaient vengeance – et combien lourd, alors, parut le silence des catholiques... N'était-ce pas, après tout, murmurait-on autour du roi, l'affaire du seul Coligny ? Les quelques rescapés,

1. Seuls un jeune tambour et un trompette eurent la vie sauve. Le dernier groupe de rescapés (cent cinquante hommes, au total) fut capturé par Menéndez au cap Canaveral, très au sud, alors qu'ils y édifiaient un fort et entreprenaient de construire un navire. Tous connurent le même sort...

2. *Discours véritable des cruautés que les Espagnols font contre les François au Pérou*, 1568 (cité par La Roncière, *op. cit.*, p. 64).

3. Son *Discours de l'Histoire de la Floride*, Dieppe, 1566, fut traduit et publié la même année à Londres par Thomas Hackett.

à leur grand désarroi, furent fraîchement reçus. Tout juste le roi protesta-t-il timidement qu'il ne se laisserait pas « frustrer d'une chose où ses sujets avaient planté ses armes », et Catherine de Médicis écrivit à Forquevaux, son ambassadeur en Espagne, qu'ils avaient, par leur entreprise hasardeuse, « offensé leur souverain » – tandis que Charles IX éconduisait sans un mot le pauvre Laudonnière venu faire son rapport. En sorte que les quelques mots griffonnés par Philippe II en marge de la lettre de Menéndez sonnèrent pour tous comme une conclusion : « Quant à ceux qu'il a tués, il a bien fait. »

Un point de non-retour – nul ne sait encore, si beaucoup le pressentent, que les âges qui s'annoncent seront de ténèbres et de sang, quand on voudra, au nom de la vraie foi, nier dans l'horreur jusqu'à l'humanité de ceux que l'on combat : la Saint-Barthélemy commence sur les rives fleuries de la Floride, là même où l'on avait cru toucher au paradis...

Fantastique raccourci, où se donne à lire crûment la vérité du temps, comme si le monde nouveau révélait à l'ancien son avenir : la Saint-Barthélemy, bientôt, et les colonnes de mort lancées par le duc d'Albe contre les Pays-Bas. Avec cette inquiétude, où l'esprit vacille devant ses propres abîmes : cette cruauté lointaine, par-delà les mers, que l'on voulait croire celle de l'autre, du sauvage, de la nature dictant sa loi, de l'abandon de Dieu, se peut-il qu'elle soit nôtre, d'abord ? Comme si le contact avec le sauvage, et avec un monde en ses commencements, réveillait en nous des monstres jusque-là assoupis.

Annonce des Temps modernes

Oubliée, aujourd'hui, la Floride huguenote. Un échec de plus, dira-t-on, dans une trop longue série. Et pourtant ! Ses conséquences, mesurées à distance, furent immenses, que nul, sur l'instant, ne pouvait imaginer. L'ombre du massacre hantera tout le siècle et au-delà. À peine la croit-on estompée, dans les années 1570, qu'elle revient en force, comme si l'époque, en plein tumulte, cherchait à se comprendre en elle. Au plus fort de la guerre contre l'Espagne, alors que les Pays-Bas, à bout de souffrance et d'épouvante, s'obstinent à résister, elle resurgira brusquement, à travers livres, brochures, pamphlets, au cœur d'une formidable bataille d'opinion déclenchée depuis Genève, où les témoignages des survivants viendront redoubler celui, traduit dans le même temps, de Las Casas.

Riposte, devenue depuis classique, du faible au fort. À la puissance des armes, toujours opposer celle de l'esprit, *gagner la bataille de l'opinion publique* : Floride huguenote plus Las Casas, ce sera le début de la *legenda negra*, qui rongera l'Espagne comme un acide. Et c'est un spectacle étonnant, en un temps où la puissance espagnole apparaît écrasante, où ses armées n'ont nulle part d'égales, où ses navires la renforcent sans cesse de toutes les richesses d'Amérique, que de suivre l'effet dévastateur de l'onde de choc de ces Nouveaux Mondes découverts tout autant en soi que par-delà les mers, de constater qu'en fin de compte rien, ni la digue de fer de ses armes, ni celle de ses trésors accumulés, ne pourra tenir contre l'ébranlement intime des certitudes, des idées, cette effervescence, en soi, l'appétit de nouveaux horizons. S'il fallait une démonstration du primat du symbolique, de la toute-puissance des idées, des représentations du monde et de soi sur la seule force brute, ce serait cette bataille des idées, engagée par une poignée d'intellectuels genevois, qui nous la donnerait, en un temps où rien ne paraissait pouvoir arrêter le déferlement espagnol...

Deuxième riposte, liée à la première, dans cette pensée

huguenote qui toujours associe la liberté des mers et la liberté de conscience : déplacer sur les mers le théâtre du conflit. Et, sur mer, opposer à la lourdeur des convois et des escadres espagnols la vivacité des navires corsaires, l'imprévu de leurs attaques, bref, mener avant la lettre une *guerre de partisan*. Puis jouer sur le temps, sans cesse différer le moment de l'affrontement « décisif » des forces en présence, pour lui substituer cette autre bataille, que toujours ignorent ceux qui ne veulent croire qu'aux « rapports de force », mais qui s'avérera en fin de compte la seule décisive : celle des idées et des croyances, bref, de *l'opinion* – toujours décisive, puisqu'elle met en jeu, à terme, l'idée même que l'on se fait de soi, et le réseau de justifications morales supposées soutenir notre action. C'est rien moins que l'époque moderne qui s'annonce ici, par l'invention des armes dont useront les révolutions anglaises, américaines et françaises...

Étonnant télescopage de l'Ancien et du Nouveau Monde : des armes de la critique au mythe du Bon Sauvage, quelques-uns des thèmes majeurs des Lumières vont trouver ici leur première expression, dans le temps même que les formes de combat inaugurées dans les mers caraïbes vont se trouver systématisées en Manche et mer du Nord dans la geste des Gueux de la mer, avant de faire plus tard retour vers le Nouveau monde – pour donner naissance, en ce va-et-vient, à ce que l'on dit aujourd'hui la flibuste.

Sans compter que l'expérience huguenote de la Floride sera à l'origine de l'entreprise anglaise de Roanoke, puis de la création de la Caroline, prélude à l'occupation anglaise de l'Amérique du Nord...

Le secret de Peyrot de Monluc.

Mais d'abord, justice. Et qu'au sang des martyrs réponde le sang des bourreaux ! Peyrot de Monluc, le fils de Blaise de Monluc, vice-amiral de Guyenne, s'embarque le 26 août 1566, pour une destination secrète – et avec lui, sur sept navires, « Louis de Lur-Saluces, vicomte d'Uza, Geoffroy d'Aydie, baron de Guitinière, deux fils du vicomte de Pompadour, le baron languedocien Bertrand de Guers de Laval, Jean d'Antras de Samazan, trois ou quatre cents gentilshommes et hommes d'armes, autant de marins [1] ». Courent les bruits les plus fantaisistes, qui mettent en émoi les espions espagnols et portugais. Thévet, le célèbre cosmographe, serait, dit-on, des leurs. On parle de commerce avec les Maures, d'expédition en Guinée, les évêques de Condom et de Valence auraient aidé l'expédition de leurs deniers – mais à peine ont-ils hissé les voiles que nos jeunes Gascons prennent langue avec seize corsaires anglais croisant dans les parages, et voguent de conserve, non sans avoir auparavant pillé un troupeau de bovins, comme de vulgaires pirates, puis saisi deux hourques flamandes chargées de blé. Panique à Porto Santo, où ils font de l'eau. Et panique à Madère, quand les vingt-six navires jettent l'ancre dans l'anse de Funchal. Canonnades, assauts furieux, malgré les batteries de terre, les voilà maîtres de Funchal, ils crient déjà victoire – à l'instant où Peyrot de Monluc tombe, la cuisse brisée par une balle de mousquet. Quand il décède, une semaine plus tard, ses soldats furieux mettent à sac la ville, pillent, incendient maisons, palais, églises, vident la cathédrale et le monastère de leurs calices, ornements et tableaux – jusqu'à l'orgue et les cloches, qu'ils démontent ! –, s'emparent du trésor d'un couvent, brisent vitraux et vaisselle, jettent même à la mer ce qu'ils ne peuvent prendre, sucre, conserves, vins. Ils ne lèveront l'ancre que le 18 octobre, laissant derrière eux ruines fumantes, batteries enclouées, moulins à sucre brisés, bateaux incendiés...

1. Cf. Charles de La Roncière, *op. cit.*, t. IV, p. 84.

Problème : Peyrot de Monluc a emporté dans la tombe le secret de sa destination. Où aller, désormais ? Après avoir souhaité bon vent à leurs complices anglais, il ne restera plus aux jeunes têtes brûlées qu'à regagner discrètement la Guyenne – en évitant les ports, où l'ordre a été donné, sur plainte du Portugal, de s'emparer d'eux dès le pied mis à terre...

On s'interroge toujours sur la raison de ces mystères, et la destination réelle de l'expédition, de toute évidence à fins plus militaires que commerciales. Charles de La Roncière suggère qu'il pouvait s'agir d'une expédition vers l'Ophir du roi Salomon (l'actuel Transvaal) sur lequel couraient des bruits de trésors fabuleux. On peut penser aussi à une opération au Brésil contre les Portugais qui avaient mis fin à la France antarctique[1] (d'où l'intérêt, alors, de la présence de Thévet, qui avait été de l'aventure brésilienne) – ou bien encore vers la Floride... On sait seulement que le roi, méfiant, avait exigé de Blaise de Monluc, tandis que cette affaire se montait, « qu'elle ne s'ingère aucunement d'aller en terre ny du Roy d'Espaigne, ny du Roy de Portugal ». Cette méfiance avait-elle crû au moment du départ, pour que renoncent soudain les vaisseaux malouins prévus en renfort, dont l'un appartenait à Philippe Strozzi, le cousin de la reine – et que le procureur général intervienne pour retenir André Thévet, le cosmographe du roi ? Deux indices, cependant : le roi, furieux, à leur retour, jurant de les jeter sous les verrous, de sorte que l'on sache une bonne fois, écrivit-il à Forquevaux, son ambassadeur en Espagne, « qu'il n'y a revanche de la Floride, ny autre considération qui me deut faire trouver bonnes telles actions » ; et Coligny venant plaider leur cause devant le Conseil du roi, en faisant valoir qu'ils n'avaient fait ainsi que venger les injures faites à la France – c'était donc bien tous deux à une expédition vers la Floride qu'ils songeaient...

1. Voir, plus loin, pp. 166-167.

« Comme à traistres, volleurs et meurtriers » : la vengeance de Dominique de Gourgues

Le 22 août 1567, presque un an jour pour jour après la flotte de Peyrot de Monluc, deux roberges et une patache quittaient discrètement Bordeaux avec, toujours décerné par Blaise de Monluc, un congé pour une expédition contre... les nègres du Bénin. À leur tête, un gentilhomme de Mont-de-Marsan, Dominique de Gourgues, dont la vie, jusque-là, n'avait été que plaies et bosses : vingt années de campagnes en Écosse, au Piémont, en Toscane, en Orient, mis aux galères par les Espagnols, capturé par les Turcs, s'échappant à la faveur d'un combat pour se précipiter vers de nouvelles aventures sur les côtes d'Afrique et du Brésil qui lui avaient laissé plus de cicatrices que de deniers – c'est pourtant à ses frais qu'il avait monté cette entreprise, aussi, marins compris, n'avait-il pu rassembler que cent quatre-vingts hommes, tenus, comme avant eux les hommes de Peyrot, dans l'ignorance de leur destination.

En fait de Bénin, après quelques escarmouches au cap Blanc, c'est vers les Antilles qu'avait cinglé la maigre flotte, butinant d'île en île, prenant langue avec les Indiens caraïbes, de la Dominique à Porto Rico, de la Mona à Saint-Domingue. C'est seulement arrivé au cap Saint-Antoine, à l'instant de s'engager dans le détroit de Floride, que Dominique de Gourgues révéla le but du voyage : rien moins que de venger les mille Français égorgés en Floride. Les hommes se regardent : à cent cinquante soldats à peine ? Qu'importe le nombre, s'échauffent-ils peu à peu, si l'on a le courage ! Ils jettent l'ancre à l'embouchure de la Seine où les accueille Satouriona, entouré de ses hommes. Fêtes, serments d'amitié : laissant là ses navires, à la garde de vingt matelots [1], la troupe fait mouvement vers le sud, renforcée par trois cents Indiens. Un « truchement » natif du Havre,

1. Et du maître d'équipage François Lagüe, un parent de Montaigne.

envoyé en éclaireur, revient, soucieux. Les Espagnols sont partout, et en force : non seulement Fort Caroline, devenu Fort San Mateo, est occupé, mais deux redoutes nouvelles ont été édifiées à une lieue plus loin, à l'embouchure du fleuve. Qu'à cela ne tienne, à peine arrivé sous le couvert des arbres au pied de la première redoute, notre Gascon de Gourgues fonce, l'épée brandie : « Voilà les volleurs, voilà les meurtriers ! Revenchons notre Roy, revenchons la France ! » Et avant que les soixante hommes de la garnison aient fini de « curer leurs dents »[1], les voilà tous occis, pièces et couleuvrines encore aux armes de la France sont tournées vers la seconde redoute, tandis que Gourgues avec quatre-vingts arquebusiers et les Indiens de Satouriona les prennent à revers – ce que voyant, épouvantés, les Espagnols « ruent les armes bas et supplient pour la vie, qui leur est ostée plustost qu'ils n'ont achevé de la demander ».

Reste la pièce de résistance, c'est le cas de le dire s'agissant de l'ex-Fort Caroline, gardé par les deux cent quatre-vingts hommes de Gonzalve de Villaréal, réputé imprenable : ce sera l'affaire d'une journée, après avoir fait croire que ce sont deux mille hommes au moins qui les encerclent. Une compagnie espagnole d'arquebusiers, envoyée en reconnaissance, est taillée en pièces, les autres s'enfuient, que les Indiens criblent de flèches, la sainte-barbe de la forteresse explose, réglant une bonne fois la question. Les trente Espagnols non encore étripés par leurs assaillants sont promptement « branchés », là même où les hommes de Laudonnière avaient péri. Et à l'instant de lever l'ancre, les redoutes rasées, Dominique de Gourgues, après une action de grâce « au Dieu des vengeances qui ne laisse rien impuni », fera graver au fer rouge, en réplique à la pancarte de Menéndez : « Je ne faicts cecy comme à Espagnols, ny comme à Marannes, mais comme à traistres, volleurs et meurtriers[2]. »

1. J'emprunte ces citations au récit de Charles de la Roncière, *op. cit.*, pp. 63-70.
2. Le récit *La Reprinse de l'Isle de la Floride* circula d'abord sous forme manuscrite, avant d'être repris par La Popelinière dans son traité des *Trois Mondes*, en 1582.

Les morts de la Floride pouvaient être dits vengés. À son arrivée à La Rochelle, le 6 juin 1568, toute la ville fit fête au héros, et pareillement à Bordeaux, un peu plus tard. Gourgues avait promis aux Indiens de revenir très vite, persuadé qu'après pareille action on lui confierait la suite de Ribault et de Laudonnière – à sa grande surprise, il se vit refuser audience à la Cour, le parti catholique, au Conseil, réclama même une punition exemplaire, et il dut à Coligny encore de ne pas être poursuivi[1].

Jacques de Sores, de sinistre mémoire en Espagne depuis le sac de La Havane, devait un peu plus tard relever d'une touche d'horreur cette aventure, lorsque après avoir pris à l'abordage, au large de l'île de la Palma, le 15 juillet 1570, un galion portugais chargé de quarante jésuites à destination du Brésil, il les précipita tous à l'eau, avec leurs images saintes, chapelets, livres pieux et reliques, non sans leur avoir au préalable coupé les mains – ce n'était plus là que règlements de comptes : l'aventure française en Floride était bel et bien terminée. L'Angleterre désormais allait prendre la suite, en Amérique du Nord...

Quand le Nouveau Monde nous annonce l'Ancien...

Le sac de La Havane avait été un choc pour l'Espagne – la soudaine révélation d'une fragilité qu'elle n'imaginait pas, au cœur même du dispositif supposé lui garantir sa toute-puissance. Dans une Europe divisée par les querelles religieuses, le crime de Floride, commis en une période de paix entre France et Espagne, suscita une émotion considé-

1. Pour seul prix de son exploit, il obtint de vendre l'artillerie gagnée sur les Espagnols, dont il tira 3 000 livres, à peine assez pour payer ses créanciers. Le roi avisa discrètement le vice-amiral de la Meilleraye de lui interdire désormais tout voyage au long cours.

rable – dans les milieux huguenots, comme on peut l'imaginer, mais aussi hors de France, en Angleterre, avec laquelle Coligny avait signé le traité de Hampton Court en 1562, et dans les Provinces-Unies, qui supportaient de plus en plus mal la férule de Philippe II. L'affaire prit peu à peu un tour européen. Le premier, Urbain Chauveton, pasteur à Genève, par son *Brief discours et Histoire d'un voyage de quelques François en Floride*, inspiré de Nicolas de Challeux, fut d'abord publié en latin à Genève en 1578 et l'année suivante en français, non seulement racontait toute l'affaire, mais s'appuyait sur elle, entre autres arguments historiques ou juridiques, pour réfuter les prétentions des Espagnols et des Portugais au monopole des terres nouvelles. En même temps paraissait *L'Histoire nouvelle du Nouveau Monde*, de Girolamo Benzoni, fondée sur un séjour de quatorze ans dans les colonies, qui dénonçait l'effroyable massacre de la colonisation, la destruction méthodique de la terre et des hommes. Prolongés par la *Vraye et entière Histoire des troubles et choses mémorables, avenues tant en France qu'en Flandres* de l'historien huguenot Lancelot Voisin de la Popelinière (où celui-ci reprend, en s'en moquant, les textes outragés des jésuites qui dénonçaient les exactions de Jacques de Sores) puis repris enfin et publiés à Francfort à partir de 1581 au cœur d'une démonstration plus vaste dans l'*Histoire de France enrichie des plus notables occurances survenues ez Provinces de l'Europe et pays voisins*, ces textes vont à la fois nourrir la rébellion protestante tout au long du siècle, dénoncer la barbarie des catholiques espagnols et trouver leur aboutissement philosophique dans la théorie de la « liberté des mers » telle que la synthétisera Hugo Grotius dans *De jure praedae* (*Le Droit de prise*) d'abord, resté pour l'essentiel inédit jusqu'en 1869, mais surtout dans *De la liberté des mers*, en 1609, qui imposera, tant contre les prétentions au monopole des Espagnols et des

Portugais que contre l'idée de « mer fermée » esquissée par une Angleterre qui rêvait alors de prendre entier contrôle de la mer du Nord, l'idée de la « mer ouverte » des Néerlandais, propice au libre-échange des biens et des hommes.

Un point de non-retour. Avant la Floride, Coligny déjà avait rêvé d'une première colonie, d'un coin enfoncé dans le monopole – au Brésil, jugé moins protégé que les Caraïbes. En juillet 1555, Nicolas Durand de Villegagnon, chevalier de Malte, vice-amiral de Bretagne, tout à la fois marin, diplomate, et théologien avait quitté Le Havre avec six cents hommes, à bord de trois bâtiments, pour une mission de colonisation soigneusement préparée par Coligny et Henri II. Installés en novembre sur une île à l'entrée de la baie de Rio de Janeiro, les colons français commencèrent à y édifier un fort Coligny, mais l'expérience tourna court – moins du fait des difficultés rencontrées que des dissensions internes. Coligny avait souhaité que cette expédition fût comme une démonstration de la concorde possible entre protestants et catholiques – et Villegagnon lui-même paraissait hésiter encore, au moment du départ, entre réforme et orthodoxie. Las, tout au long de l'année 1557, les habitants de la « France antarctique » ne trouvèrent rien mieux que de s'opposer férocement... sur le dogme de l'Eucharistie [1]. Comme si la violence du dépaysement, les conditions d'existence difficiles, le soleil brûlant, la présence obsédante, la menaçante nature (et de la nature humaine) exacerbaient ce qui

1. Dont Frank Lestringant a très bien montré ce qui se jouait, à travers lui, du rapport au sauvage – et à l'anthropophagie : le sang et le corps du Christ sont-ils *réellement* ingérés par le prêtre au moment de la communion ? Cette expédition, passionnante à de nombreux titres, fut racontée par deux témoins, l'un catholique, André Thevet, dans *Les Singularitez de la France antarctique, autrement appelée Amérique*, livre publié en 1557 et 1558, l'autre par un protestant, Jean de Léry, dans *Histoire d'un voyage en terre de Brésil*, publiée en 1557.

allait plus tard éclater sur le théâtre de la vieille Europe. Après s'être séparés de Villegagnon, devenu défenseur acharné du dogme catholique, les Genevois calvinistes vivront quelques mois sur la terre ferme, avant de rentrer en Europe en janvier 1558. Trois d'entre eux qui avaient choisi de revenir vers Villegagnon seront par lui noyés, après avoir refusé d'abjurer leur hérésie.

De cette France antarctique, il ne restera bientôt plus rien. Et la tentative suivante, en Floride, sera bien différente – colonie française, sans doute, placée en un point stratégique, mais première esquisse aussi d'un possible refuge offert en ce Nouveau Monde aux protestants...

La « liberté des mers » : flibuste et protestantisme

Après le sac de La Havane, puis l'expédition de Menéndez et les rétorsions de Dominique de Gourgues, les choses seront claires aux yeux des Espagnols : la course et la piraterie sont huguenotes. Avec, tirant les ficelles en sous-main, impulsant, organisant, suscitant des émules jusqu'en Angleterre et dans les Provinces-Unies, avec le souci d'en faire une arme de guerre contre l'Espagne et la « vraie foi », leur bête noire : Gaspard de Coligny, figure majeure du parti protestant, grand amiral de France, et conseiller très écouté du roi... « *To era governado por Gaspar de Coligny* », résume le chroniqueur Herrera y Tordesillas. Et c'est en vain que Philippe II proteste, tempête, réclame justice contre les plus effrontés pillages, en vain que le roi de France lui donne parfois raison – toujours Coligny intervient, protège, libère. Calcul dicté par les circonstances ? Sans doute. Mais il y a plus – et l'on commence tout juste à prendre la mesure de ce qui a pu lier alors la course, pour ne pas dire la piraterie, aux élites protestantes, ce foisonnement de textes, théologiques tout autant que géostratégiques de Jean de Léry, Urbain Chauveton, La Popelinière, Philippe Duplessis Mornay, qui formeront le cadre mental, philosophique, dans lequel les tenants de la religion réformée en viendront à penser la nécessité de ce que l'on dira plus tard « flibuste », la lente constitution de ce que Grotius synthétisera dans sa théorie de la *mare liberum* et qui va évidemment bien au-delà de simples considérations politiques ou morales. « Presque tous les mariniers (entendez : marins) de France sont protestants » écrit Jean Le Frère en 1589. L'affirmation est sans doute excessive (lui-même corrige son propos : à l'exception, ajoute-t-il, des Bretons, des Poitevins et de quelques Basques « qui vivent plus à la catholique »), elle est néanmoins révélatrice de ce qui était l'opinion commune à la fin du XVIe siècle.

Il serait passionnant de creuser plus avant les raisons de cette adhésion massive au protestantisme de tant de marins français, et particulièrement des armateurs et des équipages pratiquant la guerre de course. Au-delà des motivations d'opportunité – l'adhésion au parti d'un homme, Coligny, s'affirmant comme leur plus ardent protecteur –, sans doute sont-elles à chercher du côté des thèmes inlassablement creusés par les auteurs sus cités. La revendication d'une liberté nouvelle, liberté des hommes, liberté des échanges, liberté des mers, appuyée sur l'idée d'une dimension intérieure infinie de la personne – cette ombrageuse affirmation, tant de fois répétée, qu'aucun homme n'est né avec une selle sur le dos, ni aucun autre avec des éperons pour le monter. La valorisation, du même coup, de l'initiative individuelle, des vertus de courage, d'autonomie, de travail, d'esprit d'entreprise et de responsabilité – se doublant d'une extrême méfiance devant les structures centralisées, les hiérarchies et les conventions sociales. La conviction obstinée que l'on ne progresse jamais tant que par la recherche et par l'échange, et que le commerce, en conséquence, est école de tolérance, d'ouverture à autrui – puisque, résumait à la même époque un marchand de Morlaix, « l'on ne s'enrichit jamais qu'à proportion de sa différence d'avec autrui ». Avec, liée, la perception de la mer comme un espace tout autant spirituel que géographique, lieu d'une essentielle révélation où chacun, par-delà les faux-semblants de la société humaine, se retrouve seul et nu, mis à l'épreuve, au sens strict « dans les mains de Dieu » – il n'est que de lire tout ce qu'Antoine de Monchrétien, par exemple, investit dans la notion de « navigation » pour comprendre que nous sommes au-delà des seules considérations d'économie politique, ou, plus exactement, que celles-ci, chez lui, s'ordonnent à une vision théologique où la navigation, que l'on revendique du même coup comme nécessairement libre, joue comme métaphore de l'humaine condition, source de toute valeur, associant échange et découverte (d'autrui, de l'inconnu du monde) au voyage même de l'âme, par lequel celle-ci, dans les ténèbres et le chaos, tente de retrouver la lumière perdue[1]. Duplessis Mornay voudra voir dans l'aventure du Nouveau Monde l'épreuve des horizons lointains, la révélation progressive, voulue par Dieu, de sa Création – et de cette universalité de la Révélation, partout manifestée, par-delà les différences de culture, il déduira l'unité du genre humain. Il n'est pas absolument certain que chaque « Gueux de la mer » qui se précipitait en hurlant dans le tonnerre des canonnades pour étriper l'Espagnol avait exactement à l'esprit les subtilités de ces spéculations, mais elles étaient bien au cœur des débats de l'époque, dessinant le cadre mental dans lequel viendra s'inscrire la guerre de course. L'extrême violence des affrontements à venir dans les

1. On sait l'importance décisive, dans l'imaginaire protestant, d'un texte comme *Le Voyage du Pèlerin* de Bunyan – Robert Louis Stevenson y verra même la source du roman d'aventures anglais. Stevenson, l'auteur de *L'Île au trésor*, l'écrivain s'il en fut de la piraterie. Je me permets, sur ce sujet, de renvoyer le lecteur à mon livre *Pour saluer Stevenson* (chapitre I : *Le pirate presbytérien*), Paris, Flammarion, 2000.

mers caraïbes tient sans doute à ceci, par-delà les raisons purement économiques, qu'il s'agit dans le fond d'une guerre engageant deux conceptions du monde, en tout point opposées – ce que le flibustier pille, rase, incendie, est d'abord tout ce qu'il exècre, et qu'il dénonce comme essentiellement oppresseur, dans l'administration des êtres et du monde. Tout comme le flibustier, pour l'Espagnol du Nouveau Monde, résume ce qu'il hait, et craint : l'autonomie, la culture du risque, le refus des hiérarchies, le défi aux lois humaines, aux conventions – autrement dit : la mer elle-même.

La flibuste ? D'abord une guerre de Religion.

Un certain amiral de Coligny.

Au cœur de la tourmente, en ces années où se joue rien moins qu'un basculement de monde : Gaspard de Coligny. Et bien souvent il aura le sentiment que le sol se dérobe sous ses pieds tandis que l'on se demande par quel miracle il tient encore, résiste aux complots et aux accusations, surmonte les défaites, garde si longtemps l'oreille du roi. Depuis sa jeunesse, il fait la guerre, tour à tour colonel général de l'infanterie française, gouverneur de Picardie et d'Artois, nommé amiral de France par Henri II en 1552, lui qui n'avait jamais navigué. Passé à la religion réformée dès 1560 après la mort d'Henri II, il est le chef de fait du camp protestant. Et sur lui reposent les chances, si fragiles, d'une coexistence possible des deux religions sur le sol de France, quand Philippe II, au-dehors appelle à l'extermination des hérétiques. L'Angleterre hésite, au nom de ses intérêts économiques, qui la lient à Anvers, les Pays-Bas s'agitent, au bord de la révolte ouverte, le parti des Guise veut lui aussi la guerre. Comment tenir, si faible ? Catherine de Médicis, contre les Guise, joue la carte Coligny – mais pour combien de temps ? En janvier 1562, un édit royal a pour la première fois accordé un statut de légalité à l'Église réformée. Mais le 1er mars à Wassy, en Champagne, une escorte du duc de Guise a massacré soixante-quatorze protestants et c'est comme brandon jeté dans paille sèche, la France qui s'embrase, Rouen, Le Havre, Dieppe qui passent aux protestants, les Anglais tentent d'envoyer des convois de munitions aux Rouennais le note j– Rouen qui, en septembre, jure fidélité à Élisabeth Ire, tandis que les Condé lui cèdent Le Havre, par le traité de Hampton Court, que Dieppe, à son tour, lui ouvre ses portes, et qu'Élie Chauldet, le corsaire huguenot, leur offre Honfleur. Le terrible François Le Clerc, dit Jambe-de-bois, écume la Manche avec sept cents hommes et douze navires, et ce ne sont plus les seuls Espagnols qu'il terrifie alors, mais les marins français qui ne sont pas de sa foi, Jacques de Sores est là, de nouveau, et Bontemps, qui ramènent au Havre prise sur prise, au point que Warwick priera la reine Élisabeth de remercier ces hardis corsaires par quelques pensions [1]. Va-t-on voir la France éclater, les convictions religieuses prendre le pas sur le sentiment d'appartenance à une même communauté ? La guerre, oui, et la pire de tous, qui voit s'opposer des Français. Une chance encore que ce soit l'oncle de Coligny, le connétable de Montmorency, qui mène l'armée des catholiques, reprend Rouen, puis Dieppe – forçant Jean Ribault à se réfugier en Angleterre. Coligny,

1. Comme la reine, d'une nature fort économe, refusait, en lui suggérant de leur donner congé s'ils n'étaient pas contents, Warwick se serait écrié ; « Comment ! Licencier des gens capables d'entraîner à leur suite une centaine de braves gentilshommes ? Mais vous ne trouverez jamais marin plus entendu, plus fidèle, plus courageux que François Le Clerc : jamais plus vaillantes gens que ses compagnons ne servirent aucun prince, quatre d'entre eux surtout. Laissez-moi pourvoir à leur entretien sur mes propres appointements, car ce me serait trop grand dommage de les perdre. » (Ch. de La Roncière, *op. cit.*, t. III, p. 41.) Blessé par la réaction de la reine, l'ombrageux François Le Clerc, laissant là les Anglais, s'en alla courir pour son compte vers les Açores, où il comptait « butiner » les convois venus d'Amérique, et il y périt au cours d'un affrontement.

battu à Dreux, choisit de désavouer ses corsaires passés à l'Angleterre, au nom de l'unité française, et gagne ainsi quelque répit. Mais combien de temps tiendra-t-il, à ce jeu d'équilibre ? Se concilier les Anglais, soutenir demain les Pays-Bas contre le roi d'Espagne, tenter – qui sait ? – d'entraîner Charles IX dans une guerre contre Philippe II, qui ferait passer au deuxième plan les clivages intérieurs, en tout cas entretenir une stratégie de tension avec l'Espagne, couper la route de l'or et de l'argent, devenue vitale pour les Ibériques, installer dans le Nouveau Monde des colonies de peuplement – il est sur tous les fronts, chef de fait du parti huguenot, et joue une partie de ses atouts sur la maîtrise des mers.

Les exemples ne manquent pas, dès 1544, de nobles protestants butinant dans l'Atlantique les trésors espagnols, mais c'est véritablement avec Coligny que la course huguenote se trouvera insérée dans une vision stratégique, militaire et financière, pour devenir une arme, redoutable, au service de la Cause. Ce n'est pas un hasard si la première lettre de marque royale, décernée en 1553 par Henri II au huguenot Jambe-de-bois, l'ait été quelques mois après la nomination de Coligny comme amiral de France... Aussi, quand il s'agira plus tard de former une flotte huguenote, ce sont de terribles marins, aguerris par la course transatlantique, qui en seront les fers de lance – dont Jean Le Frère vantera « la longue pratique et continuel usage de l'art marin [qui] apportait un merveilleux avantage pour combattre sur mer aux protestants ». Il y allait d'ailleurs des intérêts français, avant que les guerres de Religion ne conduisent Coligny à ces extrémités : la flotte du roi de France était trop faible pour prétendre s'opposer aux puissantes armadas espagnoles, le seul moyen de disputer la maîtrise des mers à Philippe II, tout en évitant une confrontation militaire directe entre les deux nations, était d'autoriser discrètement la course. La question de l'état de guerre ou de paix théorique avec l'Espagne n'était pas de celles qui préoccupaient exagérément les « corsaires » huguenots – pirates ! protestaient les Espagnols, mais pirates vraiment, lorsqu'ils n'attaquaient jamais les navires de leur propre pays, ou des nations alliées ? Et sans doute Charles IX, après Henri II, les condamnait-il du bout des lèvres, quand la pression de Philippe II se faisait trop forte, parfois même donnait l'ordre de les arrêter, mais les choses en général en restaient là – et la course se poursuivait de plus belle.

Dans les archives générales de Simancas, on peut suivre, soigneusement classés, les rapports tour à tour courroucés ou désabusés qu'adressait à son roi l'ambassadeur Francès de Alava : à quoi bon, soupire-t-il, arracher à Charles IX des lettres patentes pour arrêter les pirates, si Coligny s'interpose toujours ? En juillet 1567, alors qu'il allait mettre la main enfin sur le capitaine Mimique, c'est Coligny encore qui l'avait sauvé, en l'envoyant en province armer au plus vite deux navires ! Et c'est lui, pareillement, qui avait fait libérer Sordoval, le gouverneur de Belle-Île, ainsi que le pilote portugais Juan Diaz, alors qu'ils étaient sous les verrous pour piraterie. D'ailleurs, c'est bien simple : non seulement l'amiral protège ces forbans effrontément, mais il organise lui-même des expéditions, ou les finance en sous-main ; de source sûre, poursuit Alava, il aurait ainsi touché 45 000 écus sur ses parts de prise, pour les seuls mois de juin et de juillet 1568 ! Inutile, donc, tant qu'il serait en poste, d'espérer poursuites et condamnations...

Où l'on retrouve Jacques de Sores, et quelques autres.

Certes, il les protège, Coligny, ses marins, comme une de ses pièces maîtresses, dans le jeu dangereux qu'il joue alors, tandis que partout monte le désir d'en découdre. En Flandre, en Zélande, dans le Brabant, le petit peuple s'est levé – comme une lame de fond, qui emporte tout sur son passage, de pauvres hères exaspérés par les exécutions, confiscations, méfaits divers commis au nom de la foi catholique : quatre cents cloîtres et églises saccagés en quinze jours, les tableaux lacérés, les statues mises en pièces, les retables mutilés, les ciboires, les calices, les ostensoirs jetés dans la rue et piétinés, « c'est détruire que l'on veut, détruire toutes les images qui rappellent la vieille religion, détruire aussi pour le plaisir de détruire, pour se soulager dans cette frénésie de toute la rage refoulée durant de longs mois [1]. » Philippe II, à l'annonce de cette révolte, s'en est arraché la barbe de désespoir, lui qui se veut le glaive de Dieu, le dernier rempart de la foi – dans le printemps de 1567, il a envoyé le duc d'Albe porter le fer et le feu chez les rebelles, et que pas un seul d'entre eux ne survive ! Catherine de Médicis a levé des milliers d'hommes pour protéger la frontière orientale du royaume, mais une fois le danger écarté, voilà qu'elle refuse de les démobiliser. Les chefs huguenots se disent haut et fort « envahis par le soupçon », accusent les conseillers du roi. Et Coligny presse Jeanne d'Albret, la reine de Navarre, dès le mois de juin (trois mois avant qu'éclate la deuxième guerre de Religion) de délivrer ses propres lettres de course. Si le parti huguenot veut véritablement « subvenir aux frais de la guerre (La Popelinière *dixit*) et favoriser leur trafic et intelligence qu'ils avoient es pais estrangés, Angleterre, Écosse, Danemark, Allemagne », « vers les grandes armées qu'il leur convenoit d'avoir », il lui faut se rendre à cette évidence que la course est le seul moyen à leur disposition pour lever des fonds : réponse classique du faible au fort. La paix de Longjumeau, signée le 23 mars, est plus une trêve qu'une véritable paix, chacun sait, à commencer par Coligny, que la guerre reprendra bientôt et qu'il faut constituer au plus vite une véritable flotte, une « armée de la mer ».

Elle sera créée entre la fin août et la fin septembre 1568,

1. Roger Avermaete : *Guillaume d'Orange*, Payot, 1984, p. 124.

à La Rochelle, alors qu'éclate la troisième guerre de Religion. Coligny est là, qui supervise tout, et ne quittera La Rochelle pour conduire ses troupes terrestres en Poitou et Guyenne que lorsque l'escadre, enfin, sera en ordre de marche[1] : neuf vaisseaux de guerre placés sous les ordres du sieur Prévost du Chastelier Portault, lieutenant général. – et c'est à La Rochelle, encore, que Coligny reviendra après le désastre de Jarnac, et la mort du prince de Condé, en mars 1569. Son étoile pâlit, bientôt sa charge d'amiral lui sera retirée, le parlement de Paris le proscrira, mais il ne faiblit pas, appelle Jacques de Sores à la tête de la flotte protestante.

Et Jacques de Sores arrive à La Rochelle avec ses terribles capitaines, Claude de Berre, Jacques et Jean de Coquigny de Fécamp, Robert de Granville, Jean de Sallenove, Élie Chauldet de Honfleur, Poussart de Fors qui avait organisé la victoire des Dieppois en 1555 – les suivent bientôt Guillaume Mesmin dont nous avons eu à narrer déjà quelques exploits, Bertrand de la Fourcade, François et Mathurin Trumault du Croisic... Dès sa prise de fonction, il appelle à lui les Anglais, et William Hawkins de Plymouth accourt, avec huit navires, douze autres bâtiments s'arment à Colchester, puis une trentaine sur la Tamise, il se dit que soixante navires se rassemblent à Portsmouth sous la protection de quatre vaisseaux royaux. Plus un catholique, bientôt, ne se sent en sécurité dans la Manche – en quelques semaines, une douzaine de navires bretons, le *Courtault* de Dieppe qui se rendait en Moscovie, trois Portugais s'en revenant de Flandres, une douzaine de hourques hanséatiques, le *Samson* de Brême, le *Lion* et l'*Aigle volant* de Stettin, tombent aux mains des corsaires ! En décembre, la *Giustiniana*, caraque vénitienne de quarante-cinq canons, est enlevée par Sores de haute lutte, puis une autre, plus grande encore, la *Vergi*[2], à hauteur du cap Lizard, qui se rend sans

1. Sitôt arrivée à Plymouth, celle-ci sollicitera l'appui des Anglais.
2. Elle deviendra la *Grande Huguenote* sous le pavillon rochelais.

combat, sous la menace d'un massacre général – trois cent mille écus, en deux seules prises ! Et un retour à La Rochelle, fin décembre, juste à temps pour mettre en fuite les forces catholiques qui tentaient d'investir la ville [1]...

Henri de Navarre, le fils de Jeanne d'Albret, est supposé être l'amiral de Guyenne mais c'est Coligny bien sûr qui agit en son nom, guide, conseille, ordonne. La flotte huguenote est renforcée, jusqu'à compter douze vaisseaux de guerre « suyvis de leurs barques et chaloupes bien accommodées ». [2] Plus tous les autres, ses vieux amis corsaires, appelés à la rescousse chaque fois que nécessaire [3]. Car une escadre coûte cher [4], et Coligny imagine donc un système plus souple, combinant une escadre permanente et une « mobilisation volontaire », sur la base de lettres de course, de la formidable force des armateurs – lesquels présentaient en outre l'avantage, sur une flotte permanente, de se payer directement sur l'ennemi capturé. Ces lettres de course, signées à La Rochelle par Jeanne d'Albret et Henri de Navarre, amiral de Guyenne, garantissaient leurs détenteurs contre toute poursuite après la guerre, ou tentative de restitution Elles valaient aussi protection assurée dans tous les ports amis, « priant tous chefz, cappitaynes, maistres des ports et havres, de les laisser passer en toute seuretté avecq leurs dit navires, équippages et prinses qu'ils auraient faictes, et en tout leur prester faveur, ayde et confort » et invitant tous ses sujets à les « assister

1. Au printemps, pour faire bonne mesure, il prendra les Sables-d'Olonne, qui causait tant de dommage à La Rochelle : quarante navires saisis d'un coup, et un énorme butin...

2. La Popelinière, *op. cit.*

3. À la fin du mois de juin 1570, un projet d'attaque de la Flotte des Indes rassembla plus de 60 navires, selon un rapport espagnol (lettre de Philippe II à Francés de Alava, en date du 27 juin 1570). En janvier 1571, Coligny et Louis de Nassau avaient imaginé de rassembler une flotte de 70 à 80 navires, toujours pour attaquer la Flotte espagnole, mais le projet avorta.

4. Par Jean Le Frère nous savons qu'en 1577 l'escadre huguenote coûtait 1 200 livres par jour.

et prester toute main forte et ayde à l'encontre de ceulx qui les voudront troubler et molester ». En échange, ces corsaires acceptaient de se placer sous les ordres de Jacques de Sores chaque fois que nécessaire pour les besoins de la Cause ou la défense de La Rochelle, s'engageaient à ne pas attaquer les vaisseaux protestants, et versaient une partie de leur butin à la Cause : le « dixième de l'amiral » sur toutes les prises, plus « un austre dixième pour estre employé au proffit de la Cause ». Et sans qu'il soit possible de les chiffrer[1] exactement, il est certain que la course fournit alors une part importante, sinon l'essentiel des ressources du parti protestant – sans compter que les bateaux pris à l'ennemi étaient aussitôt réarmés, au bénéfice des meilleurs capitaines.

« Au proffit de la Cause »

Les textes de ces « congés et permissions pour courir sus à l'ennemi » étaient sans ambiguïté : « Faire la guerre, courir sus et endommager les ennemys et adversaires de la relligion réformée et cause généralle, sur tous vaisseaux et sur toutes nations indifféremment » ; « défense de la religion », « de la cause généralle » ou encore « advencement de la vraye religion contre Espagnolz, Portugais, Flamans et regnicolles et autres qui n'auroyent congé et sauf-conduit de nous et de nos ditz filz et nepveu ou autres ayant puissance et auctorité de nous ou d'eulx ». Comme le note justement Mickaël Augeron[2], c'était une véritable déclaration de guerre contre l'Europe catholique tout entière.

1. À titre indicatif, ce ne sont pas moins de vingt-neuf navires espagnols ou flamands en 1570, et 34 en 1571, dont 26 dans les seuls mois de mai et juin qui furent ainsi ramenés à La Rochelle... Il faudrait y ajouter les prises ramenées à Aunis et Saintonge.

2. *Coligny et les espagnols à travers la course (c. 1560-1572) : une politique maritime au service de la cause protestante*, in *Coligny, les protestants et la mer*, Presses de l'Université de Paris-Sorbonne, 1974.

Mais n'était-ce pas ce qu'imposait la situation ? Déjà, en 1562, quand Le Havre était passé sous la protection des Anglais, Sores, Bontemps, Jambe-de-bois avaient pourchassé tous les papistes qui s'étaient risqués dans la Manche, à commencer par les Français. Mais Coligny, soucieux de ménager l'avenir, faisait tous ses efforts pour empêcher cette course aux Français : l'ennemi principal devait rester l'Espagne. Le duc d'Albe faisait passer sur les Pays-Bas un vent d'épouvante, dans un vertige de destruction comme jamais peut-être l'Europe n'en avait connu, les « Gueux de la mer », là-bas, paraissaient les seuls capables de résister, qu'il fallait soutenir, aider, peut-être même organiser. Et c'est pour nous un sujet d'étonnement, comme Coligny proscrit, réfugié à La Rochelle, continue de se projeter jusqu'aux rivages du Nouveau Monde, lorsque tout paraît s'effondrer autour de lui. L'échec de la Floride huguenote ne l'a pas découragé, semble-t-il, Louis de Condé – autrement dit, Coligny – et la reine d'Angleterre avaient imaginé, tandis qu'éclatait la troisième guerre de Religion, d'envoyer Jacques de Sores dans les Caraïbes « avec une grosse escadre pour s'en rendre maître [1] » – et seule la mort de Condé à Jarnac, la nécessité de trouver un successeur à Prévost du Chastelier Portault avaient fait différer le projet. En juin 1570, Jacques de Sores, avec l'accord de Coligny, s'était mis en tête d'enlever Madère pour en faire une base d'opération sur la route du Nouveau Monde – et c'est au cours de cette expédition qu'il précipita à l'eau quarante jésuites [2]. En

1. Lettre de Menéndez de Avilès du 3 décembre 1570.

2. Jacques de Sores arriva devant Madère le 2 juillet – pour y trouver l'escadre du vice-roi Louis de Vasconcellos en route pour le Brésil. Dix vaisseaux de guerre de fort tonnage, ajoutés aux batteries de Funchal, c'était un peu trop gros pour lui – aussi s'en alla-t-il mouiller au port de Santa Cruz, où il apprit qu'un des navires de Vasconcellos s'en était allé faire commerce aux Canaries. Le 15 juillet, il le retrouvait au large de la Palma. Voyant quelques-uns de ses hommes jetés à l'eau au moment de l'abordage, il se précipita, « ivre de fureur », et régla l'affaire à sa manière, expéditive. Non seulement les quarante jésuites passèrent par-dessus bord, mais également le reste de l'équipage, soit cinq cents hommes au total. Seuls six hommes furent épargnés. L'affaire suscita une vive émotion en Espagne. Pour ne pas être en reste,

1571, c'est une flotte franco-hollandaise d'une quarantaine de navires qui avait commencé de se rassembler sous la double direction de Louis de Nassau et du capitaine huguenot Piles avec l'objectif de s'emparer de la *Flota* espagnole, ou, à défaut, de conquérir une île dans les Caraïbes et de s'y établir. Quant à Laudonnière, encouragé par l'amiral lui-même, il recommençait à rêver d'une nouvelle expédition en Floride...

Revenu dans les faveurs de Charles IX, admis de nouveau au Conseil du roi en septembre 1571, Coligny, un temps, peut croire triompher. La paix de Saint-Germain, en août 1570, déjà, avait accordé quatre places de sûreté aux protestants, dont La Rochelle, malgré les protestations du pape, et, à la grande fureur des Espagnols, interdisait toute poursuite contre les huguenots ayant agi sous lettre de course de la reine de Navarre. Le traité franco-anglais d'avril 1572 était assurément une victoire de plus sur le parti des Guise, ouvertement pro-espagnols. Et une victoire encore quand Coligny, contre les plaintes de Philippe II, des corsaires de La Rochelle prit le parti – de toute évidence, convaincu que la guerre seule pouvait tout à la fois soulager ses frères des Pays-Bas et réunifier le royaume contre l'ennemi héréditaire, il force même l'affrontement, ne se dissimule plus lorsqu'il ordonne de mettre les prises, dès que débarquées, hors d'atteinte des Espagnols et des envoyés du roi, se rit des menaces espagnoles de représailles, au début de l'année 1572, pense même avoir convaincu le roi de mener cette guerre de réconciliation nationale[1], envisage des actions sur mer

un de ses lieutenants, Jean Capdeville (dit encore Cadouilh), retrouva Vasconcellos un an plus tard, le 13 septembre, vers les Canaries. Le vice-roi périt dans l'affrontement, et les quinze jésuites trouvés à bord connurent le même sort que leurs frères à l'aller.

1. Vers la fin du mois d'octobre 1571, un membre du Conseil du roi de France aurait déclaré, à en croire un rapport de l'ambassadeur Alava, « qu'il était nécessaire, pour le bien du royaume, de laisser la nation française s'adonner avec ardeur à la piraterie, car en définitive il valait mieux voir les Français s'en prendre aux étrangers, plutôt que de les voir s'attaquer mutuellement comme ils faisaient pendant les guerres civiles » (cf. Mickaël Augeron, *art. cit.*, p. 173).

avec les « gueux » hollandais. L'assassinat de Coligny, le 24 août 1572, pendant la Saint-Barthélemy, marquera la fin de cette grande politique maritime – traîné dans les rues par des enfants, châtré, décapité, pieds et mains coupés, il fut, sur ordre du Parlement, pendu au gibet de Montfaucon pour « estre viande et charogne des vers et des corbeaux ». Si la course pour autant ne s'interrompit pas, le centre de gravité de l'opposition à l'Espagne se déplaça dès lors vers les Pays-Bas et l'Angleterre – entrée en scène des « Gueux de la mer »...

CHAPITRE V

La République des Gueux

Pour rassurer la gouvernante Marguerite de Parme, effrayée par l'aplomb des jeunes nobles venus en masse à Bruxelles lui réclamer l'arrêt des persécutions religieuses, son conseiller Berlaymont, à en croire la légende, s'était écrié, assez fort pour qu'on l'entende : « Que s'alarme-t-on d'un tas de gueux ? » et l'un des trublions, quand ils s'étaient retrouvés un peu plus tard dehors, avait agité, en défi, une petite sébile de bois pareille à celle des mendiants, salué par la foule debout : « Vive les Gueux ! » Le nom était resté à ceux qui allaient se dresser contre les Espagnols : lorsque viendra le temps des massacres, proscrits, pourchassés, ils se feront « Gueux des bois » puis « Gueux de la mer » – pour une des plus étonnantes aventures maritimes de l'histoire. Ou comment une horde disparate de forbans, de pirates, de persécutés religieux, de voleurs et d'assassins finit par mettre à genoux la puissance espagnole, fit naître un pays libre, et fut un des premiers modèles de la flibuste caraïbe...

Quand s'éveillent les monstres...

Elle a fort à faire, Marguerite de Parme [1], en cette année 1566 qui voit naître les Gueux : depuis Ségovie, son demi-frère Philippe II repousse toutes les mesures d'adoucissement proposées par les nobles des Pays-Bas, inquiets de voir leurs prérogatives sans cesse rognées, prend le parti de l'Inquisition, exige l'exécution des hérétiques. « Bientôt nous assisterons au début d'une effroyable tragédie », prophétise Guillaume d'Orange, qui va devenir la grande figure de la résistance aux Pays-Bas. Les grands nobles, si longtemps choyés par Charles Quint et qui veulent encore espérer un compromis, se trouvent vite dépassés par la petite noblesse, braillarde, intransigeante, nourrie des thèses radicales de Calvin – celle-là même qui se proclamera gueuse. Des bruits courent : les confédérés seraient au nombre de deux mille, ils lèvent une armée de trente mille hommes au moins, vont s'emparer de plusieurs provinces avec l'aide des princes allemands luthériens... D'abord, songe Marguerite, gagner du temps.

Dès le lendemain de l'entrevue de Bruxelles, elle a promis de faire tout son possible pour convaincre Philippe II de donner aux inquisiteurs des conseils de modération. Mais elle devine que cela ne suffira pas : le petit peuple de Bruxelles est en effervescence, qui a accueilli les deux cents jeunes nobles en héros, avec le fort en gueule Henri de Brederode à leur tête, déjà

1. Charles Quint avait hérité de son grand-père, l'empereur Maximilien, onze provinces de l'Artois à la Hollande, auxquelles il avait ajouté six autres, entre 1523 et 1543 : Frise, Overeijssel, Utrecht ; Groningue, Zuften, Gueldre. Ces dix-sept provinces, domaine de Charles Quint puis de Philippe II avaient été gouvernées successivement par Marguerite d'Autriche (1507-1530) Marie de Hongrie (1531-1555) avant Marguerite de Parme (1559-1567) respectivement tante, sœur et fille naturelle de Charles Quint. Trois conseils les assistaient, dont les membres, nommés à vie, étaient choisis parmi la haute noblesse : un Conseil d'État, qui jouait le rôle de Conseil politique, un Conseil privé, traitant de la justice, et un Conseil des finances. Dix États généraux, regroupant des représentants des États provinciaux, se réunissent à Bruxelles pour voter le budget.

salué comme le « Restaurateur des libertés ». Et ils se répandent maintenant dans toutes les provinces, leur sébile de bois passée à la ceinture, les pamphlets foisonnent, les prédicateurs calvinistes prêchent aux carrefours protégés par la foule, défient l'Inquisition. Anvers, le grand centre marchand, devient leur quartier général, cent cinquante Gueux de Bréderode y sont accueillis par une foule en liesse, les bourgeois, alertés par de folles rumeurs, prennent les armes, envoient une délégation à Marguerite tandis que Guillaume d'Orange réclame des états généraux – plus rien, dirait-on, ne pourra freiner la montée aux extrêmes. La gouvernante, contrainte par les dépêches de Philippe II, lève des troupes, les marchands calvinistes proposent aux nobles de leur ouvrir leurs coffres s'ils prennent la tête de la révolte, organisent des bandes armées pour défendre les prédicateurs – et Philippe II ne sait y répondre que par un nouveau placard, ordonnant la dénonciation des hérétiques. Le feu aux poudres : en quinze jours, quatre cents cloîtres et églises saccagés par le peuple en furie, un déchaînement de violences qui laisse les deux parties en présence stupéfaites, et qui en dit long sur l'état d'exaspération de la population. Plus rien, désormais, n'arrêtera la mécanique fatale. Marguerite, désespérée, aux abois, pourra bien signer un dernier compromis avec les nobles, concéder la liberté de conscience et l'exercice provisoire de leur culte – le petit peuple n'en continue pas moins, à Anvers et ailleurs, à détruire les symboles du culte catholique. Et Philippe II, fou de rage, dépêche le duc d'Albe aux Pays-Bas, nommé général des armées, avec instruction de ne pas laisser un hérétique vivant...

La diffusion, aux Pays-Bas, des idées de la Réforme n'est pas nouvelle, qui paraît épouser les circuits même des échanges commerciaux, entrer en résonance avec les traditions de liberté de ces provinces avant le règne des Habsbourg : comme si marchands et commerçants y trouvaient une religion accordée tout à la fois à leur pratique et à leurs bourguignonnes traditions. Charles Quint, avant Philippe II, n'avait pas ménagé ses efforts pour réprimer les hérétiques – son premier placard [1], promulgué dès 1521, avait été suivi presque aussitôt d'exécutions sommaires, celui de 1535 avait été dit en son temps « le plus terrible jamais dirigé contre les hérétiques » et la manière dont il avait fait payer, en avril 1540, son insolence à la ville de Gand avait glacé d'effroi, longtemps, les populations – mais, malgré tout, Charles Quint restait aimé des gens des Pays-Bas. Il était des leurs, né à Gand, parlant leur langue : pour tous, il était « Keizer Karel », l'empereur Charles, « un prince quasi légendaire, un prince chevaleresque et bonhomme, gaillard et mystificateur, familier et généreux, une manière d'Ulenspiegel portant couronne, que la chronique parlée mêle inlassablement à d'incroyables aventures [2] ». Des leurs, et pas seulement par sa naissance, cet empereur qui, au total, passera fort peu d'années en Espagne, ne les avait jamais oubliés, distribuant les titres et les honneurs à ses nobles néerlandais (au point que les jaloux murmuraient parfois que c'étaient les Pays-Bas, décidément, qui avaient mis la main sur l'Espagne), leur confiant à peu près tous les postes juridiques, administratifs, militaires des Pays-Bas, flattant ses chevaliers de la Toison d'or – mais, aveuglé par sa foi, obsédé par sa succession, il avait commis deux erreurs.

La première, tant pour empêcher la constitution d'un bloc luthérien que pour faire comprendre à tous que son fils serait simplement roi d'Espagne, et non plus empereur, avait été de distendre les liens entre les Pays-Bas et l'Empire germanique, et de les remplacer par des liens nouveaux avec l'Espagne, pays avec lequel les siens n'avaient rien en commun, ni langue ni traditions.

La seconde, liée, était de ne pas avoir deviné que son fils Phi-

1. Ainsi appelait-on alors ses édits.
2. Roger Avermaete, *Guillaume d'Orange, op. cit.*, p. 44.

lippe était le plus mauvais choix possible pour construire cette alliance nouvelle avec les Pays-Bas, dont il ignorait tout, et d'abord la langue. Pouvait-on imaginer personnage plus étranger à la rude jovialité bourguignonne, à son goût pour la bière, les tavernes, les grasses plaisanteries, les banquets somptueux que cet être maigre, mélancolique, jaloux, tissant sa toile à l'écart du monde, tapi dans ses bureaux de l'Escurial ? Installé par son père aux Pays-Bas dès l'acte de renonciation, en 1555, il n'y était resté que le temps de la guerre avec la France. La paix signée, il avait quitté le pays pour l'Espagne, bien décidé à n'y revenir jamais, et délégué son pouvoir à Marguerite de Parme, sa demi-sœur. Depuis, il n'avait eu de cesse qu'il ne rogne leurs franchises et privilèges, superposant aux institutions en place un conseil fait surtout d'étrangers, au premier rang desquels Antoine Perrenot de Granvelle, évêque d'Arras, remaniant les provinces ecclésiastiques, faisant nommer Granvelle cardinal de Malines – et commençant une chasse aux hérétiques comme le pays n'en avait jamais connu.

Marguerite a raison de s'inquiéter : ce que les habitants pouvaient accepter du plus glorieux des leurs paraît très vite insupportable de la part d'un étranger lointain, et c'est une bombe qui s'amorce, la naissance d'un sentiment national, dès lors que se rejoignent dans la lutte contre l'Espagnol, la lutte pour la liberté religieuse et la défense des libertés et franchises traditionnelles... Des mauvais présages ont été vus dans le ciel, qui annoncent des années de misère et de sang. Des monstres innommables sont en train de naître dans les profondeurs des ténèbres, écrit l'astrologue Gemma Frisius, qui prédit famines et épidémies, pire peut-être : la comète de 1556 ne s'est-elle pas accompagnée de signes terribles ? Il a vu dans les cieux devenus un lac de sang des armées se combattre, d'autres comètes s'approchent qui disent la colère de Dieu – et quand le duc d'Albe s'abat sur le pays martyr beaucoup penseront que viennent les jours du Jugement. Albe lui-même

Guerre sainte

Albe, donc, arrive, que l'on croit par avance l'Antéchrist, tandis que le ciel s'assombrit à son approche, Albe avec ses terribles soldats espagnols aguerris sur tous les champs de bataille d'Europe, devenus des machines à tuer, Albe, sans états d'âme, machine lui aussi, qui exécute les ordres, comme ailleurs le fit Menéndez. Les nobles orgueilleux que flattait Charles Quint doivent courber l'échine. Les comtes d'Egmont et d'Hoorn arrêtés, les autres – douze cents nobles au total ! – sont appelés à rendre des comptes devant le Conseil des troubles, tandis que l'on rase l'hôtel où les instigateurs du « Compromis » se réunissaient. Puis commencent les exécutions : dix-huit nobles conduits à l'échafaud en quinze jours, pour bien marquer qu'il ne restera rien, désormais, de l'ordre ancien, dix-huit nobles qui deviennent aussitôt les martyrs de la Cause, et la foule, sur la Grand-Place de Bruxelles, qui vient en silence tremper ses mouchoirs dans leur sang... Qu'importe, dit Albe, puisqu'il est là pour les exterminer jusqu'au dernier ? Bûchers, échafauds, gibets dans chaque ville, dans chaque village, sur chaque place de marché – et pour ne pas entendre les « blasphèmes » des suppliciés, on leur ferme la bouche au moyen d'une vis, ou on leur marque la langue au fer rouge « après l'avoir passée dans un anneau, ce qui la fait gonfler, au point d'empêcher d'émettre un son [1] », ou bien, si l'on est pris par le temps, on la coupe, simplement. Les marchands anglais quittent Anvers pour Hambourg, le pays court à la ruine, déjà exsangue – l'Espagne découvrira un peu plus tard comme elle s'est pénalisée ainsi elle-même. Mais qu'importent les deniers, quand on mène une guerre sainte ?

1. Roger Avermaete, *op. cit.*, p. 155.

Libres, comme la mer

Et les Gueux ? Ceux qui ont pu s'enfuir se retrouvent dans les forêts de Flandre, où les rejoignent des milliers de pauvres hères, fous de désespoir et de colère, et de là ils montent des coups de main contre les forces espagnoles, les moines et les prêtres. C'est à qui, dans l'affaire, sera le plus féroce, trouvera quelque torture nouvelle, propre à saisir d'épouvante – ainsi le capitaine Jean Camerlynck, « qui eut d'abord les oreilles coupées, avant d'être traîné par les rues, lié sur une échelle, vers le lieu du supplice proprement dit : là, tenaillé par six fers rouges, il fut placé sur un bûcher sous un tonneau de poix [1] ». Mais que pèsent ces Gueux contre toute une armée ? En 1572, Albe peut édifier sa propre statue à Anvers, « à celui qui a étouffé la révolte, repoussé les rebelles, rétabli la religion, maintenu le droit, fondé la paix » : les faibles armées levées par Guillaume d'Orange défaites, les villes toutes à genoux, les prédicateurs disparus, son triomphe est complet – ou plutôt il le serait, s'il n'y avait pas ces Gueux, de plus en plus hardis, dans la mer du Nord. Mais, bah ! Ce sont des gueux...

Ce sera son erreur, de vouloir jusqu'au bout ignorer la menace de la mer, de ne croire qu'en la terre ferme, à ce qui se contrôle, verrouille, possède, se peut enclore derrière des murailles, amasser dans les coffres, à ce que l'on peut au sens premier du mot *terroriser*, et lors même que ces Gueux, passant à l'offensive, n'hésitaient pas à crever les digues protectrices, comme si ces flots noyant la terre portaient avec eux la liberté. Mais aussi, comment prendre au sérieux, lorsqu'on ne veut croire qu'à l'ordre, à la hiérarchie, aux privilèges de la naissance, au *stable*, pareille horde disparate, imprévisible, braillarde ? Des coupe-jarrets, des gibiers de potence, des mécréants sans foi ni loi...

1. Roger Avermaete, *op. cit.*, p. 150.

La République des Gueux

Il est vrai qu'on les dirait sortis droit de quelque tableau de Jérôme Bosch, ou d'une cour des Miracles, ces gueux de la mer, manchots, borgnes, oreilles ou nez coupés, portant jambe de bois et crochets tels des trophées, couturés de balafres, cultivant chaque détail de leur mise pour se faire plus terribles encore. D'une invraisemblable férocité, avec cela, jouant leur vie chaque jour, dans un tourbillon de tempêtes, de naufrages, de canonnades et d'abordages, ils n'ont pas mis longtemps à devenir les vrais maîtres de la Manche. Au départ, un mélange hétéroclite de criminels, de hors-la-loi, d'aventuriers, de briseurs d'icônes pourchassés, d'aristocrates en fuite et de miséreux sans plus de toit ni de famille, les réprouvés et les humiliés, qui retrouvent en Manche ou en mer du Nord ces autres forbans que sont les pirates anglais, écossais et germains – et ils sont si nombreux, des Pays-Bas, qu'ils en prennent la tête, parfois d'autant plus facilement que ces pirates non plus ne portent pas l'Espagnol dans leur cœur.

Une force de libération ? N'allons pas trop vite : une république de proscrits, qui ne veut connaître que ses propres règles – et du coup, plus encore que les corsaires de Coligny, la préfiguration de ce que sera plus tard la flibuste caraïbe.

Leurs premières bases d'appui : les petits ports des côtes anglaises, où l'on feint d'autant plus d'ignorer leurs exactions que l'on en profite largement. Élisabeth Ire, trop contente de voir affaiblis les Espagnols, ne ferme-t-elle pas les yeux ? Leurs proies, bien sûr, sont d'abord les navires d'Espagne qui portent vers les places du Nord les richesses arrachées à l'Amérique, puis tous les « neutres », fussent-ils néerlandais, qui entretiennent des rapports avec les Pays-Bas contrôlés par l'ennemi – à dire le vrai, tous ceux qui passent à portée de canons, sans considération de pavillons... Et nul, dès lors, ne se risque plus sans trembler sur les eaux grises du Nord. Qu'ont-ils à perdre, ces gueux ? Ils sont déjà comme morts, sortis de la société des vivants, eux dont les plus radicaux développent une idée de « monde à l'envers » qui trouvera à se prolonger plus tard, sous d'autres cieux, dans la geste pirate. Pris, ils savent quel sera leur sort. Aussi, pas de quartiers, et une frénésie dans l'assaut, une cruauté dans les supplices qui tétanisent leurs proies. Le commerce maritime de l'Espagne baisse dangereusement. Anvers, déjà mise à mal par le duc d'Albe, est au bord de l'asphyxie. Et plus le duc d'Orange essuie d'échecs sur terre, plus le duc d'Albe massacre et pille, plus la flotte des Gueux prend des proportions formidables : au début des années 1570, la première puissance navale en Manche et dans la mer du Nord.

Dans un premier temps, Guillaume d'Orange ne s'en est guère soucié, semble-t-il, trop occupé qu'il est à maintenir la flamme de la résistance dans les Pays-Bas, tandis que ses émissaires se multiplient, en vain, auprès des princes luthériens allemands, d'Élisabeth Ire, de Charles IX. C'est Coligny, en France, qui l'encourage à s'appuyer sur ses Gueux, lui expose le système qu'il a imaginé en France, lui promet le renfort de huguenots de La Rochelle, et même de son frère aîné Odet de Châtillon. Une flotte, sans bourse délier... Dès février 1569, Orange propose des lettres de marque aux plus hardis des Gueux, et, surprise, ils s'enrôlent tous, ou presque. Sans rien changer, d'ailleurs, à leurs pratiques anciennes, mais en versant à la Cause, comme convenu, un tiers de leur butin. Orange ferme les yeux – nécessité fait loi. Et tente, malgré tout, de les organiser. Maladroitement, d'abord, en août 1570, quand il leur donne Lumbres pour amiral, un noble originaire des Pays-Bas méridionaux, avec l'idée bien arrêtée de les transformer en une flotte régulière pouvant être engagée dans un combat frontal : c'est qu'en lui tout se cabre, à l'idée de cette guerre de rapines, sans chef ni discipline, et donc sans stratégie. Rusé, calculateur, diplomate virtuose, échafaudant plan sur plan contre l'adversité, il est avant tout un homme de raison, et le trouble l'idée que faire appel aux Gueux, c'est faire du même coup appel à d'autres forces en l'homme, plus obscures... Quelle frontière tracer dans cette boucherie furieuse, entre la violence légitime et le crime pur et simple ? Que nul ne puisse plus s'enrôler chez les Gueux s'il est poursuivi pour crime de droit commun, édicte-t-il. Puis il exige un chapelain par navire, pour y faire entendre un peu de la parole divine. Mais Lumbres se révèle incapable de contrôler les Gueux, ses tentatives d'attaque massive se soldent par des échecs avant même de commencer, et Orange, dont la première vertu est de s'adapter vite, nomme à sa place le terrible William von Lumey van der Marck, Guillaume de La Marck, une sombre brute aux dires de certains, mais qui, loup parmi les loups, sait mener d'une poigne de fer sa horde de brigands. Lui faire accepter l'idée qu'à poursuivre leurs rapines sur les côtes, lui et ses hommes finiront par dresser contre eux les populations, catholiques ou non, sera sans doute le plus difficile...

Philippe II enrage, menace Élisabeth Ire des pires représailles si elle continue de les abriter – et la reine se trouve contrainte de céder. Pour le plus grand malheur d'Albe, mais il ne le sait pas encore...

« ***Brielle es nada.*** »

L'accès des ports anglais interdit en mars 1572, ce pourrait être la fin, pour tous ces Gueux : on ne peut être longtemps corsaire sans une base d'appui, des ports où vendre ses prises et se ravitailler. La France pour l'heure fermée, elle aussi, malgré les efforts de Louis de Nassau auprès de Charles IX, que leur reste-t-il donc ? Les têtes brûlées se concertent, Guillaume de la Marck, qui s'est juré de se laisser pousser la barbe et les cheveux tant que les Espagnols n'auront pas été défaits, Jan de Moor, Blois de Treslong, Adam de Haren, Brand... Leur reste la Hollande, songent-ils, quand bien même les Espagnols y pullulent – au moins, là-bas, peuvent-ils espérer le soutien de la population, le temps de se ravitailler. Ils sont vingt-cinq navires et près de douze cents hommes à quitter Douvres, à la toute fin de mars. Temps de chien sur la Manche, les hommes, soucieux, se taisent – n'est-ce pas l'entreprise de la dernière chance ? Et l'on dirait, cette fois, qu'un sort mauvais s'acharne. Le vent monte en tempête, s'ingénie à les tenir au large des ports où ils voulaient mouiller, une bourrasque, le 1er avril, finit par les porter devant Brielle, à l'embouchure de la Meuse. Brielle ! Le port est petit, d'importance si secondaire que les Espagnols n'y tiennent plus garnison – autant dire que l'on ne risque pas d'y trouver non plus des vivres pour mille deux cents hommes... Les habitants, guère rassurés, se barricadent, et il faudra trouver un tronçon de mât pour enfoncer les portes. Puis, passé les premières heures, et comme les forbans ne paraissent pas venus pour les piller, c'est l'enthousiasme. Et ce coup de folie, tout à coup, de La Marck et de ses hommes, de proclamer, sous les vivats, la « libération » de Brielle...

Brielle ! Autant dire rien. C'est d'ailleurs ce que dira peu après le duc d'Albe, dédaigneux : « *Brielle es nada* ». Et les Gueux, guère plus. Orange, informé, n'en croit pas ses oreilles. Que peuvent-ils, contre les troupes d'Albe ? Quelques jours encore et Brielle, à coup sûr, et les Gueux de la mer, ne seront plus que souvenirs...

Brielle es nada. Albe, trop méprisant, tarde à riposter. Et c'est tout à coup l'embrasement, que nul n'imaginait. Flessingue, trois jours après Brielle, qui se proclame indépendante, puis Veere, Arnemuiden, toute l'île de Walcheren. Orange, sentant le vent tourner en sa faveur, se dresse, couvre Guillaume de La Marck, appelle au soulèvement généralisé, et voilà que tout le pays, brisé, meurtri, qu'on disait à genoux, saoulé de souffrances et d'horreurs, se soulève, Enkhuisen, la première, répond à son appel, puis tout le Waterland, Meneblik, Hoorn, Alkmaar, Haarlem, Gouda, Dordrecht, Zierilzee. Lanoue et Famars s'emparent de Valenciennes à la tête d'une troupe de huguenots, Louis de Nassau pénètre dans Mons avec des troupes levées en hâte. Une folie, oui, mais que tous attendaient depuis si longtemps !

Albe tonne, tempête – lui qui souhaitait rentrer en Espagne triomphant, après avoir remis le pays pacifié au duc de Medina-Celi ! Et pendant qu'il rassemble des troupes pour marcher contre Mons, et fermer la frontière aux raids huguenots, il lance ses forces navales, avec à leur tête l'amiral Boussu, contre les Gueux établis à Brielle.

Mais Boussu peine à enrôler les marins nécessaires. Les Gueux, dirait-on, sont partout. Le duc de Medina-Celi connaît une arrivée mouvementée, son escadre attaquée en rade de l'Écluse, trois de ses navires emportés à l'abordage, deux autres brûlés, il ne devra qu'à un débarquement précipité d'échapper à la fureur de ses assaillants. Un convoi de navires portugais chargés de sel et d'épices, d'une valeur estimée à un million de florins, est capturé quelques jours plus tard. Les équipages néerlandais des navires de la flotte espagnole, ici et là, se mutinent, passent aux Gueux tandis que les villes, les unes après les autres, se déclarent pour Orange – un vent de folie, qui se lève en tempête, soulève chacun hors de lui-même, brasse les foules et les précipite contre l'ennemi, et il n'est plus de raison qui vaille, alors, de calcul, ou de stratégie, mais la griserie et l'effroi d'être emporté par le tumulte, et d'entendre le ressac de ce tumulte en soi. Temps de carnage, de nouveau, de vengeances où rien n'est oublié des cruautés jadis endurées, de pillages, d'incendies, mais aussi de démesure, de bravoure insensée, de coups de main toujours plus audacieux. Et c'est une rumeur d'épouvante, alors, qui précède partout les hommes de La Marck, tandis qu'ils osent tout, s'emparent de navires espagnols jusqu'aux portes d'Anvers, remontent les fleuves, les canaux, à croire que les Pays-Bas leur sont devenus comme une nouvelle mer, qu'ils écument férocement. Orange, pour ne pas être en reste, lève une armée de treize mille hommes, passe le Rhin, convoque à Dordrecht les états de Hollande, en réponse à la même réunion, voulue par Boussu à Gouda, se fait reconnaître comme prince légitime par la Hollande, la Zélande, la Frise-Occidentale et Utrecht, y proclame aussitôt la liberté de culte, amorce une marche triomphale, à la tête de ses troupes, à travers le Limbourg et le Brabant. « *Brielle es nada* » – le duc d'Albe aura le temps de méditer cette phrase au fil de ces semaines où tout paraît lui échapper, de ce qu'il croyait jusque-là maîtriser.

Sa chance, en fin de compte, sera Guillaume d'Orange. Trop diplomate, pas assez chef de guerre. Là où il aurait fallu chevaucher la tempête, risquer le tout pour le tout, canaliser peut-être mais surtout multiplier la folie de ses Gueux aux dimensions de tout un peuple, voilà que le prudent Guillaume tergiverse, hésite, comme pris de vertige au bord d'un gouffre obscur. Albe peine à rassembler des troupes, ses caisses sont vides, ses plus vieux briscards s'exaspèrent d'être sans solde depuis des mois, et Orange, supérieur en nombre pour la première fois, continue d'hésiter ! Il finira par se faire battre, sans gloire, et, laissant là ses troupes défaites, s'enfuira vers le nord en quête d'un refuge. Fin de la révolte, et fin des Gueux ? On peut le croire, un temps.

Au-delà de l'horreur

Pour le duc d'Albe, qui ne veut connaître d'autre loi que la force, il faut en finir une bonne fois avec ces hérétiques, éteindre à jamais en chacun ce remuant foyer où s'entretient la rébellion – et s'il a échoué jusqu'ici, songe-t-il, c'est qu'il n'a pas été assez féroce. Malines est là, devant lui, sans plus de défense : qu'imaginer encore pour frapper d'épouvante les Pays-Bas ? Que ses hommes fassent à leur guise pendant trois jours, décide-t-il, et qu'il ne reste plus rien après eux de cette ville maudite ! Et pendant trois jours, il se tient à l'écart, refuse d'écouter les plus fervents catholiques venus l'implorer d'arrêter cette horreur. Malades, prêtres, nonnes, femmes en couches, enfants, nul n'est épargné dans ce carnaval de l'épouvante, où Satan conduit le bal. Les hommes sont pendus par le sexe, les femmes par les seins, ou éventrées, les bébés écorchés vifs, cloués aux portes des églises ou passés à la broche, et c'est auquel de ces soudards inventera la plus infernale cruauté...

L'émotion est si forte, jusque chez les catholiques d'Espagne, que Philippe II, prévenu à temps, interdit au duc de faire subir le même sort à Louvain. Albe maugrée, bien sûr, et en profite pour presser ses troupes de retrouver Orange, d'exterminer le dernier carré de ses fidèles – mais quand il arrive devant Maastricht, c'est pour apprendre que Guillaume a licencié ses dernières troupes, avant de fuir vers le nord.

Ne reste plus, pour les proscrits et les persécutés, que la Hollande et la Zélande, toujours rebelles. Mais pour combien de temps ? Elles pèsent si peu, devant l'ogre espagnol... Réunis à Haarlem, les députés ont bien juré de mourir plutôt que de se soumettre, mais les plus ardents vacillent après le sac de Zutphen, en Gueldre, par le fils du duc d'Albe, don Fadrique. Pas un survivant, avait insisté son père, et pas une pierre debout – programme appliqué à la lettre, au point que les hommes, le bras lourd à force de tuer et de pendre, avaient trouvé plus expéditif de noyer les habitants par groupes d'une centaine. Pour le coup, c'est trop : chefs, soldats des autres garnisons s'enfuient épouvantés à l'approche des Espagnols. Les villes de l'Overijssel et de la Gueldre se soumettent les unes après les autres, les Hollandais, seuls, paraissent décidés à résister. Pour les briser, eux aussi, don Fadrique, après avoir promis la vie sauve aux habitants de Naanden s'ils acceptaient de se rendre, les massacre, viole, torture – et pour ajouter à l'horreur de Malines, ordonne de laisser pourrir les cadavres dans les rues...

C'était mal connaître les Hollandais : perdus pour perdus, que ce soit, dans ce cas, en martyrs ! Arrivé devant Haarlem, la plus grande ville de Hollande, don Fadrique trouve portes closes et les bourgeois en armes. Commence alors le siège qui va entrer dans la légende, forger la conscience nationale hollandaise, lier définitivement l'épopée des Gueux à celle de la libération des Pays-Bas...

« La victoire date d'Alkmaar. »

Quatre mille soldats, aidés de deux mille bourgeois armés, et les Gueux rassemblés contre les trente mille tueurs de don Fadrique, et la flotte de Boussu. Pour sept mois d'une résistance héroïque, acharnée, sur terre, sur mer, sur les digues, que les Gueux tentent de percer pour noyer les assiégeants sous les flots – jusqu'à ce qu'il ne reste plus rien à manger aux assiégés que les rats, les feuilles, l'écorce des arbres, les immondices. Orange, depuis Delft, se démène pour trouver quelque appui du côté de l'Angleterre, de l'empereur Maximilien, ou de la France, malgré la Saint-Barthélemy, mais ses appels sont vains, Haarlem, à bout de résistance, tombe sous la botte de don Fadrique, qui entreprend aussitôt le siège de la petite ville d'Alkmaar, verrou du Waterland. Une formalité, croit-on, mais, surprise, Alkmaar résiste, repousse les troupes espagnoles. Celles-ci, épuisées, sans solde depuis deux ans, se mutinent et il faudra quelques pendaisons pour les convaincre de reprendre le siège, tandis que dans la ville femmes et enfants se battent aux côtés des soldats, versent depuis les remparts huile bouillante, chaux vive, goudron, plomb fondu. Et voici que les Gueux, enfin, arrivent à leur secours, parviennent à percer les digues : les troupes de don Fadrique, pour la première fois, doivent refluer. Et c'est une espérance nouvelle qui soulève alors la Hollande : « Van Alkmaar begint de victorie » dira-t-on plus tard – « La victoire date d'Alkmaar ». Même si le chemin sera long et douloureux, qui reste à parcourir...

La victoire, grâce aux Gueux de la mer. Mis en échec à Haarlem, ils multiplient ailleurs les coups de main, remontent l'Escaut, la Meuse, écument le Zuiderzee, obligent la flotte royale à se réfugier à Anvers. Le duc d'Albe, rendu furieux par la défaite d'Alkmaar, entend bien se venger : Boussu n'a-t-il pas réussi à les contenir à Haarlem ? Le duc rassemble toutes ses forces navales, lance Boussu à la recherche des Gueux : la rencontre aura lieu au large d'Enkhuisen – et se termine en désastre pour les Espagnols. Boussu fait prisonnier, la plupart de ses navires perdus, pris d'assaut ou brûlés, les marins rescapés mutinés, passés à l'ennemi, Albe doit quitter en toute hâte Amsterdam.

On dirait que le vent tourne, et pas seulement dans les Pays-Bas, pour l'orgueilleux Espagnol. Saoulés d'horreurs, de tueries, de plus en plus de partisans de Philippe II osent hausser le ton, les docteurs en théologie de Louvain lui écrivent secrètement, des membres du Conseil privé suivent leur exemple – et le roi enfin les entend, en décembre 1573, rappelle son ange exterminateur. Au moment où ce dernier envisageait rien moins que de raser toutes les villes où il ne pouvait maintenir une garnison.

Don Luis de Requesens y Cuniga, son successeur, découvrira un pays dévasté, les comptoirs étrangers qui avaient fait la fortune d'Anvers partis en fumée, deux provinces aux mains des insurgés, la mer du Nord livrée sans partage à la loi des Gueux. Il veut croire encore à la diplomatie, et qu'un pardon général pourrait permettre un nouveau départ – mais la guerre l'emporte lui aussi : Middelburg, défendue par Mondragon, est sur le point de tomber aux mains des rebelles. Leur dernière place en Zélande, sans laquelle la navigation vers Anvers se trouverait à coup sûr coupée ! La sauver suppose de la ravitailler par mer, en affrontant les Gueux...

Toutes les forces navales d'Anvers et de Bergen seront rassemblées, décide-t-il, sous les ordres de Sancho d'Avila, cent navires au total, pour ne prendre aucun risque – mais Louis de Boisot, le nouvel amiral des Gueux, est une fois encore le plus prompt, qui fait force de voiles vers la flotte de Bergen avant qu'elle ait eu le temps de faire sa jonction avec celle d'Anvers, et il l'anéantit presque entièrement en quelques heures, près de Romerswael. L'amiral espagnol, son navire brûlé, n'a d'autre issue que de se sauver à la nage, la flotte d'Anvers, prudente, rebrousse chemin, et Middelburg doit se rendre au prince d'Orange. Les Gueux, rois des mers, héros désormais de la liberté des Pays-Bas...

Les premiers flibustiers.

Pour certains historiens, l'histoire des Gueux se serait arrêtée bien avant – en fait, dès leur soumission à l'autorité de Guillaume d'Orange, ou, à tout le moins, dès l'Assemblée libre des députés des états de Hollande de juillet 1572, à Haarlem, qui révoqua toutes les lettres de marque antérieures. Les plus féroces, tel La Marck, écartés, ils seraient alors rentrés dans le rang, acceptant de se soumettre à un lieutenant amiral, et aux règles édictées par les magistrats de Hollande et de Zélande. Et certes, ce fut là une mutation importante, à travers bien des heurts et des malentendus, le moment où la révolte brute des « sans-culottes » de la mer, des hors-la-loi et des brigands fusionne avec celle d'un peuple en formation. Mais trancher ainsi l'histoire revient, croyons-nous, à manquer l'essentiel : ce processus par lequel une violence nue, aveugle, née dans les marges, rassemblant les exclus, les hors-le-monde, les criminels – ceux que Hugo, plus tard, dira les « misérables » – se fait le creuset où naît la possibilité d'un nouveau monde. Car, pour que quelque chose naisse, qu'une espérance se fasse jour, il faut d'abord la révolte contre la tyrannie des puissants, cette sauvagerie, cet élan qui ne veut rien entendre des discours raisonnables, et met sa vie en jeu contre l'arrogance du plus fort. Sans la folie de ces Gueux, sans la lave en fusion, sans la barbarie de tous ces criminels, la liberté des Pays-Bas serait sans doute demeurée un vœu pieux et Orange un doux rêveur s'épuisant en vaines diplomaties. Aussi, plutôt que de dépeindre les Gueux mis au pas, intégrés dans une stratégie qui les dépasse – la vérité est de dire qu'Orange mettra un rare talent à gâcher sur terre les opportunités gagnées sur mer –, devenus les instruments dociles d'une flotte régulière, plus juste serait de décrire ce double processus par lequel le feu brûlant porté par les Gueux transforme la société, la trempe, la révèle à elle-même, littéralement la crée dans le mouvement même de sa révolte – et ceci, dans le temps même que cette société en fusion, soulevée par le mouvement de la rébellion, intègre en elle ces Gueux comme sa part obscure, tout à la fois de création et de destruction, qu'elle tente de contrôler parce qu'elle en a peur mais dont elle sait, en même temps, qu'elle en a besoin. Sa part sauvage – ou, si l'on préfère, sa part, en elle, venue de la mer, en ses promesses et ses menaces...

L'aventure des Gueux ne se termine certes pas à Haarlem, un jour de juillet 1572 : elle se prolongera dans celle des Frères de la côte, sur les côtes caraïbes, elle donnera à la flibuste quelques-uns de ses traits essentiels, et jusqu'à son nom dont on oublie généralement (mais les Néerlandais sont toujours les grands oubliés de cette histoire) qu'il a pour origine le mot *vrijbuiter* : « libre butineur ».

Les Gueux et leurs héritiers accompagneront jusqu'au bout la lutte pour l'indépendance des Provinces-Unies. Lorsque, le 8 novembre 1576, profitant d'une faiblesse passagère de l'Espagne[1], les dix-sept provinces – catholiques, restées fidèles au roi d'Espagne, aussi bien que protestantes – prirent l'initiative de conclure la « Pacification de Gand[2] », c'est Willem Blois de Treslong, encore, le nouvel amiral des Gueux, qui, remontant la Scheld, hâta la conclusion du traité par quelques judicieuses

---

1. Requesens, le successeur du duc d'Albe, était en train de réussir une percée qui aurait coupé la Hollande de la Zélande, et ouvert un nouvel accès à la mer, par l'Escaut, pour Anvers, quand le manque d'argent l'obligea à tout suspendre – Philippe II, financièrement aux abois, venait d'annoncer la banqueroute de l'État, et l'annulation de tous les emprunts contractés depuis quinze ans. Désespéré, Requesens demanda à être rappelé en Espagne, mais il décéda le 5 mars 1576, avant d'avoir vu son vœu exaucé, laissant les Pays-Bas momentanément sans gouverneur.

2. Dans l'attente d'un nouveau gouverneur, c'est l'ancien Conseil d'État, sans réelle autorité depuis le début des hostilités, qui était supposé diriger les Pays-Bas. Guillaume d'Orange comprend vite qu'il peut profiter de la situation, d'autant plus que les catholiques craignent eux aussi des troubles : les troupes espagnoles, sans plus de chef, et lasses d'attendre leur solde, marchent en effet sur les villes du Sud pour les piller. Puisque seul le Conseil d'État a théoriquement pouvoir d'appeler à des états généraux des provinces, on sort de prison, où venaient de les jeter des partisans d'Orange, trois conseillers dociles qui s'exécutent, donnant du même coup à toute l'affaire un semblant de légalité. Il n'empêche : ce que les provinces réclamaient en vain depuis des années à Philippe II, voilà qu'elles osent enfin le décider, passant outre à ses avis. L'autorité de Philippe II était certes reconnue, mais moyennant le renvoi des troupes espagnoles, le retour aux anciennes franchises bourguignonnes et la liberté du calvinisme en Hollande et en Zélande.

Ce n'était pas pour autant la fin des troubles – car Don Juan d'Autriche et Farnèse se montrent habiles manœuvriers quand catholiques et calvinistes ne parviennent pas à s'entendre. Le 6 janvier 1579, Farnèse arrachait à Arras la soumission des provinces catholiques – et le 23, les provinces du Nord concluaient la paix d'Utrecht, scellant la partition entre les Pays-Bas méridionaux, espagnols, et les Provinces-Unies, protestantes. Celles-ci, soucieuses de trouver des appuis extérieurs, offrirent la souveraineté d'abord au duc d'Anjou, puis, après la mort de Guillaume d'Orange, son fils Maurice se tourna vers Henri III, qui recula devant le risque d'un conflit majeur avec l'Espagne, puis vers Élisabeth Ire qui, prudente, leur envoya un de ses favoris, le comte de Leicester, lequel s'avéra si incapable comme gouverneur général qu'il se retira en 1587, un an avant la défaite de l'Invincible Armada.

En 1596, Angleterre et France reconnaissaient officiellement les Provinces-Unies par le traité de Triple Alliance, et, en 1609, l'Espagne concluait avec celles-ci une trêve de douze ans, qui valait acceptation de fait de leur indépendance.

canonnades contre la citadelle occupée par les Espagnols. Et pendant les années où régnèrent Don Juan d'Autriche, demi-frère de Philippe II, puis Alexandre Farnèse, duc de Parme, on les trouve partout : au nord, pour aider Delft, attaquée par les Espagnols, au sud, pour escorter jusqu'à Anvers le duc d'Anjou, frère du roi de France, appelé à la rescousse par Guillaume d'Orange. Quand ce dernier sera assassiné, en 1584, ce sont eux encore, pendant le siège d'Anvers[1], qui multiplièrent les assauts pour tenter de briser le blocus de la Scheld. Et lorsque Élisabeth d'Angleterre, menacée par cette Armada espagnole qu'on disait invincible, demanda l'aide des Hollandais, c'est l'ancienne flotte des Gueux, sous la direction de l'amiral Cornelis Loncq, qui reprit du service, tandis qu'une autre flotte, qui elle non plus n'avait pas oublié la rude époque des écumeurs du Waterland, augmentée de vaisseaux marchands équipés en hâte, bloquait avec Justinus de Nassau tous les ports flamands où Parme rassemblait l'armée d'invasion que l'Armada devait transporter jusqu'en Angleterre...

À la conquête des mers

Certes, ils avaient bien changé depuis les premiers jours de leur révolte, ces Gueux. Dès la fin de 1572, leurs forces s'étaient peu ou prou rassemblées en plusieurs flottes à peu près cohérentes, une du Zuiderzee, une autre du Haarlemmermeer et une troisième du Leidermeer pour la seule Hollande-Septentrionale, puis une quatrième en Hollande-Méridionale et une cinquième en Zélande, chacune sous la direction d'un lieutenant amiral, que vinrent peu à peu renforcer des navires mar-

1. La ville prise, Farnèse laissa aux protestants le temps de la quitter. Les pasteurs exhortèrent leurs fidèles à tout abandonner plutôt que de renoncer à leur foi, ce qui fut fait, en masse, et Anvers resta une ville morte pendant deux siècles.

chands affrétés par les bourgeois des villes rebelles [1]. Le système devait se révéler d'une efficacité redoutable : à l'exception de l'échec devant Haarlem en 1573, *toutes les batailles navales de cette longue guerre furent gagnées par les Gueux.* En 1574, un tribunal des prises fut établi à Flessingue en Zélande, et une nouvelle réglementation sur les commissions de course promulguée. Délivrées par Guillaume d'Orange, celles-ci devaient être contresignées par le contre-amiral Louis de Boisot et précisaient que 10 % du butin irait à Guillaume d'Orange, 20 % à la « cause commune », et le solde serait également partagé entre les éventuels commanditaires et l'équipage. Au statut classique de corsaires s'ajouta même, dès 1572 en Zélande, puis en 1573 en Hollande, un autre, des plus rentables, de « contrôleurs fiscaux » : des « tarifs de convois » ayant été appliqués par les provinces rebelles aux marchandises importées depuis les pays neutres et des « taxes de licence » à tout commerce avec l'ennemi, les Gueux, qui jadis écumaient sans distinction tout ce qui passait à leur portée, se trouvèrent chargés de la police des mers et des voies navigables. Il est vrai que tout navire surpris en infraction leur était aussitôt réputé de « bonne prise », ce qui leur rappelait un peu les temps anciens – et les prises furent bonnes, que l'on estime d'une valeur largement supérieure à celle des taxes de convois et licence, lesquelles rapportèrent à la seule Zélande, entre 1572 et 1576, pas moins d'un demi-million de florins. Ces bandits, ces forbans, ces brutes effrayantes qui chantaient des psaumes dans le fracas des boulets et se vantaient de leurs balafres et jambes de bois ne furent pas seulement le fer de lance de la révolte, sa part de légende et de démesure : d'eux vint également le financement, pour une bonne part, de l'effort de guerre.

1. En 1573, il fut décidé qu'aucun navire de Hollande et de Zélande, de commerce où de pêche, ne pourrait prendre la mer tant que les vaisseaux réquisitionnés pour la défense des deux provinces n'auraient pas leurs équipages au complet – et c'est ainsi que les rebelles purent contrôler non seulement les mers, mais encore les voies d'eau intérieures.

Quand Philippe III, succédant à son père en 1598, décida de mener une guerre économique totale contre ces Provinces-Unies, interdisant tout commerce avec elles, saisissant dans les ports ibériques les navires hollandais et zélandais, c'est une formidable flotte, retrouvant l'inspiration des Gueux, qui se rassembla pour rendre coup pour coup : soixante-douze navires, sous la direction de Pieter van der Does, fils d'un des plus fameux parmi les premiers Gueux, déjà couvert de gloire face à l'Invincible Armada. À ses côtés étaient le vice-amiral Jan Gerbrantsz d'Enkhuizen, et le contre-amiral zélandais Cornélis Geteynsz qui, eux aussi, avaient fait leurs premières armes chez les Gueux. C'était la première apparition hors de la mer du Nord d'une flotte néerlandaise – et l'annonce d'une des plus formidables aventures maritimes du siècle à venir.

Dans le même temps, les états généraux invitaient les corsaires à déplacer leur champ d'action, jusqu'aux Indes, d'Orient comme d'Occident, là où ils pouvaient le mieux frapper la puissance espagnole – en juin de la même année, il fut même décidé de n'octroyer de lettres de marque que sur les mers tenues pour siennes par l'Espagne. Convention fut ainsi passée entre les états et le marchand Pieter ven der Haghen, par laquelle celui-ci s'engageait, au nom d'une association de marchands amstellodamois et de Balthazar Moucheron, célèbre marchand de Veere, à fournir onze navires supplémentaires à Van der Does, avec pour objectif de conquérir l'île de Sao Tomé, au large des côtes de Guinée, pour en faire la base des opérations commerciales hollandaises à venir. Désormais, disaient-ils haut et fort, ce serait à l'Espagne d'être sur la défensive !

Mais il allait falloir aux rugueux calvinistes apprendre l'importance aussi d'un réseau d'espionnage : quand ils arrivèrent devant la Corogne, brûlant d'en découdre, la flotte espagnole s'en était allée depuis déjà quatre jours – ce que voyant Van der Does fit voile vers les Canaries qu'il conquit sans coup férir puis, tandis que trente-cinq de ses navires rentraient au port avec leur butin sous la direction de l'amiral Gerbrantsz, lui-même poursuivit avec le reste de la flotte jusqu'en baie de Guinée, pilla consciencieusement les îles de Gomera et de Sao Tomé. Las, la malaria emporta un bon quart de ses équipages, et le projet d'établissement d'une base durable dut être abandonné, tout comme celui de gagner ensuite les côtes du Brésil, et la flotte regagna les Provinces-Unies. Seuls, sept navires confiés au capitaine Hartman rentrèrent quelques mois plus tard chargés de butin brésilien. Pas assez sans doute pour qu'au total l'entreprise se révèle rentable – mais le message était passé haut et clair : désormais, les Provinces-Unies pouvaient frapper l'Espagne sur toutes les mers du monde.

Les deux expéditions suivantes de l'amiral zélandais William Haultain furent moins heureuses – ce qui n'empêcha pas les Gueux retrouvés, en 1606, d'expédier par le fond les galères espagnoles qui voulaient se risquer de nouveau dans la mer du Nord. Et lorsque commencèrent les négociations qui devaient aboutir à la trêve de Douze-Ans, comme celles-ci traînaient un peu, les Hollandais envoyèrent Jacob van Heemsberk avec trente-six navires sur les côtes espagnoles. Les deux flottes se rencontrèrent à Gibraltar, pour une terrible bataille, sous le feu des canons des forteresses. « Aucun champ de bataille, jamais, ne vit plus terrible scène, écrivit un historien du temps, que la baie de Gibraltar au moment de cette attaque. Soixante-sept vaisseaux de guerre s'affrontant dans la baie étroite, le tonnerre des canons, les bateaux en flammes, les explosions, les clameurs des combattants, les cris des blessés et des mourants, les cris de victoire : aucune plume, jamais, aucun pinceau ne rendra la fureur de pareille scène [1]. »

La dernière bataille, victorieuse, avant la conclusion du traité ! Ainsi, poursuit Goslinga, se terminait une période d'affronte-

1. Cité par Cornelis Goslinga, *op. cit.*, p. 19.

ments au terme de laquelle une flotte nationale était née des hordes hétéroclites des Gueux de la mer, une flotte assez forte pour contraindre l'Espagne à plier. Le prince Maurice d'Orange pouvait sourire, en effet, lorsqu'il reçut les négociateurs espagnols : « Ainsi donc vous venez négocier avec les Gueux [1] ? »

Ce n'était qu'un début : pendant plus d'un siècle, ils allaient dominer les mers du monde. Et lorsque les hostilités reprirent avec l'Espagne, c'est en plein cœur de sa puissance caraïbe qu'ils frappèrent cette fois, s'emparant – et ils furent les seuls à réussir pareil exploit – de la flotte de l'argent tout entière.

En 1595 déjà, un premier navire hollandais était apparu dans les eaux caraïbes. Début d'une autre histoire...

Le huguenot, le flibustier et le sauvage

Étonnant retour du Nouveau Monde sur les champs de bataille de l'Europe déchirée, quand vacille, sous le poids des horreurs accumulées, ce pourquoi l'on imagine se battre : en 1578 paraît à Genève *L'Histoire d'un voyage faict en la terre de Brésil*, d'un obscur pasteur qui va se trouver très vite au centre d'une âpre querelle, Jean de Léry. Jeune cordonnier bourguignon, il a fait partie de l'expédition de Villegagnon au Brésil en 1557, vécu le désastre de la France antarctique, et entend témoigner contre le récit fait par André Thevet, cosmographe du roi et catholique bon teint, qui fut brièvement de l'aventure, lui aussi, et a pris fait et cause contre le clan des « Genevois », dans les *Singularitez de la France antarctique, Autrement nommée Amérique*, en 1557, d'abord, puis encore en 1575 dans le chapitre XXI de sa *Cosmographie universelle*.

Que peut bien importer pareil débat sur la nature des sauvages rencontrés au Brésil, le dogme de l'Eucharistie, et le sort

1. Cornelis Goslinga, *op. cit.*, p. 19.

qui fut fait par Villegagnon aux trois « martyrs de la foi protestante », noyés sur son ordre pour n'avoir pas renoncé à leur foi – à une époque où l'Europe est à feu et à sang ? Et surtout, pourquoi si tard, plus de vingt ans après ? La perte, par deux fois, du manuscrit pendant les guerres civiles et sa redécouverte par miracle, explique Léry en sa préface – à quoi l'on pourrait ajouter une longue réflexion, à travers les épreuves vécues depuis son retour, qui lui a fait lire peu à peu les souffrances des guerres civiles à travers cette expérience, violente et brève, qui n'a cessé depuis de le hanter, de la France antarctique. Il faut croire qu'il visait juste : l'ouvrage, à peine imprimé, est déjà épuisé, et connaîtra cinq éditions[1] du vivant de l'auteur, Londres, Vienne, Francfort prennent très vite le relais de Genève, tandis que Thevet, courroucé, polémique et enrage – en vain[2]. Car l'affaire se trouve relayée, relancée, entretenue par une série d'autres ouvrages, chacun se soutenant et s'enrichissant de tous les autres, d'une manière telle que l'on peut y soupçonner une entreprise concertée du parti protestant. Dès 1579, Urbain Chauveton, pasteur genevois de grand renom, multiplie les références à « M. de Léry » dans les textes qu'il rédige en accompagnement de *L'Histoire nouvelle du Nouveau Monde* de Giordamo Benzoni[3] – et ce livre, dès que publié, fera l'effet d'une bombe. Le Milanais Benzoni a séjourné quatorze années dans les colonies espagnoles, lu attentivement les témoignages de Francisco Lopez de Gomara et de Bartolomé de Las Casas sur le sort fait aux Indiens par les conquistadors, et son essai est terrible, que Chauveton redouble, en appendice,

1. En 1580, 1585, 1594, 1599 et 1611.

2. Dans les *Vrais Pourtraits et vies des hommes illustres, Grecs, Latins et Payens*, Paris, 1584. Sa deuxième réponse, circonstanciée, *Histoire d'André Thevet, [...] de deux voyages par luy faicts aux Indes Australes et Occidentales*, 1588, ne sera jamais imprimée, signe s'il en fallait alors de sa défaite.

3. *Histoire nouvelle du Nouveau Monde : Contenant en somme ce que les Hespagnols ont fait jusqu'à présent aux Indes Occidentales, et le rude traitement qu'ils font à ces povres peuples-là.*

d'un *Brief Discours et Histoire d'un voyage de quelques François en la Floride : et du masacre autant injustement que barbarement exécuté sur eux par les Hespagnols* qui reprenait le *Discours de l'Histoire de la Floride* de Nicolas Le Challeux pour démontrer, juridiquement et historiquement, que « les Hespagnols n'ont pas plus de droict en la Floride, ni sur les autres pars de l'Inde Occidentale qu'ont les François ». Au passage, et comme si Léry et lui s'étaient donné le mot (c'est d'ailleurs exactement ce qu'ils avaient fait), Chauveton tirait lui aussi à boulets rouges sur les « vanités et niaiseries » de ce « moine effronté » de Thevet « qui ne fait que mentir en ce qu'il a veu et ce qu'il a ouy dire ». Dans le même temps (1579), la *Très brève Relation de la destruction des Indes* de Bartolomé de Las Casas, enfin disponible en français, était activement diffusée à travers toute l'Europe par les mêmes réseaux protestants. Le génocide des Indiens d'Amérique, avec en écho le crime des catholiques en France antarctique, le massacre des mille huguenots de Floride – ainsi se constitue, à travers ce qu'il faut bien dire une bataille d'opinion soigneusement orchestrée depuis Genève, la *legenda negra* qui va saper peu à peu l'arrogante toute-puissance espagnole...

Riposte du faible au fort – par déplacement inattendu du terrain et des armes. À la violence de la soldatesque, la riposte des idées. Aux champs de bataille de l'Europe, l'écho de ceux du Nouveau Monde. Comme si, dans le « passage à la limite », opéré sur les terres d'Amérique, se donnait à lire, tel un éclair d'orage révélant tout à coup un paysage de ténèbres, la vérité du temps. Sans doute, conquistadors, prédicateurs, huguenots avaient-ils porté avec eux, à travers l'Atlantique, les conflits, les tourments et les peurs qui les occupaient au moment du départ – on ne change pas si aisément de peau, à supposer que l'on en change jamais. Mais le choc avec l'inconnu, le sauvage – et l'inconnu, le sauvage, en eux – avait agi comme un fantastique révélateur. Dépouillé des faux-semblants et des garde-fous, mis à nu par l'épreuve du voyage, la lutte pour la survie, l'appétit de richesse, c'est un très inquiétant visage qui apparaît alors de soi, dans le miroir tendu par le sauvage. Inquiétant, comme l'avenir qu'il préfigure. Comment ne pas songer que la Saint-Barthélemy a commencé en 1565 sur les rives de Floride – comme y a commencé la guerre sainte du duc d'Albe ? Et comment ne pas chercher à comprendre l'incompréhensible, en faisant retour sur ce qui, rétrospectivement, apparaît déjà aux uns et aux autres comme un terrible laboratoire ?

Pour n'avoir voulu croire qu'à la logique des armes, oubliant qu'il s'agissait d'abord d'une guerre de Religion, autrement dit de valeurs, d'idées, de conception du monde, les Espagnols vont perdre cette bataille-là – et leur défaite, longtemps inaperçue tant paraît écrasante leur puissance militaire, aura des conséquences incalculables...

Une bataille, oui, pour la conquête de l'opinion, avec ce que ce mot implique de violence, de calcul et de ruse, une bataille qui veut ignorer la complexité des positions adverses, pour les réduire à un bloc uniforme, évidemment haïssable, entend démontrer, comme noués aux fondements même de la foi proclamée par l'adversaire, les crimes commis en son nom, et ne veut rien savoir des développements de la pensée politique espagnole, querelle des « justes titres », ou controverse de Valladolid.

Bataille, donc, et l'on pourra reprocher aux tenants de la Réforme de ne spéculer que dans le ciel pur des idées, sans expérience directe de la complexité du réel, mais pas seulement propagande pour autant : c'est rien moins qu'une mutation du regard qui s'amorce ici. « Thevet contre Léry, la "cellule de réflexion genevoise" face au cosmographe de la cour de France, s'ouvre un débat aux enjeux fondamentaux qui engage deux perceptions du monde, deux stratégies antagonistes. À un savoir totalisant et fermé, régi par le double principe de l'autorité singulière et de la chasse gardée – ce en quoi Thevet se montre l'héritier, en plus restrictif, de l'historiographie espagnole de la Conquête – s'oppose et succède une conception ouverte, collective et progressive de la science[1]. » Contre la fureur barbare des Ibériques, dénoncée par Las Casas, massacrant les sauvages comme s'ils leur niaient jusqu'au droit à l'existence, Léry, Chauveton, et à leur suite les historiens et libraires protestants vont tenter de fonder sur l'expérience vécue au Brésil et en Floride la fiction d'une transparence possible à l'autre, par laquelle l'Indien martyrisé devient comme le frère en malheur du protestant persécuté. Face à l'oppresseur universel, pour reprendre la belle expression de Lestringant, se retrouvent, unis, le « huguenot et le sauvage » – et se met en place, de texte en texte, le fin réseau de correspondances qui trouvera sa première expression synthétique dans l'essai de Montaigne, *Des Cannibales*, publié en 1580, première étape, décisive, de la formation du mythe du « Bon Sauvage », tel qu'il se déploiera, plus tard, au siècle des Lumières...

Une mutation du rapport à l'autre, dont il n'est pas besoin de montrer comme elle charrie d'ambiguïtés, mais dont les philosophes du XVIIIe seront les héritiers directs – et, non moins remarquable, une mutation du rapport aux savoirs. Une nouvelle histoire naît avec Léry et Chauveton, et l'expression est à entendre dans les deux sens, de contenu et de méthode. Face à l'autorité des dogmes, l'affirmation du primat de la conscience individuelle, libre et souveraine, pour revendiquer le droit en toute chose de la liberté d'examen, et garantir son plein statut à la validité du *témoignage*. Un homme se dresse, face aux mensonges des dogmes, qui dit simplement « je », témoigne de ce qu'il a vu, vécu, éprouvé – et face à cette irréductibilité, à cette verticalité affirmée de la personne, vacillent aussitôt les arguments d'autorité. Encore faut-il, sans plus le secours désormais

1. Frank Lestringant, *Le Huguenot et le Sauvage*, Aux amateurs du livre, 1990.

des vérités « révélées », se garder de possibles illusions : le témoignage, l'autopsie ne suffisent pas, s'ils ne trouvent pas hors d'eux-mêmes des garanties : contrôle de la raison, recours à ce que les historiens huguenots nomment alors « conférence », entrecroisement de témoignages se confortant les uns les autres. Une machine idéologique d'une redoutable efficacité se met en place, qui ouvre, tant par ses méthodes que par sa thématique, l'espace même des Lumières – il n'est que de lire l'abbé Prévost citant explicitement Léry pour s'en convaincre.

Le huguenot et le sauvage... Jean de Léry à distance se souvient – et avec quelle nostalgie ! – de ses escapades chez les sauvages, lorsque avec Jean Gardien et Jacques Rousseau, ses complices, il échappait à l'atmosphère étouffante de la colonie de Villegagnon pour goûter la vie libre, au plus près de la nature, curieux de tout, s'émerveillant de la beauté du monde comme de la vie indienne et de ses rites. Esquissant ce que pourrait être une manière d'être au Nouveau Monde qui ne reproduirait pas la barbarie espagnole, les penseurs protestants opposent à la violence des prises de possession la « douceur du traffic et conversation familière » et dans un premier temps mettent en avant la figure des « truchements », ces jeunes gens laissés dans les tribus pour en apprendre la langue et les coutumes et devenir ainsi les intermédiaires entre les deux mondes, participant de l'un et de l'autre, puis celle, tirée de l'exemple canadien, du *coureur des bois*, qui choisit librement de vivre à la frontière de la culture et de la nature, et dont Fenimore Cooper, plus tard, fera l'équivalent moderne du modèle antique[1]. Le huguenot et le sauvage, unis en une figure unique – que le huguenot, déplacé dans les eaux caraïbes, entreprenne d'habiter cette part sauvage en lui, et l'on verra naître une troisième figure, d'humeur plus farouche : le flibustier.

---

1. Cf. sa célébrissime *Saga de la longue carabine* dite encore *Le Cycle de Bas-de-cuir : Tueur de daims, Le Dernier des Mohicans, La Prairie*, etc.

CHAPITRE VI

Les chiens de mer d'Elisabeth

Manque, dira-t-on, un acteur essentiel. Et de fait, l'Angleterre, tout ce temps, apparaît comme absente de la course au Nouveau Monde. Certes, en 1497, John Cabot, sur un bateau de cinquante tonneaux à peine et de dix-huit hommes d'équipage, avait touché les rives de ce que l'on peut penser être Terre-Neuve, mais pour cette découverte il reçut... dix livres tout juste de récompense des mains de Henri VII. Une deuxième expédition se perdit en mer. Et celle de Richard Warde, bien que prometteuse, resta sans lendemain, tandis que Sébastien, le fils de John Cabot, essayait, en vain, d'intéresser les marchands à ses vastes projets. Un maigre bilan, reconnaissons-le, comparé aux efforts ibériques, portugais, et même français... Incapacité ? Les marins anglais étaient parmi les meilleurs du temps. Disons, plus sûrement, d'autres choix stratégiques.

L'Angleterre avait à cela de puissantes raisons.

Raisons culturelles, d'abord : héritiers de l'esprit des villes hanséatiques, les *Merchants Adventurers* de Londres, comme les puissants marchands du West Country étaient d'abord de

« l'autre Europe », celle du Nord, de la Toison d'or, de la Hanse – et c'est pareillement dans les mers d'Islande que les pêcheurs de Bristol allaient d'abord chercher morues, juliennes, harengs. Marchands avant tout, les Anglais tenaient solidement que la richesse naît plus de la circulation, de l'échange, bref, du commerce, que de la simple possession, de la colonisation des Terres Neuves – et la classe politique, d'ailleurs, ne pensera pas autrement, de Henri VII à Elisabeth.

Raisons économiques, liées : à quoi bon se risquer vers les Caraïbes incertaines quand le commerce, dans l'Europe du Nord, était si profitable ? Depuis l'*Incursus Magnus* de 1496, accordant liberté commerciale totale et réciproque aux marchands anglais et hollandais, l'axe Londres-Anvers n'a cessé de se renforcer – Anvers, devenue la plaque tournante du commerce entre le Nord et la Méditerranée, où affluent les produits du Nouveau Monde, et par laquelle les marchands de Londres vendent leurs draps aux pays latins : oui, quel besoin de se risquer dans une aventure quand toutes ces richesses arrivaient jusqu'à eux ? D'ailleurs, leurs intérêts ne les poussent-ils pas vers l'Espagne, contre l'ennemi français ? Depuis le traité de Medina del Campo de 1489, les marchands anglais peuvent commercer à Séville et jusque dans les Canaries, où ils achètent sucre et vins, leurs représentants peuvent écouler leurs produits jusqu'à Mexico : pourquoi abandonner un système si profitable ?

Raisons politiques, enfin : l'Angleterre, liée par le mariage de la reine Marie avec Philippe II d'Espagne en 1554, en rivalité constante avec le voisin français, n'avait pas les moyens d'une autre ambition, peu ou prou contrainte qu'elle était de demeurer dans l'orbite espagnole, malgré les subtils jeux de bascule de Henri VIII entre Valois et Habsbourg – jusqu'à la rupture avec Rome, en 1532, l'opinion anglaise resta violemment hostile aux corsaires français. Et longtemps après que celle-ci se fût retournée contre l'Espagne, les marchands du West Country s'obstinaient à vouloir maintenir leurs échanges commerciaux. Il fallait véritablement un séisme, bouleversant l'équilibre géostratégique de l'Europe, pour que l'Angleterre se décide à changer de cap.

Le jeu risqué d'Elisabeth

Le séisme, ce sera la révolte des Pays-Bas, et l'incroyable férocité de la répression espagnole, quand la montée aux extrêmes conduit les uns et les autres jusqu'à la démence, et que le sens même de l'humain semble tout à coup mis en question. Elle aura tout fait, pourtant, Elisabeth pour différer son engagement, convaincue qu'elle était de sa trop grande faiblesse, obsédée par les périls qu'elle court, en Angleterre même, elle, la reine protestante succédant à l'âge de 25 ans à la « Bloody Mary », Marie la catholique épouse de Philippe II. Les bûchers sont encore tièdes où ont péri tant de martyrs, le pays, saoulé, meurtri, miné par les guerres intestines, aspire à la paix, mais la jeune reine est trop consciente, aussi, des risques que lui ferait courir la puissance de l'Espagne, si cette dernière venait à écraser la révolte des Pays-Bas, pour ne pas aider en sous-main les rebelles, accueillant les Gueux dans les ports, fermant les yeux sur leurs exactions, lançant contre l'Espagne, riposte classique du faible au fort, ses corsaires et pirates, par une tactique de harcèlement, dans un jeu délicat, toujours à la limite de la rupture. Il faudra l'union proclamée des dix-sept provinces en 1576, et les premières victoires des Gueux de la mer – à quoi sans doute il faut ajouter l'effondrement d'Anvers, dévastée par les Espagnols, désertée par les marchands – pour qu'Elisabeth passe enfin à une phase active, apporte aide militaire, subsides, prêts.

La riposte espagnole se voudra à la hauteur du risque pressenti, si écrasante, pensera-t-on, qu'elle devait régler pour longtemps le problème. C'est pourquoi la défaite de l'Invincible

Armada, en 1588, marquera un tournant, et qu'importe si les « réalistes » font remarquer qu'affaiblie seulement d'un tiers de ses vaisseaux l'Espagne restait une formidable puissance maritime, la première d'Europe : c'est la dimension symbolique qui importe ici, et s'impose aussitôt, renverse les rapports de force. Pour tous, l'impensable déroute annonce une ère nouvelle, où l'Angleterre paraît bien décidée à jouer enfin sa partie, et d'abord sur les mers. L'héritage des protestants français, les sommes de rêves, de projets, de connaissance et pour un peu, dirait-on, leur histoire même franchit la Manche pour être reprise en Angleterre – l'épopée nord-américaine y est déjà contenue comme en creux. L'aventure de Roanoke de la Caroline et des *pilgrims* est fille de celle des huguenots français de Floride, par des voies plus directes, on le verra plus loin, que celles qu'on imagine généralement. Mais il aura fallu d'abord, pour ouvrir cette ère nouvelle, que les Drake, Hawkins, Raleigh, prenant le relais des Gueux de la mer, se hissent aux dimensions de la légende, sur toutes les mers du monde. Entrée en scène des « chiens de mer »...

Les *sea dogs* d'Elisabeth ! Combien de livres, de récits, de romans, de films ont chanté leurs exploits, peu à peu transformés en jeunes risque-tout, bravant conseils de prudence et interdits par amour de leur reine, héros d'une fierté reconquise face aux Espagnols exécrés, marins de génie ouvrant à l'Angleterre enfin debout l'empire des mers ! Comme toujours, les légendes disent aussi le vrai – à leur manière. Pour autant, ces « chiens de mer » ne tombent pas du ciel. Drake, Hawkins sont d'abord le produit d'une histoire – qu'ils porteront avec eux jusqu'aux Antilles, et c'est cette histoire trop souvent méconnue, mais non moins haute en couleur, riche en franches canailles et en pittoresques figures, mêlée à celle des huguenots français et des Gueux hollandais, qui donnera plus tard à la geste flibustière son caractère si singulier.

Pirates, depuis l'Antiquité.

« Une nation de pirates » – rarement pays se sera mieux attaché, dès l'Antiquité, à mériter ce titre, qu'on devait lui décerner au XVIIe siècle. Ce sont les incessantes attaques des Vénètes qui déjà conduisirent Jules César à envahir la Grande-Bretagne, avec des résultats quelque peu différents de ceux qu'il attendait, du moins sur les mers, car il apparut bien vite à ceux supposés mettre au pas les forbans qu'il était plus rentable de les « protéger », en échange d'une part de leur butin, que de vivoter de la maigre solde allouée par Rome et les pillages reprirent donc de plus belle : l'histoire a gardé la mémoire d'un certain Marcus Aurelius Carausius qui, ses trafics découverts, se fit roi de pirates en une île anglaise, et tint tête pendant sept ans aux légions lancées contre lui par le gouvernement impérial, envoyant même par le fond une flotte romaine – avant de se faire assassiner. Une aussi fructueuse tradition ne pouvait se perdre aisément, et Manche comme mer du Nord restèrent le terrain de chasse des pirates anglais, danois et normands. Sous le règne de Henri III, la situation devint telle que les navires n'osaient plus sortir des ports, et malgré les efforts d'Édouard Ier puis d'Édouard II pour la réduire, la piraterie était plus florissante que jamais au XIVe siècle. C'est ainsi que, lassés d'attendre une protection toujours différée, les marchands de Hastings, de Romney, de Hythe, de Douvres, de Sandwich, auxquels se joignirent un peu plus tard ceux de Winchelsea et de Rye, créèrent la Ligue des Cinque Ports. Avec pour objectif premier une ferme police des mers – en échange de quoi ils obtinrent de la Couronne certains privilèges, dont celui de... piller tous les navires entrant en Manche, à l'exception tout de même des anglais. Advint ce que l'on peut imaginer : interprétant d'une manière quelque peu restrictive ce privilège, ils ne mirent pas longtemps à attaquer tous ceux qui n'étaient pas de leur ligue, et devinrent du même coup les premiers pirates de la Manche, traités chez eux en héros, partout ailleurs honnis, pourvoyeurs de moult richesses et festins pour leurs villes, comme Harry Pay, le chéri de Poole, célèbre pour les fêtes qu'il donnait à chaque retour d'expédition, ou ce John Hawley, grande figure de Dartmouth, devenu célèbre en 1399 pour les 1 500 tonneaux de vin qu'il ramena d'une expédition sur les côtes françaises, et mit en perce comme on s'en doute. Pillés, rançonnés par leurs voisins, les marchands d'autres ports finirent pas en concevoir de l'humeur, et entrèrent à leur tour dans la danse, ce qui nous valut quelques homériques batailles entre ports rivaux sur les côtes de l'Ouest, et les « braves de Fowley », les équipages de Willam Kyd à Exmouth, de Clay Stephen à Portsmouth, les marins du Devon, de Cornwall, de Saint Ives ne mirent pas longtemps à tenir la dragée haute à ceux des Cinque Ports. En sorte que bientôt les marchands de Londres préférèrent expédier leurs marchandises vers Venise par voie de terre, en remontant le Rhin, malgré les coûts exorbitants, et pas plus Henri V que Henri VI ou Henri VII ne parvinrent à y mettre de l'ordre – le remède imaginé par Henri VII, de « lettres de marque », s'avéra bien sûr catastrophique et il se fit bientôt grand commerce de ces lettres, les Écossais les tenant même pour biens héréditaires : c'est ainsi qu'un certain capitaine Patrick Blackader attaquait encore des navires portugais en 1561, en vertu d'une lettre datant de... 1476 ! Il est vrai que ces aimables forbans étaient les meilleurs marins du royaume, dont on avait fort besoin à chaque conflit avec l'ennemi français. Hawley, le « héros de Dartmouth », remplaçait très volontiers l'amiral du port sans pour autant cesser ses activités illicites et, en 1403, il organisa encore une petite expédition privée, avec des amis de Dartmouth, de Bristol et de Plymouth, qui lui rapporta sept galères génoises et espagnoles. Et Pay, pareillement, tout en servant le lord amiral Thomas Berkeley, en 1405-

1406, ne négligeait pas ses affaires personnelles, et captura en douze mois, pour son seul profit, pas moins de cent vingt bateaux français. Mais quoi ! Ils étaient des marins d'exception, trop utiles au royaume, et l'on pouvait bien leur passer ces innocentes fantaisies...

Robert Reneger, le premier des « chiens de mer ».

Le plus beau coup d'éclat, qui mit un temps à mal les relations avec l'Espagne, entraîna de sévères représailles, mais révèle à quel point la Couronne jouait toujours peu ou prou double jeu avec ses pirates, fut la capture par Robert Reneger du *San Salvador*, le 1er mars 1545, au large du cap Saint-Vincent. Reneger, un prospère marchand de Southampton qui jusque-là commerçait pacifiquement avec l'Espagne sans négliger de butiner en Manche, de loin en loin, quelques navires français, ne se serait sans doute jamais attaqué à un si gros gibier si les Espagnols ne lui avaient effrontément échauffé la bile, peu avant. Depuis quelque temps déjà, les autorités du port de San Sébastien multipliaient les tracasseries à l'endroit des Anglais, distribuaient taxes et amendes à la tête du client, les menaçaient de l'Inquisition – un Londonien n'avait-il pas été brûlé pour hérésie ? Mais lorsqu'ils prétendirent lui confisquer un bateau français capturé fort légalement, en vertu d'une lettre de marque datée de 1543, qu'il venait tout juste d'amener au port, c'en fut trop. Fou de rage, il leva l'ancre, bien décidé à se payer sur le premier Espagnol de passage – qui s'avéra être le *San Salvador*, venant d'Hispaniola, les cales bourrées d'or, de sucre, de cuirs, pour une valeur de sept millions de maravédis. Une fortune – si grande que Reneger, prudent, en avertit le Conseil privé dès son arrivée en Angleterre. Le trésor fut entreposé à la Tour de Londres, Henri VIII dans un premier temps, adopta profil bas, promit de punir ses pirates de manière exemplaire, mais tout Londres, puis Southampton, et les comtés de l'Ouest bruissaient déjà d'excitation à l'exploit de leur nouveau héros – le premier Anglais à s'être emparé d'un galion de l'or ! – et en guise d'exemplaire punition, Reneger se trouva fêté à la Cour, nommé par le roi commandant de la flotte. S'ensuivirent, on s'en doute, des échanges virulents, moult réciproques représailles, embargos et saisies. Sucre et peaux finirent par être restitués, mais il fallut attendre huit années pour qu'un tiers de l'or fût rendu. Entre-temps Reneger, devenu millionnaire, s'en était retourné à Southampton, où il devait finir ses jours comme Contrôleur des douanes.

Le premier des « chiens de mer », en somme, avant la lettre, également marchand et pirate, comme tous les autres ou à peu près, ce qui les rendait difficilement punissables : était-il d'autre moyen alors de prospérer, compte tenu des mœurs maritimes, que d'être les deux à la fois ? Qui voulait réprimer les uns nécessairement s'attaquait aux autres, au risque de précipiter toute une région dans les difficultés. On aura compris, à ce compte, que ceux supposés faire régner l'ordre s'entendaient comme larrons avec ces brigands, quand ils ne mettaient pas eux-mêmes quelques fonds dans leurs entreprises. Et comme les Bretons et les Normands n'étaient pas les moins entreprenants, la Manche n'était pas exactement, en ces temps troublés, une mer de tout repos. Une raison de plus au manque d'intérêt de ces pirates-marchands pour l'Amérique lointaine : à quoi bon se risquer sur les mers caraïbes, si la Manche vous était comme une mare offerte, où plonger à volonté votre épuisette ? Anvers devenue la plaque tournante des échanges en Europe du Nord, c'étaient toutes les richesses du monde connu qui passaient devant eux, à portée de leurs navires, oui, à quoi bon se risquer jusqu'aux Caraïbes, puisque les trésors arrachés au Nouveau Monde, or, argent, épices, bois précieux, venaient aussi aimablement vers eux ?

Lady Killigrew, la reine des pirates.

Menacée de toutes parts, obstinée à survivre, la jeune Elisabeth ne pouvait s'aliéner son « ami » espagnol – dont elle devait en même temps contenir les visées. Aussi ne pouvait-elle longtemps tolérer, jouant chaque jour sur le fil du rasoir, que quelques têtes brûlées comme Robert Collins de Dartmouth, à la suite de Reneger, s'en prennent aux navires espagnols et portugais jusqu'aux Canaries, ou, comme Thomas Wyndham, conseiller et vice-amiral sous Henri VIII, qui entretenait tout un réseau de receleurs londoniens, s'emparent des cargaisons de sucre passant en Manche [1]. Ou que, deux ans à peine après son accession au trône, des gentilshommes espagnols se trouvent encore vendus aux enchères à Douvres, jusqu'à 100 livres pièce, à qui espérait en tirer ensuite la meilleure rançon – tandis que deux chenapans, Poole et Champneys, s'emparaient de navires espagnols entre Açores et Canaries. Arrêtés aux Canaries, jetés en prison, ils avaient profité de la messe de Noël pour s'évader, et depuis paradaient en Angleterre, se moquant bien que tous les navires anglais et les marchands restés aux Canaries se trouvent consignés.

Elisabeth ne pouvait pas laisser les choses aller ainsi, sous peine de graves mécomptes, mais il ne lui fallut pas longtemps pour comprendre qu'il ne s'agissait pas de quelques poignées de forbans à mettre au pas mais de l'organisation sociale même de toute une région de son royaume, de comportements, de connivences, de réflexes et pour tout dire d'une culture, avec

1. En 1545 déjà, Wyndham avait organisé un syndicat de pirates dans les comtés de l'Ouest. Avec John Landy, il captura la même année un bateau espagnol chargé de vins fins. Malgré l'assurance donnée par le maire de Plymouth qu'il s'agissait d'un bateau français, la cour de l'Amirauté le poursuivit, et l'année suivante confisqua une de ses nouvelles prises pour rembourser le plaignant espagnol. En 1552, s'étant pris de querelle aux Canaries avec les Espagnols, alors qu'il rentrait d'une expédition au Maroc, il enleva le gouverneur, mais le relâcha peu après.

ses rites, ses codes, et ses modes vieilles de plusieurs siècles, qu'il allait falloir modifier : les *squires* tout-puissants, percepteurs et garants de la loi, comme les plus hautes autorités maritimes de la région, étaient le plus souvent les ordonnateurs du système, les nobles alentour louaient leurs bâtisses à fins d'entrepôts, de caches, de magasins, les fonctionnaires des ports aux trop maigres soldes, les maires, les lieutenants des ports, les juges de paix, les officiers des douanes, les shérifs, tous étaient impliqués, fermaient les yeux contre une part du butin, quand ils ne s'organisaient pas en syndicats pour affréter eux-mêmes des navires, jouaient les receleurs, ou les fournisseurs.

Sir Richard Rogers de Bryanston, distingué propriétaire des deux manoirs de Lulworth, avait à Lulworth Cove un port privé, refuge de tous les contrebandiers de ce coin du Dorset, et le sergent de l'Amirauté n'était pas le dernier à travailler pour lui, tandis que son frère fournissait l'équipage en pain, bœuf et bière en échange de vins de contrebande. Le pirate Stephen Heynes, figure majeure du « Gang de Purbeck », une île proche de Lulworth, qui écumait la côte depuis Studland Bay jusqu'au pays de Galles, se vantait de ses excellentes relations avec le lord de l'Amirauté, sir Christopher Hatton, et l'adjoint de ce dernier, Francis Hawley, ne manquait pas d'envoyer chaque matin une chaloupe aux pirates à l'ancre à Studland Bay « voir ce qu'ils pouvaient lui donner » en échange de sa protection. Et ils pouvaient beaucoup, note Neville Williams : « Vins de Crète, faucons de Norvège, perroquets du Brésil, ivoire d'Afrique de l'Ouest, bracelets d'or de la Barbary Coast[1]. » Le contrôleur des douanes d'Arundel, non content d'avoir investi

1. *The Sea Dogs*, p. 155. Un de ces pirates, Clinton Atkinson, rechignant à lui offrir une belle tapisserie dont il avait fort envie, Hawley pria un autre de ses « protégés », Thomas Walton, redoutable gaillard lui aussi, de lui capturer son ami – mais Walton lui fit dire qu'il n'avait qu'à le capturer lui-même, s'il pouvait (cf. Jan Rogozinski, *Pirates ! An A-Z. Encyclopedia*, p. 155). Atkinson fut accusé de tortures particulièrement cruelles sur un équipage écossais, en 1582.

dans le navire de Stephen Heynes, avait jugé plus sûr d'entreposer le butin collecté... dans le local des douanes. Quant au surveillant du port de Poole, il leur livrait poudre et munitions contre des vins fins, tandis que les bouchers échangeaient du bœuf salé et du bacon contre des soieries et des satins pour leurs femmes, ou du bétail vivant, chargé à marée basse, contre du sucre et des épices [1]. Le lord amiral du Lincolnshire avait un port privé, où les pirates venaient discrètement décharger leurs prises. Sir John Perrot, un temps vice-amiral des Galles du Sud, et que l'on disait l'enfant naturel de Henri VIII, avait pareillement un port fort accueillant à Laugharne, tandis que son successeur Richard Vaughan entretenait les meilleures relations avec le pirate Robert Hickes que l'on pouvait voir à l'ancre fréquemment devant son château de Pembroke. John Wynap Hugh avait transformé son île de Bardsey, reçue en récompense de ses exploits militaires, en un vaste lieu d'approvisionnement pour les pirates alentour, où tout leur nécessaire était échangé contre vins, sel, épices, aussitôt revendus sur les marchés de la région. Sir Richard Bulkeley, vice-amiral des Galles du Nord, avait deux frères pirates, Charles et David, et son port de Beaumaris était réputé être, pour les pirates d'Irlande, de France, des Pays-Bas, le plus sûr des côtes de l'Ouest. Son gendre Griffith John Griffith avait confié à son propre fils un vaisseau de guerre, et à chaque retour d'expédition, il y avait fête au château de l'amiral, où le butin était équitablement partagé. John Callice, une fort pittoresque canaille, protégé par le comte de Pembroke, logeait chez son beau-frère, le shérif de Glamorganshire. Sir Walter Raleigh, vice-amiral du Devon, était lui-même un pirate fort actif. Et sir Edward Horsey, dès que nommé capi-

1. En juillet 1582, il amena le *Salvator* à Studland Bay, avec son complice William Valentine, et tortura si férocement ses prisonniers pour qu'ils lui livrent la cachette de leur or que certains de ses marins le supplièrent à genoux d'arrêter. À Studland Bay était une auberge fameuse, que Clinton Atkinson lui-même disait « l'enfer sur terre ».

taine de l'île de Wight, s'était empressé d'en faire le grand lieu de rendez-vous de tous les pirates de la Manche.

La plus étonnante famille de forbans était assurément celle des Killigrew de Cornouailles, qui écumaient les mers de l'Ouest depuis leur repère d'Arwennack, tout en fournissant à l'Angleterre une impressionnante brochette de ministres, de diplomates et de soldats. Au temps d'Élisabeth Ire, sir John Killigrew, vice-amiral de Cornouailles, président de la Commission contre la piraterie et gouverneur royal du château de Pendennis, qui commandait l'entrée du port de Falmouth, tenait fermement les rênes de la famille, et, au-delà, d'un réseau serré s'étendant jusqu'en Irlande, plaçant tel vieil ami et voisin à la tête de la base de Tralee en Irlande, égrenant les cousins dans ses succursales sur les côtes du Devon et du Dorset, gérant les souscriptions des nobles du Dorset, du Devon et de Cornouailles dans ses entreprises, payant les équipages, réglant les pots-de-vin, louant les navires, répartissant les prises – alors que son oncle Henry était ambassadeur, et associé de sir William Cecil, ministre de la reine... Son père, avant lui, avait été pirate, et son oncle Peter de même dans les mers d'Irlande, tout comme son parent sir John Wogan, vice-amiral des Galles du Sud – et parmi ses plus redoutables partenaires, on trouvait Conchobar O'Driscoll dit le « sir Finian des navires », ou un certain John Piers qui opérait avec sa maman, une des plus fameuses sorcières de Cornouailles. Les cent canons de Pendennis, en ce temps-là, étaient pour les pirates plus une promesse de protection qu'une menace, et c'est naturellement que les forbans de passage logeaient, qui au château, où lady Killigrew recevait avec faste [1], qui chez les agents de l'Amirauté, ou bien encore, plus simplement, à la caserne. On raconte qu'un pirate étant entré au port de Falmouth chargé de lourd butin pour se trou-

1. Le château d'Arwennack communiquait avec le port de Falmouth par un passage secret, fort utile pour faire prestement disparaître les prises

ver nez à nez avec plusieurs navires royaux au mouillage, sir John avait élégamment tiré les uns et les autres d'embarras – en offrant au capitaine de l'escadre 100 livres d'argent de poche pour une excursion à terre, le temps que le pirate décharge sa cargaison. Lady Killigrew n'était pas moins hardie – il est vrai qu'elle avait de qui tenir, ayant fait, en sa jeunesse, la course avec son père –, ce qui faillit lui coûter cher lorsqu'en 1582, profitant de ce que leurs propriétaires espagnols s'étaient absentés, elle s'empara avec ses hommes d'un navire hanséate venu chercher refuge au pied de son château. L'équipage fut promptement massacré, la cargaison déchargée, et le bateau conduit en Irlande par quelques serviteurs. Las, les Espagnols goûtèrent modérément la plaisanterie et portèrent l'affaire devant la reine, qui ne put faire autrement que d'arrêter la terrible femme et deux de ses complices. Reconnus coupables tous trois, et condamnés à mort, elle se trouva graciée en considération de son sexe, de son âge et de son rang – mais ses acolytes, eux, finirent au bout d'une corde[1]...

Le gibet, ou les honneurs

Une société pirate avec ses règles, ses codes, aux ramifications remontant jusqu'aux plus hautes autorités, et dans l'entourage même de la reine, tenant toute l'économie des

1. Elizabeth Killigrew, la mère de sir John, et fille du pirate du Suffolk Philip Wolverston, avec lequel elle avait fait la course, fut elle aussi inquiétée pour avoir conduit ses hommes à l'abordage d'un navire germanique, qu'elle soupçonnait de transporter deux barils pleins de pièces de huit, mais un jury local s'empressa de l'acquitter. Quant à Thomas Killigrew, il s'estimait de toute évidence au-dessus des lois, vendant aux pirates les munitions qu'il avait reçues du gouvernement pour organiser la défense contre l'Invincible Armada, ou sommant un jury de Cornouailles d'acquitter un ami pirate qui s'était emparé de deux navires danois. Le jury obtempéra, le Conseil privé de la reine, informé, exprima sa désapprobation, mais n'engagea aucune poursuite.

provinces de l'Ouest, attirant les jeunes gens en mal d'aventure ou simplement sans ressources, non seulement de la côte mais du plus loin de l'intérieur des terres, imposant ses modes de parures extravagantes, un dandysme de la cruauté jusque sur les quais de Londres – une mode qu'on retrouvera plus tard à Kingston, Jamaïque, ou à la Tortue : comment s'affronter à pareille organisation avec quelque chance de succès, sans risquer une guerre civile ?

Contrairement à une opinion trop souvent admise, la jeune reine, contrainte de composer avec les Espagnols, fit de réels efforts, sinon pour éradiquer la piraterie des provinces de l'Ouest, du moins pour la contenir – ou la réorienter. À vrai dire, son souci était moins de les voir pendus, ces pirates – quel gâchis cela aurait été, s'agissant de navigateurs de cette trempe, quand elle manquait de tout, pour se doter d'une véritable marine ! –, que de les détourner de leurs lucratives activités pour les attirer à elle, en faire les acteurs de ses vastes projets. « Rassemblez nos forces, notre crédit, multipliez les stratagèmes pour accroître nos forces navales par tous les moyens possibles, car aux temps d'aujourd'hui, compte tenu des circonstances, elle est la fleur de la Couronne d'Angleterre, notre meilleure défense, la moins coûteuse, la plus redoutée de nos ennemis et de nos prétendus amis », écrivit-elle à son secrétaire d'État en 1560, à peine arrivée sur le trône. Seule une marine puissante pouvait contenir les appétits espagnols, et français. Seule, elle pouvait couper les communications entre la France et l'Écosse, cette menace toujours présente, au nord. Jamais, sans doute, roi ou reine avant elle n'aima sa marine aussi passionnément qu'elle. Dans ce monde qu'elle percevait comme une menace permanente, d'où les coups pouvaient venir de tous côtés, où elle se sentait abandonnée, jetée parmi les fauves, ses bateaux, seuls, lui paraissaient un refuge, son seul véritable moyen de défense. Comment bâtir une vraie force navale, si elle ne parvenait pas à s'attacher les marins de l'Ouest ? À son arrivée, la *Navy* ne comptait plus qu'une vingtaine d'unités, en bien piètre état...

Tout à la fois séduire, et réprimer. Dans les douze premières années de son règne, note Neville Williams, son Conseil privé, si l'on en juge par les minutes des délibérations, consacra à ce sujet plus de temps qu'à aucun autre – pour être juste, le fait que les protestations des ambassades contre les raids des pirates constituât également leur plus volumineux courrier n'y était sans doute pas étranger. Mais comment surveiller efficacement la Manche avec vingt navires ? Comment réprimer à terre les pirates quand les jurys locaux leur étaient systématiquement favorables, et que les éventuels témoins restaient bouche cousue ? En 1564, sous la pression croissante des Espagnols, elle chargea sir Peter Carew d'armer quelques navires pour mettre à la raison les pirates du Devonshire et de Cornouailles – mais, économe en toutes choses, elle suggéra que les équipages ne reçoivent de la Couronne que leur vivres, et « prennent leur bénéfice sur le butin ». Ce qui ne dut pas beaucoup changer ces marins de leur ordinaire, puisque Peter Carew, un riche propriétaire du Devonshire, était lui-même... pirate. Puis, devant l'échec de cette tentative de police des mers [1], elle entre-

1. Carew, ne parvenant pas à arraisonner de pirates en Cornouailles, gagna les mers d'Irlande, où sir Thomas Stukeley, lui aussi prétendu bâtard de Henri VIII, espion, agent double, et même triple, devenu pirate en 1558, arrêté pour s'être emparé de bateaux espagnols, mais libéré sans preuve par le lord amiral, lui infligea une cuisante défaite. En 1563, projetant, assurait-il, de coloniser la Floride, il avait réussi à armer six navires de guerre, et la reine elle-même avait participé au financement de l'entreprise, mais il avait passé les deux années suivantes sur les côtes espagnoles, arraisonnant les navires espagnols, français et portugais de passage. Après la défaite infligée à Peter Carew dans les eaux irlandaises, il fut pourchassé par la *Navy* pendant des mois, capturé en 1565, et conduit à Londres – où il fut relâché sans procès en septembre. On devait découvrir plus tard qu'il était probablement un agent espagnol depuis 1563. Passé à Philippe II, il commanda trois galères à la bataille de Lépante en 1571, projeta un temps d'envahir l'Angleterre, se vit confier à cette fin par le pape un galion et six cents soldats en 1578, mais s'arrêta en chemin à Lisbonne et se joignit à une expédition portugaise au Maroc, où il trouva la mort au cours d'une bataille.

prit de combattre les pirates sur terre, non plus directement, mais en les coupant de leurs sources d'approvisionnement et en contrariant leurs débouchés : en 1565, des commissaires spéciaux directement rattachés au Conseil privé furent ainsi envoyés dans chaque comté maritime de Galles et d'Angleterre pour repérer les fournisseurs et receleurs – ce qui leur valut, comme on peut s'en douter, quelques sévères frictions avec les notables locaux, les officiers des douanes et les représentants de l'Amirauté... Du coup, leurs moyens d'investigation furent encore étendus en 1578, en sorte que le Conseil put prendre peu à peu la mesure des ramifications du système, qui s'étendait jusqu'aux plus hautes sphères du pouvoir. Mais comment faire condamner les personnes inculpées à la suite de ces enquêtes – généralement libérées par les notables locaux avant même leur procès, ou, sinon, systématiquement acquittées ? Sur neuf cents personnes menées devant un tribunal en 1578, seulement trois avaient été pendues...

Pour délier les langues, on imagina donc, en 1581, d'encourager la délation, non plus sur place, où elle était vouée à l'échec, mais devant une cour spéciale, à Londres, avec, pour récompense, promesse de toucher les deux tiers des butins ainsi récupérés. Puis, en 1583 – et ce fut sans conteste le tournant de cette campagne obstinée –, un certain sir Julius Cæsar fut nommé juge de la Haute cour de l'Amirauté. Intègre, énergique, redoutablement efficace, il entreprit de « faire le ménage » dans son comté, et à force d'obstination, obtint en 1588 de la reine qu'une commission centrale de l'Amirauté composée de vingt-trois membres soit habilitée à pourchasser les pirates sur tout le territoire. Cinq ans plus tard, ces « incorruptibles » étaient cent vingt, et sir Julius, à la tête de sa cour de justice itinérante, indépendant enfin des pouvoirs locaux, fit passer un vent de panique dans les comtés de l'Ouest. Élisabeth avait quelque peu tiqué à l'exposé de cette idée, dont en bonne économe elle craignait des coûts exorbitants de fonctionnement, mais quand Julius Cæsar, décidément enragé, proposa de prendre tout à sa charge elle n'eut plus d'objection. D'autant moins, d'ailleurs, qu'à cette date, elle pouvait considérer avoir gagné à elle les plus valeureux marins de son royaume...

Car il y avait pour elle pirates et pirates. Le menu fretin, nbles irrécupérables, peu à peu repoussés vers les mers d'Irlande. Et puis les autres, dont elle avait si grand besoin. Et ce fut sa plus belle réussite, maniant adroitement les cajoleries et le bâton, fermant les yeux quand il le fallait sur les exactions de tel ou tel de ses hommes mais retrouvant une main de fer quand les circonstances l'exigeaient, de faire de cette cohorte de rudes forbans, de brutes sans autre loi que leur plaisir, sinon sans foi, ses plus hardis capitaines, par elle lancés en soutien des huguenots français, ou des Gueux de la mer hollandais, et tant pis – ou tant mieux ? Après tout c'était cela de moins qu'elle devrait sortir de ses coffres pour les payer – s'ils retrouvaient au passage leurs réflexes anciens, sous le prétexte d'opportunes lettres de course accordées par Navarre ou Orange, les punissant un jour, mais sachant les récompenser le lendemain, jusqu'à parvenir à les arracher à leurs côtes de Cornouailles et du Devon pour les projeter vers le grand large – et c'est ainsi que Plymouth devint le grand port de l'aventure océanique, autour de Hawkins, de Drake et de Raleigh.

« Qui tient la mer, tient le commerce du monde... »

Un exemple illustre mieux que tout autre son « double jeu » constant vis-à-vis de la piraterie, avançant ses pions, les reculant quand l'Espagne sortait trop ses griffes, se renforçant continûment en prévision du jour de l'affrontement fatal, tout en s'efforçant d'en repousser l'inéluctable échéance. Combien de fois avait-elle joué à ce jeu, qui avait le don de mettre en fureur l'ambassadeur espagnol, lequel n'était pas loin de voir la main royale derrière chaque action de pirates en Manche ? Pris en chasse par des huguenots français, un convoi de navires espagnols dut chercher refuge à Plymouth en novembre 1568 – et bientôt toute la ville bourdonna de rumeurs sur les immenses trésors cachés au fond des cales, tandis que l'ambassadeur Guerau de Spes en appelait à Elisabeth, au nom de leur traité d'alliance. De fait, il y avait là la solde des troupes du duc d'Albe, engagées depuis six mois aux Pays-Bas, quatre cent cinquante mille ducats en lingots d'argent empruntés à des banquiers génois. La reine pouvait-elle faire autre chose que de garantir aux Espagnols leur sécurité, et l'acheminement du trésor vers un autre port, d'où il pourrait discrètement traverser la Manche ? Début décembre, l'ambassadeur reçut le sauf-conduit tant réclamé – à peu près au moment où la nouvelle arrivait que l'équipage d'une expédition dans les eaux caraïbes, dirigée par John Hawkins, avait été traîtreusement attaqué et massacré par des soldats espagnols. John Hawkins ! Auquel elle avait fourni deux navires, une commission royale et une part de son financement pour cette expédition dont elle attendait grand profit ! Ordre d'annuler le sauf-conduit fut aussitôt envoyé, le capitaine espagnol, à qui l'on fit croire que des pirates allaient l'attaquer dans le port, débarqua les cinquante-neuf précieuses caisses, envoyées en toute hâte « pour leur sécurité » jusqu'à la Tour de Londres. D'où Elisabeth refusa obstinément de les sortir, malgré les protestations véhémentes de Guerau de Spes. S'en suivit évidemment un ballet de protestations officielles, d'exposé réciproque des griefs, de saisie aux Pays-Bas des biens anglais, et des rétorsions sur les biens espagnols en Angleterre, suivies d'un embargo sur le commerce anglais en Espagne, mais rien n'y fit, et la reine tint bon. D'autant plus courroucée qu'entre-temps, Hawkins et quinze autres survivants du *Minion* étaient arrivés en Angleterre, à bout de forces, avec le récit du sort que leur avaient fait subir les Espagnols à San Juan de Ulúa, sur la côte mexicaine...

Après menaces, péripéties diverses, complot espagnol éventé, les deux puissances se réconcilièrent, du moins officiellement, les relations commerciales reprirent, sans que les lingots du duc d'Albe retournent à leur destinataire.

Oui, sa plus grande réussite, incontestablement, que d'avoir ainsi entraîné derrière elle les plus hardis de ces aventuriers, pirates ou marchands, d'en avoir fait les fers de lance de sa politique par-delà les mers, tandis que, faute de pouvoir se lancer dans de grandes entreprises coloniales autant que par inclinaison « culturelle », elle encourageait la création de compagnies de « marchands aventuriers », dont elle attendait qu'elles deviennent à leur tour les instruments de la nouvelle puissance anglaise. À son arrivée au pouvoir, Calais était perdue, où les *Merchants of the Staple*, maîtres des exportations de laine, avaient leur quartier général, les troubles aux Pays-Bas poussaient inexorablement les *Merchants Adventurers* hors de leur place forte d'Anvers, il fallait à tout prix de nouveaux débouchés, de nouvelles sources d'approvisionnement. Déjà, en 1553, s'était créée une *Muscovy Company*, dont les actionnaires finançaient des expéditions à la recherche d'une route du Nord vers les Indes. Sous l'impulsion d'Elisabeth – et avec, chaque fois, son implication financière, grâce, chuchotaient les esprits malicieux, au butin rapporté par ses « chiens de mer » – devaient naître en 1579 la compagnie de la Baltique, puis celle du Levant en 1581, du Maroc en 1585, de Sénégambie en 1588, de Gambie et de Sierra Leone en 1592 et des Indes Orientales en 1600...

Il y a, dans cette épopée à venir des « chiens de mer », comme de ces *Merchants Adventurers*, quelque chose de ces « récits fondateurs », de ces mythes qui soudent les groupes humains dans le sentiment d'une communauté manifeste de destin. Tous ceux-là se revendiqueront marchands avant tout, n'ayant d'autre souci que leurs livres de comptes : ils vont pourtant écrire l'aventure à travers laquelle ce pays divisé, épuisé par les querelles religieuses et politiques, va se donner un élan, une foi commune, une destinée. Elle est loin, la jeune Élisabeth encerclée, s'efforçant simplement de survivre ; désormais, elle peut faire sien l'aphorisme de Raleigh : « Qui tient la mer tient le commerce du monde, tient la richesse du monde, qui tient la richesse du monde tient le monde lui-même » – l'Angleterre bientôt va régner sur les mers.

Place donc à John Hawkins, à Francis Drake, aux *sea dogs*, à tous ceux-là qui furent, pendant des décennies, le cauchemar des Espagnols.

Un marchand nommé John Hawkins

Grand, le visage étroit, la mine sévère, de propos mesurés, et par-dessus tout respectueux de l'ordre, sans lequel, insistait-il, il n'était pas de commerce durable, il fut, ou, en tous les cas, prit un soin extrême à se donner pour tel, le plus respectable des pirates. « J'ai toujours détesté la déraison », aimait-il répéter à ceux qui trop s'échauffaient au récit de ses exploits. Marchand il était en toutes choses, jusque dans sa piété, avec cette manière si anglaise de confondre volontiers le Livre Saint et ses livres de comptes, convaincu que la liberté de pensée ne se pouvait concevoir sans liberté, pareillement, de commerce. L'exact contraire, en somme, de l'image convenue de l'aventurier. Des aventures, pourtant, il en vécut plus que son saoul, et de ces coups d'audace qui vous valent d'entrer dans la légende – sir John Hawkins, le premier des « chiens de mer » d'Elisabeth...

Son enfance, sur les docks de Plymouth, il l'avait passée

dans les récits des exploits de son père, William, marchand et coureur d'océans, qui avait su faire de sa famille, en quelques décennies, l'une des plus puissantes de la ville, et des plus respectées. Toute la côte du Devon, en ces temps-là, bruissait d'histoires de pirates, de ces écumeurs des mers qui avaient fait de la Manche peu ou prou un coupe-gorge, mais William, lui, était d'une autre trempe. En 1530, à bord du *Paul*, 250 tonneaux, il s'était aventuré sur les côtes de Haute Guinée [1], alors contrôlée par les Portugais. Là, dans l'estuaire du fleuve Sestos, il avait échangé de l'ivoire et du poivre contre ses marchandises, puis, se lançant à travers l'Atlantique, il avait jeté l'ancre sur les côtes brésiliennes, près de Bahia, où il avait chargé ses cales de précieux « bois brazil », alors très recherché pour la teinture des tissus. Une fortune, gagnée en quelques mois ! Et une première, dans l'histoire maritime anglaise. Dès l'année suivante, il avait récidivé – pour une aventure qui devait lui valoir la faveur de Henri VIII. Arrivée à ce point du récit, la meute des enfants, des cousins placés là par leurs parents moins fortunés pour apprendre et servir, se serrait autour du conteur. Et ils écoutaient, les yeux brillants, comment le rude William, laissant derrière lui un de ses marins, Martin Cockerham, en otage, avait ramené en Angleterre un chef indien de Bahia. Comment celui-ci avait fasciné la cour, et le roi, avec son bijou inséré dans la lèvre inférieure, et l'os passé au travers de ses joues, en signe de courage. Comment William avait retrouvé l'année suivante le fidèle Cockerham, qui avait mis tout ce temps à profit pour lui préparer une montagne de bois brazil, et comment les Indiens acceptèrent de le relâcher, malgré le décès de leur chef sur la route du retour... N'était-ce pas là de la grande aventure, propre à faire rêver les enfants et les marins ?

Ce troisième voyage de 1532, pourtant, avait été son dernier. Les contacts établis, la route désormais bien assurée, plus

1. L'actuel Liberia.

utile lui avait paru de gérer sa nouvelle puissance à demeure, en confiant ses bateaux à de bons capitaines : ses navigations, dès lors, n'avaient pas dépassé la Manche. Lui importait surtout d'avoir capté l'attention de Henri VIII, su mobiliser autour de lui des marchands et des investisseurs, tandis que le valeureux *Paul* poursuivait son fructueux commerce, sous le commandement, désormais, de capitaines dévoués. D'autres marchands, à son exemple, avaient entrepris le voyage, Nicholas Thorne, sur le *Saviour of Bristol*, partiellement financé par Thomas Cromwell, d'autres encore dont nous avons perdu le nom, mais assez nombreux pour que John Pudsey, de Plymouth, entreprenne en 1542 de construire un fort, près de Bahia, pour y défendre les intérêts anglais. Quant au *Paul*, le registre des douanes de Plymouth nous montre qu'en octobre 1550, il rapportait encore au port pour 615 livres de dents d'éléphants et de bois brazil. Bref, grâce à l'esprit d'initiative de William Hawkins, le centre de gravité du commerce maritime anglais commençait à se déplacer de Bristol vers Plymouth – il allait appartenir à ses deux enfants, William et John, de poursuivre son aventure, en accomplissant cette mutation.

Une autre histoire fascinait les gamins, et parmi les frères et cousins particulièrement l'un d'eux : Francis Drake. Car le rude William, s'il méprisait les têtes brûlées et les aventuriers, ne dédaignait pas pour autant les occasions offertes. Porteur d'une lettre de marque contre les Français, il avait capturé en Manche, au printemps 1545, un navire appartenant à un certain Juan Quintana Duenas, riche négociant espagnol installé à Rouen [1], et avant même que la cour de l'Amirauté ait pu juger de la régularité de la prise, il s'était entendu avec le maire de Plymouth pour vendre celle-ci promptement – une pratique

1. William Hawkins l'ignorait, mais ce Juan Quintana Duenas avait pris peu avant la nationalité française, ce qu'il se garda bien de faire savoir au moment du procès...

courante en ce temps, mais la malchance avait voulu que cela coincidât avec un moment de vertu du Conseil privé, et William, pour l'exemple, s'était retrouvé un moment en prison [1]. L'épisode avait marqué profondément toute la famille. William, homme politique influent qui avait représenté Plymouth au Parlement, et pensait avoir l'oreille du roi, s'était cru, à tort, intouchable. Il en fallait bien plus, pour opérer à grande échelle : non seulement, en avait déduit le petit John, de pouvoir s'abriter en toutes circonstances derrière des apparences de légalité, mais encore de s'imposer au cœur même des dispositifs de pouvoir, à Londres, où tout désormais se jouait, à la City comme à la Cour, et de ne rien entreprendre hors de la protection au moins tacite de la reine. Et il n'eut de cesse, dès lors, qu'il ne mette en œuvre son plan, méthodiquement.

Dès 1551 – à l'âge de 21 ans ! –, il s'était installé à Londres, y avait acheté une maison, et dans la foulée avait épousé Katherine Gonson, la fille du Trésorier de la *Navy*. Introduit à la Cour, du même coup, et à la City, il allait pouvoir travailler à ses projets, plus vastes qu'aucun marchand de Plymouth n'en avait seulement imaginé, si vastes qu'ils supposaient l'aval de la reine, et l'appui des financiers londoniens – la seule fortune familiale n'y suffirait pas.

Son frère aîné, William, dès la mort de leur père, en 1554, avait pris en main les affaires familiales, tant de commerce que de course en Manche, et s'impliquait dans l'administration de la ville, dont il devait être élu trois fois maire, et les rôles ainsi répartis, les risques soigneusement équilibrés, la famille allait pouvoir donner sa pleine mesure...

1. Pour être juste, il semble bien que William avait à la même époque des parts dans la *Mary Figge*, qui, elle, écumait la Manche sans guère de souci de légalité...

Plan de bataille

En sa prime jeunesse, John avait couru la Manche avec son frère, participé aux traditionnels voyages aux Canaries, devenues leur base d'action vers les côtes africaines. Ils avaient là-bas un agent permanent, et avaient pris soin de nouer d'étroites relations avec quelques puissantes familles, les Soler, les Torres, les Ponte, se faisant même passer auprès d'eux pour d'ardents catholiques. Et ce que John y avait entendu l'avait fait violemment rêver. Ténériffe bourdonnait de récits sur les richesses et les merveilles du Nouveau Monde, il y croisait à chaque voyage des marchands qui, sous l'égide de la Casa de Contratación, y faisaient florissant commerce de tabac, de sucre, de cacao, de perles, de cuirs. Soumis au contrôle tatillon de la Casa, qui entendait bien maintenir son monopole, écrasés de taxes, les colons, certes, pouvaient arracher des trésors au sol américain : ils n'y manquaient pas moins de tout, et particulièrement de main-d'œuvre. Pour des hommes hardis, il y avait là des fortunes à faire, lui avait glissé Pedro de Ponte, un marchand génois installé depuis des années à Ténériffe : les grands ports, trop contrôlés, lui seraient bien sûr interdits, mais dans les autres établissements les colons l'accueilleraient à bras ouverts, trop contents d'échanger leurs cuirs, leurs perles, leur argent et leur or en évitant ainsi les taxes versées à la Couronne d'Espagne, contre des produits manufacturés que la *Casa*, sinon, leur vendrait à des prix exorbitants. Mais surtout, ajoutait Pedro, il y avait une fortune à se faire avec la traite. Les Indiens décimés par les maladies et les mauvais traitements, la demande était forte, de main-d'œuvre africaine. Si rigide était l'administration espagnole, si lourdes les taxes de la *Casa* (30 ducats par esclave !) que les marchands espagnols, malgré leur monopole, avaient renoncé à la traite – et c'étaient les marchands portugais, de ceux-là qu'ils pouvaient croiser chaque jour aux Canaries, avec pignon sur rue, qui écoulaient en fraude chaque année quelques milliers d'esclaves par des canaux discrets. Pourquoi les Hawkins ne s'y risqueraient-ils pas à leur tour ? Lui, de Ponte, pouvait fournir leurs bateaux en eau et en vivres, trouver les pilotes nécessaires.

La traite. Elle suscitait déjà la réprobation de bien des autorités religieuses, qui la jugeaient totalement inhumaine, une insulte aux lois divines, quand d'autres tentaient de la justifier par ceci que les esclaves, au moins, étaient baptisés, et ainsi pouvaient espérer leur salut dans l'autre monde : John Hawkins, sur le sujet, ne manifesta d'autres soucis que de profit, entassant ses esclaves dans les cales « à la cuiller », emboîtés l'un dans l'autre, comme on serre des ballots. À 40 ducats par tête rendue aux Caraïbes, le calcul était rapide : il y avait là une fortune à gagner – à proportion des risques pris, et des sommes à engager. Son beau-père, Benjamin Gonson, s'activa à trouver des financiers, sir William Wynter, Inspecteur des navires de la reine, ainsi que deux hauts magistrats, sir Thomas Lodge et sir Lionel Ducket, formèrent un syndicat [1]. William, à Plymouth, préparait bateaux et équipage. La partie commençait, qui allait lui valoir gloire et fortune, s'il savait jouer de ses atouts...

1. John et William Hawkins avaient décidé de séparer leurs affaires, en 1560. La part de John fut alors estimée à 10 000 livres, ce qui représentait une somme considérable. Mais il ne s'agissait en rien d'une rupture : plutôt, dirions-nous, une répartition intelligente des rôles, William désormais cantonné aux bureaux de Plymouth développant l'entreprise paternelle, investissant massivement dans la course en Manche alors que les guerres de Religion faisaient rage en France, tandis que John se consacrait à ses vastes projets. Chacun, pendant toutes ces années, continua à investir dans les entreprises de l'autre.

Pour la liberté du commerce, et la gloire de Dieu

C'est une flotte de quatre navires[1] qui quitta Plymouth, en octobre 1562, avec à sa tête John Hawkins promu « général de la flotte ». Les bâtiments étaient de taille modeste, car les investisseurs s'étaient limités à une « mise pour voir » (le plus gros d'entre eux, le *Salomon*, propriété des deux frères, jaugeait au plus 140 tonneaux, le *Swallow* 40 tonneaux et le *Jonas* 30 tonneaux – le nom et le tonnage du quatrième nous restent inconnus, mais il devait s'agir du plus petit de la flotte), les hommes d'équipage – parmi lesquels un jeune garçon qui devait faire parler de lui, Francis Drake – tous de Plymouth et choisis par William, pour la plupart déjà rodés au commerce avec les Canaries, ne dépassaient pas la centaine, mais chacun savait à l'instant de partir que les enjeux, au-delà d'eux, étaient immenses.

Pedro de Ponte avait bien fait les choses. Un pilote espagnol, Juan Martinez, rompu aux subtilités de la traite, les attendait, les amis du négociant avaient été alertés, sur les côtes africaines comme dans les Caraïbes. Tout, en somme, paraissait s'inaugurer sous les meilleurs auspices. De Ténériffe, avec des vivres frais, ils firent voile sur Cabo Verde, puis, de là, longèrent la Guinée jusqu'à la Sierra Leone, où ils firent ample chargement d'esclaves, trois cents au bas mot, les uns achetés aux marchands portugais de la côte[2], les autres capturés par eux-mêmes – et comme la place manquait à bord, un vaisseau portugais de passage fut capturé, où l'on serra les noirs en excé-

1. Et non de trois comme on le dit d'ordinaire. Il me semble que Harry Kelsey, *Sir Francis Drake, the Queen's Pirate*, l'a établi de manière convaincante, p. 17.

2. Pour ne pas se trouver plus tard accusés d'avoir trafiqué avec des interlopes, ces agents adressèrent à Lisbonne un mémoire accusant les Anglais de les avoir contraints « par moult insultes et tortures », mais comme il ne fut noté de part et d'autre nul blessé ou tué, il est probable que les choses se passèrent très pacifiquement.

dent, tandis que le quatrième navire « sans nom », chargé d'ivoire, de malaguette, de poivre et de peaux, était renvoyé à Plymouth [1].

Poussée par les vents de nord-est, la petite flotte de Hawkins atteignit sans peine Hispaniola, où les attendaient les planteurs alertés par Pedro de Ponte, et les officiels espagnols. Comme ceux-ci, malgré leurs besoins en main-d'œuvre, craignaient d'être plus tard accusés d'avoir enfreint la loi, il fut convenu que c'est par force, suite à un mauvais temps, que les bateaux anglais avaient relâché là, en grand manque de vivres, qu'ils n'avaient pu acheter qu'en cédant leur cargaison d'Africains – et les esclaves furent discrètement écoulés par les ports d'Isabella, de Puerto de Plata et de Montecristi, en échange de perles, d'or, de peaux, de gingembre, d'argent, de sucre, et de lettres de crédit sur des banques de Séville.

Tout, jusque-là, s'était déroulé sans heurts ni complications, presque trop aisément, pour de si gros bénéfices. Tandis que John Hawkins, avec deux de ses bateaux chargés de l'essentiel du butin, faisait voile vers Plymouth, le négrier portugais et un autre navire affrété tout exprès à Hispaniola, tous deux placés sous le commandement de son second, Thomas Hampton, étaient envoyés avec le reste des marchandises à un négociant anglais discrètement installé à Séville, qui opérait sous le couvert d'un collègue espagnol agissant en prête-nom...

John Hawkins arriva à Plymouth en septembre 1563 – pour apprendre que les deux autres navires avaient été saisis dès leur arrivée en Espagne : les plaintes et rapports d'Afrique comme du Nouveau Monde les avaient précédés. Si Thomas Hampton avait échappé de justesse à l'Inquisition, le négociant anglais et son prête-nom, eux, se trouvaient en prison pour commerce illégal. Mais, bah ! avait dû se consoler Hawkins,

1. Francis Drake était probablement à son bord, car il ne traversa l'Atlantique que l'année suivante.

c'étaient les risques du métier : le bénéfice retiré des deux cargaisons arrivées à bon port lui laissait, et à ses associés, un énorme bénéfice. Si gros, d'ailleurs, que malgré le tumulte diplomatique suscité par l'affaire des saisies, Hawkins entreprit aussitôt de préparer un deuxième voyage, de plus grande envergure.

Pouvait-on s'attendre sérieusement à une autre attitude des autorités espagnoles, connaissant l'obsession de la Casa de Contratación à défendre son monopole ? Là où certains ont cru pouvoir pointer une faute de Hawkins, ou une naïveté, sans doute faut-il voir, au contraire, un risque très calculé : le seul moyen de faire évoluer la position espagnole était de provoquer une situation nouvelle, en protestant à chaque nouveau pas de ses bonnes intentions. Démonstration avait été faite de l'incapacité de la Casa à satisfaire les besoins urgents des colonies. L'Angleterre et l'Espagne étaient alliées : ne valait-il pas mieux accorder une dérogation à des amis que de laisser la porte ouverte aux flibustiers français ? Les Hawkins, de surcroît, entretenaient depuis longtemps les meilleures relations commerciales avec l'Espagne, se donnaient même pour de fidèles serviteurs du roi, depuis que leur père William avait été présenté à Philippe II, à l'occasion de son mariage avec Marie Tudor [1] – « le roi, mon maître », répétait volontiers John Hawkins dès qu'une oreille espagnole passait à portée de voix. Oui, le risque valait d'être pris, de poser ainsi tout crûment la question à l'Espagne, d'une dérogation. Au pire, c'était jeter les bases de négociations nécessaires. Chacun pouvait sentir que l'on entrait dans une époque nouvelle, que ces années étaient pour l'Angleterre celles de tous les dangers, et de tous les possibles : le commerce de l'Angleterre avec l'Espagne, et plus encore avec les Pays-Bas sous domination espagnole, était de première

1. Ils laissaient même entendre qu'ils bénéficiaient de sa protection, pour de mystérieux services rendus jadis.

importance pour les deux pays, Elisabeth avait autant besoin du soutien ou de la neutralité de l'Espagne pour assurer son règne que l'Espagne avait besoin de son alliée pour contrer l'adversaire français – dans le temps même que l'Angleterre commençait à soutenir le parti huguenot, et ce Coligny qui envoyait comme un coin enfoncé dans les Caraïbes une colonie de peuplement sur les côtes de Floride. Pourquoi ne pas jouer la carte d'un arrangement aux Caraïbes, peu ou prou contraint ? Ou bien l'Espagne acceptait « amicalement » cette proposition, ou bien ces actions vaudraient comme une menace de voir bientôt des Anglais hostiles se presser aux Caraïbes aux côtés des huguenots français... Il fallait bien que chacun ait à l'esprit cet enjeu pour qu'une si banale affaire de deux bateaux saisis prenne les proportions d'une affaire d'État, remonte jusqu'au Conseil privé et qu'Elisabeth écrive personnellement à Philippe II, après avoir alerté son ambassadeur à Madrid, Challoner – Hawkins avait vu juste, et su jouer de toutes ses influences, le grand jeu diplomatique était lancé, qui allait le placer au cœur même des débats.

Philippe II, surpris, et peut-être embarrassé, différa sa réponse, ce dont Elisabeth prit prétexte pour juger qu'il n'excluait pas d'envisager une coopération future – et c'est donc avec la protection royale que Hawkins put préparer sa deuxième expédition.

Commerce « au bout de la pique »

Les candidats investisseurs, cette fois, se bousculaient : les marchands de Plymouth rassemblés par William, mais aussi, autour d'Edward Castlyn, le gratin des marchands de la City, ceux qui avaient la meilleure expérience du commerce avec l'Espagne, Gonson, bien sûr, l'amiral Wynter et le lord amiral Clinton, les plus hauts pontes de la *Navy*, mais aussi quelques investisseurs plus inattendus, révélateurs de la faveur nouvelle de Hawkins : les comtes de Leicester et de Pembroke, lord Robert Dudley, un des favoris de la reine, et même Cecil, le secrétaire d'État. L'aventure prenait, au fil des semaines, des allures d'entreprise quasi officielle – brillamment confirmée lorsque la reine lui proposa le prêt d'un de ses plus gros vaisseaux de guerre, le *Jesus of Lubeck*, en le priant de naviguer sous ses couleurs, et de considérer son escadre comme partie intégrante de sa *Navy*. Hawkins avait réussi : pour tous, il était désormais le « pirate de la reine ».

Lourd, lent, massif et surtout très âgé – il avait été acheté par Henri VIII à la Ligue hanséatique en 1545 alors qu'il n'était déjà plus de première jeunesse – le *Jesus of Lubeck*, jaugeant 700 tonneaux, requérait une remise en état, qui fut entreprise en hâte dans l'arsenal royal de la Medway, près de Londres, pendant que John Hawkins préparait à Plymouth le *Salomon*, le *Swallow*, que nous connaissons déjà, ainsi que le *Tiger*, jaugeant 50 tonneaux. Le 18 octobre 1564, chargés de verroterie, de draps, d'étoffes, les quatre navires appareillèrent de Plymouth Sound avec à leur bord cent cinquante hommes d'équipage, parmi lesquels, de nouveau, Francis Drake. Les couleurs d'Elisabeth flottaient fièrement au grand mât et c'était avec elles toute l'Angleterre, aurait-on dit, qui accompagnait John Hawkins, engagé dans la plus grande partie de sa jeune carrière [1].

À Ténériffe, Hawkins trouva Pedro de Ponte fort satisfait des résultats du premier voyage, et impatient de recommencer [2]. La surprise n'en fut que plus grande, de trouver les marchands

1. Fidèle à sa tactique de multiplier les signes en direction de Philippe II, il avait embarqué sur le *Jesus of Lubeck* un certain George Fitzwilliam, parent de Janet Dormer, l'épouse anglaise du duc espagnol de Feria, alors ministre du roi d'Espagne.

2. L'ambassadeur d'Espagne à Londres, informé des appuis trouvés par Hawkins aux Canaries, s'en plaignit auprès du roi : « Si elles n'avaient pas trouvé dans les îles des Espagnols pour les aider, ces expéditions n'auraient jamais pu être entreprises. »

portugais, sans doute sermonnés après le premier voyage de Hawkins, nettement plus réticents, pour ne pas dire hostiles – il est vrai que nul, parmi les officiels, n'avait été dupe des prétendues « tortures » infligées par les Anglais. Ce n'est qu'à Sambula et à Taggarin, en Sierra Leone, après une longue quête infructueuse, qu'il trouva enfin une marchandise à sa convenance, mais en trop faible quantité. Et comme il insistait, avec des airs menaçants, les Portugais lui proposèrent d'organiser ensemble quelques razzias dans les tribus avoisinantes. L'affaire s'avéra plus périlleuse qu'il n'imaginait, plusieurs de ses hommes furent blessés, neuf d'entre eux tués. Ce que voyant, comme le temps passait, Hawkins, le cœur brisé dit-on par la perte de ses hommes, prit des mesures radicales, s'empara de force de tout ce qu'il trouvait, propriété ou non des Portugais, et dans l'estuaire du fleuve Caceroes finit par arraisonner dix-sept navires portugais, s'empara de leur cargaison d'ivoire et d'or avant de réussir, par quelques attaques vigoureuses, à compléter sa cargaison d'esclaves.

Il semblait écrit que tout, cette fois, serait plus difficile. À peine au large des côtes d'Afrique, la flotte [1] se trouva prise dix-huit jours dans une zone de calme plat qui mit les nerfs et les vivres à rude épreuve, et c'est seulement en mars que Hawkins put jeter l'ancre devant la pêcherie de perles de l'île de Margarita, au large du Venezuela. Au précédent voyage, il avait pris conscience des moyens limités de Saint-Domingue, de toute évidence en rapide récession, et sur la recommandation de son ami Ponte avait choisi, cette fois, d'aborder les Caraïbes par le sud. Las – était-ce la conséquence de son précédent voyage ? Ou la surprise de voir si imposant navire, armé en guerre, à la tête de la flotte ? –, l'accueil fut des plus réservés. Le maire de la ville leur fournit bien les vivres frais, les bœufs et les moutons qu'ils réclamaient, mais le gouverneur de l'île se déclara tout

1. De sept navires, Hawkins ayant gardé avec lui trois des capturés.

net hostile au moindre commerce d'esclaves et, informant l'*Audiencia* de Saint-Domingue de l'arrivée du « luthérien », refusa même qu'il engage un pilote.

Toutes les cités de la Terre Ferme furent bientôt avisées par le vice-roi qu'elles auraient, sous peine de très graves ennuis, à refuser de commercer avec les Anglais. Que faire, qui plus est dans des eaux inconnues et sans les services d'un pilote expérimenté, quand toutes les portes paraissent se fermer ? Dans un premier temps, Hawkins prit le parti de descendre le long des côtes d'Amérique du Sud – mais il n'y trouva à commercer qu'avec des Indiens, échangeant sifflets, miroirs, couteaux contre des vivres, patates douces, pamplemousses, ananas. Il n'était certes pas venu pour cela au Nouveau Monde ! Pire : les esclaves enchaînés depuis deux mois à fond de cale commençaient à mourir en grand nombre, les réserves de haricots s'épuisaient. D'une manière ou d'une autre, il fallait forcer le destin dans les eaux caraïbes...

Le 3 avril, Hawkins arriva à Borburata[1], où se faisait depuis vingt ans commerce de tabac[2]. Surprise : le port paraissait vide, abandonné. Craignant l'arrivée de Français, la population s'était évanouie, éclipsée. Mais lorsque Hawkins parvint à faire tenir au gouverneur Alonso Bernaldez une lettre de recommandation de son oncle Lorenzo, de Saint-Domingue, précieusement gardée depuis son précédent voyage, avec l'assurance que ses intentions étaient pacifiques, celui-ci se détendit, et l'autorisa à laisser descendre à terre une trentaine d'esclaves malades – non sans s'être au préalable couvert par une déclaration de Hawkins, selon laquelle il était là « sur un navire de Sa Majesté la reine d'Angleterre, mené par les vents contraires et le mauvais temps, lors que sa destination première était la Guinée ». Il lui

1. Au nord-ouest de Caracas.
2. La principale ressource de la région, avant que le cacao ne vienne la supplanter à la fin du XVIe siècle.

fallait à tout prix réparer, faire provision de vivres avant d'envisager une nouvelle traversée, et payer ses hommes, rendus inquiets par ces retards – en conséquence de quoi il souhaitait pouvoir vendre quelques esclaves, et des marchandises qu'il avait en cale. Il était de règle, alors, de ne jamais refuser un port aux navires en détresse. Et comme deux précautions valaient mieux qu'une, le gouverneur, prudent, fit constater par Antonio de Barrios, député trésorier de la ville, qu'il n'avait accordé licence de commerce que sous la menace. Le rapport fut aussitôt adressé au gouverneur de Coro, la principale ville du Venezuela : « La flotte est anglaise, si riche en esclaves et marchandises qu'il se dit qu'elle vaut au bas mot 100 000 pesos. Le commandant est un Anglais, qui est déjà allé à Saint-Domingue [...] D'un air menaçant, il jura qu'il était un fidèle serviteur du roi Philippe, notre maître, et que si permis ne lui était pas délivré, il ne laisserait rien debout sur toute la côte, et qu'il nous ferait tous les dommages possibles. » « Dieu Notre Seigneur et Sa Royale Majesté ne seraient-ils pas mieux servis en lui donnant cette licence, qu'en prenant le risque de ruiner la population de la ville, et de mettre en péril la sûreté de toute la province ? » concluait le digne trésorier. Sa question valait réponse...

La suite est plus confuse. Tout ne fut-il qu'arrangements amiables pour sauver la face du gouverneur – ou bien, comme il semble, Hawkins finit-il par s'irriter des tergiversations du seigneur Antonio, et de ses prétentions croissantes (7,5 % de taxe plus un droit de douane de trente ducats par esclave) ? Toujours est-il que, déclarant tout net « qu'il ne cherchait pas seulement à obtenir une autorisation mais à réaliser un bénéfice », Hawkins fit descendre à terre cent hommes armés d'arquebuses et de piques – et les difficultés s'aplanirent comme par miracle, les affaires purent aller bon train pendant un mois, esclaves et draps anglais contre or et argent.

Ce commerce « au bout de la pique », mélange de menaces à peine voilées et de protestations de bonnes intentions, s'était révélé des plus profitables – au point que Hawkins y recourut de plus en plus souvent comme à un précédé commercial ordinaire. Levant l'ancre le 30 avril 1565, sa flotte, après s'être fournie en eau et en vivres à Curaçao, mit le cap à l'ouest, évita le golfe du Venezuela et Maracaïbo pour gagner les riches pêcheries de perles de Rio de la Hacha et de Rancheria, à quatre cents milles de là.

Les plongeurs ne faisaient pas de vieux os, sur les gisements du Rio de la Hacha, et les propriétaires espagnols ayant épuisé à ce jeu la totalité de la population indienne, manquaient cruellement de main-d'œuvre – si cruellement qu'après les atermoiements d'usage, ils firent le meilleur accueil à l'Anglais. Le trésorier Miguel de Castellanos pria Hawkins, au préalable, de « menacer d'incendier leurs maisons afin de prouver qu'ils avaient été contraints de trafiquer avec lui ». Puis cent quatre-vingts soldats espagnols firent mine (du moins, si l'on en croit le récit qu'en fit plus tard Hakluyt) de prendre position au centre-ville, Hawkins de son côté débarqua cent hommes ainsi que quelques canons, et après le premier boulet tiré, on passa aux affaires sérieuses, c'est-à-dire au commerce. Trois cents esclaves, du vin, de la farine, du drap, des vêtements, furent échangés contre de l'argent, des perles, de l'or, pour une valeur estimée de six mille six cents livres. Chacun se trouva si content de ses affaires que des commandes fermes furent passées pour le prochain voyage, et le trésorier, oubliant les premières précautions, fit rédiger à l'intention de Hawkins, et devant notaire, un certificat de bonne conduite.

Où l'on retrouve la Floride huguenote

L'étape suivante devait être Hispaniola. En Guinée, Hawkins, toujours soucieux de s'entourer de pilotes qualifiés, avait libéré un marchand espagnol de Jamaïque qu'une tribu avait fait prisonnier lors d'une expédition négrière – las, l'homme s'avéra incapable de se diriger et la flotte manqua Hispaniola, puis pareillement Cuba, où Hawkins espérait faire aiguade, se fournir en vivres frais ainsi qu'en cargaison de cuirs. Heureusement, un autre pilote, de Dieppe celui-là, se révéla plus efficace. Sa présence, depuis le départ, avait fort intrigué les hommes du *Jesus* – ils apprirent alors qu'il était là à la demande de la reine, soucieuse de savoir où en était la colonie de huguenots français installés en Floride, et si des liens ne pouvaient pas être noués avec elle : quelle base ce pourrait être, commandant presque la route obligée des galions, pour des expéditions dans les Caraïbes ! Martin Atinas avait été de l'expédition de René de Laudonnière en 1562 et il mena Hawkins droit vers Fort Caroline, sur la rivière de May [1], où il trouva la colonie française dans un état désespéré. Méfiants, malgré les protestations réciproques d'éternelle amitié, les Français refusèrent d'être rapatriés, et Hawkins, persuadé qu'ils ne tarderaient pas à le suivre de toute façon, accepta en échange de quatre canons et d'un supplément de poudre et de munition, de leur vendre le *Swallow*.

Le 7 août, Hawkins quitta la pauvre colonie, en lui laissant une part de ses vivres, ce qui l'obligea à un détour par les bancs de Terre-Neuve pour s'y ravitailler en morues, et le 20 septembre 1565, le *Jesus of Lubeck* arriva à Padstow en Cornouailles, suivi du *Tiger* et du *Salomon*, avec la meilleure des nouvelles pour ses commanditaires : qu'avec les 10 000 livres rapportées l'affaire, toutes dépenses comptées, assurait un retour sur investissement d'au moins 50 %. Rapport fut aussitôt

1. Voir plus haut, pp. 141-157.

envoyé à la reine, en forme de communiqué de victoire : ses instructions avaient été en tout point suivies, et il lui serait sans doute agréable de savoir « qu'en chaque circonstance il avait rendu service à tous les Portugais et les Espagnols rencontrés, sans violence ou préjudice lors même qu'ils se trouvaient en son pouvoir ». La reine, en geste d'estime, et pour marquer publiquement son approbation, lui accorda le privilège de porter armoiries : parti marchand, il revenait soldat, symbole d'une nouvelle Angleterre s'affirmant à la face du monde.

Jeux dangereux

C'est bien ainsi que l'Espagne le comprit, lors même que ses représentants, à Londres, hurlaient à la piraterie pure et simple : ces secours portés aux huguenots français de Floride, comme en conclusion du voyage, étaient lourds de menaces pour l'avenir – il fallait réagir sans retard, par des décisions propres à frapper les esprits, faire savoir à tous que l'Espagne ne laisserait à personne le droit de s'approcher de sa chasse gardée. Ni arrangements ni finasseries : le commerce « au bout de la pique » pouvait s'imaginer dans des colonies reculées, à l'abri des regards – mais certainement pas avec Philippe II lui-même. La force, comme toujours, fut sa première réponse : quelle que pût être sa nationalité, tout trafiquant surpris dans un commerce illicite serait passé aussitôt par les armes : déjà, Menéndez cinglait vers la Floride avec instruction de raser Fort Caroline. Nommé amiral d'une escadre de douze vaisseaux de guerre, dont un galion de vingt-six canons, il ferait désormais la police des mers Caraïbes, tandis que de nouvelles règles étaient promulguées pour une protection accrue de ce qui était pour l'Espagne le nerf de toutes ses guerres : la flotte des trésors.

Tandis que le trésorier de Borburata était sévèrement réprimandé, que le trop arrangeant gouverneur Alonso Bernaldez était rappelé en Espagne, fers aux pieds, pour y être jugé, l'ambassadeur don Guzman de Silva multipliait les protestations et les menaces auprès de la reine. À l'occasion d'un dîner, à Londres, en novembre, il put enfin approcher Hawkins et sonder ses intentions. Malgré les protestations d'éternelle fidélité au roi, il était clair que ce dernier entendait bien poursuivre son fructueux trafic. Des mesures radicales s'imposaient, écrivit don Guzman à Philippe II, mais la faveur et la popularité du pirate étaient telles en Angleterre que « mieux valait ruser dans un premier temps et attendre son prochain voyage pour s'en saisir et le châtier ». Lors d'une deuxième rencontre, Hawkins lui assura qu'il n'entreprendrait rien s'il n'avait pas cette fois l'autorisation du roi Philippe, mais don Guzman n'en crut évidemment rien, et écrivit au roi qu'il serait peut-être urgent, par quelque tour, de l'éloigner d'Angleterre, et ainsi « l'empêcher de susciter des émules, car ces Anglais ont tous de bons bateaux, sont de surcroît cupides, et ont plus de libertés qu'ils ne devraient ». Est-ce alors que lui vint cette idée quelque peu surprenante de proposer à Hawkins de se mettre au service de Philippe II, en prenant le commandement d'une de ses escadres en Méditerranée, contre les Turcs ? Toujours est-il que Hawkins donna aussitôt son accord – avec l'arrière-pensée, sans doute, qu'ainsi il pourrait obtenir de Philippe cette autorisation tant espérée d'un libre commerce avec les Indes. À moins qu'il n'y ait vu, lui aussi, que manière de détourner l'attention de l'ambassadeur d'autres préparatifs discrets du côté de Plymouth...

Tandis que les négociations se poursuivaient tout au long du printemps et de l'été 1566, De Silva gardait un œil sur le Devon, où, de toute évidence, l'on s'activait à construire un nouveau *Swallow*, de 180 tonneaux. Méfiant, il décida, pour prévenir une ruse de son interlocuteur, d'en appeler au Conseil privé de la reine – devant lequel Hawkins s'engagea, caution de 500 livres à l'appui, à ne pas se rendre aux Indes dans l'année, ni d'y envoyer un de ses bateaux. Trois de ces conseillers privés avaient investi dans le précédent voyage de Hawkins, et probablement entendaient-ils soutenir pareillement le suivant, mais la reine, soucieuse de ne pas aller trop loin, ne pouvait qu'adopter profil bas en évitant de prêter un quelconque navire, aussi l'expédition fut cette fois imaginée comme purement privée, et à une moindre échelle. Quand il apparut que la proposition d'une escadre en Méditerranée ne se concrétiserait pas, Hawkins n'hésita pas à lancer un de ses capitaines, John Lovell, pour une répétition du précédent voyage, à la tête de sa petite flotte [1]. Qu'étaient 500 livres perdues, au regard des bénéfices escomptés ? Et puis, à malin malin et demi, il pourrait faire valoir qu'il était étranger à cette expédition. On peut supposer que les précédents investisseurs une fois encore, le supportaient.

Les tracas de John Lovell

La flotte quitta Plymouth en octobre 1566, avec à sa tête un *Swallow* flambant neuf. Suivaient le *Salomon*, commandant James Raunse, le *Paul*, commandant James Hampton, et le *Pascoe*, commandant Robert Bolton. Las, il ne fallut pas longtemps pour comprendre que le climat, entre-temps, avait changé, et que Lovell ne serait pas un nouveau Hawkins. Protestant fanatique, il entendait placer ce voyage de bout en bout sous le regard, sinon la protection de Dieu, et ce fut donc bientôt un concert de psaumes qui s'éleva des quatre navires, entrecoupé de discussions théologiques et de séances de conversion à l'intention des rares catholiques [2].

1. En prenant néanmoins la précaution de transférer à son frère William ses intérêts dans les quatre navires. Cf. Kelsey, *op. cit.*, p. 430, n. 37 et Williamson, *Hawkins of Plymouth*, p. 94.

2. Témoignages, notamment, du matelot Morgan Tillert, Cf. Kelsey, *op. cit.*, pp. 21-22, et de l'alcade de Garrachico aux Canaries, *in* Rumeu de Armas, *Viajes de John Hawkins*, p. 428.

Il s'en fallait de beaucoup que l'opposition des populations au catholicisme fût alors massive, ou radicale : les points de divergences théoriques devaient paraître bien obscurs au plus grand nombre, d'autant que la plupart, en leur jeunesse, avaient été élevés dans la foi catholique. Pour ne citer que cet exemple, l'influence des moines de l'abbaye de Tavistock, dans le Devon, avait été immense, jusqu'à la confiscation de leurs biens par Henri VIII, et les familles de Hawkins comme de Drake avaient été de leurs fidèles : c'est sans effort, ou sentiment de coupable renoncement, que John Hawkins pouvait donc suivre la messe aux Canaries. La visite par Hawkins de la colonie huguenote de Floride, la fraternisation des Français et des Anglais devant Fort Caroline, au nom de la foi partagée, témoignaient d'une évolution, voulue par la reine : le soutien au parti huguenot, non seulement servait les intérêts de son pays, mais, projetant à l'extérieur un conflit qui avait longtemps miné l'Angleterre, contribuait à asseoir son pouvoir, en développant un fort sentiment national. Le voyage de Lovell marque, et dans l'attitude même des équipages, un véritable bond en avant, que devait plus tard accentuer Francis Drake : du conflit au nom du droit de libre commerce, ou même au nom d'intérêts simplement nationaux, on glissait vers un conflit autrement plus profond, au nom de la vraie foi...

Pour ses amis de Ténériffe, Hawkins était, à n'en pas douter, un fervent catholique : Lovell, par contraste apparut comme un forcené, brutal et arrogant, clamant haut et fort « qu'il avait fait au Seigneur le vœu de venir en ces îles, d'y brûler l'image de la Vierge à Candelaria, et de rôtir un agneau sur ses cendres [1] ». C'était, dès le départ s'aliéner ou placer en position difficile ceux qui avaient été les plus fermes soutiens de Haw-

1. Neville Williams, *op. cit.*, suppose à tort que Lovell mit le cap directement sur les côtes africaines, sans passer par Ténériffe – le témoignage de l'alcade de Garachico, Juan de Arcaya, prouve le contraire (cf. Rumeu de Armas, *op. cit.*, p. 428).

kins aux Canaries. La suite devait être de la même inspiration. Les détails manquent sur sa campagne africaine, mais il semble bien qu'au terme de deux ou trois mois passés sur les côtes de Guinée, pendant lesquels Lovell choisit d'agir en franc pirate, sans nul souci des apparences, il ajouta à sa flotte quatre ou cinq bateaux portugais[1] avant de traverser l'Atlantique. L'accueil, dans les colonies espagnoles, fut très différent de celui espéré : partout les officiels se savaient désormais sous la menace de sévères sanctions. Quand il arriva devant Borburata, la flotte du pirate français Jacques Bontemps – quatre gros navires au moins et plusieurs autres, de moindre taille – y jetait juste l'ancre, avec des intentions très semblables aux siennes. Bontemps n'était pas un inconnu, pour Lovell : en 1563, avec son compère François Le Clerc, il avait lutté aux côtés des troupes anglaises qui occupaient Le Havre, ramenant prise sur prise, au point de forcer l'admiration de Warwick[2]. Cette fois encore, la connivence religieuse joua et ils décidèrent de s'associer : qui, dans les Caraïbes, pouvait leur résister ? Licence ayant été donnée l'année précédente, ils ne doutaient pas qu'il en irait de même cette fois – et firent donc savoir qu'ils se proposaient d'offrir cent esclaves au Trésor royal s'ils pouvaient en vendre deux cents aux colons. Mais le nouveau gouverneur, Pedro Ponce de León, n'avait aucune envie de connaître le sort de son prédécesseur. De Coro, où il se trouvait, il fit savoir qu'aucune licence n'était envisageable. Dès sa réponse connue, Lovell et Bontemps s'emparèrent de deux agents du gouvernement et de quelques notables de la ville. Il se trouva, comme par hasard, que deux de ces otages, marchands, avaient chacun en bourse 1 500 pesos, prestement prélevés par les deux capitaines, qui en échange leur firent cadeau de trente-six esclaves avant de les

1. Williamson et Neville Williams imaginent que le *Swallow* regagna l'Angleterre chargé d'ivoire et de sucre, mais (cf. Kelsey, *op. cit.*, p. 22) les témoignages rassemblés par Rumeu de Armas montrent qu'il n'en fut rien.
2. Voir plus haut, p. 171.

libérer. La ruse était cousue d'un fil un peu trop blanc : les deux marchands, sitôt à terre, furent condamnés à une amende, et leurs esclaves confisqués. Mais les colons avaient trop besoin de main-d'œuvre : malgré tous les efforts des officiels, les affaires se firent, clandestines et de nuit.

De là, Lovell gagna Rio de la Hacha, où il arriva le 18 mai. Miguel de Castellanos, le trésorier royal et commandant de la place, avait eu les meilleures relations avec John Hawkins l'année précédente, et il se savait pour cela sous surveillance : il refusa énergiquement tout agrément. S'ensuivit un épisode confus, objet de rapports très contradictoires, de menaces de défense héroïque des habitants contre l'odieux agresseur, au point, à en croire les rapports espagnols, que celui-ci avait dû lever l'ancre, comme avait dû le faire Jacques Bontemps, arrivé quelques jours avant lui – en laissant à terre quatre-vingt-seize esclaves mal en point et pour tout dire mourants qui l'embarrassaient. C'est du moins ce qu'assurait le trésorier : considérant l'héroïsme des habitants, nul doute que le roi, en récompense, accepterait de leur laisser ces quasi morts-vivants ? Là encore, le fil paraissait gros, même s'il y eut très certainement affrontement sanglant, blessures et sans doute perte d'hommes, ou de marchandises, selon les témoignages recueillis plus tard[1]. Affrontement il y eut encore, probablement, à Hispaniola, pour des gains négligeables, avant que Lovell, partout ailleurs rejeté, ne jette l'ancre à Plymouth au début de septembre 1567 – avec dans ses cales cinquante esclaves encore, et nombre de marchandises invendues.

Cette fois, le butin couvrait à peine les dépenses et Hawkins, furieux, se plaignait amèrement de « l'imbécillité de ses représentants, qui n'avaient pas su s'y prendre[2] ». Il ne se perdit pas pour autant en vains regrets : une autre partie se jouait, autrement plus

1. Cf. Kelsey, *op. cit.*, p. 24.
2. John Lovell ne fut jamais plus employé par les Hawkins.

importante, qui mobilisait son énergie. Et tout Plymouth bruissait de rumeurs, tandis qu'ouvriers et marins s'affairaient sur les quais de Cattewater, discrètement protégés des curieux.

Avec la bénédiction de la reine.

Francis Drake, à peine descendu à terre, apprit le décès de son père, au dernier Noël, mais il n'eut guère le temps de le pleurer : Hawkins était sur le départ, qui le réclamait, comme il réclamait James Raunse et Thomas Hampton, du *Salomon*. La flotte rassemblée était impressionnante, la plus forte jamais envoyée au-delà des mers par l'Angleterre : sept navires, dont le *Jesus of Lubeck*, encore une fois rafistolé, toujours aussi impressionnant, doublé d'un deuxième navire royal, le *Minion*, 300 tonneaux. Drake n'hésita pas, et pas plus les autres, malgré leur année complète en mer, tandis que l'on remettait à neuf, en hâte, le *Swallow*[1]. Tout cela sentait la grande aventure – autre chose que la piteuse tournée de Lovell...

Hawkins y travaillait depuis des mois, dans une partie de cache-cache serrée avec les espions espagnols et portugais – depuis, en fait, que la proposition d'une escadre méditerranéenne s'était révélée sans fond sérieux. Son but déclaré était la côte africaine, où avait été découverte, laissait-il un peu imprudemment filtrer, une prodigieuse mine d'or. Quelque part, trois mystérieux Portugais étaient tenus au secret, qui pouvaient l'y conduire – c'est du moins ce qui se chuchotait dans les tavernes du port, et qui pouvait paraître plausible aux Espagnols, dans la mesure où les mêmes avaient déjà été éconduits par Philippe II. Mais lorsque vint aux oreilles de l'ambassadeur que les deux navires royaux, sur les quais de la Tamise, chargeaient des hari-

1. Il était arrivé avec à son bord cinquante esclaves non vendus – qui repartirent avec lui pour un nouveau périple.

cots, nourriture traditionnelle des esclaves, et des vêtements de luxe certainement invendables sur les côtes de Guinée, il devint évident que cette affaire d'or n'avait été qu'un leurre, et qu'une autre expédition vers les Caraïbes se préparait. La reine, brutalement interpellée par l'ambassadeur, dut convoquer devant lui quelques-uns des marchands impliqués dans l'affaire, auxquels elle demanda de jurer que Hawkins n'avait d'autre projet en tête que l'or de la Guinée. Les marchands jurèrent : le véritable or de Guinée n'était-il pas ses esclaves ? L'ambassadeur dut s'en contenter, et le *Jesus of Lubeck*, suivi du *Minion*, put lever l'ancre pour Plymouth, où se préparaient les autres navires.

Nul, bien sûr, n'était complètement dupe, et les rapports envoyés depuis Plymouth n'étaient pas pour rassurer les Espagnols : de toute évidence, un coup énorme se préparait. Hasard, ou tentative d'intimidation ? À la fin du mois d'août, quelques jours après l'arrivée des deux navires de la reine, sept navires de guerre espagnols, commandés par l'amiral de Wacher, vinrent chercher refuge à Plymouth sous le prétexte de mauvais temps. Mais au lieu d'amener leurs couleurs et les huniers comme il était d'usage à l'entrée d'un port étranger, ils foncèrent droit sur Cattewater, où était la flotte de Hawkins. Très vite, il apparut que l'amiral allait tenter d'éperonner le *Jesus*. Sans hésitation, Hawkins commanda le feu au *Jesus* et au *Minion* et le vaisseau amiral espagnol, retrouvant aussitôt ses esprits, amena ses couleurs, puis infléchit sa course vers le mouillage de St Nicholas Island. S'ensuivirent les plaintes qu'on imagine, d'autant plus vives que la coque de l'amiral avait pris quelques boulets, mais Hawkins, hautain, répondit que « ce port où il était entré appartenait à la reine, comme les vaisseaux qui s'y trouvaient, et que tout étranger, quel qu'il fût, lui devait le respect ». Quand la reine, pressée par l'ambassadeur, lui en fit timide réprimande, il répondit de même qu'il « préférait avoir fauté en défendant l'honneur de sa reine, ses vaisseaux et ses gens plutôt que de les avoir laissé perdre pour la gloire d'autres ». Le moins que l'on puisse dire, c'est que le ton avait changé, depuis les serments d'amitié des premiers voyages : l'Angleterre, par Hawkins, désormais entendait parler haut et fort.

Les mystérieux guides portugais, entre-temps, s'étaient éclipsés, en se plaignant des « mauvais traitements » infligés par Hawkins. Mais celui-ci avait-il encore besoin d'eux ? Avait-il jamais cru à leurs mirifiques promesses ? La flotte était sur le départ. Et Hawkins écrivit à la reine, tout crûment, que « son but désormais était d'embarquer des noirs en Guinée et de les échanger aux Antilles contre de l'or, des perles et des émeraudes », mais qu'il n'entreprendrait rien sans son explicite agrément. Quelques jours plus tard, il reçut une lettre de lord Cecil, rédigée sur dictée de la reine, après consultation du lord amiral Clinton, où elle encourageait ses projets commerciaux « du genre de ceux qu'il avait déjà pratiqués au cours d'autres voyages ». Le sort en était jeté : le 2 octobre 1567, John Hawkins, à la tête de quatre cents hommes d'équipage, quittait Plymouth pour un voyage qui allait le faire entrer dans la légende.

Mauvais présages.

Quatre jours après le départ, à hauteur de Brest, une violente tempête éparpilla la flotte, le *Judith* et l'*Angel* se trouvèrent séparés des autres navires, une pinasse traînée en remorque par le *Swallow* fut emportée avec ses deux hommes d'équipage, et la coque du *Jesus of Lubeck* fut à ce point mise à mal, devait raconter un matelot, « qu'il fallut en un endroit quinze coupons de serge pour colmater la voie d'eau ». Hawkins, d'abord, songea à rebrousser chemin. Puis, la tempête passée, et les bateaux retrouvés à hauteur du cap Finisterre, à l'exception de la *Judith* toujours manquante, il prit le parti de poursuivre jusqu'aux Canaries, où il pourrait réparer.

À hauteur de Gomera, le *Judith* réapparut, et suivit le *Jesus* et l'*Angel* jusqu'à Ténériffe, où, pensait Hawkins, son vieil ami Pedro de Ponte lui apporterait l'aide nécessaire. Mais à Ténériffe aussi les temps avaient changé. Les milices locales étaient sur le pied de guerre, prêtes à interdire tout débarquement, Pedro de Ponte, venu saluer son ami sur le *Jesus*, lui apprit comme les esprits à terre étaient échauffés depuis le passage de Lovell, sur les pratiques des « luteranos ». Au petit matin, Hawkins découvrit que les Espagnols mouillés près du rivage avaient tous levé l'ancre, le laissant dans la ligne de tir des canons du fort – et ce petit jeu des intimidations réciproques se poursuivit jusqu'au dernier jour. Cela, comprit Hawkins, valait avertissement : à chaque étape, il devrait désormais se préparer à une franche hostilité.

Le 4 novembre, la flotte de nouveau rassemblée, remise en état, put enfin faire voile vers les côtes de Guinée. À Cape Blanco, Hawkins s'empara d'une caravelle qu'il ajouta à sa flotte, puis, à Cape Verde, un navire français, le *Don de Dieu*, capitaine Paul Blondel, huguenot convaincu qui avait été du sac de Porto Rico et d'Hispaniola en 1553 aux côtés de François Le Clerc[1], se joignit à lui, pour des résultats dans un premier temps décevants. Les autorités portugaises, cette fois, entendaient protéger par tous les moyens leur monopole commercial, et les négociants ne voulaient plus rien entendre. Ne lui restait plus d'autre choix, pour se procurer des esclaves, que de s'emparer de caravelles portugaises déjà chargées, ou, sinon, d'organiser des expéditions à terre. Son premier raid, à Cape Verde, fut un fiasco. Le village attaqué se défendit vigoureusement, quelques noirs seulement furent capturés, mais au prix de vingt-cinq matelots blessés par des flèches empoisonnées, dont huit devaient mourir dans des souffrances atroces.

La descente, le long des côtes de Guinée, fut également

1. Voir plus haut, p. 63.

décevante. Partout, les villageois se défendaient âprement, la perte de la pinasse, dont le faible tirant d'eau aurait permis de remonter très loin sur les fleuves, obligeait à des attaques par terre, toujours plus difficiles. Hawkins commençait à désespérer quand il trouva à s'allier sur le fleuve Taggarin, en Sierra Leone, à deux rois locaux, Sheri et Yhoma. Ceux-ci avaient deux puissants ennemis, Sacina et Setecama, dont les Anglais pouvaient les aider à se débarrasser, en échange des prisonniers. Pris en tenaille, Sacina et Setecama furent rapidement défaits, leurs villages incendiés, mais quand vint le temps des partages, les rois vainqueurs ne laissèrent à Hawkins que deux cent six esclaves, en le mettant au défi d'oser les affronter, s'il n'était pas content. Jamais Hawkins n'avait rencontré pareilles difficultés, éprouvé pareilles pertes – une soixantaine d'hommes tués, au moins autant de blessés, depuis le début de la campagne, sur les quatre cents embarqués à Plymouth. Et, surtout, le temps fuyait, inexorable, quand il savait qu'il lui faudrait quitter les Caraïbes avant l'époque des ouragans...

C'est seulement début février qu'il put mettre cap sur les Caraïbes avec dans ses cales à peine cinq cents esclaves, parmi lesquels les cinquante ramenés à Plymouth par Lovell.

Les grands moyens

Le voyage fut interminable : huit semaines de calmes épuisants avant d'atteindre l'île de la Dominique, où ils purent faire aiguade. Pour soutenir le moral de ses hommes, Hawkins, tout le temps de la traversée, leur fit servir des repas aussi fins que possible, en grande cérémonie, accompagnés d'airs entraînants de violon. Signe d'un changement d'époque, chaque matin de sept à huit et chaque soir, l'équipage était invité à se rassembler au pied du grand mât pour chanter des psaumes, réciter les prières, le dimanche à huit heures des marins lisaient à tour de rôle les Épîtres, Hawkins lui-même faisait lecture d'un passage des *Paraphrases* d'Érasme – et ceux qui rechignaient à cette exaltation spirituelle étaient ramenés dans le troupeau à coups de fouet. Ce n'était plus seulement une expédition commerciale, ce n'était même plus l'affirmation d'un simple sentiment national : ce voyage prenait des allures d'action de grâce, de périple missionnaire. L'Angleterre allait porter la bonne parole en plein cœur de la place forte papiste.

Aiguade faite, ils descendirent vers Margarita, où ils furent accueillis avec un enthousiasme auquel ils ne s'attendaient pas, après leurs avanies – il est vrai que l'île avait été dévastée, le port presque détruit quelques mois plus tôt par des pirates français, et les cinquante propriétaires de l'île n'avaient d'autre souci que de se refaire au plus vite.

À Borburata, où ils avaient fait de si bonnes affaires, jadis, Hawkins prit ses plus beaux gants, multiplia les précautions oratoires pour solliciter une licence. Puis, sa lettre n'ayant pas reçu de réponse, il s'adressa à l'évêque, son « révérend père en Dieu », proposa ses services s'il fallait contre les attaques des pirates français, assura qu'il se satisferait de soixante esclaves vendus pour payer les gages de ses hommes et comme l'embarras de ses évanescents interlocuteurs était visible, que l'évêque lui assurait que les colons ne souhaitaient rien d'autre que de faire commerce tandis que le gouverneur, lui, gémissait qu'il ne pouvait accorder l'autorisation souhaitée, il proposa une porte de sortie honorable : une attaque de Valencia, la capitale, suivie de la prise en otage de quelques marchands ne permettrait-elle pas aux officiels de justifier une capitulation sous la contrainte ? L'accord, finalement, se fit sur la base d'un refus explicite de toute licence et d'un accord implicite pour que commerce se fasse sur le port.

La foule se pressa pendant deux mois sur la grève, échangeant perles, or et argent contre des vêtements, des draps et des esclaves, en sorte que Hawkins put croire le mauvais sort conjuré, et le cours des affaires retrouvé. Las, lorsque Drake, envoyé en éclaireur sur le *Judith*, arriva fin mai à Rio de la Hacha, il essuya un tir roulant des nouvelles batteries installées sur le pont – et comme le trésorier Miguel de Castellanos lui refusait même d'y faire aiguade, irrité, il lui envoya deux boulets droit dans sa maison. Hawkins arriva le 10 juin avec le reste de la flotte, pour découvrir le *Judith* et l'*Angel* bloquant le port. Dans un premier temps, il essaya de renouer ses liens anciens avec Castellanos, multiplia les protestations d'amitié, puis lui proposa, comme à Borburata, de faire mine de le menacer (« Si vous voyez dans la matinée des hommes armés descendre à terre, ne vous en inquiétez pas, ils rembarqueront à votre demande ») et comme son ancien ami lui répondait fièrement que la ville était en mesure de se défendre, perdant quelque peu patience, il fit descendre à terre deux cents hommes à deux milles de là, prit la ville à revers, bouscula les quatre-vingt-dix arquebusiers qu'on lui opposait, brûla quelques demeures, pilla les magasins, avant de se lancer à la poursuite du trésorier, qui s'était enfui dès les premiers coups de feu. Hawkins, en quelques heures, s'était rendu maître de la ville.

L'affaire, chacun en avait claire conscience, était extrêmement grave. Nous n'étions plus dans la fiction d'une amitié anglo-espagnole cherchant un peu ses marques, et pas même dans le cadre du commerce « à la pique » : c'était le premier territoire espagnol attaqué, et pris, dans le Nouveau Monde par une flotte anglaise. Hawkins fit savoir à Castellanos par un intermédiaire qu'il mettrait le feu à la ville s'il n'obtenait pas le droit de commercer – et le trésorier décidément enragé lui répondit que les Indes entières pourraient brûler qu'il ne céderait pas, puis, comme les fumées s'élevaient au-dessus de la ville, il fit savoir par un deuxième message comme l'idée d'une ville en flammes lui était douce, puisque Philippe II aurait très certainement à cœur d'en faire construire une nouvelle, plus belle.

Ne restaient plus que les colons et les marchands à jouer contre Castellanos : les dommages causés à la ville leur seraient remboursés, leur assura Hawkins, s'il obtenait le droit de commercer. Les pressions, les supplications de ses administrés n'entamèrent pas plus la résolution du trésorier – mais quand lui parvint la nouvelle qu'un esclave, en échange de sa liberté, avait proposé aux Anglais de lui indiquer le lieu où avait été enterré le trésor de la Couronne, il finit par céder. Les deux parties convinrent d'un arrangement : Castellanos prélèverait quatre mille pesos sur le Trésor royal au titre de rançon – afin de préserver les bâtiments encore intacts et l'église, expliqua-t-il dans son rapport – plus mille pesos [1] sur sa propre cassette, et laisserait Hawkins librement commercer. D'une certaine manière, le pire avait été évité.

Les planteurs et les marchands achetèrent deux cents esclaves, et une bonne part des marchandises encore en cale. Pour que les apparences restent sauves, il fut convenu également que Hawkins, après réception de la rançon, et en guise de dédommagement, se débarrasserait d'un certain nombre d'esclaves « malades » que le trésorier confierait à ceux qui avaient eu le plus à souffrir des dégâts.

Sans doute prévenu des humeurs belliqueuses de Hawkins, le gouverneur de Santa Maria – où Hawkins arriva le 10 juillet – fut des plus accommodants. Il pria simplement l'Anglais de le menacer d'une mise à sac de la ville, lui indiqua même une vieille bâtisse qu'il pouvait détruire d'un judicieux boulet, puis cent cinquante hommes débarquèrent pour une attaque simulée et les Espagnols, « vaincus », lui achetèrent en une semaine cent quatorze esclaves et des étoffes [2].

1. Contre lesquels Hawkins lui donna 80 esclaves.

2. Dans son rapport, le gouverneur ajouta même qu'il avait sauvé sa ville en faisant valoir au terrible pirate luthérien que s'il l'incendiait il lui faudrait prendre à son bord les habitants, qu'aucun chrétien ne pouvait laisser sans défense face aux Indiens hostiles.

Hawkins, pour autant, n'était pas rassuré. Il avait perdu trop de temps. Les coques, dans ces mers chaudes, souffraient terriblement, les ouragans bientôt allaient rendre difficile la traversée de la mer Caraïbe. Il lui fallait écouler au plus vite la soixantaine d'esclaves qui lui restaient, et ses dernières marchandises, en un lieu où il pourrait en même temps faire aiguade et charger les vivres nécessaires à la traversée : il choisit Carthagène.

C'était une autre affaire, il le savait, que d'aborder un port lointain, à l'écart des grands axes maritimes espagnols : Carthagène était l'un des trois ports de la Flotte de l'or, jalousement protégé par les Espagnols. Adoptant profil bas, il pria le gouverneur de lui permettre d'y faire achat des vivres nécessaires à son retour, avec l'espoir que le reste, ensuite, pourrait s'en suivre. Mais il se fit sèchement éconduire – au point que, furieux, il envoya le *Minion* tirer quelques boulets. La riposte des batteries côtières fut si violente qu'il dut rompre en toute hâte. Puissamment armée derrière ses fortifications, Carthagène était, de toute évidence, imprenable – ne restait donc plus à l'orgueilleux Anglais qu'à revenir en Angleterre avec ce qui lui restait en cale, esclaves comme marchandises, en espérant que les ouragans ne le rattraperaient pas.

C'était une course de vitesse qui s'engageait : au large de Carthagène il saborda le bateau capturé en Afrique, qui l'aurait ralenti, et il s'élança pour une traversée qu'il savait de tous les périls.

La prise de San Juan

Il avait de l'eau et des vivres pour huit semaines, ce qui pouvait suffire si les vents de bout en bout étaient favorables. Las, après trois semaines de mer, ils étaient encore à l'ouest de

Cuba, très loin du détroit de Floride – et chaque jour qui passait accroissait les dangers. À hauteur du cap San Antonio, advint ce qu'il craignait depuis Carthagène : un terrible vent d'est balaya la flotte, grossit en ouragan, si violent qu'ils se crurent tous perdus. La vieille coque du *Jesus of Lubeck* cédait de toutes parts, les voies d'eau à la poupe étaient si larges qu'un homme y aurait pu passer le bras, et, dira l'un des hommes d'équipage, « des poissons vivants nageaient dans les ballasts comme s'il s'était agi de la mer elle-même ». Il fallut abattre le haut des superstructures, le gouvernail endommagé ne répondait presque plus, Hawkins, un temps, pensa devoir abandonner son navire amiral – mais c'était un navire de la reine, et son honneur était en jeu : il envoya à l'escadre les signaux de mettre à la cape et de fuir la tempête sous une voilure réduite. La tempête souffla en furie pendant quatre jours, balayant les navires vers les hauts fonds de Floride. Quand le calme revint, le *William and John* avait disparu, et tous le crurent perdu corps et biens [1]. Les autres, rassemblés, se mirent en quête d'un refuge où réparer le *Jesus*. Mais ils ne trouvèrent nulle part de fonds suffisants pour approcher le navire d'une plage, et au bout de deux semaines de quête vaine ils durent regagner le large, où une violente tempête, venue du nord, les malmena pendant trois jours, jusqu'aux Triangles, devant le Yucatán. La situation devenait dramatique, quand, le 11 septembre, Hawkins parvint à intercepter un navire marchand espagnol...

Ce qu'il apprit du pilote devait avoir des conséquences que nul, alors, ne pouvait seulement imaginer : Campeche était certes plus proche, mais difficile d'accès et sans les équipements requis pour de lourdes réparations, le meilleur port, sans conteste, était à 15 milles au sud de Vera Cruz, dans la petite île de San Juan de Ulúa. Mais attention : il faudrait aller très

1. En fait, n'ayant pas vu les signaux, il avait continué sa route et réussit à regagner seul l'Angleterre avec ses cinquante hommes d'équipage.

vite, car la Flotte de l'or y faisait escale chaque année, vers la fin de septembre, pour y charger les trésors extraits des mines mexicaines. Leur restaient donc une dizaine de jours pour réparer, et prendre le large...

La chance, d'abord, parut leur sourire. Deux navires marchands espagnols, croisés en route, furent fermement « invités » à se joindre à eux, les vaisseaux de Hawkins amenèrent leurs croix de Saint-George et se mirent en ligne, le *Jesus of Lubeck* et le *Minion*, seuls, en tête, arboraient au grand mât les armes royales – il est vrai si délavées par les intempéries que les croix et les fleurs de lys se distinguaient à peine. Le 17 septembre au matin, leurs voiles montèrent à l'horizon de San Juan de Ulúa et Francisco de Bustamente, lieutenant général de Vera Cruz, sautant dans une pinasse, se porta à leur rencontre, convaincu qu'il s'agissait de la flotte de l'or tant attendue. Et il se répétait encore le chaleureux discours de bienvenue préparé tout exprès, à quelques encablures du *Jesus*, quand il se rendit compte de sa méprise. Trop tard : les arquebusiers de Hawkins les tenaient en joue, lui et ses hommes, et ils durent monter à bord avant de pouvoir donner l'alarme. Le commandant de la garnison de San Juan, Antonio Delgadillo, du coup, commit la même erreur – mais aussi, comment imaginer qu'un pirate anglais se risquerait ainsi en plein cœur du dispositif espagnol ? – et salua la flotte d'une salve de cinq coups à blanc, à laquelle Hawkins répondit dans les règles, tandis qu'il prenait position, paré à mouiller. L'abri de San Juan était en fait constitué par un long banc de rochers parallèle à la côte, sur lequel étaient disposées des batteries balayant le port et grâce à celles-ci tout, pour les Espagnols, aurait encore pu être sauvé, mais quand les canonniers comprirent leur erreur, pris de panique, et négligeant les ordres de Delgadillo, ils sautèrent dans des canots pour se réfugier sur la terre ferme. Hawkins prit aussitôt possession du fort – sans un boulet tiré, il s'était rendu maître d'un port que Menéndez, lors de sa tournée d'inspection, avait jugé imprenable...

Traîtrise

L'Anglais, pour autant, n'entendait pas pousser son avantage : il était dans la situation de *l'arribada maliciosa*, de l'escale forcée, qui en tous ports exigeait qu'on lui portât secours. En position de force, désormais, il fit savoir au gouverneur que ses intentions étaient pacifiques. Les vaisseaux et les entrepôts bourrés de trésors qui attendaient l'arrivée de la *Flota* n'avaient rien à craindre. Par précaution, il adressa un deuxième message aux autorités de Mexico, allant dans le même sens, dans lequel il disait espérer « que l'arrivée de la flotte espagnole, attendue d'un jour à l'autre, n'entraînerait aucune mésentente entre les Espagnols et lui ».

Il était écrit qu'il jouerait de malchance jusqu'au bout. Le lendemain matin, la flotte espagnole fit son apparition : onze gros vaisseaux marchands escortés par deux vaisseaux de guerre. Et à bord du vaisseau amiral se trouvait don Martin Enriquez de Almansa, tout nouveau vice-roi de la Nouvelle-Espagne, qui prit les choses en main dès qu'il fut averti de la situation. Un Anglais, dans un des ports majeurs de l'Empire espagnol ! Pareille impudence ne pouvait rester impunie. Il fallait l'attaquer, sans délai, l'envoyer par le fond, et que sa destruction serve à tous d'exemple ! Les capitaines de ses vaisseaux de guerre parvinrent à le calmer : Hawkins tenait les batteries qui commandaient la passe et la flotte espagnole ne pouvait rester plus longtemps au large, une nouvelle tempête menaçait, il fallait, au moins dans un premier temps, négocier. Hawkins, de son côté, se faisait quelques soucis : laisser entrer cette flotte dans le port, d'une force si écrasante, était peu ou prou se mettre à sa merci, la contraindre à croiser au large était risquer un incident diplomatique majeur. En gage de bonne foi réciproque, il fut donc convenu qu'on s'échangerait dix gentilshommes en otages, tandis que la flotte espagnole viendrait au mouillage. Dès l'accord passé, le vice-roi s'activa à le contourner. Il fit d'abord habiller de fines lingeries quelques matelots, en lieu et place des gentilshommes, mais il y renonça quand un de ses capitaines fit remarquer que de simples marins, se sachant condamnés, vendraient tout de suite la mèche, puis il envoya un message à Santa Cruz pour appeler à lui toutes les troupes disponibles – tandis que Hawkins, de son côté, ajoutait aux batteries commandant la passe des canons débarqués de ses petits bâtiments, et transférait leurs équipages sur le *Jesus*, en les plaçant aux postes de combat.

Il fallut attendre pendant trois jours des vents d'est pour que les marins des deux flottes parviennent à placer côte à côte les navires espagnols et anglais, leurs beauprés presque à toucher les canons à terre braqués sur eux. Dans la nuit du 22 au 23 septembre, le vice-roi convoqua un nouveau conseil, qui décida d'une attaque surprise le lendemain à midi : cent cinquante hommes venus de Vera Cruz seraient cachés pendant la nuit sur le pont de quelques navires et se glisseraient sous les beauprés pour se lancer à l'assaut du fort, tandis que les capitaines, avec cent cinquante de leurs meilleurs soldats, cachés dans un navire marchand entre le *Jesus* et le *Minion*, prendraient le *Minion* à l'abordage.

Rien, évidemment, ne se passa comme prévu. Hawkins, méfiant, n'avait pas été sans remarquer des mouvements suspects pendant la nuit, aussi envoya-t-il Robert Barnett, capitaine du *Jesus*, qui parlait couramment l'espagnol, vérifier auprès du vice-roi que nul traquenard n'était en préparation. À peine à bord du vaisseau amiral, l'anglais fut mis aux fers. Au même moment, un des otages tentait de poignarder Hawkins dans sa cabine, alors que celui-ci prenait une collation. Furieux, Hawkins jaillit sur le pont, pour découvrir que le vice-amiral Ubilla serrait son navire, sabords ouverts, à couple du *Jesus*. Ralliant ses hommes à grands cris, il apostropha Ubilla, l'accusant de traîtrise – ce à quoi l'Espagnol, sur le même ton, répliqua qu'il ne faisait que son devoir. Le ton monta,

Hawkins, de rage, saisit un arc qui traînait à portée et lui décocha une flèche, Ubilla, découvert, dut lancer le signal de l'attaque – une heure plus tôt que prévu. Les forces espagnoles n'étaient pas encore en position, un ponton destiné à être lancé sur le *Jesus* comme brûlot refusa de prendre feu, Hawkins, conscient du péril extrême dans lequel il se trouvait, commença à couper les amarres pour se déhaler, ce que voyant Ubilla lança ses hommes à l'abordage du *Minion* aux cris de « Santiago ! » – pris aussitôt à revers par une charge furieuse des hommes du *Jesus*. « Dieu et saint George, hurlait Hawkins, frappant d'estoc et de taille, sus à ces traîtres et reprenons le *Minion* ! » Les Espagnols, sous le choc, refluèrent en désordre, mais déjà trois autres navires convergeaient vers le *Jesus*, tandis que les hommes de Delgadillo, sortant brusquement de leurs cachettes, tombaient sur les Anglais commandant les batteries à terre. C'était la clé de toute l'affaire – et Hawkins retint un cri de désespoir quand il vit ses canonniers, pris de panique, s'éparpiller en tous sens, et se faire massacrer sans presque se défendre[1]. Les batteries côtières, tournées vers les Anglais, commencèrent aussitôt à tonner. La situation du *Jesus* devenait intenable : « Il avait reçu cinq boulets dans le grand mât, devait raconter plus tard un des marins, son mât de misaine avait été coupé en deux par des boulets ramés et sa coque était trouée comme une écumoire. » Le *Swallow* était sur le point de se rendre, l'*Angel* était coulé, le *Minion* n'était pas en meilleure posture que le *Jesus*, le capitaine Blondel, après une défense héroïque, plutôt que de céder, avait mis le feu à son navire avant de transférer ses hommes sur les bateaux restants, seul le *Judith*, que commandait Francis Drake, paraissait avoir réussi à se dégager, vers un mouillage à l'écart. Perdu pour perdu, restait à vendre chèrement sa peau. Tirant bordée sur bordée, sans tenir compte des dégâts infligés par les batteries côtières, le *Jesus* et le *Minion* envoyèrent par le fond un des navires de guerre espagnols, dont l'épave s'enfonça toute droite dans la vase, et incendièrent le

1. Trois seulement parvinrent à s'échapper. Il n'y eut pas de prisonnier.

deuxième. Debout, face à la mitraille, Hawkins encourageait ses hommes de la voix et, bravache jusqu'au bout – ou bien était-ce déjà la légende en marche ? –, fit appeler son page, Samuel, pour qu'il lui porte une bière, qu'il but à la santé de ses hommes, dans une coupe d'argent. À peine avait-il posé sa coupe que celle-ci vola sous une balle adverse : n'était-ce pas un signe de Dieu, qu'il était protégé ?

La bataille maintenant durait depuis des heures. Le *Jesus* faisait eau de toutes parts. Le cœur navré, Hawkins le fit glisser entre les batteries espagnoles et le *Minion*, sur lequel il entreprit de transporter son chargement d'or et d'argent, et les vivres restants. Il allait réussir, quand les marins virent avec effroi deux brûlots lancés par Ubilla se diriger droit vers eux, portés par la marée. Il fallait se dégager, et vite ! Déjà les hommes coupaient les amarres, les derniers marins du *Jesus* se bousculaient pour passer sur le *Minion*, Hawkins, qui tentait de convaincre les plus hardis de poursuivre le transbordement, fut le dernier à quitter son vaisseau dévasté. La bataille faisait rage depuis six heures déjà, les hommes étaient à bout de forces, quand le *Minion* parvint à se dégager, et à mouiller hors des batteries du fort, non loin du *Judith*.

Le soir tombait, la tempête menaçait, que se passa-t-il alors exactement ? Hawkins envoya à Drake des signaux pour qu'il se porte à hauteur du *Minion* et embarque les hommes qui s'y trouvaient en surnombre. « Ce qui fut fait », devait écrire un des témoins, Job Hortop, trente années plus tard[1], alors que John Hawkins laissa entendre à son retour que son cousin, au contraire, ignorant ses signaux, leva l'ancre dans la nuit, l'abandonnant « en grande misère ». La suite de la carrière de Drake, la folle témérité dont il fit preuve en maintes circonstances rendent peu crédible l'hypothèse d'une fuite honteuse – encore que

1. Dans une deuxième version, cependant, et peut-être à la demande de Drake – car dans sa première version il ne mentionnait même pas le cousin de Hawkins.

le *Judith* fût resté bien à l'écart pendant toute la bataille. Doit-on supposer simplement quelque malentendu ? Ou le calcul cynique qu'ensemble ils ne pourraient se sauver ? Toujours est-il que cette affaire demeura comme une tache, qui devait hanter Drake le reste de ses jours.

Fin de partie

Au petit matin du 23 septembre, le *Judith* n'était plus là. Un vent du nord s'était levé, qui forcissait en tempête, le *Minion* commençait à chasser sur son ancre, menaçant d'être drossé à la côte. Hawkins et ses hommes passèrent ainsi vingt-quatre heures à se ronger d'angoisse, mais le lendemain matin le vent s'était calmé, et ils purent enfin appareiller. Les Espagnols, occupés à piller les épaves dans le port et à fêter leur victoire, ne tentèrent pas de les suivre.

Ils n'étaient pas sauvés pour autant. Sans presque d'eau ni de vivres, sur un navire surpeuplé, peu ou prou transformé en écumoire, que pouvaient-ils espérer ? Après avoir lutté pendant des jours entre les îles au sud de San Juan pour ne pas être repoussés à la côte, une bascule de vent leur permit enfin de faire voile vers le nord, en longeant le Mexique jusqu'à Panuco, où Hawkins jeta l'ancre, à la recherche de vivres et d'eau. Là, une centaine de ses hommes demandèrent à être débarqués : par voie de terre, ils avaient une chance de se sauver, et qui sait ? de rejoindre peut-être la colonie française de Floride, firent-ils valoir, tandis que par mer ils n'en avaient aucune – et sans doute sauvèrent-ils ainsi le *Minion* d'une agonie certaine. Chaque journée qui suivit n'en fut pas moins un cauchemar. Il fallait pomper sans relâche pour maintenir le navire à flot, les vents contraires ralentissaient la marche, les vivres s'épuisaient – à la mi-novembre, ils étaient encore dans le détroit des Bahamas, avec devant eux encore tout l'Atlantique à traverser. Bientôt, pour se nourrir, il fallut faire bouillir les peaux de vache de la cargaison. À la fin de décembre, c'est presque une épave qui jeta l'ancre à Ponte Vedra, sur les côtes portugaises. Combien, de l'équipage, avaient survécu ? Les témoignages, sur ce point, sont quelque peu confus. Il semble que la majorité des survivants, dès que descendus à terre, furent pris de violents malaises, et c'est seulement avec quelques hommes valides que Hawkins put entrer dans le port de Vigo, où des marchands anglais lui fournirent de l'aide, des vivres, et une douzaine d'hommes valides pour ramener le navire en Angleterre. Tel était l'état du *Minion* que Hawkins parvint à grand-peine jusqu'à Mounts Bay, en Cornouailles, où il jeta l'ancre le 17 janvier 1569, incapable d'aller plus loin. Son frère, alerté, lui envoya le nécessaire pour ramener les survivants à Plymouth. Sur l'équipage qui avait quitté San Juan, il ne restait plus qu'une quinzaine de malheureux, rendus au dernier degré de l'épuisement. Et l'on devait apprendre plus tard le sort tragique de ceux qui avaient fait le choix de débarquer sur les côtes mexicaines [1]...

Coïncidence : trois jours avant l'arrivée de Hawkins à

1. Peu après son débarquement, le groupe se sépara en deux. Trente hommes, sous la direction de David Ingram, choisirent de longer la côte, dans l'espoir de rejoindre les Français de Floride. Les autres se dirigèrent vers Tampico, où ils se rendirent aux Espagnols, qui les jetèrent en prison. Après quatre jours d'angoisse, ils furent liés les uns aux autres par des nœuds coulants et conduits à Mexico, à 320 kilomètres de là, où, placés dans des familles riches, ils purent se croire sauvés. Mais l'Inquisition arriva en 1571, qui les jeta de nouveau en prison. Interrogés, torturés, entassés dans des cachots obscurs, ils furent, après plusieurs mois de souffrance, envoyés comme esclaves aux galères, à l'exception de l'un d'entre eux, étranglé et brûlé, et de quelques jeunes, condamnés à faire pénitence dans un monastère. Un de ces derniers, Miles Philips, âgé de 14 ans au moment de la bataille de San Juan, et qui avait été au service de John Hawkins, fut libéré de son monastère au bout de quatre ans et réussit à regagner l'Angleterre après un incroyable périple. De l'autre groupe, seuls David Ingram et deux de ses compagnons retrouvèrent l'Angleterre, après avoir remonté les côtes américaines jusqu'en Nouvelle-Écosse, où un bateau de pêche français les avait recueillis. Sur les vingt-sept autres, trois étaient morts de manière certaine, et les autres, probablement, s'ils n'étaient pas restés parmi les Indiens – en tous les cas, on n'en eut plus jamais de nouvelles.

Mounts Bay, le *Judith* était entré dans le port de Plymouth, apparemment en bon état. Pour Drake, aussi, le voyage avait été long et difficile, et il lui avait fallu remonter très au nord, peut-être jusqu'à Terre-Neuve, contre des vents contraires, pour trouver les vivres nécessaires à la traversée, mais ses soixante-cinq hommes paraissaient en bonne forme – si bonne que William Hawkins, qui croyait le *Minion* perdu, envoya Drake le jour même à Londres pour rendre compte à la reine et aux investisseurs de la traîtrise espagnole. Il y avait urgence, en effet, et d'autant plus que cinquante-quatre caisses de lingots d'argent, d'une valeur de 450 000 ducats, destinées au duc d'Albe, se trouvaient « mises en sécurité » à la Tour de Londres, pour la plus grande inquiétude des Espagnols[1].

Le voyage fut-il le désastre financier qu'on a dit ? Le 22 janvier, alors qu'il pensait encore que le *Judith* était le seul navire sauvé de San Juan, William Hawkins estimait la perte globale à 2 000 livres – quand le *Minion* transportait probablement la valeur de 7 000 livres en or, en argent et en perles[2]. Et tandis que quelques jours plus tard John gagnait Londres avec quatre chevaux de bât lourdement chargés d'or et d'argent, William de son côté mobilisait une escorte armée pour convoyer le reste du trésor. Encore quelques semaines, et William réclamait à cor et à cri que les pertes de l'expédition soient récupérées sur le trésor espagnol gardé en la tour de Londres – et déclarait celles-ci, mais faut-il vraiment s'en étonner ? De vingt cinq mille livres.

L'essentiel, de toute évidence, n'était plus là. Pour la première fois, un acte de guerre avait opposé l'Espagne à l'Angleterre, et dans des conditions qui devaient nourrir d'inextin-

1. Voir plus haut, pp. 228-229.

2. C'était du moins l'estimation des espions de l'ambassadeur d'Espagne à Londres – elle recoupait l'estimation donnée par un marin portugais, Antonio Texara, qui avait fait le voyage jusqu'à Mounts Bay, et selon lequel Hawkins avait réussi à transborder la valeur de quarante mille ducados du *Jesus of Lubeck*.

guibles ressentiments. Les espérances d'un commerce licite, ou toléré, se trouvaient réduites à néant – il ne devait plus y avoir, dans les années qui suivirent, d'autres tentatives de collecte d'esclaves sur les côtes africaines. Hawkins, devenu une légende, couvert d'honneurs, prit en main la réorganisation de la flotte anglaise. Une autre époque commençait, où les « chiens de mer » d'Elisabeth allaient s'acharner à faire payer le plus chèrement possible aux Espagnols l'épisode de San Juan. Des marchands en armes, commerçant « à la pique », laissaient la place à une génération qui n'avait ni leurs soucis, ni leurs scrupules, avide seulement de se servir à la source des trésors espagnols, avec la bénédiction tacite de la reine, dans un jeu à hauts risques, toujours à la limite de la rupture, jusqu'à l'issue que chacun pressentait inéluctable.

Chapitre VII

La légende d'El Dragon

Que se passa-t-il entre Hawkins et Drake quand ils se retrouvèrent ? Nul ne le sait. Le récit qu'en fit plus tard Hawkins sonne comme une accusation. Et les bruits les plus divers ont couru sur les aventures – ou les mésaventures ? – de Drake dans les mois mystérieux qui suivirent son retour. L'historien Antonio Herrera, sur la foi, probablement, des rapports de l'ambassadeur d'Espagne à Londres, soutenait en 1606[1] qu'il avait été jeté en prison par Elisabeth, pour avoir dilapidé, ou détourné, une partie du trésor confié par Hawkins, et n'en était sorti, au bout de trois mois, qu'à force de protestations d'innocence. À Plymouth, il se disait que John Hawkins l'avait renvoyé aussitôt au Mexique, sur le navire le plus rapide de son frère William, avec mission de ramener les cent compagnons laissés à Panuco. Toujours est-il que le jeune homme n'était pas parmi les hommes d'équipage qui vinrent à Londres témoigner sur les incidents de San Juan de Ulúa – mais si voyage il y eut,

1. *Primera parte de la historia general del mundo*, Valladolid, 1606 (t. 1, livre 15, chapitre 18, p. 720).

il fut bref, puisque Drake était en Angleterre le 5 juillet 1569, date de... son mariage, à la Saint Budeaux Parish Church, près de Plymouth[1]. On peut donc supposer que Hawkins passa l'éponge, au nom des liens familiaux, ou parce qu'il avait su discerner les qualités de son cousin, malgré son faux pas.

Passage de témoin.

Ce qui au moins réunissait les deux hommes était un brûlant désir de vengeance. L'idée d'avoir dû abandonner cent de ses hommes en terre espagnole était pour John Hawkins plus insupportable encore que d'éventuelles pertes financières. Il allait affréter dix navires de guerre, tempêtait-il, porter le fer là même où les Espagnols se croyaient le plus à l'abri, capturer une flotte de l'or entière, à son retour vers l'Espagne – Elisabeth mit aussitôt le holà : une crise diplomatique majeure était en gestation, le temps n'était plus aux actions aventureuses. La guerre civile faisait de nouveau rage en France. Les corsaires huguenots, qui avaient fait de La Rochelle leur place forte, opéraient aussi depuis les ports anglais, et particulièrement depuis Plymouth, où ils recevaient un soutien très actif de William Hawkins. La reine, dans un premier temps, avait chargé sir Arthur Champernowne, vice-amiral du Devon, de coordonner l'aide à leur apporter – et les marins anglais, à leurs côtés, s'en donnaient à cœur joie, multipliant les prises, avec ou sans les lettres de marque que la reine de Navarre, pourtant, distribuait généreusement. En février 1569, déjà, le *New Bark*, capitaine Budock, s'était emparé de dix navires espagnols dans le port de Plymouth – et il n'avait pas fallu longtemps pour

1. Ce qui laisse supposer que les rumeurs selon lesquelles Drake aurait détourné une partie du trésor n'étaient pas sans fondement : il lui fallait des moyens nouveaux pour ainsi se marier, et acheter un cottage...

découvrir que John Hawkins était le commanditaire de l'opération, avec son frère et sir Arthur lui-même. Le terrible Jacques de Sores, en Manche, s'emparait de tout ce qui passait à sa portée, sans distinction de nationalité – dont deux riches navires vénitiens qui n'avaient rien à voir avec le conflit en cours. Martin Frobisher [1], un pirate du Yorkshire courant sous lettres de marque huguenotes et hollandaises, multipliait les prises espagnoles et françaises mais ne dédaignait pas au passage de s'emparer de navires anglais. Les marchands de Londres réclamaient à hauts cris une protection, les agents espagnols s'agitaient partout en Angleterre, les nobles catholiques redressaient la tête – il fallait arrêter au plus tôt cette spirale dangereuse, freiner un temps les Gueux de la mer, prendre quelque distance vis-à-vis les pirates huguenots.

Interdit de représailles, restait à John Hawkins la ruse, manière aussi de se venger des hypocrisies de Guerau de Spes. Jouant de George Fitzwilliam et des relations de celui-ci avec le duc de Feria, il entreprit donc de négocier le retour de ses hommes faits prisonniers – contre son implication dans un vaste complot visant rien moins qu'à mettre sur le trône d'Angleterre Marie Stuart. Un banquier italien, Roberto Ridolfi,

---

1. Martin Frobisher fut arrêté en août 1569 et emprisonné à Londres pendant une année. Il est vrai qu'il avait déjà eu maille à partir avec la justice. Né en 1539, il avait été engagé comme mousse par son oncle maternel, sir John Yorke, dans une expédition négrière en 1553. Fait prisonnier par une tribu lors d'un deuxième voyage, il parvint à s'échapper après neuf mois de captivité. Il trafiqua ensuite au Maroc, puis sur les côtes de Guinée entre 1559 et 1562, courant les Portugais avant de rentrer en Angleterre, sur les côtes du Yorkshire, qu'il écuma consciencieusement en compagnie de son frère John et de Peter Killigrew, ce qui lui valut quelques ennuis avec la justice en 1563, puis en 1565, pour des prises illégales. Après son année d'emprisonnement, il se mit au service de la reine, tout en continuant, pendant quelques années, à « butiner » pour son propre compte avant de se faire explorateur, à la recherche du « passage du Nord-Ouest » en 1576, 1577 et 1578. Ses recherches avérées vaines, ses financiers ruinés, il revint à ses premières amours et fut le vice-amiral de l'expédition de sir Francis Drake en 1585 contre Carthagène. Annobli pour sa conduite en 1588 contre l'Invincible Armada, il périt en 1594 dans une bataille contre les Espagnols.

apporterait les fonds, le duc de Norfolk rassemblerait les nobles catholiques, huit mille soldats espagnols, commandés par le duc d'Albe, débarqueraient en soutien à Portsmouth et Harwich – et la flotte des deux frères Hawkins, armée en guerre, protégerait le transport des troupes espagnoles depuis les Pays-Bas. En contrepartie, le roi Philippe pardonnerait à Hawkins, lui verserait 40 000 ducats en dédommagement des désagréments de San Juan de Ulúa et libérerait ses compagnons. C'était, pour Hawkins, jouer avec le feu : il sut ne pas s'y brûler. William Cecil, lord Burghley, le Premier ministre de la reine, était par lui tenu informé de chaque développement du complot – et ses instigateurs se trouvèrent bientôt confondus, au grand embarras du roi d'Espagne, Guerau de Spes expulsé. Le complot, néanmoins, valait comme une alerte : l'Espagne, un jour ou l'autre, reprendrait ses projets d'invasion, auxquels il fallait d'ores et déjà se préparer.

John Hawkins, songea Elisabeth, pouvait être l'homme de la situation. Elle avait eu le temps d'en apprécier les qualités : il était d'une autre trempe que les autres pirates qu'elle avait pu connaître, un monstre froid comme elle, sous les excès apparents de son tempérament, pirate par nécessité bien comprise, mais commerçant avisé avant tout, et entrepreneur de grande ambition. De fait, John Hawkins bouillonnait d'idées neuves. L'expérience du *Jesus of Lubeck* lui avait été précieuse : les navires de ligne anglais, lourds, larges, surmontés d'énormes châteaux en proue comme en poupe, avaient démontré qu'ils n'étaient pas adaptés aux combats modernes, il fallait imaginer des lignes plus basses, privilégier les qualités manœuvrières – bousculant tous les conservatismes, il allait dès lors rassembler les énergies et les compétences, mettre en branle une vaste réforme de la marine anglaise, qui allait lui assurer, à terme, la maîtrise des mers. C'en fut fini, pour longtemps, des aventures océaniques de John Hawkins, désormais cloué à terre, homme de cabinet et de conseils, nommé trésorier de la *Navy* à la suite de son beau-père, Benjamin Gonson, en novembre 1577, tout entier occupé à sa tâche de réforme. Il ne devait pas reprendre la mer avant longtemps – pour un dernier voyage qui devait sonner comme la fin d'une époque.

Il appartenait à Francis Drake, en somme, de reprendre le flambeau. À sa manière, bien différente. Il n'était pas, comme son oncle, d'une famille de notables puissamment installés, il ne se sentait en rien l'héritier de toute une culture commerçante : né dans une famille pauvre de fermiers, avide de réussir quels qu'en fussent les moyens, il était, dans l'âme, un aventurier, impatient et brutal, méfiant au point de la paranoïa, dénué de sens moral mais non de charme, très loin de la légende d'un marin brave et pieux, tout entier dévoué à la cause de son pays, qu'il s'activera lui-même à entretenir, plus tard, et c'est en pirate, libre enfin de jouer sa partie loin du regard de John Hawkins, qu'il allait agir. Au point de devenir en quelques mois une légende, aussi, dans toutes les Caraïbes, incarnation du diable pour les Espagnols effrayés, par eux appelé « El Dragon », dont on allait craindre la fureur, sur toutes les mers du monde...

Préparatifs

Avant d'envisager une opération d'envergure, et d'autant plus s'il s'agissait de pure piraterie, il fallait s'informer, repérer les lieux, se trouver des caches, s'assurer si possible de complicités, trouver les points faibles de l'ennemi, apprécier ses tactiques. Le 25 novembre 1569, William Hawkins quitta Portsmouth à la tête d'une flottille de trois navires, pour un voyage donné comme de simple commerce sur les côtes de Guinée. Après quelques semaines sur les côtes africaines, William s'en retourna en Angleterre, mais avec un seul navire : les deux autres entre-temps, s'étaient éclipsés, direction le Nouveau Monde, sous le commandement de Francis Drake, à bord du *Brave*, 50 tonneaux[1]. S'agissait-il d'une dernière tentative de commerce négrier ? Divers témoignages donnent à penser qu'il s'agissait là d'une couverture, et que le véritable but de Drake était d'information.

Si Drake, avec les Hawkins, avait eu l'idée de s'en prendre à la Flotte des trésors, sans doute en fut-il rapidement dissuadé. Les nouvelles mesures décidées par l'Espagne prenaient leur plein effet, les convois désormais étaient mieux défendus, une escadre faisait la police des mers caraïbes, et venait renforcer la protection des ports aux moments stratégiques, l'ère du commerce « à la pique », du moins à grande échelle, paraissait terminée. Cabotant d'île en île, Drake cependant fit une autre découverte, qui allait orienter toutes ses actions futures : l'implantation progressive de pirates, surtout français, dans des criques discrètes sur la côte, ou dans des îles inoccupées, depuis lesquelles ils lançaient des attaques surprise, souvent à la rame, sur des barques légères, à faibles tirants d'eau, avant de s'esquiver comme ils étaient venus, déjà réfugiés en des eaux où les lourds espagnols trop quillés ne pouvaient les suivre. Jusqu'alors Drake, comme Hawkins, n'avait imaginé ses raids qu'à l'exemple du grand tour des flottes espagnoles, contraints par les courants et les conditions climatiques à un même circuit, toujours aux mêmes mois – et leur port d'attache ne pouvait être bien sûr qu'en la mère patrie. D'un seul coup, la nécessité d'un retour à la mauvaise saison se trouvait différée : ce n'étaient pas seulement des possibilités nouvelles qui s'ou-

1. Bien des choses ont été écrites sur son premier voyage, à la suite du récit qu'en fit Philip Nichols, en 1626. Celui-ci assurait que Drake fit en 1570 un voyage de reconnaissance dans les Caraïbes à la tête de deux navires de faible tonnage, le *Swan* et le *Dragon*. Une patiente recherche dans les archives espagnoles a permis à Harry Kelsey (*op. cit.*, pp. 44-45) de recomposer ce qu'il en fut exactement.

vraient ainsi, mais des coordonnées mentales qui changeaient, première étape d'un inéluctable processus. Allait venir bientôt un temps où, les amarres rompues avec le Vieux Monde, ces bases deviendraient permanentes, colonies, à leur tour mère patrie...

De la contrebande à la pure piraterie

Dès 1571, Drake était de retour dans les Caraïbes, à bord d'une pinasse de 25 tonneaux, le *Swan*[1]. En février, associé à un pirate français, il attaquait un dépôt espagnol installé à Crucès, sur le Rio Chagres, à un peu plus de cinq lieues de la ville de Panamá. Là, dans quarante-sept magasins contrôlés par un alcade, s'entassaient pendant la saison sèche les marchandises, quand les bateaux espagnols ne pouvaient naviguer sur le fleuve pour les transporter jusqu'aux ports de la côte atlantique, Puerto Bello ou Nombre de Dios. Comme l'accès par voie terrestre était presque impossible, à travers les forêts épaisses, les marais, au péril des fièvres, des serpents, des sauriens, et des *cimarrones*, les Espagnols se croyaient donc en sécurité, tandis que le parti de Drake et de son associé, trente-six hommes sur une barque à fond plat, remontaient à la rame le maigre filet d'eau qu'était devenu le fleuve. Les pirates n'eurent pas à aller jusqu'à Crucès : six lieues avant, ils trouvèrent une frégate bloquée sur le rivage et chargée de marchandises, pour une valeur de 50 000 pesos, dont ils se saisirent aussitôt. Le temps que les Espagnols alertent Diego Flores de Valdès, capitaine de l'escadre de haute mer, les pirates étaient déjà rentrés à leur base de Cabo Cativa – depuis laquelle, quelques jours plus tard,

1. Quelques documents tendraient à suggérer qu'il s'agissait en fait d'une expédition de trois vaisseaux, financée par William et George Wynter, avec quelques autres commanditaires, dont, pour le *Swan*, un certain Richard Dennys, marchand d'Exeter.

ils s'emparèrent d'une frégate espagnole, elle aussi lourdement chargée. L'arrivée surprise de l'escadre de Valdès, cette fois, les obligea à abandonner pour 30 000 pesos de prises. Nullement découragés et décidément intenables, les pirates repartirent à l'assaut des magasins de Crucès, qu'ils pillèrent consciencieusement avant de « butiner » au retour dans les îles, où ils s'emparèrent d'une douzaine d'embarcations chargées d'esclaves, de vivres et de vêtements. Enfin, le 8 mai, au large de Cabo Cativa, ils prirent à l'abordage la frégate de Carthagène, après une féroce empoignade – pour découvrir, dépités, qu'elle ne transportait que du courrier d'Espagne, aussitôt passé par-dessus bord. Fort heureusement, ils se consolèrent vite, par un autre raid sur le Rio Chagres, au cours duquel ils capturèrent tous les bateaux rencontrés, pour un butin estimé à 70 000 pesos. Désespérés, les marchands de Nombre de Dios mobilisèrent leurs frégates pour tenter eux-mêmes une expédition punitive – vaine, bien entendu. Innombrables étaient les criques discrètes, immense le territoire à surveiller : pas moins de 800 kilomètres de côte entre Carthagène et Nombre de Dios ! Drake, prudent et craignant quelque arrivée surprise de Valdès, s'était de toute manière éloigné de Nombre de Dios, jusqu'à une baie tranquille sur la côte d'Acla, quinze lieues plus à l'est, qu'il avait nommée Port Pheasant. Protégée de tous les vents, poissonneuse, riche en sources claires, assez profonde pour pouvoir y mouiller quelle que soit la marée, ce pouvait être, se dit-il, une base arrière idéale pour de futures actions. Des noirs *cimarrones* vivaient non loin, avec lesquels il avait pactisé : on estimait que sur le millier d'esclaves arrivant chaque année dans les Caraïbes, près d'un tiers s'échappaient. Tous ceux-là pouvaient être de précieux alliés connaissant admirablement le terrain et vouant aux Espagnols une haine farouche, songeait déjà Francis Drake.

Enterrant des vivres et la part de butin qu'il ne pouvait

transporter, Drake fit voile vers l'Angleterre dans le mois de juin 1571, avec trois navires chargés presque à ras bord. Sa situation était pour le moins incertaine : par quelque bout qu'on le prît, il s'agissait de pure et simple piraterie, sans le moindre agrément royal, ou même une lettre de marque. Plus prudent, se dit-il, était d'accoster à l'écart de Plymouth, le temps de voir venir.

Coup de chance – de ces coups qui, pour une action vous menant logiquement au gibet, vous valent soudain tous les honneurs, et font d'un brigandage une entreprise patriotique – on était encore dans le suites du « complot Ridolfi ». Toutes les relations diplomatiques se trouvaient rompues avec l'Espagne, il ne pouvait être question, pour la reine, d'accéder à ses demandes de poursuites. En un seul voyage, Drake devenait un homme riche, à défaut d'être encore honoré : le butin, selon les rapports espagnols, était estimé à cent mille livres, ce qui laisse supposer, même en faisant la part de l'exagération, un coquet bénéfice pour Drake et ses commanditaires. Assez puissant désormais pour jouer sa propre partie, le pirate s'activa à de nouveaux préparatifs...

Premier apprentissage

Le 24 mai 1572, Drake quitta Plymouth avec soixante-treize hommes d'équipage, sur deux navires apparemment modestes, mais parfaitement adaptés à ses projets : le *Pascoe*, 40 tonneaux, qu'avec son frère il venait de racheter à John Hawkins, et la pinasse *Swan*, de vingt-cinq tonneaux. À bord, il transportait trois autres pinasses, de 10 tonneaux chacune, en pièces détachées, le *Lion*, le *Minion*, le *Bear*, qu'il comptait assembler à Port Pheasant, puis des vivres pour un an, et des armes à profusion. Joseph, le frère cadet de Francis Drake, était du voyage, ainsi qu'un autre jeune homme qui allait faire parler de lui : John Oxenham. C'était la veille de Pentecôte, les Hawkins étaient venus leur souhaiter à tous bonne chance et l'on aurait dit un passage de témoin, ou de génération : tous les marins engagés dans l'aventure, sauf un, avaient moins de trente ans.

Douze jours plus tard, ce qui donne une idée de la rapidité de sa navigation, Drake était déjà à hauteur des Canaries. Ne voulant surtout pas être repéré, il « ne cargua jamais ses voiles, ne jeta jamais l'ancre, et ne s'arrêta sous aucun prétexte, ni là ni ailleurs, pendant trente-cinq jours[1] » – jusqu'à l'île de la Dominique, où il fit discrètement aiguade et se reposa pendant trois jours. À Plymouth, ils étaient convenus avec deux autres capitaines, John Garrett et James Raunse, de se retrouver à Port Pheasant pour des expéditions communes. Quand il arriva à sa base secrète, le 12 juillet, ce fut pour y découvrir les traces encore d'un feu, et un message cloué à un arbre : « Capitaine Drake, si par chance vous arriviez à ce port, hâtez-vous de le quitter, car les Espagnols ont découvert la place et emporté tout ce que vous y aviez laissé. Je quitte l'endroit ce jour, 7 juillet 1572. Votre très affectionné ami, John Garrett. »

Il avait mené un train d'enfer depuis Plymouth, mais Raunse ne devait pas être loin derrière. Négligeant la mise en garde de Garrett, Drake décida de rester quelque temps à Port Pheasant – le temps au moins que ses charpentiers assemblent les trois pinasses. Le lieu était paradisiaque, bercé de chants d'oiseaux, les fruits abondaient alentour, chaque pêche était miraculeuse, mais les hommes n'eurent guère le temps d'en profiter. Drake voulait voir construit, le plus vite possible, un solide fortin de trente bons pieds de haut, ouvert seulement côté mer, et ses hommes y travaillaient déjà quand les voiles de Raunse,

1. Thomas Drake, son neveu, en fit un récit, en 1592, revu par Francis Drake lui-même. Publié par Philips Nichols en 1626 sous le titre *Francis Drake revived*, il eut un grand succès.

le lendemain, montèrent à l'horizon. Un autre navire le suivait, le courrier de Séville capturé au passage, que pilotait John Overy, le second.

Le fort terminé et solidement gardé, les deux hommes décidèrent d'unir leurs forces pour une attaque surprise sur Nombre de Dios. Là, chaque année à la saison des pluies, la Flotte de l'or venait y charger les trésors convoyés depuis Panamá, à travers l'isthme. Savaient-ils seulement l'état de la ville – une simple bourgade de cent cinquante à deux cents maisons, presque toutes désertées dès après le départ des galions, et qui ne reprenait vie qu'une fois l'an ? Il semble bien que non. À l'île des Pins, ils firent prisonniers des esclaves qui chargeaient du bois dans deux frégates espagnoles, mais leurs informations s'avérèrent confuses, ou erronées, les uns décrivant la ville presque sans défense, les autres assurant qu'une garde de cent cinquante hommes au bas mot la protégeait, avec l'appui d'une batterie d'artillerie, installée sur une colline à l'est. Toujours est-il que l'attaque qui suivit, hissée plus tard par ses laudateurs aux dimensions de l'épopée, acte de naissance, en somme, d'un héros de légende, à y regarder de plus près fut un complet ratage.

Qu'apprirent-ils réellement des esclaves prisonniers ? L'étrange de l'affaire est que Raunse, dès ce moment, apparut en retrait, choisissant de rester à l'île des Pins garder les trois vaisseaux tandis que Drake conduisait l'assaut sur ses pinasses, plus une chaloupe cédée par Raunse. Dans la nuit du 28 août, cinq jours après avoir quitté l'île des Pins, Drake et ses hommes abordèrent à Rio Francisca, à quelques milles de la ville, et, à la clarté de la lune, s'en approchèrent vers la ville. La chance d'abord les servit, qui leur permit de s'emparer sur le rivage, par un complet hasard, des couleuvrines qui constituaient le seul armement de la ville. Pour les hagiographes de Drake, celui-ci, déguisé en Espagnol, avait exploré l'année précédente les moindres recoins de Nombre de Dios, et il dirigea donc ses hommes, d'un pas sûr, vers les points stratégiques. La réalité semble bien différente. Drake perdit un temps précieux dans les collines, à chercher les batteries inexistantes. Puis divisant ses forces, après moult hésitations, marches et contre-marches, il se dirigea avec le gros de ses troupes vers la place centrale, tandis que son frère, Oxenham et seize autres hommes contournaient la ville par l'est. Ils avaient déjà perdu tant de temps, fait tellement de vacarme, que l'effet de surprise était manqué, et un tir nourri accueillit les pirates sur la place. Un jeune trompette s'écroula, raide mort, plusieurs hommes furent blessés, Drake lui-même reçut une balle dans la jambe, mais les Espagnols s'enfuirent quand survinrent les hommes d'Oxenham et de John Drake aux cris de « Saint George ! » – il est vrai que ces villageois n'étaient au total qu'une quarantaine, hommes et femmes, en comptant les esclaves...

Drake, que sa blessure gênait fort, et qui perdait son sang en abondance, envoya son frère forcer les portes de la maison des trésors – las, celle-ci était vide : la flotte de Séville était déjà passée, il ne restait plus rien dans Nombre de Dios, presque abandonnée. La pluie commençait à tomber dru, les assaillants, perplexes, allaient et venaient sur la place, ne sachant trop que faire, quand une salve soudaine partit de l'obscurité de la forêt : une douzaine d'Espagnols décidés avaient profité de la pluie pour risquer une contre-attaque, et les Anglais refluèrent piteusement vers les pinasses, emportant en maigre lot de consolation un bateau chargé de vin à l'ancre dans le port – juste au moment où une couleuvrine, récupérée sur le rivage, commençait à tonner.

L'échec était complet. Plus tard, enjolivée au fil de maints récits, et d'abord par Drake lui-même, l'attaque prit des proportions épiques : le premier acte de la geste d'un géant. Et son grand hagiographe, Philip Nichols[1], imagina

1. *Francis Drake revived*, 1626.

que les hommes, enfonçant les portes de la cave du gouverneur, découvrirent, à la lueur tremblante des torches, un trésor fabuleux, propre à faire perdre l'esprit : des barres d'argent, chacune de 35 à 40 livres, empilées comme des briques, sur vingt-trois mètres de long, trois de large et quatre de haut. Ils allaient s'en emparer quand Drake les rappela : la maison des trésors était pleine d'or, de bijoux, de pierreries, d'un transport plus facile sur les pinasses ! Les hommes allaient s'exécuter, quand ils découvrirent la blessure de leur chef, et comme il saignait abondamment, pris de panique, craignant de le perdre, ils avaient préféré tout laisser là, et le sauver, en s'échappant. Une belle fable, assurément – mais une fable. Comment imaginer que de pareils trésors aient pu être laissés à Nombre de Dios sans défenses, dans un village abandonné, après le passage de la *Flota* ?

Un ratage, autant dû à l'impréparation des hommes qu'aux faiblesses du commandement. Hésitations, contrordres, perte de temps, affolement, et pour finir fuite précipitée devant une poignée de villageois : ce ne sont pas seulement des plaies physiques que nos aventuriers allèrent guérir à quelques milles de là, sur l'île Bastimentos, avant de mettre le cap sur l'île des Pins, où Raunse devait commencer à s'impatienter – et tous alors ruminaient des pensées bien amères. Comment se présenter à l'île des Pins avec pareil bilan ? À mi-route, Drake, changeant brusquement d'idée, envoya son frère John et un autre marin sur une des pinasses, vers l'embouchure du Rio Chagres, voir si par hasard ils n'y trouveraient pas à se consoler de leur déconvenue. Puis, quelques jours plus tard, le 7 août 1572, on le retrouva rôdant à hauteur de Carthagène. Après avoir caché ses deux bateaux près de l'île de Carex, il attaqua le port de nuit, avec ses trois pinasses – pour le découvrir vide, abandonné. Un vieillard oublié dans une petite frégate leur apprit que l'alarme avait depuis longtemps été donnée, et qu'un navire marchand, ses cales pleines, se cachait derrière une pointe, prêt à lever l'ancre au petit jour. Était-ce le signe, enfin, que la chance tournait ? La nuit était noire encore, les pinasses glissaient, silencieuses, contournaient la pointe, le navire était là, presque à portée – las, déjà des cris d'alerte retentissaient, le navire laissant filer son ancre, choisit de s'échouer, et dans les premières lueurs du jour ils virent un parti de cavaliers espagnols accourir en toute hâte, monter à bord, prêts à la bataille – si nombreux que le pirate, prudent, choisit de renoncer. Toute la côte résonnait de cris, d'appels, des couleuvrines tonnaient, vers le goulet de l'île de Carex où se trouvaient à l'ancre le *Swan* et le *Pascoe*...

Ici se situe un des épisodes les plus étranges de cette aventure. À en croire Nichols et ses suivants, Drake, devant l'évidence que ses hommes, décimés par les fièvres, n'étaient plus assez nombreux pour mener deux navires, choisit de sacrifier le plus petit, le *Swan*, et comme il savait l'affection de son frère John pour ce navire, dont il avait le commandement, il demanda à son maître charpentier, Tom Moore, de percer discrètement la coque pendant la nuit, plaçant du coup ses hommes devant le fait accompli – mais c'est faire peu de cas de la chronologie, comme de la vraisemblance : le *Swan*, plus prosaïquement, prit feu, sous les coups des couleuvrines espagnoles, et sombra[1]. Drake, de son côté, s'empara bien de deux navires, qui faisaient voile vers Carthagène, mais ils ne portaient que des dépêches, et le pirate, furieux, les incendia tous les deux.

Tout autre que Drake se serait découragé. Raunse l'avait abandonné – convaincu que son associé avait le mauvais œil, ou pressé de rentrer à la bonne saison, il avait quitté le mouillage de l'île des Pins dès après l'échec de l'attaque de Nombre de Dios. Les hommes murmuraient, les jours passaient, qui allaient

1 Voir Kelsey, *op. cit.*, p. 57.

bientôt rendre le retour impossible, c'était à croire que la mer, devant eux, se vidait de toute prise, et pourtant il s'obstinait : il ne rentrerait pas en Angleterre sans trésor ni sans gloire. S'il fallait, il passerait là les mois mauvais, établirait à terre un camp plus sûr que Port Pheasant ou l'île des Pins, en attendant le retour de la Flotte des trésors.

Tenir ! Encore fallait-il que le mauvais sort leur laisse quelque répit. Il ne se doutait pas, alors, tandis qu'il prenait le pari de rester, que le cauchemar ne faisait que commencer. Il leur fallait des vivres, un butin même modeste pour ranimer leurs espérances – ce ne fut, pendant des mois, qu'une succession d'échecs. Échec au dépôt de marchandises de Nuevo Reyno de Granada, sur le Rio Grande de Magdalena, où ils ne trouvèrent que de rares provisions, après des journées de lutte dans des marécages infestés de moustiques. Échec de journées de chasse entre Carthagène et Tolu, ne s'emparant que de bateaux sans cargaison ou presque. Naufrage sur les récifs de Cativas de deux des bateaux dont ils venaient tout juste de s'emparer[1]. Échec encore à la mi-octobre 1572, et des plus humiliants, lorsque Drake et ses hommes, ayant capturé deux navires marchands, dont l'un de 50 tonnes, devant Carthagène, s'avérèrent incapables de les sortir du goulet et durent les abandonner. Échec à Nuevo Reyno une deuxième fois, dont les habitants, à leur approche, s'étaient évanouis dans la nature, et piteuse débandade encore devant Santa Marta, à la première salve tirée depuis le fort. Les vivres commençaient à manquer, lorsque enfin une frégate apparut, chargée de provisions séchées. Un signe de Dieu, s'écria aussitôt Francis Drake, un signe du ciel qu'il fallait poursuivre !

Le pire, pourtant, était encore à venir. À peine installés, en novembre, dans leur nouveau refuge de l'île de Cativas, bap-

1. Le bois de leurs coques servit au fort qu'ils construisirent à terre.

tisé Fort Diego, les hommes se trouvèrent pris de fièvres[1]. En quelques jours trente-huit d'entre eux moururent, dont son frère John. Ne lui restaient plus, de valides, qu'une quarantaine à peine. Comment, réduits à une poignée, rêver encore des trésors espagnols ? Restait une solution : les *cimarrones*, réfugiés dans les profondeurs de la jungle, que son frère John avait approchés dans le mois de septembre. S'il savait s'en faire des alliés, rien n'était encore perdu...

Au début de janvier, un parti de cimarrons vint le prévenir que la flotte de Séville arrivait à Nombre de Dios. Une des pinasses, envoyée aux nouvelles, revint en toute hâte : la côte était en effervescence, les bateaux sillonnaient la mer en tous sens, la vie paraissait revenue d'un coup. Drake, depuis longtemps, avait son plan en tête. Les convois d'or, d'argent, de pierres précieuses, les trésors arrivés par bateaux du Pérou allaient bientôt s'ébranler de Panamá, sur la côte Pacifique, pour rejoindre Nombre de Dios par la piste de Crucès. Qui l'imaginait encore en ces lieux ? La surprise serait complète...

Ils n'étaient plus que dix-huit Anglais valides et une trentaine de cimarrons quand ils se lancèrent à travers la forêt. Le neveu de Drake, plus tard, devait décrire ce voyage comme une promenade de santé, « fraîche et agréable, grâce aux grands et beaux arbres si denses », les cimarrons initiant les Anglais aux merveilles et aux ressources de la forêt tandis que Drake leur enseignait le Notre Père – en fait, sans l'aide de leurs nouveaux alliés, les Anglais auraient péri en route, ou s'en seraient retournés, découragés. Pataugeant dans la jungle étouffante, au péril des rivières, des marais, bloqués sans cesse par les troncs effondrés, l'enchevêtrement inextricable d'une végétation exubérante, les à-pic des montagnes, c'est tout juste s'ils parvenaient à avancer sans aide – tandis que les cimarrons ouvraient la piste, portaient armes et bagages, chassaient et pêchaient en

1. Sans doute s'agissait-il de la fièvre jaune.

chemin, préparaient abris et repas. Après six jours de marches épuisantes, ils arrivèrent à la ligne de crête. Là, un noir montra à Drake un arbre gigantesque, où des marches avaient été taillées dans le tronc. Une plate-forme se devinait parmi les hautes branches. Drake y monta, puis Oxenham, et, le cœur battant, ils découvrirent au loin, devant eux, une mer qui brillait : le Pacifique ! Derrière, se pouvait voir l'Atlantique.

Drake, bouleversé, se serait alors jeté à genoux, priant Dieu de lui permettre, un jour, d'être le premier Anglais à sillonner cet océan – et Oxenham aurait redoublé sa prière [1]. Le premier à être exaucé – pour son malheur ? – ne devait pas être celui que l'on pouvait attendre...

Ils reprirent leur marche, maintenant plus rapide, et quinze jours après leur départ de la côte atlantique, ils arrivèrent en vue de Panamá. Un espion cimarron envoyé aux renseignements revint, surexcité : un convoi de quatorze mules chargées d'or et de pierres précieuses, mené par le trésorier de Lima, qu'accompagnait sa fille, quitterait la ville la nuit même. Drake, aussitôt, leva le camp : il fallait s'éloigner de la ville, attendre le convoi vers Crucès – et, de là, descendre le Rio Chagres. Vers Crucès, ils se saisirent d'un arquebusier espagnol envoyé en éclaireur qui, menacé des pires tortures, confirma la prochaine arrivée du trésor. Oxenham et les cimarrons se dissimulèrent d'un côté de la piste, Drake et ses hommes de l'autre. Quatorze mules, ployant sous les trésors ! Déjà, ils entendaient leurs clochettes, annonçant leur approche...

Il était écrit que le guignon les accompagnerait jusqu'au bout, qu'un cavalier espagnol prendrait quelque avance sur le convoi, qu'à l'instant où il surgirait de la piste un rai de lune éclairerait la chemise trop blanche d'un des Anglais : avant que nul n'ait pu esquisser un geste, l'homme était reparti ventre à

1. Nichols, *op. cit.*, situe cet événement le 11 février 1573. Il se trompe d'une bonne quinzaine de jours.

terre, sonnant l'alerte. Les seules mules dont les hommes de Drake purent se saisir étaient celles portant des provisions, laissées là par le trésorier pour mettre plus vite à l'abri de Panama et le trésor et sa fille. Manqué, une fois de plus...

Fous de rage et de frustration, les pirates, contraints de faire retraite avant que n'arrivent les forces espagnoles, pillèrent Crucès avant de la brûler – mais bien maigre leur parut cette consolation, quand ils durent s'enfoncer de nouveau dans cette jungle qu'ils avaient eu tant de mal à traverser. Les hommes s'effondraient, épuisés, les cimarrons, bientôt, durent les porter sur leur dos – et quand ils regagnèrent Fort Diego, ce fut pour apprendre des hommes restés au fort que les réserves de vivres étaient à peu près épuisées.

Oxenham sur le *Bear*, Drake sur le *Minion*, partirent chacun en chasse, ne rêvant plus que de « dindons et de porcs bien gras pour remplir les garde-manger ». Au bout de quinze jours, Drake dut rebrousser chemin, bredouille. Oxenham, lui, avait eu plus de chance, qui rapporta au fort une frégate de 20 tonneaux chargée de provisions. Le bateau paraissait bon, dont Drake fit aussitôt son navire amiral et, requinqués, les pirates reprenaient la mer quand ils tombèrent sur un corsaire français, Guillaume Le Testu, dont le navire, de 80 tonneaux, s'était échoué sur un banc de sable. Les deux hommes trouvèrent aussitôt à s'entendre. Comment en aurait-il pu aller autrement, entre « gens chastouillez par l'amorce de l'or » ? Le Français avait soixante-dix hommes d'équipage, c'était peut-être enfin la chance tant attendue...

Ce très mystérieux Le Testu...

Que faisait là ce Le Testu ? La plupart des historiens, surtout occupés par la légende de Drake, le disent pirate ou corsaire, comme tant d'autres alors, et passent. Plus que corsaire, pourtant, il était pilote, et cosmographe, auteur en 1556 d'une « *Cosmographie universelle selon les navigateurs tant anciens que modernes* » dédiée à Coligny, où se trouvait abondamment décrite une *terra australis* placée entre le détroit de Magellan et les îles polynésiennes [1]. Et il se trouvait probablement là moins pour la course que pour une mission d'exploration très discrète. Aujourd'hui encore, l'expédition dont il était l'éclaireur n'a pas livré tous ses secrets, même si Charles de La Roncière a réussi à lever pour nous un coin du voile – et l'histoire vaut d'être contée, car elle aurait peut-être changé la face des choses en Amérique, si elle ne s'était pas trouvée mystérieusement interrompue...

Au début de l'année 1572 avait commencé à courir en France le bruit qu'une expédition se préparait, conçue « par un très grand seigneur », avec pour objectif les « Indes du Pérou », la plus riche des colonies espagnoles. Une de ces entreprises chimériques, comme il en foisonnait alors, déjà oubliées à peine qu'énoncées ? Dans les derniers mois de 1571, alors que Catherine de Médicis s'obstinait à marier un de ses fils à Élisabeth d'Angleterre, un diplomate, François de Noailles, avait imaginé déjà que plus simple, et rapide, était de s'emparer de l'Irlande, le « Pérou de l'Angleterre » [2]. Cette fois, pourtant, les choses paraissaient sérieuses : Philippe Strozzi [3] y engageait sa seigneu-

1. Ce continent, généreusement peuplé de monstres fabuleux, était décrit avec un rare luxe de détails, « mais ce que j'y ay marqué et dépainct, avouait ingénument Le Testu, n'est que par imagination, pour ce qu'il n'y a encore eu homme qui en ait faict descouverte certaine » (cf. Charles de La Roncière, *op. cit.*, p. 126).

2. « Et je veux estre dégradé de noblesse, si le sieur de Strossy et le capitaine Gourgues, avec sept ou huit mil arquebusiers françois, huit cens ou mil chevaulx et six pièces d'artillerie, ne font la réduction de ce royaume en moins d'un an » (*in* La Roncière, *op. cit.*, pp. 121-122).

3. Né à Venise en 1541 de parents florentins, Philippe Strozzi fut élevé comme enfant d'honneur près du futur François II. Naturalisé français en 1558, il avait participé, jeune capitaine, au siège de Calais en 1558. Maître de camp en 1564, puis colonel général de l'infanterie, il devait participer au siège de La Rochelle en 1573.

rie de Molé, en Normandie, Louis de Lur-Saluces plaçait en l'affaire tous ses avoirs et entraînait ses amis à sa suite, Dominique de Gourgues s'endettait lourdement pour armer le *Charles*, Clermont-Tallard, Saint-Gelais de Lansac, favoris du duc d'Anjou, se retrouvaient aux côtés du huguenot « d'Ouartil, gentilhomme de Picardie, n'ayant qu'une jambe et l'autre de bois », ou de Piles, le défenseur de Saint-Jean-d'Angély, qui emmenait quinze cents huguenots, René de Laudonnière remettait en état le *Comtesse-Testu*, par le biais d'une société en commandite rassemblant marchands rouennais, officiers et jusqu'au cardinal de Bourbon. « Les chefs ne manquaient pas, car ils s'asseuroient tellement de ce butin, que la pluspart vendirent leurs terres ; presque tous s'obligèrent à leurs créanciers pour équiper navires en guerre et avoir suite d'homme asseuréz », écrira dix ans plus tard Piguerre dans son *Histoire de France soubs le règne des rois très chrétiens.* Ludovic de Nassau, disait-on, serait lui aussi de l'aventure, qui mobilisait les Gueux de la mer. De sept mille à huit mille arquebusiers devaient embarquer à Bordeaux, sur dix mille à douze mille hommes de troupes prévus au total, avec soixante-douze pièces d'artillerie et tout le nécessaire pour fonder une colonie. Bayonne armait trois vaisseaux, Saint-Jean-de-Luz six, Le Havre, trois grandes galiotes, une centaine de bateaux allaient bientôt se rassembler – c'était assurément la plus forte flotte jamais constituée pour une entreprise au-delà des mers.

L'Espagne, le Portugal et l'Angleterre, à des titres divers, commençaient à s'inquiéter. Informés des rêves de Noailles, Walsingham et lord Burghley demandèrent des explications. Sur ce, un prisonnier évadé arriva à Madrid avec la nouvelle qu'au printemps 1572 une énorme expédition française allait s'emparer de Panamá. D'autres indices, pourtant, suggéraient la

Nommé lieutenant général de l'armée navale en 1581, il périt en 1582 dans un combat naval contre les Espagnols aux Açores.

quête de cette *terra australis* qui enfiévrait alors les imaginations. Un cosmographe de Lisbonne, Bartholomeu Velho, introduit auprès de Charles IX par Francisque d'Albaigne, en avait vanté les merveilles, juste avant de décéder dans des circonstances obscures, à Nantes, le capitaine Minguetière prenait la mer vers les Moluques, et Charles IX pressait Philippe II de sortir des prisons de Middelburg, où ses geôliers espagnols le laissaient mourir de faim, un certain Guillaume le Testu, cosmographe, qui tenait lui aussi pour l'existence de cette *terra australis*. À moins bien sûr qu'il ne s'agît de leurres, masquant une offensive majeure sur les trésors espagnols d'Amérique : quelle force pourrait protéger alors les flottes de Séville, ou les mines du Potosí ? Les Français dans cette hypothèse, pourraient contrôler à leur guise le détroit de Floride, sans même avoir à déclarer guerre ouverte, au titre simplement de la justice faite aux crimes de Menéndez. La réponse de Charles IX aux questions des ambassadeurs d'Espagne et du Portugal que l'expédition « ne causerait de dommage ni à l'un ni à l'autre » n'était pas précisément pour rassurer.

Madagascar, les mers de l'Inde, le continent austral – ou les royaumes d'Amérique ? Minguetière, au lieu de gagner les Moluques, rôdait entre les îles des Caraïbes, il se disait même qu'on l'avait capturé au large d'Hispaniola, après un combat héroïque. Le *Fieux* du Tréport, le *Serpent* du Havre avaient été vus au large de La Havane, le *Dragon*, du Havre pareillement, devant Carthagène, le *Grande* et le *Foudre* de Fécamp avaient été coulés près de Trinidad [1]. Plus discrètement, et à l'insu des espions espagnols, le capitaine Maillard, de Fécamp, explorait les Antilles avec quarante hommes d'équipage, en notait les merveilles et les ressources, commerçait avec les Indiens caraïbes, découvrait la richesse en cochons sauvages de la

1. Le capitaine Grandville, croulant sous le nombre, avait fait sauter son navire plutôt que de se rendre.

Jamaïque, avant de s'en retourner sauf[1]. Quant aux motivations de Philippe Strozzi, le sieur de Torsay, dans son *Tombeau du haut et puissant seigneur Philippe de Strozzi*[2] les résume par ceci, qu'il pensait « descharger (la France) des hummeurs peccantes qui la faisaient si souvent récidiver » en offrant une Nouvelle-France aux protestants, joignant « par ce moyen les mines d'or, d'argent et de pierreries à nos "mines" naturelles, blés, vins et merceries, sans rien devoir "à la miséricorde d'autrui[3]" ».

Un vaste projet, on le voit, bien plus vaste assurément que les chapardages d'un pirate solitaire comme Drake. Mais comment résister à l'odeur si entêtante de l'or, quand elle vient vous « chastouiller » le nez ?

Débuts de la légende

Faisant voile vers le Rio Francisco, ils jetèrent l'ancre à l'est de Nombre de Dios. Là, Le Testu prit avec lui vingt de ses hommes, Drake une quinzaine, plus vingt Noirs cimarrons, et ils gagnèrent par terre les abords de la bourgade[4]. À en croire les espions cimarrons, un convoi de deux cents mules devait arriver incessamment au port, où déjà la flotte de Séville les attendait. À peine s'étaient-ils mis en place pour une embuscade qu'un tintement de cloche annonçait l'arrivée du trésor...

L'attaque, cette fois, fut une complète surprise : les gardes espagnols, quarante-cinq au total, se croyaient rendus au port,

1. Sauriens grimpant aux arbres pour se gaver de fruits délicieux, oiseaux gros comme des poules s'abattant la nuit sur leurs feux de camp, patates offertes par les Caraïbes qu'ils cuisent sous la braise, ou dans un pot, Maillart note tout, avec un bonheur gourmand, comme s'il pénétrait en pays de cocagne (cf. La Roncière, *op. cit.*, p. 129, et I.P.T., *Histoire véritable de plusieurs voyages aventureux*, p. 63).
2. Paris, 1608.
3. La Roncière, *op. cit.*, p. 122.
4. À proximité de laquelle ils arrivèrent le 29 avril 1573 : Nichols, ici, se trompe de quatre semaines.

dont on pouvait entendre la rumeur, derrière les arbres, le bruit clair des marteaux des charpentiers préparant les navires, quand une grêle de balles s'abattit sur eux. Les Espagnols, surpris, ripostèrent en désordre, avant de se débander, déjà les marins s'emparaient des mules, ouvraient leurs paquetages...

Il y avait là une fortune. Colossale. Dépassant l'imagination. Quinze tonnes d'argent, au bas mot ! Et de l'or, par sacs, par caisses pleines, des bijoux, des pierreries. Les cris au loin disaient l'alarme donnée, il fallait se sauver au plus vite, retrouver les pinasses au lieu de rendez-vous. C'est à ce moment-là qu'on découvrit Le Testu gisant, blessé au ventre. Un noir cimmaron avait été tué, quelques flibustiers français blessés. La fuite commença, désordonnée, les mules, rétives, se cabraient, les blessés ralentissaient la marche, jamais les pinasses, en un seul voyage, ne pourraient apporter l'énorme chargement. À mi-chemin, ils firent halte : mieux valait enfouir les sacs d'argent à l'écart de la piste sous les feuilles, les racines, dans les terriers qui abondaient alentour, se charger seulement de l'or et des pierres – et laisser là Le Testu, au pied d'un arbre, avec deux compagnons : ils reviendraient les chercher, eux et l'argent, promis, dès l'or transbordé sur les bateaux. Et leur course reprit.

... Une flottille de frégates espagnoles était mouillée, là exactement où les pinasses devaient venir les prendre. Les hommes, un instant, vacillèrent. La chasse était lancée, depuis Nombre de Dios, allaient-ils finir sur ce rivage, pris entre deux feux ? Il était dit que rien, jamais, ne découragerait Francis Drake : alors que tous déjà se lamentaient, il rassembla une fois encore les énergies. Les troncs abondaient autour d'eux, de jeunes arbres abattus par les ouragans : sur un radeau, ils pourraient gagner une des îles proches, et de là faire signe aux pinasses qui devaient rôder au large, hors de la vue des frégates espagnoles ! Le vent se leva, les vagues se creusaient de plus en plus, balayant le radeau, ils n'avaient pour toute voile que la toile de leurs sacs de biscuits, mais au bout de six heures d'efforts désespérés, quand ils se croyaient perdus, ils finirent par être aperçus par les pinasses, au large. À l'instant de monter à bord, Drake trouva encore la force de sortir de sa chemise un lingot d'or en criant : « Grâce à Dieu, nous sommes enfin au bout de notre voyage ! »

Dès la nuit venue, ils repartirent à la recherche de Le Testu, et du chargement d'argent – mais les Espagnols étaient passés par là, Le Testu était mort, un des marins avait été capturé et torturé jusqu'à ce qu'il livre les caches du trésor. Il en restait, cependant, assez pour charger chaque homme du détachement, et le butin récupéré fut rajouté au trésor que les deux équipages se partagèrent, avant de se quitter [1].

Il était temps, maintenant, de rentrer – en espérant que les bateaux, fatigués par leur séjour dans ces eaux chaudes, résisteraient aux houles atlantiques. Le *Pascoe* était rendu à bout, seule la frégate capturée par Oxenham au printemps paraissait en état. Mais la chance désormais était de leur côté : au sortir du Rio Grande de la Magdalena, début juin, ils s'emparèrent d'une frégate de 25 tonneaux, aux cales remplies de vivres : ils pouvaient maintenant affronter l'Atlantique ! À l'instant du départ, en remerciement, ils offrirent au chef des cimarrons un cimeterre richement décoré, et, à ses hommes... les ferrures des pinasses qu'ils venaient d'incendier.

Le retour fut rapide. À la mi-juillet, ils passaient le détroit de Floride et, le 9 août 1573, jetaient l'ancre dans le *Sound* de Plymouth. Le port était vide, car c'était un dimanche, mais un homme sur les quais reconnut le pavillon de Drake, à la tête de mât de cette curieuse frégate aux formes espagnoles, et il courut à l'église proche en criant que Drake, que l'on croyait mort depuis longtemps, était là de retour. Le pasteur interrompit son sermon, et l'église se vida comme par enchantement. Bientôt

1. Chaque marin français reçut une part de 60 000 livres, selon le sieur de Torsay.

toute l'Angleterre bruissa du récit sans cesse enjolivé des exploits du marin qui avait capturé la fortune du Pérou, rapportant avec lui, au bas mot, un butin de 30 000 livres. Débuts de la légende...

Un détour par l'Irlande

Il ne devait pas être le premier Anglais, pourtant, à s'aventurer sur les eaux du Pacifique. Passé le premier temps de l'enthousiasme, à son retour, succéda l'embarras. Un moment, il put croire que sa brusque renommée allait se refermer sur lui en piège. Après la crise du complot Ridolfi, les relations de l'Angleterre avec l'Espagne paraissaient devoir se normaliser, une fois de plus : comment, dans ce contexte, pareils actes de piraterie pouvaient-ils être acceptés ? Le mieux qu'il pût faire était d'adopter profil bas, ou même de disparaître quelque temps de la scène. Il avait rêvé d'une réception à la hauteur de son exploit, qui sait, d'être reçu par la reine, comme avant lui l'avait été Hawkins – et voici qu'il devait s'effacer, éviter de faire trop glorieux étalage de sa fortune nouvelle...

La signature du traité de Bristol, en août 1574, lui arriva comme la pire des nouvelles : le conflit qui avait entraîné saisies réciproques de navires et de biens trouvait enfin sa conclusion, Angleterre et Espagne multipliaient les gestes d'amitié retrouvée, le remplacement par Requesens du sanguinaire duc d'Albe, aux Pays-Bas, annonçait, pensait-on, une période de paix. C'était, pour Drake, comme si les portes du Nouveau Monde se refermaient. Allait-il devoir se satisfaire, comme tant d'autres, de petits brigandages en Manche, sous le couvert de lettres de marque huguenotes ? Il lui fallait rebondir, et vite, se rapprocher de la Cour, comme avait su le faire Hawkins, nouer des liens avec les puissants du moment, gagner si possible les faveurs de la reine – ou bien pirate il resterait. Il choisit l'Irlande...

L'Irlande, que chacun imaginait déjà « le Pérou de l'Angleterre ». L'Irlande, obstinément rebelle. Lorsqu'en 1494 Henri VII avait voulu mettre au pas son Parlement, l'île était entrée en résistance, et la tentative de Henri VIII, autoproclamé roi d'Irlande, d'y imposer la nouvelle religion, n'avait fait que jeter de l'huile sur le feu – depuis, les opérations militaires se succédaient, sans guère de succès. Elisabeth s'était mis en tête, à son tour, de mater l'île rebelle – par une de ces opérations dont elle avait le secret, où les intérêts de l'État étaient supposés être pris en charge par des intérêts privés, pour le coup furieusement attisés[1]. Bref, les fauves, là-bas, étaient lâchés, invités à se payer sur l'île et sur ses habitants...

La campagne avait commencé par une trahison, et un crime. Le comte d'Essex, à peine débarqué en Irlande à la tête de ses troupes, avait traîtreusement liquidé le chef local, sir Brian MacPhellin O'Neill, pourtant fidèle à la reine, mais qui pouvait contrecarrer ses plans – et depuis il tentait de réduire le comté d'Antrim par le fer et par le feu. En vain : l'île de Rathlin, protégée par les murailles de son château, résistait obstinément. Il fallait une flotte, pour en finir – Drake arriva en avril 1575 avec ses navires, et contre des appointements de quarante deux shillings par mois, se retrouva capitaine des forces navales de l'expédition.

Les biographes de Drake, souvent, glissent sur cet épisode irlandais, donné comme un bref interlude entre deux glorieuses aventures. À tort : non seulement Drake s'y révèle tout entier, en sa férocité, mais encore, dans le crime partagé, se scelleront des alliances qui assureront plus tard sa position.

---

1. Hypothéquant ses terres auprès de la reine pour dix mille livres, Walter Devereaux, comte d'Essex, s'était engagé à consacrer cette somme au financement d'une force de quatre cents fantassins et de deux cents cavaliers. La reine, en retour, promettait de financer une force équivalente. Le comte, en récompense, recevait un immense domaine dans le comté d'Antrim, et des quasi-pouvoirs de gouverneur.

La flotte de Drake arriva devant Rathlin le 22 juillet 1575. Les îliens se battirent pied à pied. Sur la grève, d'abord, pour tenter de contenir le flot des envahisseurs, puis champ par champ, muretin de pierre par muretin, avant de se replier dans le château. Il fallut, pour les réduire, tirer à terre des canons, bombarder le château pendant des jours avant d'ouvrir une brèche dans la muraille : dès lors, sans plus d'espoir, il ne restait aux assiégés qu'à se rendre, le 26 juillet 1575. La bataille avait été sanglante, la suite n'eut rien à envier dans l'horreur aux prouesses du duc d'Albe en Pays-Bas : les deux cents occupants du fort, soldats mais aussi femmes et enfants, furent massacrés méthodiquement, jusqu'au dernier, et pendant plusieurs jours le carnage se poursuivit à travers toute l'île, maison après maison, cache après cache, jusqu'à ce qu'il ne reste plus un Irlandais pour témoigner : cinq cents morts, au total...

On dit, ou plutôt Drake sut faire courir le bruit, qu'en cette affaire, par pur patriotisme et pour servir la reine, il avait dépensé une part de la fortune ramenée d'Amérique. On peut en douter : la prise de Rathlin fut une bonne affaire, dont Drake, à coup sûr, dut avoir sa part [1]. Le vrai bénéfice de Drake, pourtant, était ailleurs : très vite, il s'était lié d'amitié avec le bras droit d'Essex, Thomas Doughty, de même âge et de même ambition que lui, et comme lui sans scrupule, fort affairé à comploter contre Essex, et le discréditer auprès d'Élisabeth, avec la complicité de Christopher Hatton, capitaine dans la garde royale et ami du comte de Leicester, alors favori de la reine. Drake fut-il du complot ? C'est probable : c'est sur l'un de ses navires, le *Frigacie*, que fut dépêché en Irlande sir Henry Sidney, avec le titre de Lord Deputy, tandis qu'en septembre 1576 Essex avait le bon goût de mourir, probablement empoisonné

1. Trois mille moutons, trois cents vaches, cent juments poulinières, du grain pour nourrir deux cents hommes pendant un an, sans compter les objets personnels des disparus, selon le rapport du comte d'Essex (cf. Richard Bagwell : *Ireland under the Tudors*, 1885, p. 302).

– et peut-être par Drake[1]. Simple rumeur ? Toujours est-il qu'un pacte fut là scellé, entre ces hommes, qui devait imposer Francis Drake à la Cour. Ses moyens avaient été fort éloignés de ceux d'un John Hawkins, mais il avait réussi à s'inviter à la table des grands fauves. De nouveau il pouvait espérer reprendre ses projets...

Oxenham dans le Pacifique

Lorsque Drake, du haut de son arbre, avait prié Dieu de lui accorder d'être le premier Anglais sur les eaux du Pacifique, un autre homme avait redoublé sa prière : John Oxenham. Il n'avait pas, lui, les vastes ambitions de Drake, ou ses soucis de gloire. Aussi, dans un premier temps, avait-il rongé son frein : qu'attendait Drake, pour repartir ? Richard Grenville, d'une des grandes familles du Devon, qui agitait lui aussi de grandioses projets, l'avait approché, dans l'été 1574 : voulait-il être de l'aventure qui se montait, avec de puissants financiers – rien moins qu'un tour du monde, le premier jamais tenté par des Anglais ? Il avait refusé : pirate il était, non explorateur. Un pareil périple, à tous coups, lui ferait manquer l'expédition qu'un jour ou l'autre ne manquerait pas de monter Francis Drake. Puis Grenville avait dû à son tour renoncer, pour cause de traité de Bristol. Drake perdu dans les brumes d'Irlande, ou occupé à se faire une place à la Cour, il ne restait plus à Oxenham, en somme, qu'à jouer seul sa partie. Ce qu'il fit : en avril 1576, il quittait Plymouth à la tête de deux vaisseaux. L'accompagnaient cinquante-sept hommes, dont plusieurs avaient été de l'expédition précédente, plus un certain John Butler qui avait passé quinze ans aux Amériques, et qui promet-

1. Sur les témoignages et documents accréditant cette thèse, voir Kelsey, *op. cit.*, p. 444, n° 28.

tait de les conduire tous à des trésors fabuleux[1]. Le plan d'Oxenham était simple, partiellement calqué sur celui de son expédition avec Drake : après avoir hiverné dans les îles, et fraternisé de nouveau avec les cimarrons, il s'agissait de traverser l'isthme de Panamá en portant une pinasse en pièces détachées qui seraient assemblées sur la côte pacifique, puis, de là, d'écumer l'océan, où nul ne les attendait.

Le plan, d'abord, se déroula comme prévu. En février 1577 – et sans doute, malgré sa rudesse, dut-il avoir une pensée pour ce moment, quand il avait découvert le Pacifique entre les cimes des arbres –, Oxenham mit à l'eau sa pinasse, direction Pearl Islands, non loin de Panamá. La surprise, comme on peut l'imaginer, fut complète, les îles furent prises sans coup férir – non sans que les Anglais se soient amusés à torturer un moine franciscain trouvé là. Tapis en des criques discrètes, rôdant, furtifs, près de la côte, l'attente commença, des vaisseaux chargés des trésors du Pérou. Le premier capturé transportait quelques coffres remplis d'or, le second une cargaison d'argent, pour une valeur de cent mille pesos – un assez joli butin, si l'on y ajoutait les réserves de perles des îles, bien évidemment confisquées. Regagnant la terre ferme, Oxenham décida d'enfouir son trésor dans la jungle jusqu'à ce qu'il puisse le transporter, par étapes, jusqu'à l'Atlantique. Mais il avait sous-estimé les Espagnols : alerté par des pêcheurs de perles, le gouverneur de Panamá avait déjà lancé des troupes à sa recherche – qui découvrirent d'abord les deux bateaux de prise, puis la pinasse, tirée sur le rivage, et enfin le trésor, encore sous une hutte de branchages. Oxenham accourut avec ses hommes et deux cents cimarrons, mais les Espagnols étaient en position, et leurs arquebuses firent merveille, tuant onze pirates, en blessant nombre d'autres. Les cimarrons, terrorisés, s'éparpillèrent dans la jungle, plusieurs de

1. Les Espagnols, qui le connaissaient sous le nom de Cahlona, le tenaient pour plus féroce encore qu'Oxenham.

ses hommes étaient faits prisonniers : il ne restait plus à Oxenham qu'à faire retraite, traverser l'isthme de nouveau, refaire ses forces dans son repaire atlantique...

Las, ce fut pour découvrir que son principal navire avait été capturé, près de Nombre de Dios : il ne lui restait d'autres issues que la jungle, et la montagne, près de ses compagnons cimarrons. La chasse, désormais, était lancée, le vice-roi du Pérou avait ordonné qu'on le trouve à tout prix, un parti de cent cinquante soldats était sur ses talons – trahi par des cimarrons qui s'inquiétaient de voir, à cause de ces Anglais, leurs refuges en péril d'être découverts, Oxenham fut pris en avril 1578, avec ses dix-huit derniers compagnons, et quarante cimarrons qui lui étaient restés fidèles. Les hommes d'équipage, quatorze au total, furent pendus sans traîner, les cimarrons renvoyés en esclavage, Oxenham et ses officiers, eux, furent conduits à Lima, soumis à la question car on s'inquiétait fort d'autres projets anglais, et exécutés en 1580, après un répit qu'arracha Francis Drake au vice-roi, on verra plus loin comment...

Oxenham, le premier Anglais à avoir affronté l'océan Pacifique.

Le voyage de légende

Est-ce sir Francis Walsingham qui le vint voir, en grand secret, à la demande de la reine, comme il le prétendit ? Ou bien la conclusion de quelque intrigue menée avec Doughty, devenu le secrétaire privé de Hatton, au retour d'Irlande ? Le mystère reste entier, les témoignages contradictoires. Les seuls documents à notre disposition ne sont que les fragments, brûlés et déchirés, de ce qui fut peut-être un brouillon d'instructions. Toujours est-il qu'au début de l'automne 1577, le nouvel ambassadeur d'Espagne, Antonio de Guaras, se trouva alerté par ses agents : Plymouth bruissait de rumeurs, tandis que l'on s'affairait à mettre en état des navires, Francis Drake à coup sûr préparait une nouvelle expédition, de grande ampleur. Pire, à en croire ses informateurs : la reine y était fortement impliquée. Une vaste entreprise commerciale en direction d'Alexandrie, de Tripoli et de Constantinople, imaginée par John Hawkins, laissait entendre Walsingham, par quelques fuites savamment organisées. Un raid sur les Antilles, assuraient les espions espagnols. Et même le plus grand jamais organisé. Alors que l'encre séchait à peine, du traité de Bristol...

Un mystère. D'autant plus intrigant que la commission de Richard Grenville avait été annulée peu avant, pour ne pas risquer d'indisposer les Espagnols. À déchiffrer les fragments qui nous restent, il s'agissait bel et bien de traverser l'Atlantique, de longer les côtes d'Amérique du Sud, d'entrer dans le Pacifique par le détroit de Magellan, à la recherche de lieux où commercer et de contrées nouvelles non encore sous la coupe de l'Espagne. Il faut croire, cependant, que le souci de négoce avec les indigènes occupait peu l'esprit des investisseurs, puisque cinquante livres seulement y étaient consacrées, dans le budget prévisionnel. Et sur la liste des fournitures jugées nécessaires on retrouvait sept pinasses, transportées en pièces détachées comme lors du précédent voyage de Drake : en clair, il s'agissait bel et bien de piraterie. À si vaste échelle, avec en jeu de si énormes gains que la reine elle-même n'avait pu résister – et sur sa cassette personnelle avait prélevé mille livres pour être du projet. Sans engager officiellement la Couronne. À l'insu même de ses ministres, ont risqué quelques historiens. En réalité, ils étaient tous là, ou à peu près, avides de butin, mis en effervescence par le culot de Drake : sir Francis Walsingham pour un montant que nous ne savons pas, sir William Wynter pour sept cent cinquante livres, son frère John pour cinq cents livres, John

Hawkins lui aussi pour cinq cents livres, sir Christopher Hatton, de la garde royale, le comte de Leicester, favori de la reine, le comte de Lincoln, alors lord amiral – tous, autour de Drake qui mettait lui aussi mille livres, comme la reine... Tous, avec un seul projet en tête, pour qu'ils se pressent ainsi : l'or et l'argent du Pérou, les trésors espagnols offerts à qui oserait aller les chercher là où ils n'étaient pas défendus, dans les eaux du Pacifique.

Une extraordinaire aventure assurément se met ainsi en place, l'une des plus étonnantes de l'histoire maritime anglaise, de celles qui sollicitent à tel point – et du même coup révèlent – la part de démesure en l'homme, qu'elles s'enflent aussitôt en légende, s'ornent de scènes exemplaires, atteignent les dimensions du mythe. Est-il exagéré de dire que cette circumnavigation de Drake, passant le détroit de Magellan, remontant les côtes américaines, traversant le Pacifique, puis l'océan Indien pour revenir en Angleterre chargé du plus fabuleux des trésors, joua dès l'origine le rôle d'un mythe fondateur de l'Angleterre nouvelle ? Mythe, par tout ce qui se dit, en elle, de rêves, de désirs, et de ces épreuves surmontées par lesquelles se forme un imaginaire collectif, où crimes, conquêtes, guerres à venir prennent des airs de destinée, pour ne pas dire de croisade. Mythe, aussi, en ceci qu'à revenir aux faits, aux documents, aux témoignages, tout paraît soudain vaciller, se brouiller, pour livrer une autre histoire, de passions âpres et brutales, d'appétits déchaînés, de bassesses et de démesure, où se donne à lire, sous des lumières plus crues sans doute mais non moins passionnantes, la vérité du siècle...

Il y avait là, rassemblés à Plymouth, le *Pelican*, cent cinquante tonneaux, puissant et rapide, armé de dix-huit canons, l'*Élisabeth*, quatre-vingts tonneaux et seize canons, le *Marigold*, trente tonneaux et seize canons, le *Swan*, cinquante tonneaux, plus une pinasse de dix-sept tonneaux. Et pour les conduire, cent soixante-dix hommes d'équipage, dont, chose nouvelle, en soi révélatrice de l'effervescence qui travaillait en profondeur la société anglaise, une douzaine de « gentilshommes aventuriers », rêvant de gloire et de fortune. Sans compter un frère de Drake, Thomas, et son cousin John, William Hawkins, neveu de John, le fils de George Wynter, John lui aussi, Thomas Doughty le complice, maître comploteur lié sans doute à Drake par un pacte de sang, et son frère John, Francis Fletcher, le chapelain choisi par Welsingham. Complet silence était gardé sur les objectifs du voyage, mais tous savaient qu'il s'agissait d'une grande aventure – jusqu'aux détails du commandement qui restaient dans le vague, Drake, Thomas Doughty et John Wynter se donnant comme « *eqwall companions and frindly gentlemen* ».

Premiers ennuis, premières tensions

Le voyage faillit bien s'achever avant de commencer. À peine sortie de Plymouth, le 15 novembre 1577, la flotte fut assaillie par des vents furieux, jetée en déroute sur les côtes de Falmouth, en Cornouailles. Le *Pelican* et le *Marigold* durent abattre leurs mâts pour ne pas être drossés contre les récifs, et il s'en fallut de peu que le *Marigold* ne soit perdu corps et biens. La tempête passée, Drake dut se résigner à faire retour à Plymouth, il fallut réparer, revoir de fond en comble la préparation des navires [1]. Et c'est seulement le 13 décembre que Drake, ses navires remis en état, put enfin prendre la mer.

Le secret avait été gardé, des fins de l'entreprise, mais chacun des hommes d'équipage imaginait bien qu'il s'agissait d'une répétition, à plus grande échelle, du précédent voyage. Les pre-

1. Un certain Stydye, qui en avait été chargé par les commanditaires, fut séance tenante licencié par Francis Drake.

mières semaines parurent le confirmer. À Noël, ils étaient au large de Cape Cantine, sur cette côte marocaine que l'on appelait alors la Barbary Coast, et dès leur première halte, à Mogador[1], Francis Drake fit monter une des pinasses transportées jusque-là en pièces détachées : n'était-ce pas le meilleur lieu, pour capturer des navires espagnols ou portugais ? De fait, le 7 janvier, trois bateaux de pêche espagnols furent capturés au large de Cabo Agadir, puis trois caravelles portugaises à Cabo Bojador, à Cabo Barbas et à Cabo Blanco. Le butin, à vrai dire, était maigre : Drake échangea simplement son *Benedict*, de 15 tonneaux, contre l'une des caravelles, rebaptisée le *Christopher*, et mit le cap sur les îles du Cap-Vert, où il arriva le 27 janvier, après avoir soigneusement évité les Canaries – mais l'île de Maio, où ils firent aiguade, avait déjà été ravagée par des pirates français, et des salves d'arquebuse les accueillirent à l'île de Sao Tiago, aussi Drake jugea-t-il plus prudent, le 2 février 1578, ayant fait aiguade à l'île de Maio, de mettre directement le cap à l'ouest, vers l'Amérique. Non sans avoir ajouté à sa flotte un vaisseau portugais qui passait par là, le *Santa Maria*, chargé de vivres et de marchandises, certes, mais surtout piloté par un homme d'exception, le capitaine Nuno da Silva. Il avait déjà bourlingué sur les côtes d'Amérique du Sud, c'était de toute évidence un pilote expérimenté – et très certainement la meilleure prise de Drake, en ce voyage...

Une expédition ordinaire, en somme, de piraterie, avec ses moments d'excitation quand une voile montait à l'horizon, et ses longues périodes d'attente. Les trois semaines qui suivirent leur départ mirent les nerfs des équipages à rude épreuve, sans un souffle d'air, sous un soleil de feu, tandis qu'eau et vivres s'épuisaient rapidement. Les *gentlemen adventurers*, particulièrement, commencèrent à s'agiter, et l'on ne tarda pas à deviner ce que l'action jusque-là avait pu masquer : l'extrême tension

1. L'actuelle Essaouira.

qui régnait entre les « *eqwall companions and frindly gentlemen* » supposés mener de concert cette entreprise.

Comme souvent dans ces situations, le détonateur, après coup, apparut bien futile. En quittant les îles, Francis Drake avait confié à Thomas Doughty le commandement du navire portugais, rebaptisé le *Mary*, non sans placer à ses côtés – à des fins de surveillance ? – son propre frère, Thomas. La querelle partit-elle d'une « visite », par l'équipage, peu après le départ, des cales du navire et de la mise en perce, à l'initiative de Thomas, de quelques tonneaux de vin – bref, d'une gigantesque cuite, ainsi que le raconta plus tard John Wynter – ou bien, comme devait le soutenir un autre membre de l'expédition, John Cooke, Doughty surprit-il Thomas fort occupé à dérober une part du butin ? Toujours est-il que Thomas supplia Doughty de n'en rien dire à son terrible frère, prière que Doughty eut le tort de négliger, au nom, croyait-il, de la vieille – et terrible – complicité qui le liait à Francis Drake. Informé, ce dernier se précipita vers Doughty, son frère sur ses talons, en vociférant un chapelet d'injures, et comme Doughty, entouré de témoins, dont l'avocat Léonard Vicary, tenait tête, il fut séance tenante déplacé sur le *Pelican*, tandis que Francis s'installait sur le *Mary*, maintenant dirigée par son frère Thomas – et dès lors l'affaire commença à ronger chacun comme un acide...

Tandis que Doughty, blessé, ressassait son amertume, Francis Drake et son frère s'obstinaient à convaincre l'équipage que cette affaire était un complot, dirigé en fait contre l'autorité de leur seul et unique commandant, choisi comme tel par la reine – complot où sans doute étaient impliqués tout ou partie des *gentlemen adventurers*. D'un simple larcin, on passait à une quasi-lutte de classes, que Drake allait orchestrer de main de maître.

Le premier prétexte serait évidemment le bon – et lorsqu'un jeune trompette du *Mary*, envoyé sur le *Pelican*, s'y trouva chahuté comme de coutume par les marins, Drake, de nouveau fou furieux, fit venir Doughty à son bord, pour le déplacer de nouveau et cette fois sur le petit *Swan*, où le pouvoir de fait était entre les mains du quartier-maître John Chester. La volonté d'humilier était si manifeste, les discours de Drake contre les « gentilshommes » si acerbes, que Doughty s'y sentit bientôt comme un prisonnier, soumis à de multiples vexations, Chester choisit de manger avec l'équipage, tandis que Doughty et les « gentilshommes » qui l'avaient suivi se trouvaient rejetés, contraints de se satisfaire des plus médiocres rations [1] et tenant du coup des propos bien amers, sans se douter que chacun d'eux était noté, pour être retransmis à son ancien complice...

Sorcier et empoisonneur ?

Si Nuno da Silva avait espéré être libéré, comme promis, sur les côtes brésiliennes, il dut être déçu. Drake avait eu le temps d'apprécier ses talents de pilote, et il entendait bien le garder, jusqu'à l'entrée au moins dans les eaux du Pacifique. Arrivé à hauteur de la Bahia de Todos os Santos le 10 mars, il plongea aussitôt vers le sud, sans prendre le temps de jeter l'ancre, et de faire aiguade. Vers le 5 avril, la terre réapparut, mais ils y cherchèrent en vain un possible mouillage. Le 7, le vent forcit brusquement, tourna en quelques heures à l'ouragan, éparpillant la flotte sur l'océan, et il fallut plusieurs jours de lutte, puis de recherche les uns des autres, pour se retrouver enfin à l'embouchure du Río de la Plata – le dernier à rejoindre les autres fut bien sûr le *Swan*. Le mouillage était des plus

1. Les deux hommes finirent par en venir aux mains, et Chester, prenant le dessus, le menaça, en défi, de ne plus le nourrir que de ce qui « tomberait de son derrière ».

exposés, mais ils eurent le temps de faire de l'eau et de tuer quelques phoques, avant que la tempête, de nouveau, ne les repousse au large. La situation devenait critique, la mer de plus en plus hostile – et l'on aurait dit que la côte, pareillement, s'acharnait à les repousser. À hauteur du cap Tres Puntas, trois jours plus tard, Drake faillit même périr dans la recherche d'un abri sûr, et il ne fut sauvé, de justesse, que par une manœuvre hardie du *Marigold* – le vent hurlait, lugubre, giflant une mer couleur de suie, la flotte fuyait, sous voilure réduite, toujours plus bas, reverrait-on jamais les bateaux disparus en chemin ? Le 16 mai, enfin, un port fut trouvé à l'embouchure du Rio Deseado et, comme la tempête faiblissait, Drake sur le *Pelican* et l'*Élisabeth* partirent à la recherche des deux bateaux manquants, le *Swan* et la *Mary*. Le 17, Drake était de retour avec le *Swan*, retrouvé au large – mais l'*Élisabeth* revint bredouille et tous se prirent à craindre, dès lors, la perte du *Mary*...

À peine rendu au port, Drake fit venir le *Swan* à couple, et ordonna à l'équipage de transférer sur le *Pelican* tous les vivres restants, et l'équipement : le bateau devait être abandonné immédiatement, et détruit.

Doughty, humilié, fou de rage, se précipita sur le pont du *Pelican*. L'altercation fut violente, et brève. Et comme Doughty hurlait qu'il n'était pas un employé, mais un partenaire dans cette entreprise, et qu'il venait de perdre sa confiance, Drake, furieux, le frappa, puis ordonna qu'on l'attache au mât, le temps d'en finir avec le *Swan* – qui, tiré sur le rivage, fut séance tenante brûlé devant les marins consternés.

Après quinze jours de repos à terre, pendant lesquels, semble-t-il, les hommes sympathisèrent avec les indigènes, Drake reprit la mer. Thomas Doughty et son frère John, cette fois, avaient été placés sur le *Christopher*. Hasard, malchance dans le mauvais temps revenu ? Le *Christopher*, le 1er juin, fut perdu de vue par les autres navires. Ceux-ci auraient pu poursuivre jusqu'à Port San Jullian, où Magellan, jadis, avait pris ses quartiers d'hiver, mais Drake fit aussitôt demi-tour et dès le *Christopher* retrouvé, le ramena au Rio Deseado, où il fut lui aussi vidé, et brûlé.

La descente reprit, aussitôt après, dans un climat pesant. Les hommes murmuraient, effrayés. Drake, l'œil sombre, se répandait en menaces et imprécations, explosait en brusques colères, ou s'enfermait dans sa cabine pour de longs conciliabules avec son frère. Un sort avait été jeté sur l'expédition par Doughty, qui lançait tempête après tempête contre Drake depuis le départ, il était bien placé depuis l'Irlande pour savoir que Thomas Doughty était un comploteur, et John, son frère, un puissant sorcier et un empoisonneur – une allégation peut-être à rapporter à leur complot commun contre le comte d'Essex –, il fallait s'en méfier, les isoler : depuis leur nouveau départ, les deux frères avaient été mis en isolement sur l'*Élisabeth*, avec interdiction, non seulement de communiquer avec l'équipage, mais encore et surtout *de lire ou d'écrire en une autre langue que l'anglais*. Maints biographes s'en sont étonnés : l'interdiction d'écrire, encore, pouvait se comprendre, si Drake craignait de la part de Doughty quelque dénonciation rédigée par exemple en latin, mais pourquoi, aussi, de *lire* ? C'est ne pas comprendre, je crois, ce qui rongeait Drake, depuis le départ : la peur, la peur des deux Doughty, comploteurs, empoisonneurs, sorciers – et de ses complices, sans doute. Sorciers et astrologues, croyait-il, avaient besoin pour leurs sombres maléfices d'éphémérides et de livres en latin, les en priver était s'en protéger.

Lorsqu'ils arrivèrent à Port San Jullian, après quinze jours de mer, l'atmosphère était devenue irrespirable. Surprise : le *Mary*, que l'on croyait perdu, était là, qui les attendait. Enfin, un signe heureux ? La peur s'abattit de nouveau sur les équipages lorsque Drake, brisant net la joie des retrouvailles, ordonna aux marins médusés d'avoir à brûler le *Mary* – après l'avoir vidé. En somme, tous les bateaux ayant eu un lien avec Doughty et qui s'étaient trouvés écartés à un moment ou à un autre du reste de la flotte avaient été détruits.

Sous le gibet de Magellan.

Le lieu était sinistre. Une mer grise battait la côte rase, les restes d'un gibet se dressaient, mélancoliques, sur le rivage, dernier avertissement, aurait-on dit, aux portes de l'inconnu – et chacun se souvint qu'ici, en 1520, Magellan avait dû mettre à mort des marins mutinés. À peine débarqués, à la recherche d'un campement, un groupe de marins se trouva assailli par des Indiens hostiles. Le temps que Drake parvienne à faire feu, deux hommes s'écroulaient, criblés de flèches. Les équipages murmuraient, inquiets : ce lieu, à n'en pas douter, était maudit, qui s'inaugurait, pour eux, par deux enterrements et un navire brûlé on ne savait pourquoi...

Il fallait en finir. Le voyage avait été long, épuisant, la querelle entre Drake et Doughty avait eu sur les hommes un effet désastreux, et l'hiver qui venait, si l'on n'y prenait garde, pouvait signer le terme de l'aventure. Le 30 juin, une semaine après leur arrivée, Drake rassembla les équipages sur la grève et leur annonça tout de go que Thomas Doughty allait être jugé ici même, sans délai, pour mutinerie. John Thomas, le capitaine du *Marigold*, lui remit une liasse de feuilles, témoignages recueillis, à l'en croire, parmi les hommes d'équipage des menées de Doughty. La voix de Drake tonna sur la foule silencieuse : la sentence serait la mort, s'il était établi qu'il avait continûment tenté de saper son autorité ! Doughty nia avec véhémence avoir jamais tenu de tels propos : il était prêt, si nécessaire, à en répondre devant une cour anglaise. Drake haussa les épaules : ce serait à un jury, ici et maintenant, d'en juger. De quel droit, cria Doughty : qu'il lui montre donc la commission lui octroyant pareil pouvoir ! Drake, en réponse, lui fit lier les mains dans le dos. La foule, perplexe, s'agitait. Léonard Vicary, l'avocat, prit à son tour la parole : ce qui allait se passer était totalement illégal. Drake explosa : il n'avait rien à faire de ces avocaillons, et de leurs arguties juridiques, il savait simplement quel était son devoir. Et John Thomas, dans un silence de mort, commença la lecture des témoignages. Certains étaient évidemment absurdes, d'autres pour le moins suspects – ainsi, comment Francis Fletcher pouvait-il témoigner de ce qui s'était passé sur le *Swan*, puisqu'il n'y était pas ? Vicary protesta, une fois encore : « Il n'y avait là, de toute évidence, rien qui méritât la mort. » Drake, changeant brusquement d'attitude, se fit conciliant : « Évidemment non, maître Vicary. » Les membres du jury, un peu rassurés, et qui tremblaient de s'opposer à la volonté manifeste de leur chef, crurent pouvoir, du coup, déclarer Doughty coupable de tentatives de sédition, sans trop de conséquence, en le libérant néanmoins du crime de lèse-majesté. La suite les prit de court, qui devait les hanter pendant de longues années...

Le verdict en main, Drake rassembla les marins, à l'écart des accusés et du jury. Solennel, il brandit une liasse de documents qu'il était allé chercher dans sa cabine et commença à les lire d'une voix forte. Une lettre de Hawkins à Essex, une autre d'Essex à Welsingham, une autre encore de Christopher Hatton, le favori de la reine, lui offrant les services de deux de ses protégés, John Thomas et John Brewer. Et là, en maître comédien, cherchant autour de lui, se frappant le front, il s'écria : « Par Dieu, j'ai oublié le plus important dans ma cabine ! » – la commission royale, expliqua-t-il, qui lui donnait totale autorité sur l'expédition. La foule des marins, impressionnée par tant de noms célèbres, ne pipa mot. Et Drake, plutôt que de l'aller chercher, se lança alors dans un prêche enflammé : s'ils voulaient sortir victorieux, riches, tous, et couverts de gloire de cette aventure sans pareille, ils devaient rester un bloc uni, la moindre faille dans la discipline pouvait être fatale, il était le seul à pouvoir garantir leur retour, s'ils lui étaient fidèles – la mort, pour Doughty, était la seule sentence possible. S'ils se débarrassaient céans du traître, le plus humble des matelots serait à son retour un gentleman ! Que lèvent le bras ceux qui le soutenaient !

Ils levèrent tous la main. Les uns, pour la richesse promise, d'autres, pour ne pas risquer de connaître le sort de Doughty, d'autres encore, dira plus tard l'un d'eux, « en priant Dieu qu'il les délivre des griffes de ce Drake ». Et comme, malgré tout, il sentait les hommes rétifs, troublés, Drake proposa de revenir sur sa décision, si quelqu'un trouvait une autre issue possible. Doughty, qui s'était approché, proposa qu'on l'abandonne, passé le détroit de Magellan, sur une côte péruvienne. Jamais, répliqua Drake : comment pourrait-il expliquer à la reine qu'il avait laissé un de ses sujets aux mains des Espagnols ? John Wynter, alors, offrit d'être son geôlier, pour le reste du voyage – ce que Drake fit mine d'accepter, à la condition toutefois qu'on renonce au voyage et rentre directement en Angleterre. La foule gronda : sans butin ? Le sort de Doughty était scellé.

Pendant un jour et demi Doughty, en prières, se prépara à la mort. Le second jour, il demanda à recevoir les sacrements. Drake, en prières lui aussi, dit-on, lui offrit d'abord un repas en commun, puis ils communièrent côte à côte, avant de se rendre sur le lieu du supplice. Les hommes d'équipage tremblaient, épouvantés. L'un d'eux, plus hardi que les autres, cria au condamné d'expliquer à tous qu'il n'avait jamais conspiré, ce que fit Doughty, en priant Drake de ne pas punir le téméraire – et Drake obtempéra, en grommelant qu'il lui aurait fait, sinon, couper les oreilles. Puis Doughty posa sa tête sur le billot, la hache siffla, et Drake, saisissant la tête qui roulait, sanglante, la brandit, en hurlant : « Ainsi finissent les traîtres ! »

Une chape de plomb s'abattit sur le camp. Le vent, dehors, hurlait comme une meute de loups enragés, le ciel était couleur de suie, le froid serrait les hommes dans un étau, et chacun ressassait ce qu'il venait de vivre, que tous, peu ou prou, tenaient pour un assassinat, ils étaient seuls, murés dans leur peur et leur honte, perdus en une terre étrangère...

Drake, à l'écart, remuait lui aussi des pensées sombres. À continuer ainsi, songeait-il, la peur allait ronger le groupe comme un acide – une mutinerie pouvait éclater un jour ou l'autre, sous un prétexte futile. La religion, songea-t-il, pouvait lui être de bon secours... Et lui, sur lequel les témoignages abondent, contrairement à la légende, d'une relative indifférence en matière de religion, devint pour le coup d'un militantisme effréné. Les hommes furent convoqués séance tenante, appelés à confesser leurs péchés à Francis Fletcher, le chapelain : qui pourrait ensuite communier, s'il avait en son cœur gardé des idées de mutinerie ? Les équipages s'exécutèrent – en taisant leurs vraies pensées, dira l'un d'eux, « par crainte de leur tyran ». Puis Drake, suspicieux au point de la paranoïa, et que la confession avait laissé insatisfait, rassembla ses hommes une nouvelle fois : le féroce taciturne se découvrait des talents d'orateur. Il ne voulait plus entendre quiconque gémir, ou se plaindre, tonna-t-il, car cela finirait nécessairement en mutinerie. Bientôt, ils reprendraient la mer, et il fallait déjà s'y préparer. Il savait bien que certains contestaient encore son autorité, ou l'imaginait déléguée par sir Francis Walsingham, Christopher Hatton, ou John Hawkins, mais c'est de la reine elle-même qu'il la tenait, à preuve cette pièce, s'écria-t-il – et il présenta aux marins un document établissant que la reine, en l'affaire, avait investi mille couronnes. Quant à la commission, il ne pouvait la présenter, ayant juré qu'elle resterait secrète...

Les hommes, indécis, grommelaient – et aucun d'eux à coup sûr ne s'attendait à ce qui allait suivre. Il savait, poursuivit Drake, en haussant la voix, ce qui avait jusque-là créé un climat désastreux : c'était l'opposition manifeste entre les matelots et les gentlemen, comme entre les matelots et certains officiers. Eh bien, dorénavant, il n'y aurait plus de classe, ou de caste, chacun serait logé à la même enseigne, chacun se trouverait à égalité avec tous les autres, contraint pareillement aux tâches les plus rudes, partageant les mêmes repas – dans le silence stupéfait qui avait suivi sa tirade, il appela les officiers à lui, et devant tous, leur annonça qu'il les relevait, tous, de leur commandement. La confusion était totale, la foule, conquise, approuvait, les officiers protestaient : ils tenaient leur autorité des commanditaires, non de Drake ! Ce dernier balaya d'un geste leurs objections, et dans le silence revenu, leur proposa de les réengager, pour la plupart au même grade, mais cette fois comme ses employés. Tous s'exécutèrent...

John Thomas, promu capitaine en récompense du rôle joué pendant le procès, se vit confier le *Marigold*, tous les hommes dont Drake se méfiait furent placés sur l'*Elisabeth*, sous l'autorité de John Wynter – et pour que nul n'ignorât ses sentiments, Drake multiplia jusqu'au départ menaces et mises en garde à leur endroit, assurant qu'il était prêt, si nécessaire, à pendre la moitié de l'équipage.

Le *Pelican*, la *Marigold*, l'*Elisabeth* quittèrent Port Saint Jullian le 17 août. Il n'y eut ni saluts ni vivats : la peur, désormais, régnait en maîtresse sur chacun. Les officiers avaient peur de leurs équipages, lesquels ouvertement se méfiaient de leurs officiers, quand ils ne les défiaient pas, en s'autorisant de Drake lui-même, et chacun, craignant en tous les autres un possible délateur, surveillait ses moindres faits et gestes.

Ils n'étaient pas les seuls à vivre ainsi, tremblants : Drake lui aussi vivait dans la constante terreur d'une mutinerie, d'une trahison, ou d'un assassinat, et ne se déplaçait plus que protégé par une garde armée.

Derrière eux, le gibet de Magellan se dressait au-dessus de tombes encore fraîches, devant, les attendaient les portes de l'inconnu. Le 21 août, ils passèrent Cape Virgin, à l'entrée du détroit de Magellan.

Naissance d'El Dragon

Commence ici la véritable aventure de Francis Drake, dans ce coup de force qui le hisse aux dimensions de ces héros « *bigger than life* », monstrueux et démesurés, où le génie côtoie le crime, qu'en ce siècle mettront en scène Shakespeare ou Marlowe. Il était un pirate, plus dur, plus cupide, plus dénué peut-être que les autres de sens moral, plus acharné aussi à vaincre l'adversité : ici, à compter de ce meurtre de San Jullian, dans ce cyclone d'épouvante qui l'accompagne désormais, où il puise, dirait-on, une énergie sans cesse renouvelée, il devient peu à peu une légende, un demi-dieu – ou le diable en personne, celui que les Espagnols d'ici peu appelleront « El Dragon ».

Là, devant le détroit grand ouvert, Drake fit amener les huniers de ses trois navires, en hommage à la reine, et décida, pour remercier son protecteur et ami Christopher Hatton, de rebaptiser le *Pelican* le *Golden Hind*, la *Biche Dorée* – du moins, c'est ce qu'il raconta plus tard, et que la plupart des biographes tiennent aujourd'hui pour vérité, alors qu'il n'en est fait nulle mention dans les documents de l'époque, ni dans les journaux et témoignages conservés de l'expédition. L'idée même de débaptiser ainsi le *Pelican* paraît saugrenue, si l'on songe que ce premier nom avait été choisi en hommage à la reine – à moins bien sûr que par cette fiction, au retour, Drake ait eu le souci de flatter Hatton et lui faire oublier que Doughty était son secrétaire particulier et son ami...

Dans la tourmente

Magellan avait traversé le détroit en trente-sept jours : il n'en fallut que seize à Francis Drake, malgré une longue halte à hauteur d'un groupe d'îles où ils abattirent assez de pingouins – trois mille selon un des témoins – pour « nourrir cent quarante hommes pendant sept semaines ». La deuxième partie de la traversée fut plus difficile, face à un vent violent qu'accélérait encore la géographie encaissée du détroit. Ce n'était rien, pourtant, comparé à ce qui les attendait, le 5 septembre...

Drake avait imaginé, dira-t-il, de descendre à terre pour un service d'action de grâce, et l'édification d'un monument à sa souveraine. Il n'en eut pas le temps : un véritable ouragan les assaillit dès leur sortie sur la mer libre. Ils tentèrent, un temps, de trouver un abri vers la côte, en mettant le cap au nord-ouest, sur la foi de cartes erronées, sans se douter qu'ils gagnaient ainsi le large – avant que la violence de la tempête ne les repousse vers le sud, jusqu'à l'entrée à nouveau du détroit. Le *Marigold* disparut une nuit, probablement drossé contre les récifs [1]. Puis le *Pelican* et l'*Elisabeth* se perdirent de vue. Wynter réussit à trouver un abri, un peu plus au nord, et il attendit trois semaines, en vain, le retour de Drake. Fallait-il croire celui-ci perdu, lui aussi ? Rendez-vous avait été convenu aux Moluques s'ils venaient à se trouver séparés, et Wynter s'apprêtait à lever l'ancre quand l'équipage, rassemblé autour du quartier-maître, fit savoir qu'il n'irait pas plus loin, et entendait rentrer en Angleterre. Wynter se trouva contraint d'obtempérer [2].

---

1. Des bruits courent en mars 1582 que le bateau avait regagné l'Angleterre. Mais Cavendish, en 1587, découvrit une épave, à la sortie du détroit, qui lui parut pouvoir être le *Marigold*.

2. Du moins est-ce la version que Wynter défendit, plus tard, devant la Cour. La rumeur avait couru, dès son arrivée, qu'il avait déserté, par couardise. Et ce fut bien sûr la position de Drake, à son retour. Accusé alors de désertion, Wynter fut jeté en prison, et des membres de l'équipage vinrent à la barre charger leur capitaine. Cependant, leurs témoignages durent paraître douteux car la Cour retint finalement la version de Wynter.

Drake, peu avant, était passé devant le mouillage de l'*Elisabeth*, sans le voir. Pendant des jours, il s'était battu plus au sud contre la tempête, une pinasse envoyée dans le détroit s'y était perdue, avant qu'il trouve un abri par 57° de latitude[1] – puis, la tempête passée, il avait levé l'ancre pour remonter au nord, mais sans plus guère se soucier, semble-t-il, de rechercher sa pinasse perdue, le *Marigold* ou l'*Elisabeth*. D'une certaine manière, n'était-il pas ainsi délivré des hommes qui l'encombraient ? De cent quarante encore sur les plages de Port Saint Julian, l'expédition ne comptait plus que quatre-vingts hommes, la plupart en mauvaise santé, souffrant tous peu ou prou du scorbut, mais rien ne pouvait faire fléchir la détermination de Drake. Et le *Pelican*, seul, entreprit de fondre sur tous les trésors qui l'attendaient, il n'en doutait pas un seul instant, de l'Empire espagnol...

Les trésors du Pérou

Les premières semaines furent une suite de déceptions. Le 25 novembre, à l'île de Mocha, ils furent assaillis par un parti d'Indiens hostiles, alors qu'ils tentaient d'y faire aiguade. Drake, atteint par deux flèches au visage, l'une sous l'œil droit, l'autre à la tête, faillit même y laisser la vie. Deux de ses hommes tombèrent, mortellement blessés, deux autres furent faits prisonniers, qu'ils ne revirent pas, aussi le *Pelican* leva-t-il l'ancre en hâte pour continuer sa route vers le nord. Sans se douter qu'il venait de passer à hauteur de la Imperial, la plus grande mine d'or du Chili...

1. Plus tard, l'Amirauté anglaise fit savoir que Drake, à coup sûr, était descendu au dessous du 56e parallèle, pour n'y trouver que l'océan grand ouvert, ce qui ruinait l'hypothèse d'une vaste *terra Australis* encore à découvrir – mais ces assertions sont sans le moindre fondement, même si Drake lui-même entretint longtemps la confusion

Après une semaine de vaines recherches, ils trouvèrent un abri dans la baie de Quinero. Et la chance enfin leur sourit, sous les traits d'un vieil Indien, Felipe, qui s'offrit à les guider jusqu'à Valparaíso, où devaient être quelques vaisseaux à l'ancre. Felipe avait vu juste, et ils purent s'emparer par surprise d'un navire chargé de vins et de vivres, où ils dénichèrent par surcroît quatre coffres de lingots d'or pour une valeur de quatre-vingt-quatre mille pesos [1]. Le temps de piller quelques entrepôts à terre, puis de profaner consciencieusement une église, et ils s'éclipsèrent, toujours cap au nord, le moral d'un seul coup retrouvé.

Le plus urgent, après ces mois de mer, était de faire aiguade et de réparer les navires. Après plusieurs essais infructueux à Tongo Bay, puis à la Herradura, où cinquante Espagnols les repoussèrent au large, non sans avoir au préalable coupé la tête d'un des marins, pour la promener au bout d'une pique sur le rivage, et à l'île de Pajaros, où ses ancres ripèrent au premier coup de vent, Drake trouva enfin, le 22 décembre, une baie isolée sur une côte désertique du Chili, à Bahia Salada. Il était temps, le *Pelican* fuyait comme tonneau percé...

Il n'y avait pas la moindre source alentour, mais le plus urgent était de tirer au sec le *Pelican*, et de le caréner, pendant qu'une des pinasses, montée pour l'occasion, explorerait les alentours à la recherche d'eau. Les canons récupérés sur les autres bateaux, au long du voyage, furent mis en place. Lorsque Drake reprit la mer, le 19 janvier 1579, le *Pelican* était devenu une véritable batterie flottante de dix-huit canons, sans équivalent dans tout le Pacifique.

La mer, devant lui, restait obstinément vide, la côte, presque déserte. Les hommes commençaient à désespérer quand

1. Du moins était-ce la valeur mentionnée par le livre de bord. Compte tenu de certain coffre soigneusement caché, probablement pour échapper au « quint » royal, on peut supposer que la valeur de la prise était bien supérieure.

une voile enfin apparut, le 2 février – une barque de pêche, mené par des Indiens. À cent milles plus au nord, dans une baie où ils voulaient simplement faire aiguade, à Tarapaca, ils tombèrent par surprise sur un convoi de lamas transportant trois mille pesos de lingots d'argent. La chance enfin tournait : le 5 février, dans le port d'Arica, ils s'emparèrent d'une trentaine de lingots d'argent et d'un chargement de vin. Les Espagnols maintenant étaient en alerte, sur la côte – quand Drake arriva, le 9 février, à Puerto de Chile, où il avait appris que se trouvait un navire chargé d'argent, ce fut pour apercevoir au loin une colonne de lamas qui se hâtait pour mettre en sécurité le chargement précieux, et sur la place une troupe déterminée braquait sur eux leurs arquebuses. Il fallait gagner en vitesse, précéder la rumeur, rassembler ses forces sur le *Pelican* et la pinasse. Son arrivée en pleine nuit dans le port de Callao, le 13 février, fut une complète surprise. Des marins espagnols sautèrent dans les canots pour gagner le rivage en abandonnant leurs navires, dont un arrivait de Panamà – las, tous les bâtiments s'avérèrent vides. Des cris montaient du rivage : « *Franceses, Franceses !* » Il ne leur restait plus qu'à regagner le large, en quête d'une autre proie – toujours évanescente. Quelques bateaux de pêche, ou marchands caboteurs sans le moindre intérêt, un raid infructueux, le 24, sur le port de Pita – où donc étaient les trésors de l'Espagne, les contrées de merveilles tant chantées en Europe ? Tout juste s'ils trouvaient, de loin en loin, à faire aiguade.

Le 28, enfin, dans une baie paisible où ils venaient faire escale, ils eurent la surprise de découvrir, à l'ancre et sans défense, un gros vaisseau marchand venant de Guayaquil – dans lequel, en somme, ils n'eurent qu'à se servir : quatre-vingts livres d'or, un crucifix en or, des émeraudes « dont certaines longues comme un doigt », vingt-deux mille pesos de lingots d'argent, sans compter, ce qui leur fit au moins autant plaisir, du maïs, du porc salé et du jambon qui les changèrent un peu de la chair de pingouin.

Ragaillardis, ils se remirent en chasse. Un marin fait prisonnier peu avant Callao leur avait révélé qu'un gros navire de San Juan de Anton, le *Nuestra Señora de la Concepción*, faisait route vers Panamà, chargé d'or et d'argent. Il devait être quelque part, devant eux, naviguant sans méfiance... Le 1er mars, John Drake, à l'avant du navire, poussa des cris perçants : de grandes voiles montaient à l'horizon. C'était lui.

Anton laissa Drake s'approcher sans méfiance. Quand ils furent presque bord à bord, l'Anglais se dévoila, ordonnant aux Espagnols de mettre bas les voiles. Le *Nuestra Señora* était armé, mais si faiblement qu'on l'avait surnommé, ironiquement, *Cacafuego* – le pet –, et comme le fier Anton répliquait que l'Anglais vienne les baisser lui-même, un boulet tiré dans le mât de misaine vint clore la conversation. Le capitaine Anton fut conduit à bord du *Pelican*, où Drake le reçut avec les honneurs, équipage et passagers furent enfermés dans les cabines, en poupe, et l'inventaire des cales commença sans tarder.

Le trésor du *Cacafuego* dépassait l'imagination – et jamais pirate, sans doute, n'en avait eu de pareil sous les yeux : « Fruits, conserves, sucre, une grande quantité de bijoux et de pierres précieuses, treize coffres de monnaie d'argent, quatre-vingts livres de lingots d'or, et trente-six tonnes d'argent, en mille trois cents barres », pour une valeur estimée par Anton de trois cent soixante-deux mille pesos[1]. Il fallut six jours pour transborder ces richesses dans les cales du *Pelican*, où les barres d'argent remplacèrent le ballast...

Avant de repartir, Drake couvrit Anton de présents, pour le consoler de cette « fortune de mer » et lui remit un sauf-conduit, rédigé en anglais, et adressé à John Wynter, ainsi qu'à

1. Selon Jenifer Marx (*op. cit.*, p. 81), cela équivalait à 75 millions de dollars actuels.

d'autres aux noms fantaisistes – avec très certainement l'idée que cette lettre, lue par les Espagnols, leur ferait croire qu'une nuée de pirates anglais était entrée dans le Pacifique. Anton était également porteur d'un autre message, à l'intention du vice-roi : s'il venait à toucher un seul cheveu d'Oxenham et de ses compagnons prisonniers à Lima, lui, Francis Drake, décapiterait trois mille Espagnols du Pérou – et ce message eut probablement pour effet de prolonger leurs vies de quelques mois, le temps qu'on soit bien sûr du départ d'« El Dragon ».

Sur les traces de Magellan

Dès que connue, la capture du *Cacafuego* retentit comme un coup de tonnerre dans toute l'Amérique espagnole. Chaque ville, chaque navire se trouva en alerte. Où donc se cachait le pirate, où allait-il fondre, demain ? Allait-il regagner l'Angleterre par le détroit de Magellan, ou bien se risquer à travers le Pacifique et l'océan Indien, comme avant lui seul Magellan l'avait tenté ? Allait-il remonter plus au nord à la recherche du « passage du Nord-Ouest » ? Drake, devant Anton, avait parlé d'une « route de la Chine », mais n'était-ce pas un leurre ?

Pendant que la rumeur partout se répandait, Drake, tranquillement, carénait son *Pelican*, couvert de bernacles et qui fuyait comme passoire, dans l'île de Cano – et sur sa pinasse capturait un navire marchand de passage. Si Drake jusque-là avait hésité sur la route à suivre, cette capture dut lui paraître un signe du destin : les cales du navire étaient vides, mais deux pilotes étaient à son bord, qui connaissaient la route des Moluques. Et plus précieux encore, ils avaient des cartes comme il n'en avait jamais vues, des instructions nautiques très précises, desquelles il ressortait que la route des Moluques commençait à peu près à hauteur d'Acapulco...

La suite du voyage, avant de commencer la périlleuse traversée, tint plus d'une entreprise de relations publiques, si l'on peut s'autoriser pareil terme, que de simple brigandage – comme si, avant de disparaître, Drake avait tenu à soigner sa sortie, en prévision, un jour, de quelque retour...

À Sansonate, au large du Guatemala, il arraisonna l'*Espiritu Santo*, dont le capitaine, Don Francisco de Zarate, s'avéra être le cousin du duc de Medina Sidonia – et comme celui-ci disait connaître également le vice-roi, celui-là même qui avait attaqué Hawkins par traîtrise à San Juan de Ulúa, Drake fit assaut de magnificence et de libéralités pour mieux l'impressionner – tout en l'allégeant, bien sûr, de son chargement de soieries, de taffetas et de porcelaines. Et de fait il l'impressionna : le rapport que fit Zarate à son retour à terre, d'une sorte de prince sauvage, donnant à son bord de fastueuses réceptions, dînant toujours accompagné de violons, et néanmoins prêcheur convaincu de la foi « luthérienne », ne fut pas pour peu dans la propagation de la légende d'un monstre tout de démesure.

Le sac du petit port de Guatulco, à la mi-avril, ne fut qu'une formalité, et une occasion supplémentaire de profaner spectaculairement une église – n'était-il pas le chef, d'abord, d'une croisade pour la vraie foi ? Depuis la mort de Thomas Doughty, comme s'il voulait marquer qu'il tenait ses pouvoirs tout à la fois de Dieu et de la reine, et malgré la présence à son bord du chapelain Fletcher, il conduisait les prières collectives, faisait lecture des Écritures, qu'il concluait d'ordinaire par un sermon – et il ne manquait pas une occasion d'officier devant ses prisonniers, afin que la rumeur se répande, de la colère de Dieu venue s'abattre sur les possessions espagnoles... Comme le note justement Harry Kelsey : « Drake le pirate n'était plus un simple patriote, au service de sa reine. Voilà qu'il s'affirmait maintenant comme un missionnaire, au service de Dieu. »[1]

1. Kelsey, *op. cit.*, p 171.

Avant de quitter le Guatemala, Drake débarqua discrètement Silva, comme promis, non sans lui avoir fait croire qu'en fin de compte il allait tenter de rentrer par le passage du Nord-Ouest. Si le pilote venait à être capturé, cette information pouvait brouiller un peu plus encore les pistes [1]. Puis ce fut comme s'il s'était évanoui – jusqu'à ce qu'il réapparaisse, à la fin d'octobre, devant une des îles Palau, non loin des Moluques – sans doute Babelthurap. Ce qu'il fit entre-temps reste un mystère. Certains voudraient que, profitant des vents favorables, il ait tenté d'abord d'en avoir le cœur net sur ce passage tant rêvé, par le nord-ouest. D'autres, qu'il ait fait halte à hauteur de San Francisco, où une plaque fut découverte en 1936, sur une plage, signée de Francis Drake à la date du 17 juin 1579, par laquelle il prenait possession du lieu, au nom de la reine, en le nommant New Albion – mais les examens récents de datation prouvent que cette plaque était un faux. Plus probable est qu'il prit le temps de caréner de nouveau son bateau dans une île au large de la Californie, île Cedar ou île San Benito, avant de prendre la route des Moluques à hauteur d'Acapulco.

La navigation entre ces îles était très périlleuse, dans des eaux de surcroît jalousement gardées par les Portugais. Après une brève halte près du sultan de Ternate, en Malaisie, début novembre – le temps de négocier avec lui un monopole du commerce des épices et d'échanger ses lingeries fines contre dix tonnes d'épices, dont six de girofle, et le reste en poivre et en gingembre – puis une halte encore dans une île discrète pour tenter de colmater les voies d'eau, de plus en plus nombreuses, ils perdirent un mois à trouver leur voie entre les îles Célèbes, jusqu'à ce 8 janvier 1580, à huit heures du soir, où ils crurent leur dernière heure venue...

1. Arrêté, Nuno de Silva fut conduit devant le vice-roi à Mexico, questionné par l'Inquisition, suspecté d'être devenu « luthérien » et jeté en prison. Il n'en sortit, au bout de quatre années, que sur l'intervention de Philippe II.

Le choc fut terrible : ils venaient de heurter, à pleine allure, un récif à fleur d'eau. Drake, en hâte, masqua les voiles, fit jeter par-dessus bord quelques canons, multiplia les manœuvres pour tenter de se dégager – en vain. Après une nuit et une journée de lutte, il fallut se rendre à l'évidence : ne restait plus qu'à prier et à se mettre en règle avec le Seigneur. C'était une punition divine, s'écria Fletcher, dans un prêche enflammé, pour tous leurs péchés accumulés, leurs crimes récents [1], et l'assassinat de Thomas Doughty. Les hommes, en pleurs, s'embrassaient les uns les autres et se préparaient à la mort, un vent brutal se levait, qui secouait le *Pelican*, les vagues grossissaient, c'était la fin – un long craquement fit trembler les membrures, et il fallut un moment aux hommes pour y croire : sous l'effet des rafales, et de la marée, le *Pelican* venait de se libérer du récif. Et, deuxième miracle, les dégâts étaient minimes.

Drake n'était pas du genre à pardonner les offenses : à peine le navire de nouveau sous voiles, il fit appeler Fletcher et devant l'équipage... l'excommunia purement et simplement, comme s'il tenait désormais son pouvoir de Dieu – en le condamnant, de surcroît, à porter jusqu'au port une pancarte au cou : « Francis Fletcher, le pire faux-cul en vie ». [2]

Ils venaient d'affronter le plus grand danger de tout le voyage. Le 12 mars, ils atteignaient Java, où ils donnèrent un concert au rajah, et chargèrent six tonnes de riz, de noix de coco et de sucre de canne, passèrent le cap de Bonne-Espérance vers la mi-juin, firent aiguade sur les côtes de Guinée à la fin de juillet, et entrèrent dans le port de Plymouth le 26 septembre, après deux ans, neuf mois et treize jours de mer. Sur les cent soixante-dix hommes d'équipage qu'ils étaient au départ, n'en restaient plus que quarante-neuf.

1. Drake avait embarqué une femme noire, pour la distraction de ses hommes. Découvrant qu'elle était enceinte, il n'avait pas hésité, quelques jours auparavant, à l'abandonner sur une île déserte.

2. La peine fut levée quelques jours plus tard.

Vent de folie sur l'Angleterre

Dès l'annonce de son arrivée, tout Plymouth s'embrasa. Le maire, les officiels, les marchands et les armateurs se précipitèrent, pour admirer le *Pelican*, devenu le *Golden Hind*, saluer, regarder, toucher les nouveaux héros de l'Angleterre. Les confidences des marins, dans les tavernes, firent chavirer les têtes. Sans doute, les trésors rapportés dépassaient-ils ce qui se pouvait imaginer, mais plus encore, pour ce peuple de marins, l'exploit maritime, qui plaçait l'Angleterre d'un coup au premier rang.

Seul un navire, avant le *Pelican*, avait réussi cet exploit – et encore Magellan était-il mort en cours de route. On aurait pu s'attendre à ce qu'un Portugais, un Espagnol, ou même un Français réédite ce voyage, mais un Anglais ! La première mention d'un navire anglais ayant réussi à franchir l'équateur datait de 1555, et à atteindre les Caraïbes sans l'aide d'un pilote étranger, de 1568 – plus qu'une conquête de marchés, ou de territoires, c'était un espace mental que Drake venait ainsi d'ouvrir, des barrières mentales qu'il avait effondrées, cristallisant, précipitant une véritable mutation intellectuelle – dont on allait voir presque aussitôt l'effet.

Pour l'heure, dans ce déferlement d'enthousiasme, seul Drake gardait la tête froide : changeantes étaient les humeurs des rois et des reines, et bien changeants aussi les contextes politiques, quel accueil pouvait-il attendre cette fois d'Elisabeth ? Pendant trois ans, il était resté sans nouvelles de l'Angleterre – le pire était peut-être à craindre. Des rumeurs couraient déjà dans Plymouth, qu'il allait se retrouver enfermé à la Tour de Londres, ou déféré devant la Haute Cour. Dès l'ancre jetée, il avait dépêché à Londres John Brewer, son trompette et l'homme de Christopher Hatton, porter un message à la reine, dans lequel il lui résumait les résultats de son voyage, et depuis, un peu à l'écart dans le port, il attendait anxieusement la réponse.

Ce qu'il ne savait pas, c'est que la reine était déjà informée de ses exploits – par les plaintes répétées de Mendoza, l'ambassadeur d'Espagne. L'excitation avait d'abord été immense, à l'annonce de ses prises, chez tous les commanditaires de l'entreprise, des membres du Conseil de la reine avaient demandé aux autorités de Plymouth d'accorder à Drake toute l'assistance nécessaire, s'il venait à réapparaître. Puis, au fil des mois, l'espérance avait décru. Certains commanditaires avaient suggéré d'envoyer un navire à sa rencontre, ou à son secours, mais quelle voie de retour avait-il choisie ? Plus grand monde ne l'espérait encore, quand il était apparu en septembre 1580 dans la rade de Plymouth.

La réponse de la reine dut lui être un coup au cœur : celle-ci se disait fort embarrassée par ses actions, et pressée par l'ambassadeur d'Espagne d'agir pour une prompte restitution – mais la dépêche devait être écrite à des fins diplomatiques, car peu après Drake était discrètement avisé qu'il n'aurait rien à craindre, et qu'elle était au contraire impatiente d'admirer quelques-unes de ses « curiosités ». Le trésor fut placé dans une tour à Plymouth, sous la garde de quarante hommes, tandis qu'il se rendait à Londres avec un convoi de chevaux de bât chargés de spécimens d'or et d'argent.

À peine arrivé, la reine lui accorda une audience de six heures, pendant lesquelles, sitôt connue l'énormité du butin rapporté, fut soigneusement mise au point la tactique à suivre pour le garder. Non seulement Mendoza multipliait les récriminations, mais les marchands espagnols de Séville s'étaient entendus avec ceux des marchands de Londres qui avaient des intérêts en Espagne pour qu'ils les représentent, et exigent restitution, il fallait donc jouer serré. La reine, d'abord, avait songé à tout mettre en sûreté à la Tour de Londres, mais il était certain, dans ce cas, que les espions espagnols ne tarderaient pas à connaître les détails des trésors accumulés – alors qu'une bonne part, insistait Drake, était de contrebande, pour échapper au « quint » royal, et donc n'avait été enregistrée nulle part.

Du fait de ce secret gardé, nous n'avons, sur le butin rapporté du voyage, que des indications partielles. Edmund Tremayne, le représentant de la reine chargé de récupérer les trésors de la tour de Plymouth, disait savoir que Drake en avait mis une bonne part en lieu sûr, pour son usage personnel, et les inventaires dont nous disposons ne concernent que des parts du trésor récupéré – dont Mendoza disait qu'il devait s'élever au total à deux millions de pesos. La plupart des spécialistes s'accordent à estimer que la part de la reine dut être de trois cents mille livres, soit plus d'une année des revenus de l'État, ce qui lui permit de régler la totalité de sa dette extérieure, et d'investir quarante deux mille livres dans la *New Levant Company*, tandis que les autres commanditaires touchaient un retour sur investissement de 4 700 pour cent ! Quant à Drake, il devenait, d'un coup, l'un des hommes les plus riches du royaume...

Comment imaginer de restituer tout ou partie de si providentielle fortune ? Des prises médiocres auraient fait de Drake un voleur, un brigand – cette démesure dans le crime faisait de lui un héros. Un an plus tôt, un contingent de quelques centaines d'hommes avait débarqué dans la baie de Dingle, sur la côte ouest de l'Irlande, sous la conduite d'un rebelle irlandais, James Fitzmaurice. L'affaire avait été on ne peut plus mal préparée, Fitzmaurice s'était fait tuer dans une embuscade alors qu'il essayait de rallier à sa cause des chefs irlandais, et ses troupes regroupées à Smerwick avaient attendu pendant des mois des renforts – qui étaient arrivés dans l'été 1580, depuis le port de Santander, huit navires arborant le pavillon du Vatican, sept cents ou huit cents mercenaires espagnols, italiens, basques, sous le commandement de l'amiral Don Juan Martinez de Recalde, Basque de Bilbao – et sir William Wynter venait tout juste de partir vers l'Irlande avec une flotte de neuf navires de guerre, pour en finir avec la rébellion, tandis que lord Grey, sur terre, rassemblait des troupes. Le prétexte était tout trouvé pour refuser d'appliquer plus longtemps le traité de Bristol : il ne serait plus question de Drake et de son prétendu butin, déclara tout net la reine à Mendoza, tant que le roi d'Espagne ne se serait pas expliqué sur son rôle dans l'affaire d'Irlande[1].

L'imagination populaire, déjà, s'était emparée de la geste de Francis Drake, le premier marin du royaume, le gratifiant de mille exploits, réels ou imaginaires, toute l'Angleterre se rassemblait autour de son héros, comme si, à lui seul, il avait fait plier le roi d'Espagne, « les gens se répandent chaque jour dans les rues de Londres, en essayant de l'apercevoir, prêts à agresser quiconque ne partage pas leur enthousiasme », écrivit un témoin, John Stow[2]. Elisabeth, qui avait tant lutté pour l'unité de son peuple, ne pouvait manquer d'entendre cette rumeur qui montait des profondeurs du pays – il lui suffisait pour cela d'écouter son propre cœur. Car elle l'aimait, cette brute sans scrupule, capable des pires excès, pour tout ce qui en elle lui ressemblait, elle l'aimait, sans illusion aucune sur sa vertu, ni sur ses talents autres que d'aventurier, et elle choisit, au grand dam de certains de ses conseillers, horrifiés qu'elle s'affichât ainsi avec un bandit, d'en faire comme le symbole même de l'Angleterre nouvelle, dans laquelle on pouvait s'élever du plus bas de la société, pour peu

1. La répression fut terrible. Tandis que Wynter bombardait par mer le fort de Smerwick, lord Grey de Wilton l'attaquait par terre avec huit cents hommes. Écrasés sous un déluge d'artillerie, les rebelles se rendirent. Leurs officiers furent mis à la rançon, comme il était alors de coutume, mais les cinq cent sept hommes de troupe espagnols, italiens et basques furent massacrés jusqu'au dernier. Les dix-sept qui étaient irlandais et anglais, eux, furent torturés, puis pendus – sans compter un prêtre et quelques femmes enceintes. Walter Raleigh était parmi les massacreurs. Le roi d'Espagne, qui avait financé partiellement l'entreprise, mais assurait qu'il n'avait rien à y voir, et qu'elle relevait seulement du pape, n'émit quant à lui aucune protestation, jugeant que les rebelles avaient agi de manière stupide.

2. *Op. cit.*, p. 145.

qu'on en eût la volonté et le talent. Lord Burghley, le très écouté conseiller de la reine, avait rejeté avec hauteur le présent de dix lingots d'or que voulait lui faire Drake, en lui faisant savoir qu'il ne pouvait accepter un bien volé, mais la reine, elle, choisit aux fêtes du Nouvel An de porter une couronne incrustée de cinq émeraudes, et une croix incrustée de diamants, qu'il lui avait offertes. Puis elle ordonna, afin que nul n'oublie dans les siècles à venir le sublime exploit, que ce *Golden Hind* soit conduite jusqu'à Deptford, et là placé dans un dock permanent – en ajoutant qu'à cette occasion elle serait ravie d'être l'invitée de Drake, s'il y tenait banquet.

Ce fut une des belles fêtes organisées à Londres depuis le règne de Henri VIII, qui tint toute la ville en haleine pendant des semaines. Des bannières claquaient au vent tout le long du chemin et à la tête des mâts, le navire, briqué à neuf, resplendissait. La reine s'avança, avec à ses côtés le marquis de Marchaumont, envoyé du duc d'Alençon, et derrière elle, la Cour au grand complet. Montrant à Drake une épée dorée, elle le fit s'agenouiller et, d'une voix forte, afin que tous l'entendent, elle dit : « Capitaine Drake, le roi d'Espagne a réclamé votre tête, et nous avons ici une arme pour la trancher. » Puis, se tournant vers Marchaumont, elle le pria de tenir l'épée à sa place et, posant la lame sur l'épaule du pirate, elle le fit chevalier. La foule, en transe, s'embrassait, trépignait, poussait vivats sur vivats – tant et si bien qu'une tribune s'effondra, précipitant une centaine de curieux dans la vase. Mais qu'importe ? Ce serait un élément de plus dans la légende en marche...

Intouchable, désormais.

« Le plus grand voleur de l'univers », ainsi que l'avait appelé Elisabeth, devenait, en somme, un héros et un saint : l'incarnation même de l'Angleterre nouvelle. Dès lors couvert d'honneurs et de titres, il devenait à peu près intouchable. Et une histoire édifiante, émouvante, exemplaire, vint peu à peu recouvrir l'histoire réelle du voyage, en gommer les moindres aspérités, l'enjolivant de prouesses surhumaines, dont on finit par ne plus savoir si elles découlaient de récits sans cesse enjolivés par Drake lui-même ou d'historiens écrivant sous sa dictée, ou encore étaient propagées directement par l'Amirauté, à fins de propagande. Elisabeth n'ignorait rien des rumeurs qui avaient accompagné le retour de Drake, les récits terrifiants qui couraient dans les tavernes, les témoignages des uns et des autres, de Fletcher ou de John Doughty. Le procès fait à Wynter avait éclairé d'un jour plus cru les réalités du voyage. Et John Doughty, criant vengeance, se démenait pour obtenir que Drake ait à répondre de l'assassinat de son frère – et de fait, le juge Wray avait jugé les charges assez graves pour que procès il y eût, devant la Haute Cour, seule juridiction habilitée à juger. Mais Élisabeth avait besoin de Drake, sa légende vivante, et comme le poste de Juge suprême, devenu vacant peu de mois avant, devait être pourvu pour que procès il y ait, elle se contenta d'oublier cette nomination, pour éteindre l'action entreprise...

Attaquer Drake, désormais, était comme attaquer l'Angleterre elle-même [1].

1. John Doughty devait en faire l'expérience, lorsque, désespéré par ce qu'il jugeait une trop grande injustice, il finit par se lier aux Espagnols dans un sombre complot contre son ennemi juré. Arrêté, convaincu de haute trahison, il finit, semble-t-il, ses jours en prison.

ÉPILOGUE

Les temps changent

Une personne au moins gardait la tête froide, dans ce déchaînement d'enthousiasme : Elisabeth Ière. La perte du *Cacafuego* avait été vivement ressentie par Philippe II, mais elle ne pesait pas lourd au regard des fortunes qui chaque année traversaient l'océan, vers Séville. La France mise hors-jeu par ses guerres intestines, les Pays-Bas rendus presque à merci, jamais la puissance de l'Espagne n'avait paru si écrasante, la position de l'Angleterre si menacée. Qui pourrait demain résister à l'Espagne, si le Portugal venait à tomber entre les mains de Philippe II ? La disparition du roi Sébastien sur le champ de bataille d'El-Ksar, en 1578, avait laissé la couronne du Portugal entre les mains d'un vieillard, le cardinal Henri – lequel, sans héritier direct, avait tenté de régler de son vivant la délicate question de sa succession. Philippe II aussitôt avait fait valoir ses droits, aux côtés de... Catherine de Médicis, en tant, soutenait-elle, qu'héritière en ligne collatérale de la maison de Bourgogne, d'un prince de Bragance, et d'un petit-fils illégitime du roi Emmanuel, Don Antonio, prieur de Crato. Henri Ier, décédé le 15 janvier 1580, avant d'avoir tranché, Don Antonio s'était fait proclamer roi le 20 juin 1580, à Santarem – à la grande fureur de Philippe II. Le terrible duc d'Albe, tout juste rentré des Pays-Bas, avait été envoyé séance tenante vers Lisbonne à la tête d'une armée, tandis que l'amiral Don Alvaro de Bazan, marquis de Santa Cruz, était chargé de s'emparer de la flotte portugaise. Fin août, le drapeau espagnol flottait sur le palais royal de Lisbonne, Don Antonio était en fuite, ses partisans se repliaient sur les Açores, et Philippe, déjà, assurait sa victoire en couvrant ses partisans portugais de terres et de titres. « J'en ai hérité, je l'ai acheté, je l'ai conquis », résuma-t-il, avec sa sobriété habituelle.

Le « hold-up » du siècle. Et une puissance, du coup, à donner le vertige : les soies et les épices de l'Inde, l'or, les esclaves des côtes africaines, les bois précieux du Brésil et de Madère – ainsi que la plus forte marine océanique du temps, annexée du même coup, la plus grande tradition maritime, les meilleurs pilotes, les meilleurs navires : les onze galions capturés par Santa Cruz dans le port de Lisbonne, tous entre sept cents et mille tonneaux, allaient devenir les fleurons de la nouvelle marine de Philippe II. Le plus grand monarque de la terre, désormais, régnant non seulement sur l'Espagne, le Portugal, les Pays-Bas, mais encore sur l'essentiel de l'Italie, les Amériques, et la totalité des terres d'Orient aux mains des Occidentaux – sans compter que son cousin, Rodolphe II de Habsbourg, régnait, lui, sur l'Allemagne et une part de l'Europe de l'Est...

Au secours de Don Antonio

Restait, pour desserrer l'étau, dut songer Élisabeth, à jouer la carte de Don Antonio – aux abois, sans le sou, ni autres partisans que ceux rassemblés aux Açores, et prêt à tout promettre à qui lui ferait retrouver son trône... Arrivé à Londres en juin 1581, il avait été mis au contact dès juillet avec Drake, Hawkins et John Wynter, et de leurs conciliabules était née ce qui avait été appelée la « première entreprise ». Opérant sous le drapeau portugais, Drake, à la tête de huit navires et de pinasses, établirait une base fixe à l'île de Terceira, aux Açores, et de là guetterait le passage de la *Flota* espagnole. Si, par malchance, il la manquait, il traverserait l'Atlantique pour razzier les ports du Nouveau Monde, et peut-être capturer la flotte au moment du départ. Don Antonio paierait un quart des dépenses, les investisseurs privés le reste, un tiers des profits irait aux équipages, le reste aux commanditaires. Le projet paraissait bien avancé quand Élisabeth marqua tout à coup sa réserve. Don Antonio, pour se concilier de nouveau ses bonnes grâces, et obtenir un prêt, lui offrit un magnifique diamant. Élisabeth garda le diamant, mais renonça au projet sans plus d'explication, vers la fin du mois d'août – suite, sans doute, au refus de Catherine de Médicis d'une promesse d'appui réciproque, en cas de guerre avec l'Espagne[1].

Catherine de Médicis, à force de calculs, avait manqué une première fois le coche, en envoyant de trop maigres secours (cinq bateaux et cinq cents hommes) à Don Antonio, en octobre 1580, après que Santa Cruz se fût déjà emparé de la flotte portugaise. Saurait-elle, cette fois, mieux jouer ? Tandis que Francis Drake, le comte de Leicester et Henry Owtread, un prospère armateur et pirate de Southampton, se lançaient dans un autre projet, qui devait tourner au désastre[2], Catherine,

1. Après une conversation secrète du secrétaire d'État Walsingham avec Catherine de Médicis dans les jardins des Tuileries, rapportée dans les *Lettres de Catherine de Médicis*, T. VII, p. 193, à la date du 30 août 1581.

2. L'expédition, dite la « deuxième entreprise », quitta l'Angleterre le 1er mai 1582 avec Edward Fenton à la tête de quatre navires. John Drake y commandait la barque *Francis*, propriété de son oncle. Fenton avait le projet d'établir une base permanente à Calicut, sur la côte de Malabar, pour commercer avec les Moluques – le tout avec la bénédiction de Don Antonio, par les commanditaires tenu pour le roi légitime du

elle, essayait de reprendre l'initiative, en répondant aux avances de Don Antonio. Deux des îles des Açores, Santa Maria et San Miguel, avaient déjà lâché Don Antonio, le reste de l'archipel allait céder aux menaces d'une escadre espagnole quand, le jour fixé pour la reddition, le 19 mai 1581, des voiles françaises apparurent à l'horizon, amenant un secours de cinq cents hommes, sous le commandement d'Antoine Scalin. Quatre compagnies gasconnes, capitaine Carles, arrivèrent peu après, avec une nouvelle stupéfiante, qui mit les îles en effervescence : le général Philippe Strozzi les suivait, à la tête de quinze mille arquebusiers...

La résistance s'organisa aussitôt à Terceira, San Jorges, Graciosa, Pico, Fayal, Corvo, Florès. Le général de l'escadre de Galice, Pedro Valdès, subit de lourdes pertes en juillet, et l'amiral Peijoto, à Punta Delgada, ne dut qu'à une saute de vent d'échapper au même sort, alors que Charles Roualat de Landreau, fort galant baroudeur[1] des Antilles, promu par Strozzi vice-amiral, le serrait de près.

Portugal. Fenton se révéla un capitaine indécis et couard, tant et si bien que John Drake le quitta pour jouer sa propre partie. Mal lui en prit : capturé par des Indiens sur les rives du Rio de la Plata, réduit par eux en esclavage pendant un an, il réussit à gagner Buenos Aires. Reconnu, transféré à Lima, questionné par l'Inquisition, il fut condamné, en échange de sa repentance d'avoir été luthérien, à demeurer le reste de sa vie en territoire espagnol. Quant à Fenton, il se trouva bientôt abandonné par les officiers d'un autre de ses navires, l'*Edward Bonaventure*, qui rentrèrent en Angleterre le 29 mai 1583. Puis, en étant venu aux mains avec un des jeunes Hawkins, il rentra à son tour, le 29 juin, sans le moindre succès à faire valoir...

1. N'avait-il pas failli, disait-on, enlever la belle Madeleine de Siron, la femme du vice-roi espagnol, qui n'avait pas été insensible à son charme...

Quand le Brésil devint français

Qu'avait donc promis l'impécunieux Don Antonio, pour que Catherine lui porte un si prompt secours ? Les Hollandais avaient proposé de mettre dans l'affaire douze gros vaisseaux de guerre, cent trente quatre pinasses, cent mille livres de poudre et trois cent cinquante mille florins, en échange d'une remise de 50 % sur les droits de douane, plus la levée d'un impôt sur les exportations portugaises – et eux aussi s'interrogeaient sur les termes du marché avec la France. Le frère du roi, François d'Alençon, qui entretenait les meilleures relations avec le comte de Vimioso, connétable et confident de Don Antonio, avait joué en fait les intermédiaires, et les derniers détails de l'arrangement avaient été mis au point le 6 octobre 1581, lors d'une rencontre secrète, à Eu. Vimioso et Philippe Strozzi en furent les seuls témoins – Strozzi, que l'on avait déjà vu quelques années auparavant brassant de vastes projets[1], hélas pour lui, emportés par les jeux fluctuants de sa protectrice Catherine. Cette fois, il lui fut demandé un gros sacrifice : d'abandonner sa charge de colonel général de l'infanterie – ce qu'il fit, non sans soupirs. Ce lui fut, selon une confidence faite à Brantôme, « parole aigre à cracher » : « Mais, disait-il, ou je mourrai à la tâche, ou j'aurai un état plus grand que celui de colonel, un état tel que nul n'osera jamais me l'ôter. » Quel état ? Celui de vice-roi, « en certain endroit où le sieur de Strozzi s'acheminait. »

Quant au plan et à l'endroit sur lequel il allait régner, il ne devait les connaître que par un pli cacheté, remis le jour de son départ, et rédigé par Catherine elle-même[2] : Strozzi aurait à occuper Madère, remettrait les Açores sous l'autorité de Don

1. Voir plus haut, pp. 289-292.
2. L'original se trouve à Saint Petersbourg, vol. 19 des autographes de la Bibliothèque de l'Hermitage (cf. La Roncière, *op. cit.*, p. 175).

Antonio pendant que son lieutenant Brissac ferait de même aux îles du Cap-Vert. Puis, après avoir laissé sur place des forces suffisantes pour en assurer la défense, il ferait voile vers le Brésil avec le reste de ses troupes pour en prendre possession : « Cet que entreprenés n'est pas pour faire une raflade, c'èt pour vous en rendre le mètre et le conserver à jamès. »

Tel était l'accord : que Don Antonio « restabli dans ses Estats », Catherine, en échange de sa renonciation au trône, « auroit pour ses prétentions la région du Brésil. »

Le Brésil ! La France n'avait jamais cessé d'en rêver depuis les premières explorations des marins de Roscoff et de Honfleur et la tentative d'une colonie de peuplement mi-huguenote, mi-catholique. Tout récemment encore, en 1572, une troupe française s'était installée parmi les Indiens Tamoyos, au cap Frio, et il avait fallu mille cent soldats portugais pour les en déloger. Philippe Strozzi, en 1576, avait envoyé un de ses navires, le *Salamandre*, en mission d'exploration dans la baie de Rio de Janeiro – et une carte établie en 1579 de la côte du Maranhaô au Rio San Francisco, portant elle aussi les armes du même Strozzi, suggère qu'il fut peut-être le commanditaire d'une deuxième expédition. La même année, une flottille normande avait été surprise par les forces portugaises non loin de Pernambouc – et une expédition rochelaise, en 1581, avait failli connaître le même sort dans le Parahiba. Comme a pu l'écrire Frank Lestringant, si une terre d'Amérique faillit être française, en ce siècle, c'est bien le Brésil.

« L'Angleterre est à nous ! » : Philippe II maître du monde

Le Brésil ! Il valait la peine de frapper vite, et fort. Et don Antonio crut sans doute tenir sa revanche quand la *Réale* des galères lui fit passer en revue la flotte rassemblée à Belle-Île :

soixante-quatre grands navires, transportant cinq mille hommes de troupes, vieux briscards des troupes d'infanterie gasconnes, du régiment de la Reine, ou vétérans des guerres du Piémont, avec à leur tête quelques figures de la noblesse de France, comme Charles de Cossé-Brissac. Le 16 juin 1582, la flotte appareilla de Belle-Île, pendant qu'à Lisbonne le marquis de Santa Cruz, alerté par les espions de Philippe II, armait en hâte une flotte de trente-six navires pour tenter de l'intercepter. Trop tard : le 10 juillet, quand il put enfin prendre la mer, Strozzi était déjà passé. Une tempête, de surcroît, ralentit la flotte espagnole. Quand Santa Cruz jeta l'ancre à Villefranca, le 22 juillet, sur la côte sud de l'île de Sao Miguel, les Français étaient déjà en place depuis six jours. Don Miguel de Oynendo, envoyé en reconnaissance, revint fort soucieux : les forces françaises paraissaient écrasantes, cinquante-six grands navires au bas mot...

Que faire ? Santa Cruz avait été un des héros de la bataille de Lépante, en 1571, qui avait vu la défaite des Turcs – mais elle avait opposé des galères. Là, devant les Açores, allait s'engager la première bataille navale de l'histoire opposant des galions en escadres puissamment armés, aux cales bourrées de poudre et de boulets : nul ne savait trop quelle tactique adopter. Fallait-il, comme avec les galères, imaginer une formation serrée, en ligne de front ? Les qualités manœuvrières l'emporteraient-elles sur la puissance de feu ? N'était-il pas prudent d'attendre l'arrivée de la flotte envoyée en appoint ? Santa Cruz, dans le doute, choisit la formation serrée, typique des combats de galères, tandis que les Français se mettaient en tête de doubler son avant-garde, pour le prendre entre deux feux, mais les intentions des uns et des autres devinrent très théoriques dès que le vent tomba, les réduisant tous à l'immobilité. Les deux flottes dérivèrent ainsi pendant trois jours au gré des courants et des rares souffles d'air. Le jour se leva le 26 juillet sur un nouveau calme plat. Distantes l'une de l'autre de deux à trois milles, les flottes s'étiraient sur dix-huit milles, en lignes de plus en plus incertaines. Et Strozzi avait le plus grand mal à maintenir un semblant de discipline : déjà plusieurs capitaines n'en faisaient qu'à leur tête, d'autres se préparaient à s'esquiver, qui n'avaient jamais connu l'épreuve du feu en mer. Quand le vent se leva, à huit heures, les Français pourtant étaient idéalement placés, au nord-ouest, avec l'avantage de la manœuvre, mais l'une des flottes était menée par des marins qui savaient se battre, l'autre par des gentilshommes incapables de respecter un plan de bataille – et qui, depuis leur arrivée, ne cessaient de s'opposer sur des questions de préséance. La bataille se concentra très vite sur le *San Mateo*, le deuxième navire espagnol en importance, que Strozzi essaya d'enlever, avec l'aide de trois autres navires de plus petit tonnage. Lorsqu'au bout de deux heures d'affrontements, le gros de la flotte espagnole arriva à la rescousse, le *San Mateo* avait reçu plus de cinq cents boulets, mais tenait encore. Et vers six heures du soir, Strozzi dut céder sous le nombre, alors que l'aile gauche de la flotte française reculait sans combattre, et que l'arrière-garde, « partageant l'espouvante des siens », n'osait intervenir [1]... Transporté sur le *San Martin*, il gisait sur un pont de cordes, quand un soldat espagnol lui glissa son épée dans le ventre. Sans même le regarder, Santa Cruz, d'un geste, ordonna qu'on le jette à la mer... Ainsi mourut, conclut la Roncière dans un bel élan patriotique, « celui qui aurait pu nous doter du Brésil... »

La victoire espagnole était totale. Santa Cruz déplorait deux cent vingt quatre morts, cinq cent trente trois blessés et un seul navire coulé – les Français, eux, comptaient entre mille deux cents et mille cinq cents morts, pour onze navires perdus. Et surtout, honte suprême, des débris de la flotte, pourtant

1. Certains, comme Sainte Souline, avaient été achetés par des agents espagnols au moment du départ (cf. La Roncière, *op. cit.*, p. 186).

encore supérieure en nombre aux Espagnols, s'égayaient en tous sens comme volée de moineaux, laissant Don Antonio dans l'île de Terceira. Les trois cents prisonniers français furent pendus haut et court aux vergues espagnoles, tandis que Santa Cruz réservait aux gentilshommes le supplice du garrot, sur un échafaud dressé à Villafranca.

La tempête empêcha Santa Cruz de s'emparer de Don Antonio, que le vice-amiral Landreau, rassemblant ce qui pouvait l'être encore, protégeait avec dix-sept navires – et l'amiral espagnol choisit donc de rentrer, pour mieux revenir l'année suivante achever la conquête. Avec quatre-vingt-dix-huit navires, cette fois, armés en guerre, et douze mille huit cent trente cinq hommes de troupe, l'affaire fut réglée en quinze jours. L'Espagne réserva au héros un accueil digne d'un roi. Philippe II fit chanter en son honneur une messe de *Te Deum* au monastère de l'Escorial, après l'avoir fait grand d'Espagne, « capitaine de la mer océane ». Mais déjà l'un et l'autre voyaient plus loin. La France, pour longtemps sans doute, était hors-jeu, maintenant que nous possédons tout le Portugal, se serait écrié Santa Cruz, l'Angleterre est à nous !

Se battre, ou périr.

C'est exactement ce à quoi songeait Élisabeth, au même moment. Jamais la situation n'avait été aussi périlleuse. Santa Cruz déjà travaillait à un plan d'invasion : cent cinquante galions, ou navires marchands armés, quarante transports de vivres, trois cent vingt avisos, pinasses, navires auxiliaires, quarante galères, trente-huit mille marins, soixante quatre mille hommes de troupe, pour un budget de 3,8 millions de ducats – autant de chiffres, s'ils étaient exacts, propres à donner le vertige. Philippe II, disait-on, avait reculé devant leur énormité, mais pour combien de temps ? Chaque mois qui passait apportait son lot de nouvelles inquiétantes. Aux Pays-Bas, Parme accumulait les victoires. La prise de Dunkerque et de Nicupoort, en 1583, avait permis l'arrivée, en Manche, d'une escadre espagnole, le quasi-blocus imposé par les Gueux de la mer risquait de se trouver brisé, la mort du duc d'Anjou, le 31 mai 1584, faisait d'Henri de Navarre l'héritier du trône, et les probabilités d'une guerre civile, du coup, mettait la France un peu plus à l'écart encore du grand jeu européen [1]. En juillet, l'assassinat de Guillaume d'Orange, abattu devant sa demeure par un agent à la solde de l'Espagne, laissait ses partisans sans plus de chef – déjà, quelques mois plus tôt, avait été découvert un complot ourdi par les Espagnols, visant rien moins qu'à assassiner Élisabeth – et l'ambassadeur Mendoza, à l'instant d'être expulsé, avait lancé, narquois : « Puisque j'ai apparemment déplu à la reine comme ministre de la paix, elle m'obligera demain à la satisfaire dans la guerre. »

Tôt ou tard, il allait falloir se battre, pour survivre. Devait-elle attendre, au risque de voir les Pays-Bas définitivement écrasés, ou attaquer sans délais ? Même le très prudent lord Burghley la poussait à l'action, mais la disproportion des forces paraissait si énorme [2] ! Elle fit ce qu'elle avait toujours fait en ces situations périlleuses : elle se tourna vers ses « chiens de mer ».

Depuis bien longtemps Hawkins et Drake multipliaient les projets, plus ou moins hasardeux, vers les Açores, le Brésil, les Moluques, ou les Caraïbes. En juillet 1584, John Hawkins avait même proposé à la reine une expédition sous les couleurs de Don Antonio – et dans l'été Drake avait été chargé de prépa-

1. Élisabeth aurait été un peu plus soucieuse encore si elle avait su que le parti des Guise, par un traité secret, venait de se rallier à l'Espagne...

2. Élisabeth ignorait probablement ces chiffres, qui l'auraient encore plus inquiétée, mais les revenus du trône d'Espagne étaient alors de dix millions de ducats, soit plus de trois millions de livres, quand ceux de l'Angleterre atteignaient tout juste trois cent mille livres...

rer une expédition vers les Moluques, mais l'hésitation de la reine demeurait perceptible. Le 22 février 1585, Mendoza, arrivé à Paris, avertit Philippe II que Drake rassemblait à Plymouth une flotte de vingt-quatre navires et vingt pinasses pour une nouvelle expédition vers les Caraïbes, dans laquelle la reine avait investi vingt mille livres. Drake, ajoutait-il, commanderait une force de deux mille hommes, et avait en tête de capturer la flotte des trésors. Toutes ces informations étaient exactes, même si l'expédition avait quelque peine à prendre forme. En mars, Élisabeth y avait presque renoncé lorsque, le 26 du même mois, Philippe II décréta un embargo sur tous les navires hollandais et anglais présents dans les ports espagnols, d'autorité réquisitionnés, disait la proclamation royale, pour une « expédition à venir ».

Pouvait-on rester sans réagir ? Élisabeth hésitait encore, quand le transporteur de blé *Primrose*, en juin, arriva à Londres, avec à son bord quatre des officiels espagnols qui avaient tenté de le saisir, dans le port de Bilbao. La manière dont les marins anglais avaient résisté, puis jeté par dessus bord les soldats espagnols avant de lever l'ancre et de s'esquiver par une manœuvre hardie fit le tour de la ville. Les marchands de Londres, d'ordinaire si prudents, soucieux par dessus tout de préserver leurs bonnes relations avec l'Espagne et qui tenaient les *sea dogs* pour de simples bandits, devinrent enragés. Jusque-là avocats de la paix à tout prix, ils se firent en quelques jours les propagandistes exaltés d'une guerre nécessaire, réclamant à cors et à cris des lettres de marque contre tous les vaisseaux espagnols et portugais. L'un d'eux, faisant valoir qu'une bonne partie des marins de Philippe II s'en allaient l'hiver pêcher la morue sur les bancs de Terre-Neuve, proposa qu'on conduise là-bas cinq vaisseaux de guerre pour les envoyer tous par le fond pendant la pêche, de sorte que Philippe II se trouverait ensuite en manque d'équipage. Ces richissimes marchands possédaient les plus gros navires marchands de la flotte anglaise – cette fois, Élisabeth n'hésita plus. Le sort en était jeté : ce serait donc la guerre.

Le retour de Francis Drake

Rien ne paraissait plus pouvoir arrêter l'engrenage fatal. Une délégation venue des Pays-Bas reçut la promesse d'une aide substantielle, une escadre fut envoyée à Terre-Neuve pendant que John Hawkins, dans les arsenaux de Chatham, redoublait d'efforts pour réformer en profondeur les forces navales anglaises. Par le traité de Nonsuch, en août 1585, l'Angleterre s'engageait à fournir quatre mille fantassins et quatre cents cavaliers pour tenter de libérer Anvers, à contribuer pour six cent mille florins l'an à l'effort de guerre néerlandais, et à envoyer une flotte aux Caraïbes – en décembre 1585 ce sont huit mille hommes de troupe anglais qui allaient se trouver ainsi engagés aux Pays-Bas, sous les ordres du comte de Leicester...

Entre-temps, le 14 septembre, Drake avait pris la mer, à la tête d'une flotte de vingt-neuf navires, et de deux mille trois cents hommes de troupe. Sa mission ? Comme toujours avec Drake, elle restait des plus floues. Officiellement, mettre le cap sur les ports espagnols, ou portugais, et libérer les vaisseaux qui s'y trouvaient encore prisonniers. Officieusement, tenter d'intercepter la flotte des trésors, au large de l'Espagne, ou, sinon, gagner les Caraïbes pour y amasser le plus possible de butin, s'emparer de La Havane, en faire une base permanente, et depuis Carthagène, lancer une expédition terrestre contre Panama, gagner de là le Honduras, s'emparer des mines d'argent, rançonner au passage toutes les villes pour au moins deux millions et demi de ducats – Drake savait rêver large quand il s'agissait de séduire la reine, et ses habituels commanditaires...

Le départ avait été quelque peu précipité. Craignant un dernier revirement d'Élisabeth, Drake avait pris le parti de lever l'ancre dès ses ordres reçus, avant même d'avoir chargé suffisamment de vivres. Il dut lutter une semaine au large de l'Angleterre contre des vents contraires avant d'entrer dans l'Atlantique – prêt à chercher refuge si nécessaire en Irlande ou en France, avait-il déclaré à l'un de ses officiers, plutôt que de se risquer dans un port anglais, où pouvait l'attendre un contre-ordre. Puis, enfin, le vent tourna : rien désormais ne pouvait arrêter Francis Drake.

Élisabeth avait investi dix mille livres dans l'affaire, plus deux navires, par elle évalués à dix mille autres livres, ce qui était nettement exagéré, mais visait à lui assurer, au retour, une plus large part du butin : l'*Élisa Bonaventure*, mille tonneaux, dont Drake avait fait son navire amiral et l'*Aid*, commandé par Edward, le fils de sir William Wynter. Hawkins avait apporté à l'entreprise son *Primrose*, trois cents tonneaux commandés par Martin Frobisher, promu vice-amiral, Drake trois ou quatre navires, dont le *Thomas*, conduit par son frère Thomas, et le *Francis*. Chacun avait en tête l'extraordinaire exploit du dernier voyage de Drake, l'annonce de la nouvelle entreprise avait suscité un fol enthousiasme – à la cour comme sur les quais de Plymouth, c'était à qui gagnerait fortune et gloire à ses côtés. Il y avait là Martin Frobisher, le fils de John Hawkins, Richard, Edmund Wynter, Thomas, le jeune frère de Drake, Francis Knollys, le beau-frère du comte de Leicester, William, le fils de lord Burghley, Thomas Fenner, un solide dur à cuire des provinces de l'Ouest, Christopher Carleill, gendre de lord Walsingham, commandant des deux mille trois cents fantassins embarqués. Sir Philip Sidney, un des protégés d'Élisabeth, s'était échappé de White Hall pour rejoindre Drake, et il fallut presque recourir à la force pour le ramener à Londres. Jamais l'Angleterre n'avait lancé sur les mers pareille force navale : « Si l'influence de la marine sur le cours de l'histoire est ce que l'on dit, alors ce moment marque une nouvelle époque », devait écrire plus tard sir John Corbett.

L'expédition fut un échec et un triomphe. Arrivé à Vigo le 27 septembre, Drake eut la surprise de découvrir que les marchands anglais présents ne réclamaient ni aide ni « libération » et qu'ils étaient libres de circuler à leur gré. Que se passa-t-il alors, qui retint Drake dans la baie jusqu'au 11 octobre ? Le besoin de compléter son chargement de vivres, certainement. L'envie, aussi, de trouver quelque prétexte pour en découdre et débarquer des troupes anglaises sur le sol espagnol. Et puis l'indécision : Drake était un baroudeur, un chef de guerre, venu porter le fer en Espagne et fort embarrassé d'avoir à gérer pareilles forces en cette situation imprévue. Ce fut en tous les cas une faute majeure et le plus beau ratage de l'histoire de la flibuste : à traîner ainsi devant Vigo, il venait de manquer la flotte des trésors...

La *Flota* partie de Nouvelle-Espagne, trente vaisseaux au total, était arrivée au port de San Lucar le 22 septembre[1], mais celle de Panama, elle, était arrivée à Terceira le 7 octobre, où elle avait attendu en vain une escorte d'Espagne – et c'est sans protection, donc, qu'elle s'était risquée à gagner son port d'attache. Plus tard, Drake devait prétendre qu'il l'avait manquée d'une douzaine d'heures – il s'en fallait en réalité d'une dizaine de jours. On devait apprendre peu après qu'elle transportait un des plus gros chargements d'argent de l'histoire de la Conquista, d'une valeur estimée à sept cent mille livres...

Drake avait prévu de faire aiguade et de renouveler ses provisions aux Canaries, mais un tir nourri d'artillerie, à l'entrée de Las Palmas, lui fit poursuivre sa course vers les îles du Cap-Vert, où il mit à sac, au passage, les villes de Sao Tiago, de Santo

1. Selon le nouveau calendrier grégorien que venait d'adopter l'Espagne, décalé de dix jours par rapport à l'ancien : Drake se trouvait donc encore à Plymouth.

Domingo et de Porto Praya, ce qui ne suffit pas à remonter le moral de ses troupes, déjà fort perturbées par la manière étrange dont il exerçait son commandement. Les mêmes causes produisant les mêmes effets, suspicion, divisions, jalousies régnaient à tous les échelons de la hiérarchie. Knollys et ses hommes, pour s'être opposés au chapelain Nichols, se trouvèrent accusés de sédition. Drake crut faire un exemple en pendant deux hommes pour mutinerie, mais, après quelques jours de mer, il dut faire face à d'autres soucis : les hommes, autour de lui, tombaient comme des mouches, pris de fièvres violentes, la peau marquée de taches livides, signe probablement de peste pneumonique. Le voyage, dès lors, tourna au cauchemar : quand la flotte atteignit les Caraïbes, le 18 décembre, trois cents hommes au moins étaient déjà morts[1].

Il en fallait plus, pour arrêter un Francis Drake. Le 1er janvier 1586, il entrait dans la baie de Saint Domingue et s'emparait de la ville, par une manœuvre qui devait devenir un des grands classiques de la flibuste.

Terreur aux Caraïbes.

La capitale d'Hispaniola, le centre administratif de toutes les Caraïbes, avait pourtant été alertée, dès le 30 décembre, de l'arrivée imminente de la flotte anglaise, mais elle se croyait imprenable : le chenal d'entrée était protégé par un banc de sable, les canons de la forteresse étaient assez puissants pour repousser une offensive navale, et à l'exception d'une plage, à Guitia, le relief interdisait toute offensive par terre. Des précautions de routine avaient été prises : une galère puissamment armée avait pris position dans le chenal pour appuyer les

1. Des espions espagnols, croisant des témoignages de marins, donnèrent le chiffre de cinq cents morts au moins, plus quelques centaines de quasi-impotents.

défenses du fort, trois bateaux avaient été placés derrière la barre pour compliquer encore un peu plus l'approche de l'ennemi, et une garde avait été placée sur la place de Guitia, prête à donner l'alerte.

La surprise des Espagnols fut totale. Dans la nuit du 31 décembre, des troupes transportées sur les pinasses furent débarquées à huit milles à l'ouest de la ville, sur la plage de la Hyana que les Espagnols imaginaient trop lointaine, et où nul ne les attendait, tandis que la flotte prenait position au-delà du chenal, prête à faire donner ses canons en appoint, si nécessaire. Ce fut presque aussitôt la débandade. Les forces espagnoles se réduisaient à une milice mal armée et sans expérience. Quand les Anglais entrèrent dans la ville, il ne restait plus que cent cinquante hommes pour la défendre. Les canons n'eurent que le temps d'une salve avant d'être pris d'assaut. Un Espagnol crut bon de chercher de l'aide du côté des esclaves enchaînés dans les galères, mais ceux-ci, à peine libérés, se mirent du côté des Anglais[1], et Drake, le jour même, put entrer dans la ville en vainqueur.

Maîtres de la ville, ses hommes entreprirent de la piller, maison après maison, entrepôt après entrepôt, brûlant sur leur passage tout ce qui pouvait l'être, mais ils durent vite déchanter : la gloire de Saint Domingue n'était plus qu'un souvenir, l'or et l'argent y étaient devenus si rares que les habitants s'étaient fabriqué, pour leurs échanges locaux, une monnaie de cuivre, la rançon espérée d'un million de ducats, au bout de trois semaines de tractations, de menaces, d'incendies, de dépré-

1. Le récit de l'expédition qui fut publié deux ans plus tard s'ornait de quelques épisodes glorieux. Des esclaves marrons auraient aidé les Anglais à débarquer, Drake furieux de voir un de ses émissaires, noir, assassiné par un Espagnol, aurait pendu en représailles deux moines prisonniers – autant d'affabulations, semble-t-il. Deux moines âgés furent bien tués, après torture, par les hommes de Drake, mais cela se passa dans leur monastère, et sans relation avec cette affaire d'émissaire dont aucun membre d'équipage n'avait gardé le moindre souvenir, au retour.

dations multiples, se trouva réduite à... vingt-cinq mille ducats. Après 31 jours d'occupation, Drake quitta un port de Saint Domingue exsangue et dévasté, cap sur Carthagène, emportant avec lui, en prime, un vaisseau espagnol de quatre cents tonneaux rebaptisé the *New Year's Gift*, plus un autre de deux cents tonneaux, devenu le *New Hope*, et soixante-dix nouveaux canons.

Les défenses de Carthagène avaient la réputation d'être formidables, et les Espagnols, prévenus de l'arrivée d'El Dragon, instruits du sort de Saint Domingue, croyaient avoir pris toutes leurs précautions. Ce fut pourtant comme la répétition de Saint-Domingue. Le 9 février, Drake entra dans la baie, à deux heures du matin mille fantassins furent débarqués à quatre milles de la ville avec des instructions propres à leur donner un moral de vainqueurs : s'ils échouaient à prendre la ville, ils ne seraient pas réembarqués, tout homme pris à faire retraite serait pendu. Au petit matin, Carleill était dans la ville, tandis que six cents hommes, sur des pinasses, attaquaient le fort de Boqueron commandant l'entrée du port. Si l'assaut par mer échoua par deux fois, il suffit à empêcher le fort de soutenir les forces qui, en ville, tentaient de s'opposer à Carleill – à midi, Carthagène était prise.

Carthagène était d'une tout autre importance que Saint-Domingue, mais son pillage se révéla aussi décevant. Le gouverneur et l'évêque, humiliés, ne voulaient rien entendre. À chaque échec des négociations, Drake brûlait un quartier de la ville, en vain, apparemment, mais quand les Anglais commencèrent à détruire la nouvelle cathédrale à coups de canons, un agrément fut miraculeusement trouvé pour une rançon de cent sept mille ducats. Les pertes anglaises étaient élevées, une fièvre rampante continuait de décimer les équipages, sept cents hommes tout au plus étaient en état de combattre, et selon des témoins espagnols, recoupant les témoignages des marins au retour, Drake tenait ses hommes avec une telle férocité, les disputes et les divisions étaient si vives, qu'il était pour le pirate anglais parfaitement illusoire de s'installer durablement à Carthagène, comme d'ailleurs de tenter un raid par voie terrestre sur Panama. Ne restait plus, en somme, qu'à rentrer à Plymouth...

Drake quitta Carthagène le 14 avril, longea Cuba, mais renonça à attaquer La Havane, et après avoir fait de l'eau à Cabo de San Antonio, il prit la route du retour, non sans avoir fait halte le 27 mai à San Agustin, de sinistre mémoire pour les survivants des huguenots français de Floride, le temps de raser le fort, et de brûler la ville. Un feu sur l'île de Croatoan, le 9 juin, attira son attention, alors qu'il remontait la côte américaine. C'était un avant-poste de la colonie anglaise installée l'année précédente sur l'île de Roanoke par sir Richard Grenville et Walter Raleigh. Conduit à la colonie, Drake découvrit cent quatre hommes en si lamentable situation qu'il proposa à leur gouverneur, Ralph Lane, de les rapatrier. Lane, contre toute raison voulant encore espérer, Drake décida de lui laisser un de ses navires, le *Francis*, et autant de provisions qu'il lui était possible, plus le matériel saisi à San Agustin [1].

Un ouragan vint bouleverser leurs plans, alors que Drake s'apprêtait au départ : le *Francis*, ainsi que les autres navires de faible tonnage de la flotte, emportés par la tempête, les bâtiments de la colonie sévèrement endommagés, les colons baissèrent enfin les bras et se résignèrent à suivre Drake. La flotte arriva à Plymouth le 26 juillet 1586. [2]

Un échec, et un triomphe. Les commanditaires, cette fois, firent grise mine : Drake avait perdu plus de la moitié de ses

1. Il semblait écrit que cette colonie serait marquée jusqu'au bout par la malchance : quelques jours après le départ de Drake, le vaisseau envoyé à leur secours par Raleigh arrivait à Roanoke et, n'y trouvant plus âme qui vive, rentrait en Angleterre. Sur l'histoire de Roanoke et les premières entreprises colonisatrices de l'Angleterre, voir le tome II de cette histoire (*Les Anges noirs de l'utopie*, à paraître).

2. Et non le 28, comme il est écrit généralement.

hommes, et les rançons rapportées étaient très loin de couvrir les dépenses engagées.[1] Mais le coup porté au prestige de l'Espagne était terrible : un misérable pirate, d'une puissance mineure au nord de l'Europe, venait sans vergogne de mettre bas les défenses espagnoles dans les Caraïbes, et de compromettre le crédit de Philippe II : une part des ressources du Nouveau Monde allaient devoir être consacrées à renouveler ses défenses au lieu de soutenir l'effort de guerre aux Pays-Bas, les Fugger d'Augsbourg et la banque de Venise resserraient leurs crédits, aux Pays-Bas, le duc de Parme, à court d'argent, voyait ses troupes le menacer de mutinerie, dans les villes du Nouveau Monde dévasté des centaines d'Espagnols se trouvaient réduits à la misère. Jusque-là, Philippe II avait repoussé les plans d'invasion de l'Angleterre imaginés par Santa Cruz, jugés trop onéreux. Cette fois, il lui ordonna de les reprendre. Puisque Élisabeth voulait la guerre, elle allait l'avoir...

Course à l'abîme

Les rapports affluaient, de plus en plus inquiétants, sur les préparatifs espagnols. Drake était rentré trop tard pour qu'une action pût être entreprise avant l'hiver. Pour marquer néanmoins que l'Angleterre restait sur le qui-vive, une escadre de vingt navires, sous le commandement de John Hawkins, avait été envoyée en août vers les côtes du Portugal – il s'agissait en fait de tester la nouvelle marine qu'il avait mise au point, aux

1. Le butin fut estimé à 46 000 livres pour 57 000 livres de dépenses, soit une perte de 25 % pour les investisseurs. Mais il apparut très vite que Drake avait gonflé le chiffre des dépenses (quelques années plus tard, il devait affréter une plus grande flotte pour la moitié de cette somme) et les rapports espagnols faisaient apparaître qu'une part importante du butin, probablement détourné par Drake, n'avait pas été comptabilisé. Les marins eurent toutes les peines du monde à se faire payer. Plusieurs officiers, dont Martin Frobisher, attendaient toujours le règlement de leur solde en 1588.

lignes plus basses, aux coques allongées, sans les hautes structures traditionnelles. Rapides, très manœuvrant, leurs coques nouvelles leur permettaient d'embarquer une puissance de feu inégalée, canons à tulipe aplatie ou pierriers tirant indifféremment des boulets de vingt-quatre et trente-deux livres capables de traverser les plus robustes coques, ou couleuvrines d'une portée de plus d'un mille [1]. Son vaisseau amiral, le *Non Pareil*, cinq cents tonneaux, avait quarante-quatre gros canons, le *Golden Lion*, cinquante-quatre, le *Revenge*, le *Hope*, le *Tremontana*, tous à la reine, étaient d'une puissance comparable. Hawkins croisa d'août à octobre au large du Portugal, moins pour faire de brillantes prises que pour signifier à Philippe II que l'Angleterre était prête à se défendre, et même à attaquer : à chaque occasion, Hawkins fit visiter ses navires aux capitaines arraisonnés, avant de les relâcher, de sorte que courut en Espagne le bruit que l'Angleterre avait lancé une flotte révolutionnaire...

À son retour, en novembre, Hawkins trouva le pays en effervescence : un nouveau complot venait d'être déjoué, où se trouvait impliquée Marie Stuart, cousine d'Élisabeth et prétendante catholique au trône, ainsi que le duc de Guise, dont il devenait de plus en plus manifeste qu'il était à la solde de Philippe II. Le Parlement, après enquête, avait déclaré Marie Stuart coupable, et pressait Élisabeth d'ordonner son exécution – ce qu'Élisabeth finit par accepter, le 11 février 1587, sous la pression de l'opinion publique.

L'exécution de Marie Stuart, le 18 février, fit se dresser d'indignation toute l'Europe catholique. Pendant vingt ans, Marie Stuart avait incarné l'espoir de la restauration de la « vraie » foi en Angleterre : c'était tout à coup comme si les derniers ponts se trouvaient coupés. Le 31 mars 1587, Phi-

1. Jusqu'en 1570, Élisabeth avait consacré dix mille livres par an à la mise en état de sa flotte. En 1586, elle était passée à trente-deux mille puis, l'année suivante, à quarante-trois mille avant d'atteindre cent cinquante-trois mille en 1588, sur un budget total de trois cent quatre-vingt-douze mille livres.

lippe II lança en grand les préparatifs : les escadres de Carthagène et de Malaga devaient gagner Lisbonne d'urgence, les arsenaux de Naples et de Barcelone devaient fournir à grande cadence l'armement nécessaire, et Santa Cruz reçut l'ordre de mobiliser l'escadre de l'Atlantique. Pas moins de cinq cent dix navires et soixante-quatre mille hommes devaient appareiller de Lisbonne, tandis que le duc de Parme, aux Pays-Bas, rassemblerait ses troupes pour un débarquement en Angleterre. Des convois chargés d'espars, de toiles, de chanvre, de cordages, commencèrent à descendre vers l'Espagne depuis la Baltique, de tous les ports d'Italie et d'Espagne arrivèrent des montagnes de tonneaux d'huile d'olive, de sacs de riz, de barils de poissons séchés, de biscuits de mer : tout devait être prêt en juin, insistait le roi, pour un départ au début de l'été.

Cadix bruissait d'activité, le 19 avril vers cinq heures de l'après-midi, pas moins de soixante navires se serraient dans la baie, lourds marchands de Méditerranée, galions retour des Indes, ravitailleurs, caboteurs, pinardiers se préparaient à lever l'ancre, on chargeait des canons sur un galion flambant neuf qu'on allait livrer à Santa Cruz, quand une longue file de navires, sans pavillons ni enseignes, apparut à l'horizon, fonçant droit sur le port.

Dans un premier temps, l'on crut que c'était l'escadre de Juan Martinez de Recalde, arrivant de la baie de Biscaye. Puis, comme les navires ne ralentissaient pas leur marche, une galère et une galiote se portèrent à leur rencontre, aussitôt criblées de boulets tandis que montait en tête de mât de l'arrivant la bannière de Saint-Georges. Sur la dunette, un homme courtaud, l'air furieux, dirigeait la manœuvre : Francis Drake lui-même, la terreur des Espagnols...

Raid sur Cadix

Il avait quitté Plymouth le 2 avril, avec une partie seulement de sa flotte, dès ses ordres reçus comme à son habitude, de crainte que la reine ne revienne sur sa décision. Bien lui en avait pris : trois jours plus tard arrivait un contre-ordre. Un des fils d'Hawkins fut envoyé à sa poursuite sur une pinasse rapide, en vain – mais peut-être n'y mit-il pas tout l'acharnement nécessaire, son père étant fort impliqué dans l'affaire...

Le reste de la flotte rejoignit Drake au large, vingt-trois navires au total, dont sept grands navires fournis par les marchands de Londres et placés sous l'autorité de Robert Flick. Le 5 avril, Drake était au large du cap Finisterre, le 16, à hauteur de Lisbonne, où il apprit de pêcheurs en mer qu'une grosse flotte était réunie à Cadix, presque sans défense. Lisbonne, elle, était bien protégée, difficile à prendre : Drake choisit aussitôt Cadix. Lorsqu'il exposa son plan, quelques heures avant l'attaque, son commandant en second, William Borough, digne membre de l'Amirauté avec rang de contrôleur, supposé représenter la reine, poussa de hauts cris : ce n'étaient certes pas des manières de gentilshommes ! Et puis, que savait-on réellement des défenses de la ville ? Mieux valait attendre, se renseigner, prendre l'avis de tous les officiers, comme il était d'usage. Drake haussa les épaules et pressa encore plus l'allure.

Commença alors une dévastation systématique. Les galères furent balayées en quelques bordées, une caraque qui faisait feu par tous ses sabords fut mise en pièces par les tirs conjugués des quatre galions d'Élisabeth, les navires marchands, sans défense, furent pillés les uns après les autres. Le soir venu, la flotte mouilla hors de portée des canons du fort, et William Borough s'imaginait qu'ils allaient lever l'ancre au petit jour, mais c'était mal connaître Drake, toujours insatiable : dès le jour levé il reprit le pillage, devant les habitants du port impuissants. Et c'est à minuit seulement, les cales pleines, qu'El Dragon quitta Cadix, laissant derrière lui le port saccagé, la plupart des bateaux pillés, brûlés, et coulés.

Arrivé à hauteur du Cap Saint-Vincent, en route vers Lisbonne, Drake, qui songeait à se trouver un port d'attache temporaire, décida de s'attaquer au petit port de Sagres, et d'y détruire le fort et le château – et comme Borough, courroucé de ce qu'il ne respectât pas la règle d'une consultation préalable de ses officiers, protestait trop énergiquement, Drake, exaspéré, le releva purement et simplement de son commandement. Sagres fut pris en quelques heures, son fort détruit, les canons du château précipités à la mer, son monastère incendié, et la flotte anglaise put à loisir réparer, charger du bois et de l'eau, avant de reprendre la mer, et de chasser au large.

Lisbonne, défendue par Santa Cruz, se révélant un trop gros morceau, Drake choisit de croiser au large du cap Saint-Vincent et d'intercepter tous les navires passant à sa portée, une centaine, de toutes les tailles, tous pillés et brûlés en l'espace d'un mois, au point d'interrompre les préparatifs de l'Armada, sans que les forces espagnoles parviennent à le trouver. Et la légende commença à se répandre en Espagne, d'un Drake aux pouvoirs surhumains, commandant aux vents, doté d'un miroir magique qui lui permettait de savoir à chaque instant la position des navires espagnols...

Les bateaux fatigués faisaient eau de toutes parts, leurs coques étaient couvertes d'algues, les hommes d'équipage supportaient de plus en plus mal les manières tyranniques de leur chef – quand une fièvre commença ses ravages, qui ressemblaient fort aux prémices de la peste ; Drake jugea plus prudent d'envoyer un ou deux navires en Angleterre, avec à leur bord les malades. Puis une tempête disloqua la flotte, ce dont profitèrent les navires prêtés par les marchands de Londres pour s'éclipser. Le 22 mai, ce fut au tour du *Golden Lion* de rebrousser chemin. Borough, à son retour, assura que les hommes avaient agi de leur initiative et qu'il avait tout tenté, bien que relevé de son commandement, pour les retenir, mais Élisabeth, furieuse, les jeta tous en prison, en attendant le retour de Drake – lequel avait réuni sans tarder une cour martiale à bord de son navire, et Borough reconnu coupable de désertion, une sentence de mort avait été prononcée, ce qui, décidément, devenait chez lui une habitude, répétée à chaque voyage.

Malgré une flotte réduite à neuf navires, Drake refusait de lâcher prise : « Commencer est facile, répétait-il, mais la vraie gloire est d'aller jusqu'au bout ». Le 8 juin au matin, il toucha enfin sa récompense, au large des Açores, vers Sao Miguel : le *San Felipe*, mille quatre cents tonneaux, propriété de Philippe II, rentrait des « Indes », chargé à ras bord d'étoffes précieuses, de velours et de soieries, d'or et de bijoux, d'épices et d'indigo, au point que les ballots bouchaient les sabords et encombraient le pont. Le navire, capturé presque sans combat, fut ajouté à la flotte et Drake, triomphant, fit retour à Plymouth[1]. La prise du *San Felipe* rapportait cent quatorze mille livres, trois fois la valeur des prises faites à Cadix...[2]

Ces pertes matérielles, au regard de la puissance espagnole étaient minimes, même si elles contribuèrent à retarder la mise en ordre de marche de l'Invincible Armada – mais le retentissement du raid de Drake, dans toute l'Europe, fut immense : Philippe II avait été défié avec une rare insolence, au vu et au su de l'Europe entière, et il n'était pas homme à oublier une offense...

1. Cinq jours après la capture du *San Felipe*, Santa Cruz, à la tête de trente-sept navires, suivi par l'escadre de Juan Martinez de Recalde, se lança à la recherche de Drake – et revint au bout de trois mois, bredouille. El Dragon s'était, une fois de plus, envolé juste à temps...

2. D'après les registres espagnols, le *San Felipe* transportait également trois cent mille ducats en pièces d'or qui n'apparurent pas dans les compte de Drake. Et en octobre, lord Burghley se demandait encore comment « arracher à Drake les comptes de son dernier voyage ». Mais pouvait-on changer Francis Drake, devenu indispensable, et qui le savait ?

Mauvais présages

Il arrive que des géants s'effondrent sous l'excès de leur propre poids. La tâche d'organiser une force si colossale dépassait les forces d'un Santa Cruz vieillissant et dépassait surtout les capacités de l'administration espagnole. À peine une solution était-elle trouvée en un point qu'une catastrophe se déclenchait ailleurs, les provisions pourrissaient en un port tandis que, dans un autre, les troupes mouraient de faim, les soldats depuis trop longtemps rassemblés sans action semaient le désordre, ou se débandaient, les canons arrivaient là où nul ne les attendait, ou bien les hommes manquaient, qui auraient pu les monter, et ils rouillaient sur les quais ; Philippe II s'exaspérant de voir sans cesse différée la date du départ, harcelait le vieux Santa Cruz, âgé de soixante-deux ans, lequel, malade, choisit de décéder le 9 février 1588. Son successeur désigné, le duc de Médina Sidonia prit ses fonctions en mars, à reculons : il n'avait aucune expérience de la mer, avait-il objecté, en vain, et souffrait horriblement du mal de mer, mais le roi ne voulut rien entendre : il avait besoin d'un grand d'Espagne, capable d'avoir autorité sur tous ses officiers.

Médina découvrit une Armada en bien piteux état. Approvisionnements avariés, soldats sans plus de solde ni de vêtements, épidémie de typhus, un cinquième des effectifs déclarés morts, malades ou disparus, il fallait tout reprendre, quand la plus simple des actions, pour une administration à ce point centralisée, paraissait d'une lourdeur décourageante – l'Armada ne devenait-elle pas le symbole d'une Espagne étouffée par sa trop grande puissance ?

Astrologues, devins, occultistes, depuis des mois, annonçaient une année de sang et de malheurs, la terre et la mer allaient s'écrouler en ruine, les empires s'effondrer, le ciel bientôt vacillerait sous les lamentations, des pluies de sang s'étaient abattues en

Suède, des monstres naissaient en France, une tempête comme on n'en avait jamais vue soufflait depuis décembre sur l'Atlantique et paraissait ne plus vouloir s'arrêter. L'inquiétude montait dans toute l'Espagne, au point que les marins essayaient de fuir les ports où se rassemblait l'Armada, et Philippe II avait dû faire prononcer des sermons dans tout le royaume contre les sorciers et les prophètes, c'est dans un climat bien pesant que l'Armada enfin s'ébranla, le 11 mai. La plus grande force jamais rassemblée sur mer, cent trente navires répartis en dix escadres pour un total de cinquante-huit mille tonneaux, huit mille marins, vingt mille soldats, deux cent quarante et un canons, sept mille arquebuses, cent quatre-vingts prêtres et moines pour s'assurer la protection divine. Il était temps, dut songer le duc de Parme, qui piétinait en Flandres depuis des mois. En septembre, il avait rassemblé trente mille hommes prêts à débarquer en Angleterre mais l'hiver avait commencé à défaire les fils qu'il avait tissés, les vivres s'épuisaient, les hommes désertaient, les Gueux de la mer, sur leurs flibots à faible tirant d'eau, le bloquaient à Nieupoort et Dunkerque, si Médina ne se hâtait pas, il risquait à court terme la débandade...

L'impossible défaite

L'Angleterre, pendant ce temps, se rassemblait derrière Elisabeth, catholiques comme protestants, prêts à mourir, s'il le fallait, au combat. La flotte anglaise, en comparaison de l'espagnole, paraissait bien faible : quarante-sept bâtiments de combat, seulement, mais les plus rapides, les plus manœuvrants, les mieux armés du moment. Et tous les chiens de mer étaient là, pour l'ultime combat : Francis Drake, John et Richard Hawkins, Martin Frobisher, Thomas Fenner, Edward Fenton, William Wynter, placés sous les ordres de Charles Howard d'Effingham, et tous convaincus qu'ils pouvaient vaincre...

L'Armada approchait, plus lentement que prévu, mais cette lenteur même avait quelque chose de terrifiant. À peine en mer, le duc de Médina avait commencé à recevoir des rapports inquiétants sur l'état des vivres, avariés, certains stockés depuis déjà neuf mois, et après une sévère tempête, il avait préféré faire escale à la Corogne, pour tenter de renouveler ce qui pouvait encore l'être. Il n'en avait pu repartir que le 11 juillet, mais le 19, l'Armada fut enfin aperçue au large du cap Lizard, et le 21 (le 31, selon le calendrier espagnol[1]) les deux flottes se trouvèrent face à face, au large du cap Scilly. Qui dira jamais l'émotion qui dut étreindre ces marins, à cet instant ? Deux forêts de mâts glissaient l'une vers l'autre, et de l'issue de l'affrontement allait dépendre, peut-être, l'histoire du monde...

Par une habile manœuvre, les Anglais gagnèrent le vent des Espagnols et la bataille s'engagea sur l'aile droite de l'Armada, déployée en un immense arc de cercle : l'affrontement dura trois heures, sans dommages majeurs, jusqu'à ce que Médina se trouve contraint de rompre. Lui importait surtout, dut-il songer alors, de traverser la Manche et de rejoindre le duc de Parme, mais ses capitaines restèrent, eux, songeurs devant la vivacité et la fureur anglaises : s'ils parvenaient à les aborder, ils les submergeraient sous le nombre, mais encore fallait-il pouvoir s'en approcher ; l'affaire, à coup sûr, allait être plus délicate que prévue...

L'Armada poursuivit sa marche, lourde et lente, à travers la Manche, suivie par des Anglais la harcelant sans répit. Drake, abandonnant son poste de vice-amiral, contrevenant sciemment aux ordres, s'esquiva une nuit pour s'emparer d'un galion, le *Nuestra Senora del Rosario*, mille cent tonneaux, quarante-six canons. De nouveaux affrontements, au large de Portland Bill,

1. Les dates des affrontements varient, suivant les ouvrages, selon que l'auteur se réfère au calendrier anglais, ou espagnol, décalés de dix jours. Pour la suite, nous nous en sommes tenus au calendrier anglais.

le 23 juillet, d'autres encore le 24, devant l'île de Wight, plus le 25 devant Selsey Bill, restèrent sans conséquences notables. Médina, à mesure qu'il se rapprochait du pas de Calais devenait plus soucieux. C'était le point faible, il le savait, du plan de Philippe II, que ce rendez-vous incertain avec le duc de Parme. Les messages qu'il lui avait envoyés, depuis des jours, restaient sans réponses, et lorsqu'il jeta l'ancre au large de Calais, ce fut pour apprendre que Parme ne serait pas prêt avant une semaine. Une semaine, en ces mouillages incertains, quand les vents violents risquaient à tous moments de pousser l'Armada vers la mer du Nord ! Une semaine, alors que les Anglais rassemblant toutes leurs forces, arrivaient sur eux ! Sans compter que ses réserves en boulets étaient presque épuisées et que ses troupes donnaient des signes inquiétants de fatigue, après une semaine de combats incessants. Parme, de son côté remuait des idées sombres : les lourds bâtiments de l'Armada ne pourraient s'approcher à moins de dix milles de la côte – comment briser le blocus des flibots hollandais, qui croisaient à quelques encablures, se jouant des hauts fonds ?

L'Armada ne pouvait rester plus longtemps au mouillage : serrée ainsi, elle formait une cible idéale pour les brûlots – et de fait le 28 juillet, profitant des vents favorables, huit navires marchands anglais, bourrés d'explosifs, dont le *Thomas*, donné par Drake, furent envoyés sur la flotte espagnole, y causant de sévères dégâts. Il fallait lever l'ancre, échapper à ce piège, au risque d'une bataille – qui commença dès le lendemain, au large de Gravelines, et se poursuivit pendant neuf heures. La première vraie bataille, totale, sauvage, désordonnée, où il n'était plus question de tactiques savantes, mais de courage, et d'adresse. À ce jeu, les Anglais faisaient merveille, passant à frôler les Espagnols sans jamais se laisser aborder, démontrant à chaque bordée la supériorité de leur puissance de feu. Dans l'après-midi, les galions espagnols, les uns après les autres, se turent : leurs réserves de boulets s'épuisaient, ne leur restaient plus que leurs arquebuses, et leurs armes légères – et malgré une défense héroïque, leur position devint impossible, lorsque vers 16 heures, le vent se leva en tempête, obligeant à l'arrêt des combats.

Le lendemain, chacun fit le compte des dommages : les Anglais avaient perdu une centaine d'hommes, mais pas un seul navire, les Espagnols, eux, avaient perdu cinq galions et un millier d'hommes au bas mot, mais le pire était peut-être à venir, dut se dire Médina : nombre de ses bâtiments étaient sévèrement endommagés, il n'avait plus de boulets, le vent soufflait en rafales, le poussant dans la mer du Nord, la flotte anglaise lui barrait la route du retour, à deux milles à peine et, sur tribord, la mer en furie bouillonnait sur des bancs de sable où l'Armada risquait de s'échouer. Les pilotes, consultés, insistèrent pour qu'ils se dégagent au plus vite, les bancs de Flandres se rapprochaient, inexorablement. Médina, à genoux, pria Dieu de lui venir en aide – quand ils furent à six brasses de fond (son navire calait cinq brasses) il ordonna, la voix brisée, de virer de bord, cap sur la mer du Nord. L'orgueilleuse Armada se trouvait réduite à fuir – en bon ordre, peut-être, mais à fuir néanmoins, tous les chiens de mer sur ses talons, fuir toujours plus au Nord. À hauteur de l'Écosse, à court de vivres, les Anglais rebroussèrent chemin, tandis que l'Armada tentait l'impossible, dans le mauvais temps revenu : contourner l'Écosse par le Nord, pour regagner l'Espagne.

Quand bascule l'Histoire

Les bruits les plus divers couraient, pendant ce temps. Une bataille avait eu lieu dans le Nord, les Anglais avaient été écrasés, John Hawkins avait été envoyé par le fonds, Drake était fait prisonnier. Mendoza, à Paris, fit allumer un feu de joie, le pape envisageait des messes d'actions de grâce dans toute la chrétienté, Élisabeth ne savait trop comment interpréter les messages qu'elle recevait. Peu à peu, l'incroyable vérité s'imposa : une terrible tempête, dans le nord de l'Écosse, avait achevé le travail commencé par les « chiens de mer », et c'est une Armada défaite, s'éparpillant jour après jour au gré des coups de vent, perdue dans les brouillards d'Irlande, sans presque plus de vivres ni d'eau, laissant ses galions les uns après les autres sur les récifs d'Écosse et d'Irlande, qui tentait de gagner l'Espagne. L'arrivée en Espagne du navire amiral, dans la dernière semaine de septembre, jeta la consternation : Médina, épuisé, délirait, la moitié des hommes de son *San Martin* étaient morts – et les navires qui suivaient étaient en pire état encore.

Elisabeth pouvait considérer le travail accompli : les « chiens de mer », contre toute attente, avaient mis à genoux l'orgueilleuse Espagne. Et c'est une Angleterre rassemblée, prête à la conquête des mers désormais, qui était née de ces épreuves surmontées...

Les symboles, parce qu'ils touchent à nos raisons de vivre et de mourir, se nouent au plus intime de nos croyances, renvoient à la source obscure qui nous appelle et meut, par delà toute raison, sont toujours plus puissants que ce que l'on croit d'ordinaire le « réel », et il y avait assez de signes du ciel, dans cette incroyable déroute, pour frapper les esprits. La puissance de l'Espagne n'était sans doute pas encore sérieusement entamée, peut-être même, à ne considérer que les seuls chiffres, n'avait-elle jamais été aussi écrasante – mais chacun pressentait, néanmoins, qu'avec cette déroute une autre époque commençait...

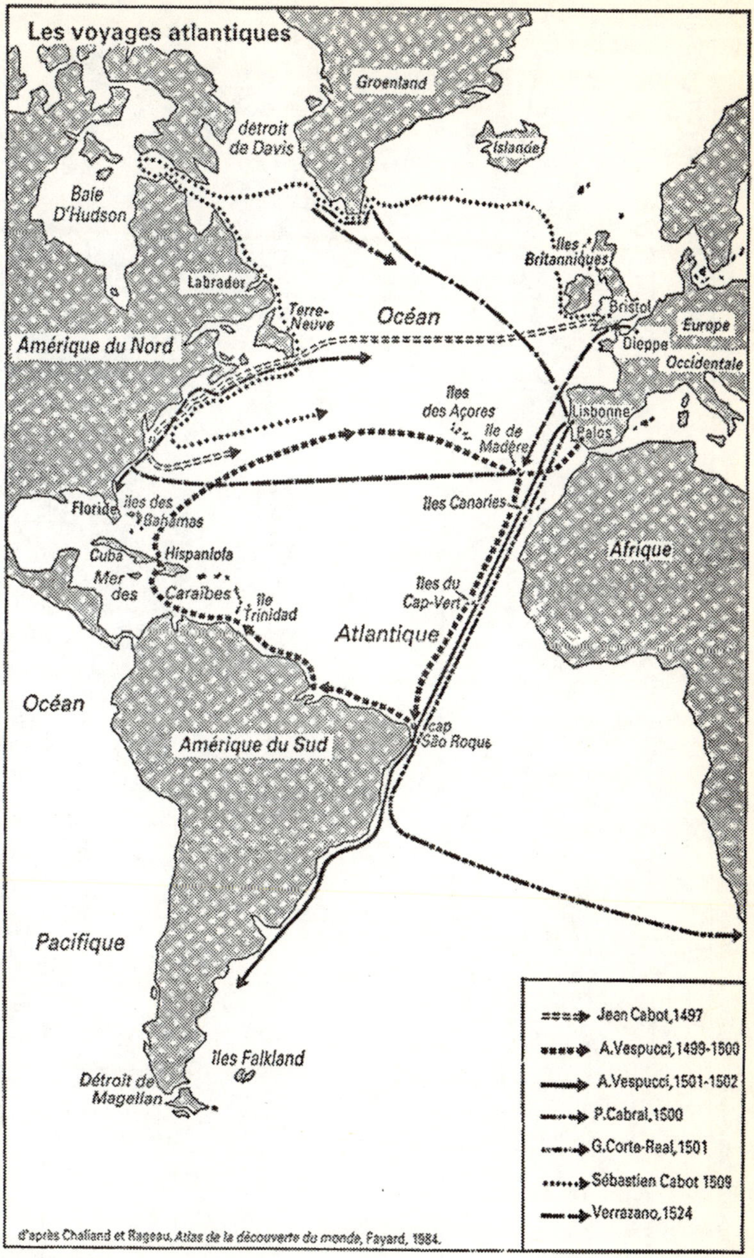
Les voyages atlantiques
Groenland
détroit de Davis
Islande
Baie D'Hudson
Îles Britanniques
Labrador
Terre-Neuve
Océan
Bristol
Europe
Amérique du Nord
Dieppe
Occidentale
Îles des Açores
Lisbonne
Palos
Île de Madère
Floride
Îles des Bahamas
Îles Canaries
Afrique
Cuba
Hispaniola
Mer des Caraïbes
Îles du Cap-Vert
Île Trinidad
Atlantique
Océan
cap São Roque
Amérique du Sud
Pacifique
Îles Falkland
Détroit de Magellan
Jean Cabot,1497
A.Vespucci,1499-1500
A.Vespucci,1501-1502
P.Cabral,1500
G.Corte-Real,1501
Sébastien Cabot 1509
Verrazano,1524
d'après Chaliand et Rageau, Atlas de la découverte du monde, Fayard, 1984.

Histoire du Nouveau Monde, Serge Gruxinski, © Librairie Arthème Fayard, 1993.

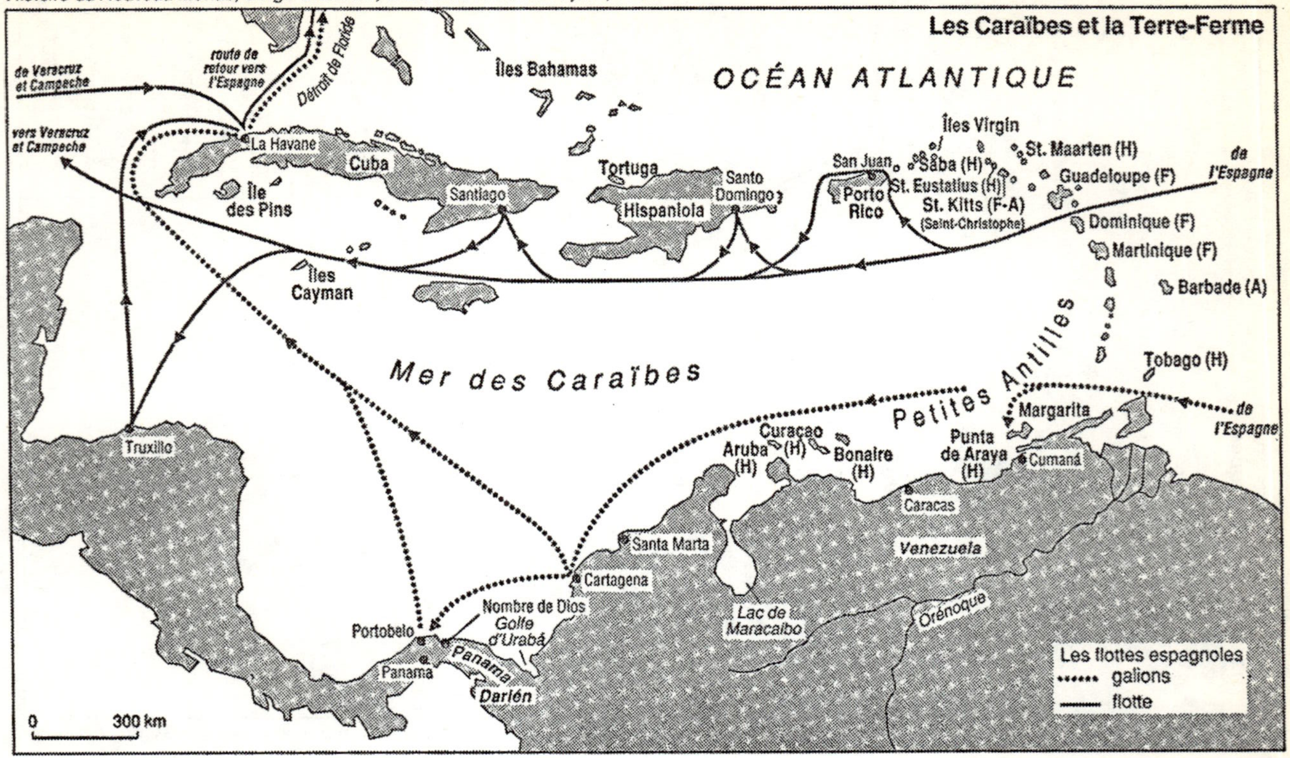

BIBLIOGRAPHIE

Acerra, Martine et Martinière, Guy : *Coligny, les protestants et la mer* (actes du colloque de Rochefort et de La Rochelle d'octobre 1996), Paris, Presses de l'Université de Paris-Sorbonne, 1997.

Andrews, Kennet, R. : *The Spanish Carribbean : Trade and Plunder 1530-1630*, New Haven, Yale University Press, 1978.

Andrews, Kennet, R. : *Elisabeth Privateering : English Privateering during the Spanish War, 1585-1603*, Cambridge University Press, 1964.

Archenholtz, J.W. d' : *Histoire des Flibustiers*, Paris, 1804.

Aronson, Marc : *Sir Walter Raleigh, and the quest for El Dorado*, Clarion Books, New York, 2000.

Atkinson, Geoffroy : *Les Nouveaux Horizons de la Renaissance française*, Paris, Droz, 1935.

Bennassar, Bartolomé : *Histoire des Espagnols (VIe-XXe siècles)*, Paris, Armand Colin, 1985, Robert Laffont, 1992.

Bennassar, Bartolomé : *Un siècle d'or espagnol*, Paris, Robert Laffont, 1982.

Blond, Georges : *Histoire de la flibuste*, Paris, Stock, 1969.

Braudel, Fernand : *Autour de la Méditerranée*, Paris, Éditions de Fallois, 1996.

Braudel, Fernand : *La Méditerranée et le monde méditerranéen à l'époque de Philippe II* (3 vol.), Paris, Armand Colin, 1949-1990.

Bridenbaugh, Carl : *Vexed and Troubled Englishmen, 1590-1642*, Oxford University Press, New York, 1968.

Bruneau de Rivedoux : *Histoire véritable de certains voyages périlleux et hasardeux sur la mer* (présentation par François Bellec et Alain-Gilbert Guéguen), Paris, Les éditions de Paris, 1996.

Burney, James : *History of the Buccaneers of America*, Londres, Payne & Foss, 1816 ; Allen & Unwin Ltd, 1912.

Butel, Paul : *L'Histoire de l'Atlantique, de l'Antiquité à nos jours*, Paris, Perrin, 1997.

Butel, Paul : *Les Caraïbes au temps des flibustiers, XVI*e*-XVII*e *siècles*, Paris, Aubier-Montaigne, 1982.

Cabantous, Alain : *Le Ciel dans la mer – christianisme et civilisation maritime* (*XVI*e*-XIX*e *siècles*) Paris, Fayard, 1990.

Camus, Michel Christian : « Un flibustier reconverti : Laurent de Graffe » in *Revue de la Société haïtienne d'histoire et de géographie*, vol. 46, n° 158-159, mars-juin 1988, pp. 53-57.

Chaunu, Pierre : *Séville et l'Amérique, XVI*e*-XVII*e *siècles*, Paris, Flammarion, 1977.

Chaunu, Pierre : *Conquête et exploration des Nouveaux Mondes*, Paris, Presses Universitaires de France, 1977.

Chaunu, Pierre : *L'Espagne de Charles Quint* (2 vol.), Paris, SEDES, 1973.

Chaunu, Pierre : *Colomb, ou La logique de l'imprévu*, Paris, François Bourin, 1993.

Chaunu, Pierre : *Histoire de l'Amérique latine*, Paris, Presses Universitaires de France, 1949-1999.

Collectif : *Course et piraterie*, CNRS, 1975.

Collectif : *L'Amiral de Coligny et son temps*, (Paris, 24-28 octobre 1972), Société de l'histoire du protestantisme, 1974. Et notamment l'article de Marcel Bataillon : *L'Amiral et les « nouveaux horizons » français*.

Collectif : *Les Normands et la mer* (contient Moreau, Jean-Pierre : *La course ou flibuste normande dans les Antilles au XVI*e*-début XVII*e, pp. 250-255).

Cordingly, David : *Under the Black Flag : The Romance and Reality of Life among the Pirates*, Random House, Londres, 1995.

Cordingly, David (éd.) : *Pirates : Terror on the High Seas from the Caribbean to the South China Sea*, Atlanta, 1996.

Crouse, Nellis, M. : *French Struggle for the West Indies, 1665-1713*, New York, Columbia University Press, 1943.

Debien, G. : « Les premiers trafics des îles. Flibuste, chasse, pêche » in *Annales des Antilles*, n° 3-4, 1955.

Delorme R. : *Histoire sanglante des flibustiers*, Paris, Guy Victor, 1965

Deschamps, Hubert : *Pirates et flibustiers*, Paris, PUF, 1952.

Deschamps, Hubert : *Les Pirates à Madagascar*, Paris, Berger-Levrault, 1949, 1972.

Desroches, Jean-Paul : *Trésors des galions*, Paris, Réunion des musées nationaux, 1994.

Doucet, Louis : *Quand les Français cherchaient fortune aux Caraïbes*, Paris, Fayard, 1981.

Dow, George Francis (et Edmonds, John Henry) : *The Pirates of the New England Coast, 1630-1730*, Marine Research Society, Salem, Massachusetts, 1923.

Dujarrie-Descombes et Durieux J. : « Deschamps du Rausset, boucanier et gouverneur de la Tortue au XVIIe siècle » (extrait du Bull. de la Section de Géographie, Paris, 1926).

Duplessis, Paul : *Monbars*, Paris, 1854.

DuTertre, le Père J.-B. : *Histoire générale des Antilles habitées par les Français*, Paris, 1667-1671.

Earle, Peter : *The Sack of Panama, Sir Henry Morgan's Adventures on the Spanish Marine*, Viking, New York, 1981.

Ellms, Charles : *The Pirates Own Book : Authentic Narratives of the Most Celebrated Sea Robbers*, Marine Research Society, 1837.

Engel, Claire-Éliane : *L'amiral de Coligny*, Genève, Labor et Fides, 1977.

Favier, Jean : *De l'or et des épices*, Paris, Fayard, 1987.

Favier, Jean : *Les grandes Découvertes*, Paris, Fayard, 1991.

Funck-Brentano, Frantz : *L'Île de la Tortue, boucaniers et flibustiers*, Paris, Tallandier, 1979.

Gaffarel, Paul : *Histoire du Brésil français au seizième siècle*, Paris, Maisonneuve, 1878.

Galvin, Peter, R. : *Patterns of Pillage : A Geography of Caribean-based Piracy in Spanish America, 1536-1718*, American University

Studies, Series XXV, Geography, Vol. 5, New York, Peter Lang, 1999.

Geiger, Wolfgang : *Dans le sillage de Colomb, l'Europe du Ponant et la découverte du Nouveau Monde*, Paris, Presses Universitaires de Rennes, 1995.

Gerassi-Navarro, Nina : *Pirate Novels : Fictions of Nation-Building in Spanish America*, Durham et Londres, Duke University Press, 1999.

Gerhard, Peter : *Pirates of the Pacific, 1575-1742*, University of Nebraska Press, Lincoln et Londres, 1960.

Girault, Y. : *Sir Francis Drake, corsaire de la reine*, Paris, 1960.

Gomez, Thomas : *L'Invention de l'Amérique, mythes et réalités de la Conquête*, Paris, Aubier, 1992.

Goslinga, Cornelis : *The Dutch in the Carribean and on the Wild Coast, 1580-1680*, Gainesville, University of Florida Press, 1971.

Gosse, Philip : *The Pirate's Who's Who*, New York, 1924, Slorieta, New Mexico, The Rio Grande Press Inc., 1968.

Grotius, Hugo : *La Liberté des mers*, trad. A. Guichon de Grandpont, Paris, Imprimerie royale, 1845 (fac-similé, avec une introduction de Simone Goyard-Fabre, édité par le Centre de philosophie politique et religieuse, Caen, 1990).

Grotius, Hugo · *Le Droit de prise (De jure praedae)*, Paris et La Haye, 1869.

Gruzinski, Serge et Bernand, Carmen : *Histoire du Nouveau Monde · De la découverte à la conquête*, Paris, Fayard, 1991, et *Histoire du Nouveau Monde : Les métissages*, Paris, Fayard, 1993.

Haring, Clarence II · *The Buccaneers in the West Indies in the Seventeenth Century*, Londres, Methuen, 1910.

Heers, Jacques : *La Découverte de l'Amérique*, Bruxelles, Complexe, 1991.

Hill, Christopher : « *Radical Pirates ?* » in · *The Collected Essays of Christopher Hill*, Volume III, Amherst. The University of Massachusetts Press, 1985.

Hoffman, Margaret : *Blackbeard : A Tale of Villainy and Murder in Colonial America*, Columbia, South Carolina, Summerhouse Press, 1998.

Hoffman, Paul E. : *The Spanish Crown and the defense of the Caribbean, 1535-1585*, Louisiana State University Press, Baton Rouge, 1980.

Huguet : *Nau l'Olonnais : Le roi des flibustiers maudits*, Paris, EPCP, 1990.

Israël, J.J. : *The Dutch Republic and the Hispanic World, 1606-1661*, Oxford, 1989.

Jaeger, Gérard A. (dir.) : *Vue sur la piraterie*, Paris, Tallandier, 1992. (Notamment : Mollat du Jourdin, « De la piraterie sauvage à la course réglementée ».)

Jaeger, G.A. : « Utopies maritimes et révolutions : l'exemple des aventuriers », in *Chronique d'histoire maritime*, n° 21, 1er semestre 1990, pp. 9-25.

Jaeger, G.A. : *Les Grands Aventuriers de la mer*, Paris, LEP Labor, 1987, 6 t. en 3 vol. : annexes biographiques.

Joyau, A. : *Belain d'Esnambuc*, Paris, Ballemand, 1950.

Julien, Charles-André : *Les Voyages de découverte et les premiers établissements (XVe-XVIe siècles)* Paris, PUF, 1948.

Kemp, P.K. et Lloyd, C. : *The Brethren of the Coast : The British and French Buccaneers in the South Seas*, Londres, Heinemann, 1960.

Kelsey, Harry : *Sir Francis Drake : The Queen's Pirate*, Londres et New York, Yale University Press, 1998.

Klausman, Ulrike ; Meinzezin, Marin ; Kuhn, Gabriel : *Women Pirates : And the Politics of the Jolly Roger*, Black Rose Books, Montréal, New York, Londres, 1997.

Krantz, F. (dir.) : *History from Below : Studies in Popular Protest and Popular Ideology in Honour of George Rude*, Montréal, Concordia University, 1985.

Labat, J.-B. : *Voyage aux Isles*, Présentation Michel Le Bris, Paris, Phébus, 1998.

Lane, Kris E. et Levine, Robert-M. : *Piracy in the Americas 1500-1750*, Arkmond, New York, 1998.

La Roncière, Charles de : *Histoire de la marine française*, (t. III, IV et V), Paris, Plon, 1918-1929.

La Villestreux, Général de : *Les Flibustiers aux Antilles. Des origines au déclin*, Paris, Champion, 1930.

Lee, Robert Earl : *Blackbeard the Pirate : A Reappraisal of his Life and Times*, John F. Blair, North Carolina, 1974.

Lemonnier, Léon : *Sir Walter Raleigh*, Paris, La Renaissance du Livre, 1931.

Lepers, J.-B. : *La tragique Histoire des flibustiers. Histoire de Saint-Domingue et de l'île de la Tortue, repaire des flibustiers*, Paris, 1715.

Léry, Jean de : *Histoire d'un voyage en la terre du Brésil (1578)* (édition établie par Franck Lestringant, précédée d'un entretien avec Claude Lévi-Strauss), Paris, L.G.E., 1994.

Lestringant, Frank : *L'Experience huguenote au Nouveau Monde (XVIe siècle)*, Genève, Droz, 1996.

Lestringant, Frank : *Le Huguenot et le sauvage*, Paris, Klinksieck, 1990.

Lhoumeau, Hélène : *Les Expéditions françaises en Floride, 1562-1568. La lettre secrète*, thèse de l'École des Chartes, inédite.

Lussagnet, Suzanne : *Les Français en Amérique pendant la deuxième moitié du* XVIe *siècle, Les Français en Floride*, Paris, 1958.

Lyon, Eugène : *The Enterprise of Florida ; Pedro Menéndez de Avilés and the Spanish Conquest of 1565-1568*, Gainesville, 1976.

Mainwaring, G.E. et Dobrée, Bonany : *Mutiny, the Floating Republic*, Century Hutchinson, Londres, 1935.

Marcel, G. : *Les Corsaires français au* XVIe *siècle dans les Antilles*, Paris, Leroux, 1902.

Marley, David F. : *Pirates and Privateers of the Americas*, Santa Barbara, ABC-CLIO Inc., 1994.

Marx, Jenifer : *Pirates and Privateers of the Carribean*, Floride, Krieger Publishing Co., 1992.

Masson, Philippe et Vergé-Franceschi, Michel : *La France et la mer au siècle des grandes découvertes*, Paris, 1993. (Contient : Mollat du Jourdin : *Les Ports normands à la fin du* XVe *siècle* ; Buchet, Christian : *Aventuriers et découvreurs des Amériques* ; Deveau, Jean-Michel : *La Rochelle au* XVIe *siècle*.)

Merrien, Jean : *La Course et la flibuste, des origines à leur interdiction*, Genève, Rencontres, 1970.

Merrien Jean : *Histoire mondiale des pirates, flibustiers et négriers*, Paris, Grasset, 1959.

Merrien, Jean : *Corsaires et flibustiers*, Paris, 1957, Saint-Malo, l'Ancre de Marine, 1996.

Mocke, H.G. : *Les Gueux de la mer*, Paris, Lebègue, 1927.

Moreau, Jean-Pierre : *Les Petites Antilles, de Christophe Colomb à Richelieu*, Paris, Karthala, 1992.

Moreau, Jean-Pierre : « La Flibuste : quelques rectifications historiques » in *Neptunia* n° 179, 1990/3, pp. 7-13.

Moreau, Jean-Pierre (éd.) : *Un Flibustier français dans la mer des Antilles*, Paris, Seghers, 1990.

Morrison Robinson, William : *The Confederate Privateers*, Columbia, South Carolina, University of South Carolina Press, 1990.

Newton, Arthur P. : *The Colonizing Activities of the English Puritans*, Yale University Press, New Haven, 1914.

Nicolas, Armand : *Histoire de la Martinique* (t. 1 : *des Arawaks à 1848*), Paris, L'Harmattan, 1996.

Pelegrin, Benito : *Figurations de l'infini, l'âge baroque européen*, Paris, Seuil, 2000.

Perez-Mallaina, Pablo E. : *Spain's Men of the Sea : Daily Life on the Indies Fleets in the Sixteenth Century*, (trad. Carla Rahn Phillips), Baltimore, The John Hopkins University Press, 1998.

Pope, Dudley : *Harry's Morgan Way : The Biography of sir Henry Morgan*, Secker and Warburg, Londres, 1977.

Poussou, Jean-Pierre ; Bonnichon, Philippe ; Huetz de Lemps, Xavier : *Espaces coloniaux et espaces maritimes au* XVIIIe *siècle*, Paris, SEDES, 1988.

Ramsay, Jack C. Jr. : *Jean Lafitte : Prince of Pirates*, Texas, Eakin Press, 1996.

Rankin, Hugh F. : *The Golden Age of Piracy*, Williamsburg, Virginia, Colonial Williamsburg Press, 1969.

Raveneau de Lussan : *Les Flibustiers de la mer du Sud*, Paris, France-Empire, 1992.

Rediker, Marcus : *Between the devil and the deep blue sea, 1700-1750*, Cambridge, New York, Cambridge University Press, 1987.

Ritchie, Robert C. : *Captain Kidd, and the war against the pirates*, Londres, New York, Harvard University Press, 1986.

Roberts, W. Adolphe : *Morgan, Amiral des boucaniers*, Paris, Payot, 1934.

Rodger, N.A.M. : *The Safeguard of the sea, a naval history of Britain*, vol. I (660-1649), Londres, Harper Collins, 1997.

Rogozinski, Jan : *Pirates ! : Brigands, buccaneers, and Privateers in Fact, Fiction, and Legend*, Da Capo Press, New York, 1996.

Romano, Ruggiero : *Les Conquistadores*, Paris, Flammarion, 1972.

Salmoral, Manuel Lucena : *Piratas, bucaneros, flibusteros y corsarios en América*, Madrid, 1992.

Sanchez, Jean-Pierre : *Mythes et légendes de la conquête de l'Amérique*, (2 vol.), Rennes, Presses Universitaires de Rennes, 1996.

Senior, C.M. : *A Nation of Pirates : English Piracy in its heyday*, Devon, David and Charles publishers, 1976.

Shaw, Carlos Martinez (dir.) : *Séville au XVIe siècle*, Paris, Autrement, 1992.

Shomette, Donald G. : *Pirates on the Chesapeake : Being a True History of Pirates, Picaroons, and Raiders on Chesapeake Bay, 1610-1807*, Maryland, Tide Water Publishers, 1985.

Sluiter, E. : « Dutch-Spanish Rivalry in the Caribean Area », *1594-1609* (in *The Hispanic American Historical Review* 28, 1948, pp. 165-196).

Stanley, Jo (dir.) : *Bold in her Breeches : Women Pirates across the Ages*, Londres, Harper Collins, 1995.

Starkey, David, J. (dir.) : *Pirates and Privateers : New Perspectives on the War on Trade in the Eighteenth and Nineteenth Centuries*, Devon, Exeter Maritime Studies, University of Exeter Press, 1997.

Taillemite, Étienne : *L'Histoire ignorée de la marine française*, Paris, Perrin, 1988.

Taillemite, Étienne : *Marins français à la découverte du monde, de Jacques Cartier à Dumont d'Urville*, Paris, Fayard, 1999.

Thomazi, A. : *Les Flottes de l'or*, Paris, Payot, 1956.
Thrower, Rayner : *The Pirate Picture*, New York, Barnes and Noble Books, 1993.
Todorov, Tzvetan : *La Conquête de l'Amérique, la question de l'autre*, Paris, Seuil, 1982.
Trocme, Étienne : *Le Commerce rochelais de la fin du* XVe *au début du* XVIIIe *siècle*, Paris, Colin, 1952.
Trousset, Jules : *Histoire illustrée des Pirates, Corsaires, Flibustiers, Boucaniers, Forbans, Négriers et Écumeurs de mer, dans tous les temps et dans tous les pays*, Rennes, La Découvrance, 1994 (fac-similé de l'édition originale de 1880).
Turley, Hans : *Rum, Sodomy and the Lash : Piracy, Sexuality, and Masculine Identity*, New York, New York University Press, 1999.
Van Offel : *Les Gueux de mer*, Paris, Lebègue, 1936.
Vergé-Franceschi, Michel : *Chronique maritime de la France d'Ancien Régime*, Paris, SEDES, 1998.
Viard, René : *Ogeron, gouverneur des flibustiers*, Paris, Sorlot, 1942.
Williams, Neville : *The Sea Dogs : Privateers, Plunder and Piracy in the Elisabethan Age*, New York, Londres, Macmillan Publishing Co., Inc., 1975.
Williamson, James A. : *Hawkins of Plymouth : A New History of sir John Hawkins and of the Other Members of his Family Prominent in Tudor England*, 2ème éd., Londres, 1969.
Williamson, James A. : *Sir John Hawkins, the Time and the Man*, Oxford, Oxford University Press, 1927.
Wood, P. : *À l'assaut des galions*, Time Life, 1979.

INDEX

TABLE DES MATIÈRES

DU MÊME AUTEUR

L'Homme aux semelles de vent, Paris, Grasset, 1977. Rééd. Payot, 1992 et 1998, « Petite Bibliothèque Payot/Documents ».

Le Paradis perdu, Paris, Grasset, 1981.

Le Journal du Romantisme, Genève, Skira, 1981 (Grand Prix de la Société des gens de lettres).

Ys, dans la rumeur des vagues, Artus, 1985.

La Porte d'Or, Paris, Grasset, 1986. Rééd. Points-Seuil, 2000.

Dublin, Paris, Autrement, 1986. Nouvelle édition 1997.

Une amitié littéraire : Henry James – Robert Louis Stevenson (correspondance et textes), Paris, Verdier, 1987. Nouvelle éd. revue et augmentée Payot, 1994, « Petite Bibliothèque Payot/Documents ».

La Fièvre de l'or, Paris, Gallimard, 1988. Nouvelles éditions 1995 et 1998.

Au vent des royaumes, Artus, 1991.

Pour une littérature voyageuse, Bruxelles, Complexe, 1992 (collectif). Rééd. 1999.

Le Grand Dehors, Paris, Payot, 1992.

Robert Louis Stevenson : Les années bohémiennes (biographie, tome I), Paris, NiL éditions, 1994.

Robert Louis Stevenson, Cahiers de l'Herne (direction), Paris, 1995.

Fragments du Royaume (entretiens avec Yvon Le Men), Paroles d'Aube, 1995. Nouvelle éd., revue et corrigée, La Passe du Vent, 2000.

Bretagne, entre vents et amers (sur des photographies de Jean Hervoche), Apogée, 1996.

Un hiver en Bretagne, NiL éditions, 1996. Rééd. Points-Seuil, 1997.

Écosse, Highlands & Islands (sur des photographies de Jean Hervoche, Hervé Glot et Pietr-Paul Koster), Artus, 1998.

Les Flibustiers de la Sonore, Flammarion, 1998. Rééd. J'ai lu, 2000.

L'Ouest américain, territoire sauvage (sur des photos d'Olivier Grunewald), Le Chêne, 1999.

Quand la Californie était française, Le Pré aux Clercs, 1999.

Étonnants Voyageurs, anthologie Gulliver de la littérature voyageuse (direction), Flammarion, 1999.

Africa, images d'un monde perdu (sur des photos de Martin et Osa Johnson), Arthaud, 1999.

Pour saluer Stevenson, Flammarion, 2000.
Bretagne du monde entier, National Geographie, 2001.
Pirates et flibustiers (catalogue, sous la direction de Michel Le Bris et Virginie Serna), Abbaye de Daoulas-Musée de la Marine, Hoebeke, 2001.

Éditions critiques de classiques de la flibuste :

Defoe, Daniel : *Histoire générale des plus fameux pirates* (Tome I ; *Les Chemins de fortune* ; tome II : *Le Grand Rêve flibustier*) ; Phébus, 1990 ; rééd. « Petite Bibliothèque Payot/Voyageurs », 1992. Nouvelle éd. Phébus, « Libretto », 2000.
Labat, J.-B. : *Voyage aux Isles*, Phébus, 1993, Rééd. Phébus, « Libretto », 1998.
Dampier, William : *Le Grand Voyage (le tour du monde d'un flibustier, 1681-1691)*, Phébus, 1993.
Oexmelin, A.O. : *Les Flibustiers du Nouveau Monde (Histoire des Flibustiers et des Boucaniers qui se sont illustrés dans les Indes)*, Phébus, 1996. Rééd., Phébus, « Libretto », 2000.

Télévision, sur l'utopie pirate :

Les Anges noirs de l'utopie, Arte/Nestor productions, 1994 (réalisation Michel Viotte).

Impression réalisée sur Cameron
par Bussière Camedan Imprimeries
à Saint-Amand-Montrond (Cher)
pour le compte des Éditions Hachette Littératures
en août 2001

N° d'édition : 15408. — N° d'impression : 013738/4.
Dépôt légal : août 2001.

Imprimé en France

ISBN : 2-01-235463-7